여말선초 서북 국경과 위화도

Foreign Copyright:
Joonwon Lee
Address: 3F, 127, Yanghwa-ro, Mapo-gu, Seoul, Republic of Korea
          3rd Floor
Telephone: 82-2-3142-4151
E-mail: jwlee@cyber.co.kr

麗 末 鮮 初 西 北 國 境   威 化 島
여말선초 서북 국경과 위화도

2021. 1. 21. 1판 1쇄 인쇄
2021. 1. 28. 1판 1쇄 발행

지은이 | 허우범
펴낸이 | 이종춘
펴낸곳 | **BM** (주)도서출판 **성안당**
주소 | 04032 서울시 마포구 양화로 127 첨단빌딩 3층(출판기획 R&D 센터)
       10881 경기도 파주시 문발로 112 파주 출판 문화도시(제작 및 물류)
전화 | 02) 3142-0036
       031) 950-6300
팩스 | 031) 955-0510
등록 | 1973. 2. 1. 제406-2005-000046호
출판사 홈페이지 | **www.cyber.co.kr**
ISBN | 978-89-315-9101-9 (93910)
정가 | **32,000원**

이 책을 만든 사람들

기획 | 최옥현
진행 | 오영미
교정 · 교열 | 오영미
본문 · 표지 디자인 | 신인남
홍보 | 김계향, 유미나
국제부 | 이선민, 조혜란, 김혜숙
마케팅 | 구본철, 차정욱, 나진호, 이동후, 강호묵
마케팅 지원 | 장상범, 박지연
제작 | 김유석

■ 도서 A/S 안내

성안당에서 발행하는 모든 도서는 저자와 출판사, 그리고 독자가 함께 만들어 나갑니다.
좋은 책을 펴내기 위해 많은 노력을 기울이고 있습니다. 혹시라도 내용상의 오류나 오탈자 등이
발견되면 **"좋은 책은 나라의 보배"**로서 우리 모두가 함께 만들어 간다는 마음으로 연락주시기
바랍니다. 수정 보완하여 더 나은 책이 되도록 최선을 다하겠습니다.
성안당은 늘 독자 여러분들의 소중한 의견을 기다리고 있습니다. 좋은 의견을 보내주시는 분께는
성안당 쇼핑몰의 포인트(3,000포인트)를 적립해 드립니다.
잘못 만들어진 책이나 부록 등이 파손된 경우에는 교환해 드립니다.

여말선초 서북 국경과 위화도

허우범 지음

BM 책문

이 저서는 2014년 대한민국 교육부와 한국연구재단의 한국학 토대 기초연구 지원사업의
지원을 받아 수행된 연구임(NRF-2014S1A5B4072398)

초등학교 시절, 국사 수업 시간은 마치 할머니가 들려주는 옛날이야
기처럼 귀가 쫑긋하고 흥미진진한 즐거움이었다. 그런데 삼국을 통일
하리라고 믿었던 고구려가 오히려 신라에게 멸망하였다는 장면에서는
엄청난 충격이 뇌리를 때렸다. 어떻게 역사가 이럴 수가 있는가. 도무지
믿기지 않았다. 하지만 이러한 충격은 나로 하여금 역사에 더욱 관심을
갖게 만들었다. 일반적이고 상식적이지 않은 역사, 그 이면을 파헤쳐보
고 싶었다. 나의 열망은 전공으로 이어질 수 없었지만 우리 역사에 대
한 궁금증과 허기는 사라지지 않았다. 오히려 해를 넘길수록 더욱 명징
한 응어리가 되었다. 우리 역사의 강역과 지리가 크게 잘못되었음을 알
았기 때문이다. 그리하여 대학을 졸업한지 25년, 마침내 가슴 속 응어
리를 끄집어내어 환흡(歡洽)하게 풀어헤치기 시작하였다. 어느덧 그렇
게 8년이 지났다.

여말선초는 동북아시아 역사에 있어서 그 어느 때보다 격변의 시기였다. 안으로 고려 멸망과 조선 건국이 있었고, 밖으로는 원·명 교체라는 변환기였기 때문이다. 하지만 이러한 정치적 변동보다 더 중요한 것이 있었으니, 그것은 바로 '요동 영토의 상실'이다. 고려는 남쪽으로 요해(遼海), 서쪽으로 요하(遼河), 북쪽으로 옛 거란(契丹) 및 동쪽으로는 금(金)과 맞닿았다는 송(宋) 사신의 기록은 고려가 거대한 제국이었음을 알려주는 것이다. 또한 『고려사』 「지리지」에 기록된 고려의 강역은 '서북쪽은 고구려의 영토에 이르지 못했지만 동북쪽은 그 영토를 넘어섰다'고 하였는데, 이러한 기록들은 고려의 강역이 지금의 압록강과 두만강을 넘어 요동반도까지 이르렀음을 알려주는 전거 사료인 까닭이다.

현재 우리 역사에서의 영토사는 한반도 안에서의 점진적인 개척을 거쳐 조선 초기에 이르러 오늘의 압록강과 두만강까지 확장된 역사라고 알고 있다. 즉, 신라가 삼국을 통일하여 평양 인근 지역까지 영토를 넓혔고, 고려 공민왕이 개혁 정치와 반원정책을 추진하여 서쪽으로는 의주 압록강, 동쪽으로는 원산만까지 나아갔으며, 조선 세종이 4군 6진을 개척하면서 현재의 압록강과 두만강까지 국경선이 확장된 것이라고 배워 왔다. 이처럼 우리 역사는 고대로부터 한반도 안에서 시작되어 조선 시대에 이르러 최대의 영토를 구축하였다는 것이 우리 국경사의 전부다.

하지만 이는 일제가 우리나라를 식민 통치하기 위하여 우리 역사를 왜곡·날조하여 만든 반도사관(半島史觀)에 근거한 것이다. 일제는 1905년 러일 전쟁에서 승리하자 곧바로 조선과 을사늑약을 체결하여 조선의 외교권을 박탈하고 보호 국가로 삼았다. 조선의 국권을 강탈한 일제는 한반도를 발판으로 만주 경영을 위한 계획에 착수하고 만주와 조선을 하나의 역사로 묶는 만선사(滿鮮史)를 개창하였다. 만선사의 주된 연구 대상은 한국의 고대사, 한국 식민지화와 대륙 진출을 위한 준비 작업 및 이를 용이하게 추진하기 위한 역사지리의 고증이었다. 일제는 이러한 식민사관을 완성하기 위하여 먼저 남만주철도주식회사로 하여금 『만주역사지리』와 『조선역사지리』를 완성하도록 하였다. 이 작업에 책임자로 참여한 시라토리 구라키치(白鳥庫吉)는 책임자의 변(辯)에서, '국가의 기대에 부응하기 위하여 우리들도 적극적인 협조를 해야 한다'고 밝혔다. 『만주역사지리』와 『조선역사지리』의 목적은 압록강과 두만강이라는 자연지리를 경계로 그 동쪽과 남쪽은 한국사, 서쪽은 중국사, 북쪽은 여진족 등의 역사 영역으로 확정하는 것이다. 이 두 책은 1913년에 완성된 이후 모든 조선 역사 연구에 필수 도서로 활용되었는데, 가장 중요한 것은 1938년 조선사편수회에서 발간한 『조선사』의 강역과 국경을 확정 짓는 근간이 되었다는 점이다.

해방 이후, 노도같이 일어났던 '식민사관 청산' 외침은 공허한 메아리요, 공염불이 된 지 오래다. 그 사이, 반도사관은 백 년 하고도 십 년이 넘는 동안 순풍에 돛을 달고 역사는 물론 사회 전반에 걸쳐 강고한 기지를 구축하기에 이르렀다. 실로 반도사관을 청산하지 못한 폐해가 이제 고황에까지 이르게 된 것이다.

저자는 역사에 관심을 가진 이후, 줄곧 우리 영토와 국경에 대한 공부를 게을리 하지 않았다. 그러던 중, 지난 몇 년 동안 인하대 고조선연구소에서 일제의 반도사관 구축과정과 그 결정체인 『조선사』의 내용을 자세히 살펴볼 기회를 가졌다. 이 과정에서 우리가 알고 있는 역사지리는 일제가 반도사관에 맞춰 왜곡하고 조작한 것임을 확인한 후로는 우리의 국경사 전체를 처음부터 다시 살펴볼 필요성이 절절해졌다. 그중에서도 특히 심한 부분은 여말선초의 역사지리였는데, 철령과 철령위, 연산관과 국경지대, 압록강과 위화도 등 익히 듣고 배워온 지리가 원전 사료를 넘길 때마다 하나같이 잘못된 것이었음을 비탄 속에서 확인해야만 하였다. 그 결과, 일제의 반도사관이 왜곡·조작한 대표적인 역사지리인 위화도의 위치를 추적하여 올바르게 자리매김한 바 있다. 이 책은 저자가 위화도와 함께 여말선초의 주요 역사지리의 위치를 사실(史實)에 부합되게 복원하려고 노력한 성과들을 모은 것이다.

이 책에서 다루는 여말선초의 역사지리는 모두 요동반도에 위치하고 있다. 이는 고려의 강역이 한반도를 넘어 요동까지 이르렀기 때문이며, 고려를 이은 조선의 강역 역시 요동 지역을 포함하였던 역사적 사실을 바로잡는 것에 다름 아니다. 이처럼 여말선초의 역사지리를 새롭게 밝히는 것은 우리의 국경사가 한반도 안에서의 확장의 역사가 아닌 중원에서 한반도로의 축소의 역사였음을 증명하는 것이며, 이를 통해 우리 역사 인식에 대한 패러다임을 바꿀 때가 왔음을 강조하는 것이기도 하다. 이 책에서 논의하는 역사지리의 위치가 저자의 고심에도 불구하고 어설프고 성근 부분이 없지 않다고 여겨진다. 저자가 더욱 매진할 몫이지만 선배제현(先輩諸賢)의 질정이 보태진다면 보다 완벽한 연구가 될 것이라고 믿는다.

이 책이 나오기까지 실로 많은 스승이 계셨다. 심중에만 있던 역사를 일으켜 세우고 빛을 보게 해주신 복기대 교수님과 김연성 교수님은 평생 잊을 수 없는 스승이다. 부끄러운 성과에도 칭찬과 격려를 아끼지 않으신 남창희 교수님, 남의현 교수님, 그리고 류병재 교수님은 저자의 오늘이 있게 해주신 스승이다. 찌는 여름, 칼바람 겨울도 마다않고 동북 3성을 누비고 밤을 지새우던 김영섭 동학과 연구소에서 함께 눈을 부릅뜨던 선생님들도 모두 고마운 스승이다. 무엇보다 실속 없는 일에만 주야골몰하는 우치(愚癡)에게 언제나 지혜로운 조언과 따뜻한 응원을 잊지 않는 아내야말로 최고의 스승이 아닐 수 없다.

인문학 대중화에 힘쓰는 책문출판사와 저자의 인연은 오래되었다. 이번에 인문학술서를 내면서 그 첫 주자가 되었으니, 이 또한 기쁜 일이다. 이 자리를 빌려 최옥현 상무이사, 편집 및 디자인팀 여러분의 노고에 고마움을 전한다.

2021년 정월
월사(月史) 허우범 쓰다

| 차 례 |

책머리에

제1부 _여말선초 서북 국경사 연구 현황
1장 여말선초 서북 국경 연구 무엇이 문제인가 ·15
2장 여말선초 영토 인식과 서북 국경 연구사 ·21

제2부 _역사지리 연구 방법론
1장 역사지리는 어떻게 연구해야 하는가 ·97
2장 여말선초의 압록강과 경계 ·115

제3부 _여말선초 주요 역사지리 고찰

1장 원의 동녕부 설치와 고려의 서북 국경 ·165

2장 명의 철령위 설치와 고려의 서북 국경 ·195

3장 명의 요동변장 설치와 조선의 서남 국경 ·257

4장 조선 세종의 여진정토와 서북 국경 ·314

제4부 _국경 연구, 다시 시작해야 한다

여말선초 국경 연구, 우리 국경사의 지렛대 ·355

부록

참고문헌

색인

제1부

여말선초 서북 국경사 연구 현황

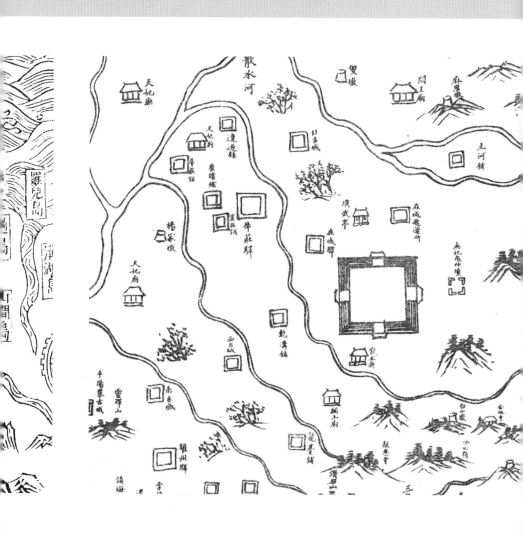

1장
여말선초 서북 국경 연구
무엇이 문제인가

우리 역사에서 여말선초(麗末鮮初)¹는 동북아시아사에 있어서도 원
명 교체기에 해당하는 격동기였다. 이러한 때, 각국은 치열한 외교와 전
쟁을 벌이며 자국의 영토 보전에 사활을 걸었다. 이 시기 동북아시아의
충돌 지역은 요동(遼東)²이었다. 이 지역은 주변의 사막과 초원 및 산악
지대에 거주하는 민족들이 중원으로 나아가는 길목이기도 하다. 이러
한 까닭에 유목 민족은 이곳을 중원 진출의 전략적 거점 기지로 삼았
고, 중원 민족은 이곳을 중요한 방어 기지로 삼았다. 요동은 이러한 지
정학적 요충지로 인하여 왕조 교체기마다 선점해야 하는 각축장이 될
수밖에 없었다.

발해 이후 우리 역사에서의 요동은 고려 우왕이 최영과 이성계에게
'요동 정벌'을 명령한 것을 마지막으로 더 이상 찾아볼 수 없다. 명 태조

---

1 '麗末鮮初'는 고려 말~조선 초의 정치적 격동기를 지칭하는 용어이다. 그 시기는 크게 두
가지로 구분되는데, 넓은 의미로는 고려 공민왕~조선 세종 시기까지를 말하고, 좁은 의미
로는 고려 우왕~조선 태종 시기까지를 말한다. 본 책은 고려 후기 동녕부부터 조선 세종시
기 파저강까지의 역사지리를 다루는 까닭에 넓은 의미의 여말선초를 말한다.
2 역사에서 '요동'은 지리적인 의미부터 정치적인 의미까지 다양한 개념으로 사용되었다. 본
책에서 지칭하는 요동은 지리적인 개념으로 현재의 요동반도를 의미한다.

의 철령위 설치 통보에서 촉발된 고려의 요동 정벌은 이성계의 위화도 회군으로 실패하고 고려마저 멸망하는 비운으로 끝났다. 현재 우리 학계에서 인식하는 고려의 서북계는 압록강을 넘지 못하고 동북계 역시 두만강에 이르지 못한다. 이 때문에 10세기 초반, 고려 건국 이후 요동은 우리 역사와는 상관없는 중원 왕조의 영토로 인식되고 있다. 또한 우리 역사에서 최대 영토는 조선 세종이 4군 6진을 개척한 때인데, 이때에 이르러 현재의 압록강과 두만강으로 국경을 완성한 것으로 결론 짓고 있다.

고려는 요, 금, 원, 명의 네 시대에 걸쳐 국경을 맞대었다. 원 시대에는 수도를 강화도로 천도하기도 하고 부마국이 되기도 하였다. 고려 역사에 있어서 원 간섭기는 고려 영토가 축소된 시기였는데, 이는 고려 영토에 쌍성총관부와 동녕부 등을 설치하여 원의 영토로 편입하였기 때문이다. 송의 관료인 서긍이 고려를 다녀간 후에 저술한 『선화봉사고려도경』에 기록된 고려 영토를 살펴보면, '남쪽은 요해로 막히고 서쪽으로 요수에 이르며, 북쪽은 옛 거란 땅과 접하고 동쪽은 금과 맞닿았다.'[3]고 하였다. 이러한 내용은 고려 전기의 영토가 요동 지역의 많은 부분을 차지하였음을 방증하는 자료가 되는 것이다. 또한 조선 후기에 김정호가 간행한 『대동지지』[4]에는 조선 서북계에 위치한 주군(州郡)들의 지리를 설명하면서 각각의 위도(緯度)와 경도(經度)를 표시하였다. 그런데

---

3 『宣和奉使高麗圖經』卷3,「封境」
　　高麗, 南隔遼海 西距遼水 北接契丹舊地 東距大金.
4 『大東地志』는 김정호가 초판 『대동여지도』를 보완하기 위하여 편찬하였으며, 이 책을 토대로 『大東輿地圖』를 재편한 것으로 알려져 있다. 그런데 『대동지지』의 평안도 서북계 州郡의 위치는 현재의 『대동여지도』와 많은 차이가 난다. 이는 김정호의 『대동지지』와 『대동여지도』의 관계가 의심되는 부분으로 이에 대한 연구가 시급하다고 할 수 있다.

주군들의 해당 좌표를 살펴보면 현재의 압록강과 두만강 아래에 있는 것이 아니라 그보다 훨씬 위쪽인 중국의 요령성과 길림성 지역에 위치하게 된다.[5] 이는 19세기 중반까지도 조선의 서북 경계가 만주 지역을 포함하고 있었음을 의미하는 것으로 현재 우리 학계가 인식하고 있는 국경선인 압록강(鴨綠江)과는 많은 차이가 있다.

여말선초 국경 연구에서의 핵심적인 역사지리는 자비령(慈悲嶺), 철령(鐵嶺)과 철령위(鐵嶺衛), 위화도(威化島)와 압록강(鴨淥江) 등이다. 자비령은 고려와 원의 경계였고, 철령과 철령위는 명 태조가 고려와의 경계로 획정하였던 곳이다. 위화도는 이성계가 회군한 곳으로 여말선초의 압록강 위치 등을 살펴보는 데 매우 중요한 곳이다.

우리는 고려가 원(元)과 경계를 이뤘던 자비령(慈悲嶺)은 황해도 수안(遂安) 지역에 있고, 철령은 강원도에 있으며, 고려의 서경(西京)은 지금의 평양(平壤)임을 의심치 않는다. 이는 대일항쟁기에 일본 남만주철도주식회사에 소속된 일본학자들이 편찬한 두 권의 역사지리서[6] 내용을 그대로 계승한 것이다.

일제는 우리의 역사지리를 모두 한반도 안에 비정하는 반도사관(半島史觀)을 수립하고 이에 맞추어 역사를 서술하였다. 이 과정에서 많은 역사 왜곡이 일어났고 왜곡된 내용은 그대로 조선총독부에서 편찬한

---

5 『大東地志』에 기록된 몇몇 州郡의 緯度를 살펴보면, 의주41.04, 삭주41.29, 위원42.41, 창성41.31, 초산42.25, 벽동42.02, 강계42.36 등으로 현재의 압록강(신의주40.08) 위쪽의 요동 지역에 해당된다.

6 남만주철도주식회사(이후 '만철'로 약칭함)는 일제가 1908년 만주에 설치한 회사이다. 러일전쟁 직후 조선의 안정적인 지배와 요동반도 및 남만주 지역의 일체 지배를 위하여 만철 내에 만주역사조사부를 설치하고 1913년 『滿洲歷史地理』와 『朝鮮歷史地理』를 발간하였다. 만주역사조사부의 연구 결과는 이후 조선총독부의 조선사 편찬 사업의 기본 틀로 작용하였다.(박지영, 「근대 일본의 조선사 연구와 만주역사조사부」, 『일본사상』35, 2018, 177~197쪽.)

『조선사』[7]에 반영되었다. 이후 일본학자들이 수립한 반도사관은 과학적인 검증 절차 없이 그대로 계승되어 1913년 이후 현재까지 검인정 교과서와 각종 역사 관련 자료에 그대로 준용되고 있다. 하지만 〈표 I -1〉에 보이는 몇몇 주요 사료들의 기록만 보아도 이러한 인식은 재삼 잘못된 것임을 알 수 있다.

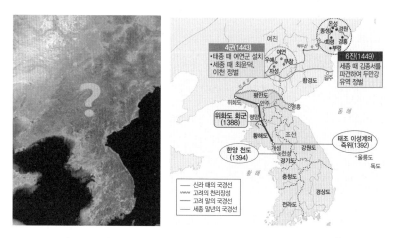

〈지도 I -1〉 현재 학계에서 인식하는 우리 역사의 국경선(오른쪽)[8]

---

7 『朝鮮史』는 사료를 연대순으로 묶은 자료집이라고 하지만 이는 그렇지 않다. 조선사 35권을 자세히 살펴보면, 반도사관에 합당한 사료만을 취하여 편찬하였음을 알 수 있다. 한 가지 예로 '위화도'는 『실록』에서 태조부터 순조까지 400여 년 넘는 기간 동안 160여 회가 거론된다. 하지만 『조선사』는 '위화도 회군' 사료만 인용하고 나머지 자료는 일체 본문이나 주석에 사용하지 않았다. 그것은 위화도가 현재의 압록강 위에 있는 江邊之地라는 것을 알았기 때문에 더 이상 인용해서는 안 되는 것이었다. 『조선사』는 이렇게 반도사관 수립에 맞는 내용들만 작위적으로 선택한 후, 만철에서 작성한 두 권의 지리지에서 비정한 장소들을 아무런 설명 없이 사료 내에 포함시켜 설명하였다. 이렇게 완성한 『조선사』는 단순한 자료집이라고 볼 수 없는 것이다.

8 박용조 외, 『초등학교 사회과부도』, 천재교육, 2015, 96쪽.

구분	주요 사료 기록	현재 학계 인식
고려	1. 고려의 영토는 남쪽은 요해로 막히고 서쪽으로 요수에 이르며, 북쪽은 옛 거란 땅과 접하고 동쪽은 금과 맞닿았다. (『宣和奉使高麗圖經』「封境」) 2. 고려 왕 왕건이 나라를 세웠을 때, 혼동강을 경계로 하여 지켰으나 혼동강의 서쪽은 진출하지 못하였다. 옛 부여성은 발해국에 속하였는데, 혼동강은 곧 압록수이다. (『資治通鑑』권제275, 「後唐紀」)	1. 고려의 서북 영토는 압록강을 넘지 못하였다. 2. 압록강은 현재 중국과 국경을 이루는 압록강으로 바뀐 적이 없다.
조선	3. 환도산은 조선 한성의 동북쪽에 있다. 한 때 고구려 왕 이이모가 이곳에 도읍하였다. 진(晉) 때 이르러 모용황(慕容皝)이 이곳을 깨뜨렸다. (『大明一統志』「外夷·朝鮮國」, '丸都山') 4. 성불령(成佛嶺)은 웅관(雄關)인데 북쪽으로는 자비령(慈悲嶺)과 접하고 있고 남쪽으로는 발해(渤海)가 있다. 전 시대인 원 때에는 이곳이 경계가 되었고, 국조(明)에 이르러서도 또한 변함이 없다. (『朝鮮賦』) 5. 압록강이 의주 구룡연(九龍淵)에 이르러서는 두 갈래로 갈라져서 동쪽으로 흐르는 것이 압록강인데 의주성 밑으로 해서 내려간다. (『中宗實錄』 9권, 중종 4년 9월 29일)	1. 조선의 영토 안에 환도산은 없다. 2. 자비령은 황해도 수안에 있다. 3. 압록강은 의주성 위쪽에 있다.

〈표 I -1〉 서북 국경 관련 사료 기록과 우리 학계의 인식

　　현재까지 인정되고 있는 국경선과는 다른 새로운 국경선의 고찰은 원명 교체기에 일어난 명 태조의 철령위 설치 사건에서 그 일단을 찾을 수 있다. 고려 공민왕은 약 100년 동안 원에 편입되었던 쌍성총관부와 동녕부의 영토를 수복하였다. 그런데 새롭게 일어난 명이 요동을 장악하기 위하여 요양에 요동도지휘사사를 설치하고 철령위 남쪽 지역만을 고려의 영토로 인정하였다. 명 태조의 논리는 '명은 원의 영토를 그대로 이어받았다'는 것이었다. 고려 우왕과 최영은 철령위 설치 문제를 외교적으로 해결하려고 했지만 실패하였다. 결국 고려가 선택할 수 있는 방법은 명 태조의 논리를 인정하느냐, 아니면 공민왕처럼 무력행

사로 고려의 영토임을 알리느냐 하는 두 가지였다. 고려 우왕과 최영은 후자인 '요동 정벌'을 선택하였다. 고려가 요동 정벌을 단행한 것은 고려 영토인 쌍성총관부와 동녕부가 요동에 있었기 때문이었다. 철령이 강원도에 있다면 압록강을 넘어 요동 정벌을 단행할 이유가 없는 것이다. 고려가 추진한 '요동 정벌'은 이성계의 위화도 회군으로 실패하였다. 하지만 이 사건은 『선화봉사고려도경』에 기록된 고려 영토를 다시 한 번 확인할 수 있는 전거가 될 수 있었다.

이처럼 일제의 반도사관에 근거한 우리의 역사지리는 역사 연구에서 가장 토대가 되어야 하는 영토와 국경 연구에 치명적인 오점으로 작용하고 있다. 이를 바로 잡기 위해서는 해당 시기 관련 사료들에 대한 면밀한 분석과 과학적인 검토가 선행되어야만 한다. 대일항쟁기 일본학자들의 논문을 그대로 답습하고 이에 살을 붙이는 해석은 올바른 역사지리 연구라고 할 수 없다. 원전 사료의 충실한 해석과 검토 없이 선행 논문의 인용만으로 새로운 논제(論題)와 논리를 전개시킨다는 것은 결국 조삼모사적 글쓰기에 다름 아니기 때문이다.

2장
여말선초 영토 인식과
서북 국경 연구사

조선은 고려 말에 전래된 성리학을 국가의 통치 사상으로 발전시켰다. 16세기에 이르면 철학적인 면에서 크게 진전을 이루었고, 17세기에는 사림이 정치 주도권을 잡게 되면서 성리학 이념을 정치에서 실현시키고자 노력하였다.[9] 사림의 군주론은 성인의 가르침을 배우고 읽혀 성군이 되는 것이었다. 군주의 마음이 정치의 요체라고 인식하였기 때문이다.[10] 반면에 정치는 재상 한 사람에게 맡겨야 한다는 '세도재상론(世道宰相論)'을 추구하였다.[11] 이를 위해 정치 세력은 서로가 붕당을 조직하고 치열한 당쟁으로 권력을 잡으려고 하였다. 이러한 사림의 정치는 왜란과 호란을 겪으며 엄청난 물질적·정신적 충격을 받았다. 야만과 오랑캐로 여겼던 왜와 여진에게 국토를 유린당하고 국왕이 무릎을 꿇어야만 하는 치욕을 감내해야만 하였기 때문이다. 특히, 조선이 사대의 예를 갖추며 상국으로 모셔왔던 명이 여진족에게 멸망하였다는 사실은 성리학을 추종하는 사림들에게 있어서 더욱 충격적인 사건이었다.

---

9 정구복, 「조선 후기 사학사의 성격」, 『한국사학사학보』15, 2007, 133쪽.

10 정구복, 위의 논문, 134쪽.

11 김준석, 『조선 후기 정치사상사 연구』, 지식산업사, 2003, 272~283쪽.

왜란과 호란의 충격은 조선의 선비들에게 성리학적 천리(天理)에 바탕을 둔 제도가 한계에 이르렀음을 깨닫게 하였다. 아울러 국가적 위기 상황에 대한 반성과 현실적인 구제책으로서의 제도 개혁을 역설하는 실학(實學)이 주창되었다. 실학은 현실 생활에 유용한 실질적인 학문을 추구하였고, 그에 따라 제도의 개혁이나 백성들의 후생과 복지에 관심을 보였다. 학문 연구 방법도 독창적이고 비판적이며 실증적이었다. 이러한 사상적 움직임은 청의 발전된 기술과 문화를 수용해야 한다는 북학파의 출현으로 이어졌다.[12]

명의 멸망은 소중화를 자처해 온 조선이 '조선중화주의'를 천명하는 계기가 되었다. 즉, 오랑캐인 청이 중원을 차지하면서 중원에서의 '화(華)'는 없어지고, 이제까지 '이(夷)'의 위치에 있었던 조선이 '화'로 바뀌었다는 '화이관(華夷觀)'이 탄생하였다. 하지만 새로운 시대정신은 전면적인 제도 개혁을 요구하기에 이르렀고, 개혁에 앞장선 실학자들은 기존 한족 중심의 중화의식에서 벗어나 소중화론 내지는 조선중화사상, 더 나아가 화이관적 사고를 완전히 벗어버리는 정도까지 의식을 성장시키기에 이르렀다.[13] 이러한 화이관적 사고의 극복은 민족적 자아 발견과 함께 영토 의식의 출현으로 이어지게 되었다.

화이관을 근거로 한 조선중화주의는 오랑캐인 청이 조만간에 쇠퇴하고 그들의 본거지인 영고탑으로 회귀할 것이라는 믿음이 굳게 깔려 있었다.[14] 이러한 영고탑회귀설(寧古塔回歸說)은 청이 물러갈 경우에는 필히 평안도와 함경도 지역을 경유할 것이므로 이 지역에 대한 방비가

---

12 유봉학, 『조선 후기 학계와 지식인』, 신구문화사, 2014, 73~75쪽.
13 강석민, 『18세기 조선의 영토론 연구』, 동국대 박사학위논문, 2006, 82쪽.
14 배우성, 『조선 후기 국토관과 천하관의 변화』, 일지사, 1998, 64~93쪽.

있어야 한다는 것이었다. 영고탑회귀설은 청 강희제가 오라총관(烏喇摠管)인 목극등(穆克登)에게 명하여 조선과 청의 국경을 조사한다는 사실이 알려지면서 더욱 증폭되었다. 그리고 1712년 5월 15일에 '백두산정계비'를 세워 조선과 청이 경계를 합의하자, 조선 지식인들의 북방 영토에 대한 인식이 어느 때보다 강화되었다. 특히, 실학자들을 중심으로 정계비 설치에 따른 문제점 등을 제기하면서 북방 지역에 대한 관심이 고조되었다.

하지만 이 시기의 역사 연구는 고대사에 있어서의 강계와 고토 회복에 대한 의지 천명이 주류를 이루었다. 또한 당대의 역사지리적 관심사는 백두산과 두만강 지역을 아우르는 동북계(東北界)였다. 즉, 고려 시대의 경계였던 공험진과 선춘령을 어디로 볼 것이냐에 초점이 맞춰져 있었다. 반면에 서북 국경선인 압록강은 고려와 조선 시대를 통틀어 변함이 없는 강으로 보았다. 현재의 압록강을 기준으로 요동 지역이 과거 우리의 영토였음을 상기시키고 고토 회복의 필요성을 말하는 정도였다.

그렇다면 우리 역사에서의 서북 영토와 국경에 대한 인식은 어떠하였을까. 이를 살펴보기 위하여 조선 후기 실학자, 대일항쟁기 일본학자, 해방 이후 역사학계와 최근 연구 동향을 차례로 살펴보고자 한다. 이는 우리 영토와 국경 인식에 대한 순차적 흐름을 알 수 있을 뿐 아니라, 역사 왜곡과 조작 과정도 파악할 수 있다고 여겨지기 때문이다. 즉, 조선 후기 실학자들이 편찬한 역사지리서 중 후대에 많은 영향을 미친 역사서의 내용을 검토하여 당대 영토와 국경에 대한 인식을 이해하고, 대일항쟁기 일본학자들의 우리 영토 인식에 대한 검토를 통해 그들이 수립한 반도사관에 의해 철저하게 왜곡되고 조작된 우리 역사지리의 실체를 알 수 있을 것이기 때문이다. 아울러 일제가 만든 반도사관이 해방 이후 우리의 역사학계에 어떻게 반영되어 현재에 이르렀는가를 살펴보고, 나아가 최근 새로운 사료 발굴과 해석을 통한 연구 현황도 검토함으로써 보다 합리적이고 사실적인 여말선초의 서북 국경선에 대하여 살펴보기로 한다.

1. 조선 후기 실학자의 영토 인식과 역사 연구

1) 한백겸, 『동국지리지』

18세기 역사 연구의 특징은 전문적인 역사학자의 출현과 역사지리학이 새로운 학풍으로 발전한 것이었다.[15] 이중에서도 역사지리학에 대한 관심이 지대하였는데, 한백겸의 『동국지리지』(1615)는 역사지리학의 효시라고 할 수 있다.[16] 한백겸이 『동국지리지』를 저술하게 된 동기는 '나라가 좁고 왕래가 빈번한 데에도 불구하고 지계(地界)가 미상(未詳)하고 명호(名號)가 분변되지 않아서 우리나라 사람들이 이를 혼동하거나 모르고 있는 점을 슬프게 여겼기' 때문이었다.[17]

---

15 정구복은 조선 후기 사학사의 특징을 ① 개인 편찬, ② 전문역사학자의 출현, ③ 성리학적 역사서의 출현, ④ 역사지리학풍의 발전, ⑤ 현실에 필요한 역사서 발간, ⑥ 관찬 사료와 야사 자료의 종합, ⑦ 신분사 찬술, ⑧ 회통의 역사학 출현, ⑨ 상고사부터 당대사로의 대상 확대 등을 들었다. (정구복, 「조선 후기 사학사의 성격」, 152~157쪽.)

16 한백겸의 『동국지리지』에 대한 연구는 다음 논문이 있다. 정구복, 「한백겸의 사학과 그 영향」, 『진단학보』63, 1978, 171~187쪽.; 정구복, 「한백겸의 「동국지리지」에 대한 일고」, 『전북사학』2, 1978, 39~84쪽.; 윤희면, 「동국지리지 해제」, 『동국지리지』, 일조각, 1982, 131~158쪽.; 원유한, 「한백겸의 「동국지리지」 성립배경」, 『역사와 실학』13, 1999, 481~508쪽.; 김경추, 「한백겸의 동국지리지에 관한 연구」, 『지리학연구』4, 2003, 399~407쪽.

17 『東國地理志』, 跋文.
我國東開未滿亦百餘里 南北僅數千里. 人之遍歷八路者亦非一二 地界之未詳 名號之不辨一至於此 可勝惜哉.

한백겸의『동국지리지』가 성취한 성과는 이제까지의 역사 서술이 정치사 중심으로 파악하는 교훈적인 방식에서 벗어나 국가의 강역을 살핌으로써 국세(國勢)의 변천이 어떠하였느냐를 인식하려고 한 것이었다. 아울러 국도(國都)가 언제 어디에 설치되어 어떻게 옮겨졌느냐를 통하여 국세의 변천을 파악하려고 하였으며, 이러한 역사적인 지명이 어디였는가를 살피는 실증적인 역사 서술을 한 점이었다.[18]

『동국지리지』는 부족 국가 시대, 삼국 시대, 고려 시대로 구분해 서술하였다. 체계는 역사서를 따랐지만 서술은 지리적인 것이었다. 그는 삼국 시대에서 고구려 영토를 요하의 동쪽으로 잡았다. 그런데 요동 땅을 상실한 원인에 대해서는 신라가 삼국을 통일한 이후에도 국도를 새로운 강역의 중앙으로 옮기지 않았기 때문이라고 하였다.

생각건대, 나라를 세워 도읍을 정할 때에는 그 규모를 크게 하지 않을 수 없고, 그 형세를 살피지 않을 수 없는데, 신라가 삼국을 통합한 초기 당병(唐兵)이 철환(撤還)한 후에 곧 국토의 중앙으로 도읍을 옮겨 사방을 통제하였다면 고구려의 옛 영토를 가히 수복할 수 있어, 요, 심, 부여의 땅이 우리 영토가 되었을 것이다. 저 거란과 여진족이 어찌 경외(境外)에서 웅강(雄疆)함을 함부로 할 것인가? 신라의 군신이 사람의 힘으로 성사시켰고, 충의는 쉽게 채워질 수 있다고 하여 한 쪽 귀퉁이에서 눈앞의 안일함과 편안함에 세월을 보내며 서북 일대의 땅을 들어 이웃이 적에게 주기를 헌신짝처럼 하여 진과 같은 포악한 나라를 멸망시킴에 다른 진나라를 생기게 하여 신라가 멸망할 때까지 그리고 고려까지 칠백 여 년간 영역

---

18 정구복, 「한백겸의 「동국지리지」에 대한 일고」, 『전북사학』2, 1978, 56쪽.

내에 형극(荊棘)이 제거되지 않아 하루도 조그마한 편안함을 누릴 수 없으니 탄식하지 않을 수 없도다.[19]

신라가 삼국을 통일한 후에도 국도를 옮기지 않고 동쪽 귀퉁이에 편재되어 있었던 까닭에 고구려 영토를 상실하였고, 이로 인하여 고려 시대에는 요·금의 침입을 받았으며, 조선 시대에 이르러서도 걱정거리가 되었으니 이는 모두 신라에서 비롯된 것이라고 보았다. 조선이 끊임없는 외적의 침입을 받게 된 역사적 원인을 신라에서 찾았던 것이다. 한백겸의 이러한 생각은 북방 민족의 부단한 침입을 받게 된 당대의 역사 인식에서 비롯된 것이었다.[20] 한백겸의 『동국지리지』는 이후의 실학자들의 역사 연구에서부터 후대의 실증사학에 이르기까지 많은 영향을 주었다.

2) 신경준, 『강계지』

신경준은 한백겸에서 시작된 역사지리학 연구 방법을 한층 발전시켜 나갔다.[21] 그는 『강계지』(1756)를 저술하였는데, 서문에서 김부식의 『삼국사기』를 비롯하여 삼국 시대로부터 전해오던 사서들이 소략함을 면치

---

19 『東國地理志』, 「新羅」
　思按 立國定都之時 規模不可以不大 形勢不可以不審 當新羅統合之初 唐兵撤還之後 旋
　即移都土中 控制四裔 則高句麗故疆 可以收拾 而遼藩扶餘之地 爲我版寫矣. 彼契丹 女
　眞 登獨撞雄疆於境外哉. 羅之君臣 因人成事 忠意易滿 偸安一隅 姑息度日 學西北一半
　之地 輪與隣敵 有同弊屣 亡一秦又生一秦 遂使終羅之世 迄于王氏七百餘年間 封靈之內
　荊棘未除 無一日少安 可勝歎哉.

20 정구복, 「한백겸의 「동국지리지」에 대한 일고」, 59쪽.

21 신경준의 『강계지』에 대한 연구는 다음 논문이 있다. 이상태, 「신경준의 역사지리 인식」, 『사학연구』38, 1984, 397~426쪽. ; 박인호, 「신경준의 역사학과 역사지리인식」, 『조선시기 역사가와 역사지리인식』, 이회, 2003.

못할 뿐만 아니라 삼국 이전의 역사에 있어서는 더욱 참고할 만한 것
이 없다고 하면서 『강계지』의 저술 이유를 밝혔다.

> 그러므로 우리나라의 지지(地志)라는 것은 궐략(闕略)하여 참고할만한
> 것이 없거나 반드시 어지럽게 섞여서 의심스런 곳이 많아 논설이 분분하
> 고 단안(斷案)이 나오지 않았다. 이제 여러 책에서 자료를 뽑아 수록하고
> 나의 생각을 이어서 뒷날 이것을 밝힐 사람을 기다린다.[22]

신경준은 발해의 강역을 살펴보면서 압록강 북쪽 수천 리의 영토가
고구려의 소유였으나 이를 오랑캐에게 빼앗긴 것은 신라가 서울을 북
쪽으로 옮기지 않고 고구려 유민들을 잘 위무하지 않았기 때문이라고
하였다. 이는 고구려가 멸망한 후 신라와 고려의 고식적인 대처로 요동
일원의 옛 영토를 모두 잃어버리게 되었다고 보았다.[23] 신경준도 요동
땅을 잃게 된 원인에 대해서는 한백겸과 같은 생각을 하였던 것이다.

신경준은 『고려사』「지리지」의 서문에 있는, '서북쪽은 당 이래로 압
록강을 경계로 하였고, 동북쪽은 선춘령을 한계로 삼아 서북은 고구려
에 미치지 못하고 동북은 그보다 지나쳤다'는 고려 영토에 관한 기록
을 부정하였다. 이를 위한 논거로 유형원의 '고려 말까지도 길주 이북
에 미치지 못하였다'는 주장을 인용하였다. 고려의 서북 방면에 대해서
는 광종과 성종 때 개척하기 시작해 고려 말에 가서야 압록강 이내의

---

22 『旅庵全書』1, 「疆界考序」, 경인문화사, 1976, 185쪽.
  故,東,方,地.志. 非關略無可故 則必雜糅多可疑 論說紛紜 未有斷案, 今姑列錄諸書 續之以
  愚見 以俟後之明者云爾.
23 박인호, 『조선 후기 역사지리학 연구』, 이회문화사, 1996, 119쪽.

땅을 차지하게 되었다고 하였다.[24] 그는 고려의 강역을 한반도 이내로 좁혀서 이해하였음을 알 수 있다. 또한 조선의 강역을 설명하는 부분에서는 압록강과 두만강 남쪽 지역이 모두 우리의 영토가 된 것은 조선시대에 이르러서 확장한 결과라고 하였다.[25]

3) 안정복, 『동사강목』

조선 후기 최대의 전문적인 역사학자는 안정복을 꼽을 수 있다.[26] 그는 『동사강목』(1778)을 저술하였는데, 이는 인물 중심으로 역사를 기술하는 기전체(紀傳體) 방식에서 벗어나 일자(日子)순으로 역사를 기술하는 강목체(綱目體) 형식을 택하였다. 『동사강목』은 단군부터 고려 시대까지 다루었다. 안정복은 고려의 역사를 논하는 부분에서 조선 건국의 정당성과 합리화에 입각하여 고려를 비난했던 『동국통감』의 사관(史觀)을

---

24 『增補文獻備考』卷14,「興地考」2, '高麗國'
地理志曰西北自唐以來以鴨綠爲限而東北則以先春嶺爲界盖西北不及高勾麗東北過之一. 柳馨遠曰興覽云鏡城府久爲女眞所據高麗睿宗二年尹瓘逐女眞城之後沒於元恭愍王收復按高麗史地理志東界州郡止於吉州而自鏡城以北則無載焉尹瓘本傳及諸傳紀並未有見恭愍王討小生復諸城時史稱收復和定靜邊等州鎭及咸州哈蘭洪獻三撤之地而未有及此地者盖麗末疆界亦不及於吉州迤北明矣而興覽云然未知何所據也謹考原史正之.

25 『增補文獻備考』卷14,「興地考」2, '本朝國界'
甲州吉州等地而非其本疆也. 今慶源鏡城富寧會寧鍾城慶興穩城等府皆我朝所關也.

26 안정복의 『동사강목』에 대한 연구는 다음 논문이 있다. 강세구,「순암 안정복의 『동사강목』「지리고」에 관한 일고찰」, 『역사학보』112, 1986, 49~73쪽.; 강세구,「안정복의 역사고증방법」, 『실학사상연구』창간호, 1990, 49~76쪽.; 강세구, 『동사강목연구』, 민족문화사, 1994.; 강세구,「순암 안정복의 고려인식」, 『실학사상연구』14, 2000, 725~746쪽.; 한영우,「안정복의 사상과 『동사강목』」, 『한국학보』53, 1988, 118~196쪽.; 한영우,「18세기 후반 남인 안정복의 사상과 『동사강목』」, 『조선 후기사학사연구』, 일지사, 1989.; 차장섭,「안정복의 역사관과 동사강목」, 『조선사연구』1, 1992, 355~420쪽.; 전제현,「유계와 안정복의 고려사 인식」, 『한국학논총』32, 2009, 313~350쪽.; 김인규,「순암 안정복의 학문과 역사인식」, 『온지논총』36, 2013, 105~128쪽.; 김수자,「20세기 신채호의 18세기 안정복에 대한 역사인식」, 『동방학』33, 2015, 253~284쪽.

비판하였다.[27] 이어 '고려 말의 사서가 많기는 하나 기휘(忌諱)하고 감추어서 자세하지 않다'[28]고 하고, 원천석(元天錫)의 문집에 보이는 시사(詩史)가 정인지 등의 『고려사』에 비하면 해와 달 이상의 차이가 있는 것이라고 극찬하였다.[29] 이처럼 『동사강목』은 공정하고 정확하게 역사를 서술하고자 하였다. 그는 「강계연혁고정(疆域沿革考正)」에서 조선팔도 이외에 요동과 영고탑을 따로 기록하기도 하였다.

안정복은 '요동은 본래 우리의 땅으로 우리나라가 삼면이 바다로 막혀 그 형상이 섬과 같으므로 대륙과 연결되는 길목 역할을 하는 곳[30]'이라고 하였다. 이에 '요동을 얻느냐 잃느냐에 따라 우리나라의 강약(強弱)이 달려 있다'[31]고 보았다. 또한 역사상 요동을 회복할 수 있었던 기회가 여러 번 있었는데 끝내 차지하지 못한 것을 아쉬워하였다.

당 태종이 동정(東征)하여 요동성을 취하고 고종이 고구려를 멸하여 안동도호부를 두더니 뒤에 이갈(夷鞨)이 교대로 침범하여 파괴해 버렸다. 현종 초에 발해 대씨가 그 땅을 차지하였는데 당시 신라가 미약하여 고

---

27 『東史綱目』卷首,「凡例」, '統系'

28 『東史綱目』卷16下, 前廢王 禑 14年 4月
  按 麗末史雖多諱秘 不得其詳以其見于事者言之.

29 『東史綱目』卷17上, 後廢王 昌 元年 11月
  按申氏曰元天錫集國家令前王父子賜死爲題者一首曰位高鍾鼎是君恩反目含讐已滅門
  一國豈能流景祚九原難可雪幽寃又曰禑昌事當以元天錫所紀爲信史又曰余觀天錫集辛
  禑之遷崔瑩之被刑禑昌之廢及賜死牧隱之諦長湍皆有詩直書無隱比之麟趾之麗史不帝
  曰星蝀蜁之相縣草野之間有此董孤之筆豈非石壓笋斜出者耶.

30 『東史綱目』卷1上, 朝鮮 箕子 元年, 己卯
  我東地形三面阻海其狀如島故漢書朝鮮在海中越之棄是也.

31 『東史綱目』卷15下, 恭愍王 19年 11月
  遼藩得失而東國之強弱係焉. 其殆天意也歟.

구려의 옛 땅을 회복하지 못하고 말갈과 발해에 속하게 하였다. (중략) 고려 태조가 요계(遼界)를 회복하려고 요의 사신을 귀양 보내고 절교하여 발해를 잔멸(殘滅)하였다는 거짓 이유를 들었으니 대개 군사를 내는데 명분을 들어 군사를 활발하게 하려고 했던 것인데 불행하게도 갑자기 죽었다. (중략) 명이 일어났을 때에 우리 태조가 동녕부를 공격하여 빼앗으니 이때 군대의 위력을 떨쳤다. 그 세력으로 마땅히 요심(遼瀋)을 거두어 옛 강토를 회복했어야 했는데 국내에 연고가 많아 밖을 경략할 겨를이 없었다. 북원의 요양행성 평장 유익이 요양은 원래 조선 땅이라 하여 사신을 보내와 분부를 청하였는데 조정에서 회답이 없자 유익은 결국 명에 귀부하였다. 아, 요동을 회복하지 못하여 압록강이 하나의 커다란 한계가 되어 마침내 천하의 약소국이 되었으니, 애석하구나.[32]

안정복의 역사 인식은 스승인 이익의 영향을 많이 받은 것으로 여겨진다. 이익은 고조선의 강역을 의무려산을 포함하는 요동 지역으로 보았다. 하지만 이제는 지리적 형세나 사람들의 풍속으로 보아 다시는 합할 수 없게 되었기 때문에, '물러나 압록강으로 국경을 삼게 됨으로써 영토의 일부를 완전히 잃고 한 지역만 보전하게 되었다'[33]고 하였다.

---

32 『東史綱目』附下,「地理考」,'遼東郡考'
　　唐太宗東征取遼東城. 高宗滅麗置安東都護府. 後以夷鞨交侵罷之. 玄宗初, 渤海大氏有其地. 時新羅微弱. 不能復句麗舊疆. 任屬靺鞨渤海. (中略) 高麗太祖欲復遼界. 竄遼使而絶之. 託以殘滅渤海. 盖欲而兵出有名師直爲壯. 不幸遽薨. (中略) 及明興, 我太祖攻拔東寧府. 此時兵威已振. 其勢當收定遼瀋. 以復舊疆. 而國內多故. 未遑外略. 北元遼陽行省平章劉益, 以遼陽本我地. 遣使請命, 而朝廷未有所報. 益遂歸大明, 噫自遼東之不復. 而鴨綠爲一大鐵限. 終爲天下之弱國. 惜哉.

33 『星湖僿說』,「天地文」,'檀箕疆域'
　　鴨綠以外 地勢人風 有不可以更合 退以江流爲界 金甌全缺 保全一方.

또한 고구려와 백제가 멸망하고 서쪽과 북쪽은 발해가 차지하였는데, 이후 고려가 수복한 땅도 압록강 동쪽 지역에 그쳤고 요동의 옛 땅은 모두 거란에게 빼앗겼다고 하였다.[34]

이익은 '철령위는 우리나라와 관계없는 일'이라는 윤동규의 의견에 대하여 다음과 같이 반론을 제기하였다.

유장(幼章)[35]은 명 태조가 설치한 철령위를 요동 땅으로 여겨서 우리나라와 관계가 없는 일이라고 하였는데, 이는 매우 잘못된 것이다. 만약 그렇다면 명 황제가 무슨 까닭으로 노기(怒)하여 이곳에 설치하였으며, 우리나라 사람 또한 무슨 까닭으로 힘들여 애원했겠는가. 마침내 박의중이 잘 응대한 결과로 없애는 것을 허락받지 않았던가?[36]

안정복은 스승의 역사 인식을 이어받아 고려 말 명이 철령에 철령위를 설치한 사실에 대해서도 부당한 것으로 비판하였다.[37] 이어 철령이라는 지명은 우리나라에서 비롯된 것으로 보았다. 또한 『성경통지』를 인용하여 철령의 위치를 다음과 같이 설명하였다.

---

34 『星湖僿說』, 「天地文」, '新羅始末'
麗濟之亡 西北二邊 皆爲渤海所并 弓裔之興 不能及鴨江內外 其强弱相懸 渤海以震號國 故裔始國號曰摩震 以別之 王氏之所復者 止於鴨綠以東 其遼東舊境 皆陷契丹.

35 幼章은 윤동규의 字이다.

36 『星湖全集』第26卷, 「書」, 答安百順 己卯
幼章以明太祖鐵嶺衛爲遼地. 非干我事. 此則甚誤. 若然明帝何故因怒而有此設. 我人又何故辛勤乞憐. 卒賴朴宜中善對而許罷耶.

37 『東史綱目』卷16下, 前廢王禑 14年 2月
按明祖已平北胡思欲廣土侵奪來廷之小國已甚不歸.

성경지(盛京志)를 상고하건대, 철령 옛 성이 지금 주치(州治)의 남쪽 5백리 되는 고려계에 있는데, 홍무 21년(1388)에 그곳에 위(衛)를 세웠고, 26년에 지금의 땅으로 옮겼는데 지금의 심양 북쪽 철령현이다. 철령이란 이름은 우리나라의 철령이란 지명에서 기인하여 따라 붙인 것이다.[38]

안정복은 『성경통지』에서 철령 옛 성의 위치를 잘못 인용하였다.[39] 그가 설명한 '남쪽'과 '고려계'는 원문에는 '동남쪽'과 '접고려계(接高麗界)'이다.[40] 그렇지만 안정복은 철령위 설치 문제가 향후 중국과의 분쟁거리가 될 수 있음을 예견하고 '후일에 만일 강계(疆界)를 가지고 다툰다면 마땅히 저들이 지금의 현 소재지 남쪽 5백리 지점에 설치한 것을 가지고 대변(對辯)할 자료를 삼아야 할 것'[41]임을 주장하였다. 또한 요동지역의 연혁을 별도로 지도에 표기하고 요동의 중요성과 철령위 설치를 비판한 것은 요동이 고대로부터 우리 강역이었음을 말하는 동시에 북방 영토에 대한 실지회복의식(失地回復意識)을 반영한 것이기도 하였다.[42] 안정복의 실지회복의식은 영고탑의 연혁을 설명하는 부분에서 보다 확실하게 살펴볼 수 있다.

---

38 『東史綱目』卷16下, 前廢王 禑 14年 2月
　　按盛京志, 鐵嶺古城, 在 今治南五百里高麗界, 洪武二十一年, 設衛於彼, 二十六年, 移治今地, 今地即今藩陽北鐵嶺縣野. 鐵嶺之名, 將以我鐵嶺而因以名之也.

39 정태상, 「실학자와 대일항쟁기 일본학자의 철령위 인식」, 『간도학보』2, 2019, 90쪽.

40 『盛京通志』卷第6, 「建置沿革」, '鐵嶺縣'
　　明改鐵嶺衛 古有鐵嶺城 在衛治東南五百里 地接高麗界. 洪武二十一年 置衛於彼 後二十六年徙此 仍名鐵嶺衛. 領中左右3千戶所.

41 『順菴集』第10卷, 「東史問答」, 上星湖先生書 己卯
　　後來若以疆界爲爭, 則當以彼今治南五百里之設, 爲對辨之資耳.

42 차장섭, 「안정복의 역사관과 동사강목」, 『조선사연구』1, 1992, 376쪽.

한스러운 것은 숙종 임진년(1712년)에 목극등이 와서 두 나라의 국경선을 정할 때 백두산 꼭대기에 비석을 세우고 기록하되 분계강(分界江)을 한계로 삼고 분계라고 한다고 하였으니, 이것이 두 나라의 경계가 되어 버린 것입니다. 그 강이 두만강의 북쪽 3백여 리에 있는데 그 당시에 일을 맡은 사람들이 원대한 생각이 없이 공연히 버린 것입니다. 지금 그곳은 야인들의 사냥터가 되어 버렸으니 어찌 애석하지 않겠습니까?[43]

안정복이 조선 영토 밖에 있는 요동과 영고탑에 대한 연혁을 기록한 것은 우리의 옛 강역을 확실하게 밝혀둠으로써 후대에 발생할 수 있는 국경 분쟁에 대비한 것이라고 볼 수 있다.[44] 그의 이러한 생각은『고려사』와『동국여지승람』에서 합란부(哈蘭府)를 잘못 비정한 것에 일침을 가하는 것에서도 잘 나타나 있다.

(전략) 강리지역(疆理地域)은 나라에서 반드시 자세하게 해야 할 것인데 우리나라 사람은 이에 너무 어두워 잘못이 많으니 이러한 규모로서 만약 사변을 당하면 어떻게 처리할 것인가. 실로 개탄할 노릇이다.[45]

그런데 안정복이 그린 지도인 '동사강목도'에서 조선의 경계인 압록

---

43 『順菴集』卷7, 「書」, 與李廷藻家煥書 乙酉
　　　肅廟王辰, 穆克登來定兩國地界, 立石于白頭山頂以記之, 以分界江爲限, 名以分界 則果是兩國之界也. 江在豆滿北三百餘里, 其時當事者無遠慮, 公然棄之, 今爲野人遊獵之所, 豈不情哉.

44 강세구, 『동사강목연구』, 민족문화사, 1994, 224쪽.

45 『東史綱目』附下, 「地理考」, '哈蘭府考'
　　　疆理地域 有國之所必詳者. 而我人昧昧多錯, 以此規模, 若當事變, 何以處之耶. 可嘅也已.

강의 물줄기를 살펴보면 동가강(佟家江)이 포함되어 있다. 동가강은 현재의 혼강(渾江)이다. 이는 18세기 중반까지도 조선의 국경인 압록강은 현재의 압록강 줄기가 아닌 혼강 줄기이었음을 알려주는 매우 귀중한 자료인 것이다.

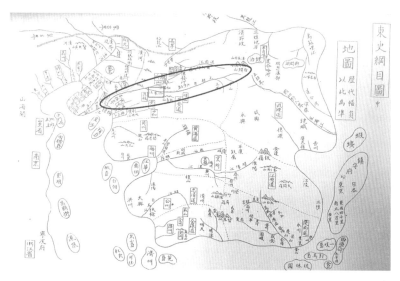

〈지도Ⅰ-2〉『동사강목』 조선전도에 보이는 서북 경계인 동가강[46]

4) 정약용, 『아방강역고』

조선 후기의 대표적인 실학자 정약용도 역사지리학과 영토 문제에 관심이 많았다. 그의 관심은 『아방강역고』(1811)의 저술로 이어졌다.[47]

---

46 본 지도는 『東史綱目』 「圖中」에 있는 총 8편의 지도 중 첫 번째 지도를 보기 쉽게 재편집한 것이다. (강세구, 『동사강목연구』에서 재인용) 『동사강목』은 (재)민족문화추진회에서 번역 및 영인하였는데, 지도는 77년판에만 수록되어 있고 79년 이후 판에는 수록되지 않았다.

47 정약용의 『아방강역고』에 대한 연구는 다음 논문이 있다. 한영우, 「19세기 초 정약용의 역사관과 대외관」, 『조선 후기사학사연구』,1989. ; 조성을, 「『아방강역고』에 나타난 정약용의 역사인식」, 『규장각』15, 1992, 63～92쪽.

그는 이 책에서『삼국사기』,『동국여지승람』과『문헌비고』등의 잘못을 바로 잡으려고 하였다.[48] 유득공을 비롯한 대부분의 실학자들이 발해를 우리 역사로 본 것과는 달리 정약용은 발해를 우리 역사에서 배제하려고 하였다. '발해 이래 7백50여 년간 우리 땅을 잃었다.'[49]고 한 것이나, '발해가 신라 땅인 강릉과 양양을 차지하였다.'[50]는 서술에서 그의 생각을 알 수 있다.

발해가 망하자 그 백성들은 비로소 말갈이라는 이름을 버리고 점차로 여진이라는 이름을 내걸었다. 그래서 남·북옥저 땅은 마침내 여진이라고 일컬었으니, 여진이 변방 밖으로부터 와서 점령한 것이 아니었다.[51]

정약용은 말갈이라는 칭호가 이후 여진으로 불렸기 때문에 발해를 계승한 것은 여진으로 보았다. 즉, 여진의 기원이 발해이고 발해는 말갈이며 말갈은 그 기원이 숙신이나 읍루였기 때문에 본래 두만강 이북의 우리 강토 밖에 있다고 보았다. 여진은 발해 이래 일시 우리 땅에서 더부살이 하던 자들로서 흥기하였는데, 고려 때에는 우리에게 조공을 바쳤고 조선 초에는 현재의 압록강 밖으로 쫓아냈다고 하였다.

---

48 조성을, 위의 논문, 67쪽.

49 『與猶堂全書』6, 「地理集」4, '疆域考4', 北路沿革續
　　渤海以來, 遂陷遂失, 七百五十餘年.

50 『與猶堂全書』6, 「地理集」2, '疆域考2', 渤海考
　　又按泥河者, 我江陵之北泥川水也. 新羅慈悲王時, 微何琵羅人, 築泥河城. 又炤智王時
　　追擊句麗靺鞨兵于泥河之西, 卽此地也. 渤海新羅旣旣以泥河爲界, 則襄陽以北 皆渤海
　　之所得也.

51 『與猶堂全書』6, 「地理集」4, '疆域考4', 北路沿革續
　　渤海之亡 其民始去靺鞨之名 漸揚女眞之號, 南北沃沮之地 遂稱女眞, 非有女眞, 自邊外
　　而來據之也.

조선의 태종과 세종이 성스럽게 계승하고 신명스럽게 이어받아서 압록강 근원에 네 군을 두니, 은하수가 북쪽으로 두르고 바다로 둘러싸여 있어 일그러지거나 쓸데없는 것 없이 나라의 땅이 천연적으로 이루어져서 개벽 이후 비로소 하늘의 참마음에 부합되었다.[52]

또한 조선이 건국되고서야 북쪽의 여진을 몰아내어 압록강, 두만강 이남의 고토를 완전히 회복하였다고 주장하였다.

우리나라가 세워지고 나서 북쪽 지방을 쳐서 6진(鎭) 1부(府)에 차례로 군(郡)을 두었다. 이로써 북옥저의 옛 땅과 고려의 옛 땅이 비로소 우리에게 돌아와 국경이 완성되었다.[53]

정약용은 삼한 이후 우리 민족의 역사는 백제와 신라에 의해 계승된다고 하였다. 고구려는 삼한과 관계가 없다고 하였다. 그는 우리 민족이 원래 예맥이 아니라고 하였다. 고구려는 원래 우리 강토에 있지 않으며 종족적으로도 예맥 계통으로 보았다. 따라서 고구려는 우리 역사의 주류가 아닌 것이다. 우리 민족은 기자(箕子)의 유민(流民)이며 진(秦)의 유인(流人)임을 자랑스럽게 내세웠다. 그는 삼국 가운데 신라를 중심으로 보았고 이 신라가 백제 땅과 고구려 땅의 일부를 흡수하였다고 하였다. 통일 신라 이후에는 고려가 고조선의 고토를 일부 회복하고, 고려를

---

52 『與猶堂全書』6,「地理集」4, '疆域考4', 西北路沿革續
　　太宗世宗 聖繼神承 鴨水之源. 又置四郡 而天潢北繞, 滄海彎還 無缺無贅 邦域天成 自開闢以來 始副天衷.
53 『與猶堂全書』6,「地理集」4, '疆域考4', 北路沿革續
　　聖朝龍興 撻伐北方六鎭一府. 次第置郡. 北沃沮故地, 高句麗舊疆 爰始還我 幅員乃完.

이어받은 조선이 고토를 완전히 회복하게 되었다고 생각하였다.[54] 고려의 서북쪽 영역에 대해서는 초기에는 살수(청천강)가 경계였다가 정종(定宗) 이후에 점차 살수 이북 지역을 회복하였다고 하였다.[55] 이후 거란과 여진의 침입으로 서쪽 국경은 축소와 확대의 반복이 계속되었고, 나중에 평안도의 강계 등 6군을 제외하고 회복하였다고 하였다. 황해도의 자비령 이북이 원의 동녕부에 속하게 되었고 충렬왕 16년에 동녕부를 되찾았다고 하였다. 그런데 현재의 평양에 있던 동녕부가 압록강 북쪽으로 이동하였다고 하였다.

> 원이 서경을 우리에게 이미 돌려주고 동녕부를 압록강 북쪽에 옮겨 설치하였으니, 우리 설한령과의 거리가 7백여 리이며, 그 땅이 창성의 서쪽 옥강보(玉江堡) 동북쪽에 있다.[56]

정약용은 명 태조가 경계로 삼으려고 한 철령은 강원도의 철령을 가리킨다고 주장하였다.[57] 그는 요동에도 철령이 있었다면서 박의중의 표문 내용을 나무라기도 하였다.

> 생각건대, 표문에 철령이 2개 있는데, 하나는 압록강 북쪽에 있고, 하나는

---

54 조성을, 위의 논문, 79쪽.

55 『與猶堂全書』6, 「地理集」4, '疆域考4', 西北路沿革續
高麗之初 姑以薩水爲界 定宗以後 稍收薩北之地.

56 『與猶堂全書』6, 「地理集」4, '疆域考4', 西北路沿革續
按北元旣還我西京, 其東寧府 移設於鴨水之地也. 距我薛罕嶺七百餘里 則其地在今昌城之西. 玉江堡之東北矣.

57 『與猶堂全書』6, 「地理集」4, '疆域考4', 北路沿革續
大明洪武之年, 議割今安邊之鐵嶺以北, 立鐵嶺衛. 高麗陳乞得寢.

압록강 남쪽 천여 리에 있다고 분명하게 말했다면 황제가 필시 똑바로 이해했을 터인데 안타까운 일이다.[58]

정약용은 명 태조가 처음에 강원도에 철령위를 설치하려고 했다가 이를 포기하고 1388년에 봉황성 동북쪽에 철령위를 설치했다고 주장하였다. 그는 우리 민족의 영역이 원래부터 대체로 한반도 지역이었음을 입증하고자 한 것이다. 고조선이 원래 한반도 북부에 있었고 고구려도 초기 영역이 압록강 중류 이북 지역이었다고 보았다. 또 발해사는 그 영역을 백두산 이동 지역으로 봄으로써 고구려와의 관련성을 부정하였다. 고려와 조선의 경우는 원래 영토였고, 삼국 통일 이후 잃었던 한반도 북부 지역을 점차 수복하는 것으로 이해하여 조선 초기에 4군과 6진이 설치됨으로써 고조선, 삼한 시절의 고토가 완전히 회복된 것으로 생각하였다.[59]

정약용의 역사관은 삼국 통일 이래 축소되었던 우리 영토가 고려 때 다소 회복되고 조선 초에 완전하게 회복되었다는 주장이다. 그는 당대의 영토 의식을 역사에 투영하면서 역사적으로 한반도가 우리 영토임을 주장하였다. 정약용이 역사의 중심을 한반도 내로 두다보니 문제가 되는 것은 고구려였다. 고구려를 우리 역사로 보면 초기 영역이 만주였기 때문이다. 정약용은 이를 해결하기 위하여 고조선 이래 우리 영토는 대체로 한반도에 국한되고 고구려는 나중에 한반도에 들어온 것으로 보았다. 고구려를 우리 역사의 곁가지로 봄으로써 문제점을 해결하려고

---

58 『與猶堂全書』6,「地理集」4,「疆域考4」, 北路沿革續
　案 表文明言 鐵嶺有兩 一在鴨江之北, 一在鴨江之南, 千有餘里, 則帝必大悟, 惜哉.
59 조성을, 위의 논문, 91～92쪽.

한 것이다. 발해도 이러한 맥락에서 제외된 것이었다.

5) 한진서, 『해동역사속』

한진서는 숙부인 한치윤이 완성하지 못한 『해동역사』를 교정하고 그
때까지 미흡했던 지리지를 추가하여 『해동역사』(1823)를 완성하였다.
한진서가 완성한 지리지인 『해동역사속』[60]은 고려의 강역을 초기와 후
기로 구분하였다. 고려 초기의 강역은 서쪽의 청천강에서 동쪽으로 도
련포(都連浦)를 경계로 삼았다가, 뒤에 가서는 압록강을 경계로 하였다.
송의 서긍이 지은 『고려도경』에 기록된 고려 영토가 서쪽으로 요수를
넘었다는 내용은 잘못된 것이라고 비판하였다.[61] 또한 원 때 편입된 동
녕부는 지금의 평양으로 보았고, 명이 설치한 철령위는 압록강 이북의
봉황성(鳳凰城) 근처라고 하였다.

> 『성경통지』 봉천부 철령현을 보면, 금과 원 때에는 함평부였고, 명 때에
> 는 철령위로 고쳤다. 옛날에는 철령성이 철령위의 치소에서 동남쪽으로
> 500리 되는 곳에 있어 고려와 경계를 접하고 있었다. 홍무 21년에 그곳
> 에 철령위를 설치하였다가 그 뒤 26년에 이곳으로 옮겨왔다. 삼가 살펴보
> 건대 지금의 철령현이다. 그대로 철령위라고 이름하였다. 진서가 삼가 살
> 펴보건대, 봉천부에서 동남쪽으로 5백리 되는 곳을 헤아려 보면 봉황성

---

60 한진서의 『해동역사속』에 대한 연구는 다음 논문이 있다. 한영우, 「해동역사의 연구」, 『한
　국학보』11, 1985, 132~189쪽. ; 박인호, 「『해동역사속』 「지리고」에 나타난 한진서의 역
　사지리인식」, 『조선사연구』11, 2002, 95~128쪽.

61 『海東繹史續』卷10, 「地理考」10, '高麗1', 疆域總論
　鎭書謹按 高麗太祖統合新羅弓裔甄萱之地. 其疆域東西南俱盡海 北界則西自淸川江東
　池至都連浦爲界 其後稍拓西界至于鴨水 而圖經謂西界遼水則誤矣.

근방에 이른다. 홍무 21년에 이곳에 철령위를 설치하고서 고려의 북계 지
역을 떼어 여기에 예속시키려고 하다가 그 뒤에 끝내 실행하지 못하였다.
26년에 이르러서는 봉천부의 북쪽으로 철령위의 치소를 옮겼는데 지금
의 철령현이 바로 그곳이다.[62]

한편 한진서는 함경도 안변 남쪽에도 철령이 있다고 하였다. 한진서
의 역사지리인식은 『요사』나 『청일통지』 등을 적극적으로 수용하였던
당시 역사지리 연구 경향에 비하여 중국의 고대 정사류 기록에 보이는
주장을 더 믿는 양상을 보였다.[63]

6) 김정호, 『대동지지』

김정호[64]는 『대동여지도』를 제작하고 『대동지지』(1863)를 저술하였
다.[65] 그는 『대동여지도』를 완성한 후에 지도에 맞는 『대동지지』를 저술
하면서 생애를 마친 것으로 알려졌다. 김정호는 당대 조선 8도의 각 도
별 군현 지리지인 『대동지지』의 발간 목적을 다음과 같이 밝히고 있다.

---

62 『海東繹史續』卷10, 「地理考」10, '高麗1'
　　盛京通志, 奉天府 鐵嶺縣, 金元成平府, 明改鐵嶺衛, 古有鐵嶺城, 在衛治東南五百里.
　　接高麗界. 洪武二十一年, 置衛於彼, 後二十六年徙此. 謹案 今 鐵嶺縣野. 仍名鐵嶺衛.
　　鎭書 謹案, 自奉天府 東南計五百里, 當至鳳風城近處也. 洪武二十一年, 置衛於此, 議割
　　高麗北界 以隸, 後竟不行, 至二十六年, 徙治於奉天府之北, 今鐵嶺縣是也.

63 박인호, 『조선시기 역사가와 역사지리인식』, 이회문화사, 2003, 329~330쪽.

64 『조선왕조실록』에서 김정호를 검색하면 『대동여지도』와 『대동지지』 저술자로서의 김정호
　　는 찾아볼 수 없다. 김정호가 알려진 것은 조선총독부에서 발간한 『朝鮮語讀本』5권, '제4
　　과(金正皡)'에서다.

65 김정호의 『대동지지』에 대한 연구는 다음 논문이 있다. 원경렬, 「대동지지에 관한 연구」,
　　『민족교육연구』7, 1991, 155~180쪽. ; 박인호, 「『대동지지』 「방여총지」에 나타난 김정
　　호의 역사지리인식」, 『한국학보』89, 1997, 61~77쪽.

무릇 여지(輿地)에는 도(圖)가 있고 지(志)가 있었으며 옛날에는 도에 직방(職方)이 있었고 지는 한서(漢書)부터 비롯되었다. 도로써 천하의 형세를 보고 지로써 역대의 업적을 헤아릴 수 있으니 실로 나라의 큰 도리이다. (중략) 본조(本朝)에 이르러 여지승람을 지으니 도적(圖籍)이 환연(煥然)해지고 우리나라가 토대를 닦은 후에 있어서 무릇 땅에 있는 류(類)는 포괄하지 않음이 없으니, 아! 성(盛)하구나. 지금 삼백여 년 사이에 주·군·진·보(州郡鎭堡)의 혁치(革置), 호구(戶口) 전부(田賦)의 증멸(增滅)이 스스로 같지 않음이 있어 때로 바르게 알 수 없다. 이에 제가(諸家)의 도를 고열(考閱)하고 경도와 위도를 살피고 동서와 남북의 길이를 구분하였으며, 역사와 전기 등 서적을 두루 수집하여 승람의 예에 따라 문목(門目)을 삭제하고 보충하였다.[66]

『동국여지승람』이 간행된 이후 330여 년이 경과되는 동안 많은 주(州)·군(郡)·진(鎭)·보(堡) 등의 내용이 변하였지만 이를 보완한 지지가 없기 때문에 새로운 지도와 지지를 만들었다는 것이다. 그리하여 압록강과 두만강 이남 지역의 지도와 지지가 완성되었다. 『대동지지』의 연혁은 신라 탈해왕 11년부터 고려 말까지의 행정 구역의 변동 사항을 약술하고 그 변천 과정을 설명하였다. 고려의 강역에 대해서는 처음에는 압록강 해구에서 동쪽의 도련포에 이르는 선으로 잡았고, 고려 공민왕 시기에 동북쪽으로 경성(鏡城), 서북쪽으로 강계(江界)에 이르렀다고 하였다.[67] 김정호의 『대동여지도』는 정약용의 『아방강역고』와 함께 대일

66 『東輿圖志』, 「序」(원경렬, 「대동지지에 관한 연구」, 160쪽에서 재인용)

67 『大東地志』, 「高麗」, '疆域'
自潺隘口抵鴨綠江 道連浦狄踰嶺以北爲女眞諸部. 恭愍王時拓地東北則至于鏡城西北則至于江界.

항쟁기 일본학자들이 우리의 역사지리를 비정하는 기본적인 자료로
사용하였다.

2. 대일항쟁기 일본학자의 영토 인식과 역사 연구

일본 제국주의는 1905년 러일 전쟁에서 승리하자 곧바로 조선과 을
사늑약(乙巳勒約)을 체결하여 조선의 외교권을 박탈하고 보호 국가로
삼았다. 조선의 국권을 강탈한 일제는 한반도를 발판으로 만주 경영을
위한 계획에 착수하여 '만선사관(滿鮮史觀)'을 만들어냈다. 만선사관이
란 지리적으로 만주 지역과 조선 반도를 하나의 역사 단위로 파악하는
역사학이다.[68] 즉, 만선사는 만주 지역의 역사를 뜻하는 '만주사'와 조선
반도의 역사를 가리키는 '조선사'를 합쳐서 만든 용어이며, 이러한 관
점에서 역사를 파악하고 인식하는 것이 만선사관인 것이다.[69] 만선사는
시라토리 구라키치(白鳥庫吉)에 의해 주창되고 이나바 이와키치(稲葉岩
吉)에 의해 체계화되었다. 주된 연구 대상은 한국의 고대사, 한국 식민
지화와 대륙 진출을 위한 준비 작업 및 이를 용이하게 추진할 역사지
리의 고증이었다.[70] 일제는 한국의 식민지화를 정당화하기 위하여 다방
면으로 노력하였다. 한국을 보호 국가로 삼은 것은 반도에 있는 미성숙한
조선인들을 성숙하게 완성시켜주기 위한 것[71]이라고 하였으며, 나아가

---

68 旗田巍著, 李基東譯, 『일본인의 한국관』, 일조각, 1983, 139쪽.
69 박찬흥, 「만선사관에서의 한국고대사 인식 연구」, 『한국사학보』29, 2007, 11쪽.
70 旗田巍著, 李基東譯, 위의 책, 146~149쪽.
71 박찬흥, 위의 논문, 15쪽.

일본과 조선은 한 조상이었다는 '일선동조론(日鮮同祖論)'을 내세우며 조선의 식민 지배를 정당화하였다.

만선사 연구는 한국의 고대사, 특히 고구려사에 대한 연구에 집중하였다. 이는 고구려의 영토가 한반도 중부 지역에서 만주 지역을 아우르는 것이었기 때문에 일제의 당면 과제인 만주 진출을 위한 지침을 마련하기에도 안성맞춤이었다. 고구려사 연구에서 중요한 것은 고구려의 요동 지역 확보였다. 일제는 고구려 역사에서 요동반도 장악 방법을 확실하게 배워야 하며, 요동 지역을 장악하는 것은 한반도를 완전히 장악하는 것이자 식민 지배를 완성하는 것이라는 의미를 부여하였다. 그들은 한반도의 지리적 위치를 정치적으로 이용하였는데, 조선은 날카로운 칼날처럼 일본의 중심부를 향하여 돌출해 있어서 다른 강국이 한반도를 장악하면 일본의 안전이 위협받기 때문에 이를 미연에 방지하기 위하여 한반도를 장악하지 않을 수 없다는 논리를 폈다.[72]

또한 일제는 고조선의 평양은 현재 북한의 평양이라고 하고 이로부터 삼국을 통일한 신라와 고려의 역사지리를 모두 한반도 안에 비정하는 반도사관을 정립하였다. 일제는 이러한 식민사관을 완성하기 위하여 먼저 만철로 하여금 『만주역사지리』와 『조선역사지리』를 완성하도록 하였다. 이 작업에 책임자로 참여한 시라토리는 책임자의 변에서 말하기를, "국가의 기대에 부응하기 위하여 우리들도 적극적인 협조를 해야 한다."고 밝혔다. 이 두 책의 목적은 압록강과 두만강이라는 자연지리를 경계로 그 동쪽과 남쪽은 한국사, 서쪽은 중국사, 북쪽은 여진족 등의 역사 영역으로 기록하는 것이다. 이 두 책은 1913년에 완성된 이후

---

72 한중일3국공동역사편찬위원회, 『미래를 여는 역사』, 한겨레출판, 2007, 48쪽.

모든 조선 역사 연구에 필수 도서로 활용되었는데, 가장 중요한 것은 1938년에 조선사편수회에서 발간한 『조선사』의 국경사를 설명하는 근간이 되었다는 점이다.

대일항쟁기 고려 시대 서북 국경 관련 연구에 참가한 일본학자들은 쓰다 소키치(津田左右吉), 야나이 와타리(箭內亘), 이케우치 히로시(池內宏), 이나바 이와키치, 와다 세이(和田淸), 스에마츠 야스카즈(末松保和) 등이다. 이들은 『만주역사지리』를 기준으로 삼아 이에 꿰맞추는 형식으로 『조선역사지리』를 완성하였다. 『조선역사지리』의 부도(附圖)가 고려 시대부터 시작하는 것도 이러한 이유에서다. 이들의 연구는 고려 시대 원에 편입된 동녕부와 자비령의 위치, 명 태조가 설치한 철령위의 위치 및 조선 세종 시기 여진을 무찌른 파저강과 올라산성의 위치 등에 집중되었는데, 다른 여타 사료는 중시되지 않은 채, 『신증동국여지승람』과 『대동여지도』에 보이는 지명과 위치를 그대로 반영하였다. 이제 이들의 역사지리비정 연구에 대하여 영역별로 살펴보기로 한다.

1) 동녕부 및 자비령의 위치

대일항쟁기 일본인 학자들의 동녕부 관련 연구는 두 편[73]이 있다. 야나이 와타리는 원의 만주 강역을 검토하면서 고려 시대의 동녕로 전부와 개원로 일부가 조선 지역에 있었기 때문에 만주 이외의 지역임에도 함께 살펴보아야만 한다고 하였다. 하지만 바로 이어지는 문장에서 『만주역사지리』에서 동녕부를 다루는 목적이 나타난다.

---

73 箭內亘, 「滿洲に於ける元の疆域」, 『滿洲歷史地理』2, 滿鐵, 1913, 268~432쪽.
　　津田左右吉, 「元代に於ける高麗西北境の混亂」, 『朝鮮歷史地理』2, 滿鐵, 1913, 158~195쪽.

이들(원의 동녕부) 행정 구획, 즉 로(路), 부(府), 주(州), 현(縣)의 치소(治所)의 비정(比定)은 물론이고, 가능한 한 이들 관할 구역을 분명하게 하여, 이로써 원 제국의 동쪽에서의 영토를 대강이라도 정하는 것이 바로 본고의 목적이다.[74]

즉, 원 제국의 동쪽 영토가 어디까지인가를 알기 위하여 만주 지역이 아닌 한반도까지 살펴보겠다는 것이다. 그는 동녕부가 한반도의 평양을 중심으로 한 평안도와 황해도 지역이라고 단정하였는데, 이러한 단정의 출발은 바로 다음과 같은 확증에서 시작된다.

동녕부는 고려의 서경(西京)이며 지금의 평양이라는 것은 어떤 고증도 필요로 하지 않는다.[75]

고려의 서경은 고구려 때 평양의 명칭을 고쳐서 부른 것이다. 고구려의 평양은 한 곳에만 있었던 것이 아니고 여러 곳으로 이동하였다. 위의 문장이 성립하려면 적어도 고구려의 여러 평양 중에 한 곳이 현재의 평양이라는 설명이 있어야 한다.[76] 그런데 단지 현재의 지명이 평양이라는 이유만으로 고려의 서경이라고 단정하고 있는 것이다. 야나이

---

74 箭內亘, 위의 논문, 268쪽.
　　此等の行政區劃即ち路府州縣の治所の此定は勿論, 出來得る限りは此等の管轄區域を明にし以て元帝國の東方に於ける領土を概定するは即ち本稿の目的なるが.

75 箭內亘, 위의 논문, 344쪽.
　　東寧府は高麗の西京にして今の平壤なること何等考證を要せず.

76 현재의 평양이 고구려 시대의 평양이었는가 하는 것은 별개의 문제다. '서경=현재의 평양'이라는 등식이 논리성을 가지려면 고구려 시대의 평양에 대한 설명이 있어야만 한다는 의미이다.

와타리의 이러한 서술 방식이 얼마나 잘못된 것인지는 다음의 몇 개 문장만 살펴보아도 알 수 있다.

숙주(지금의 숙천)

고려에 숙주(肅州)가 있는데, 숙(宿)은 대략 숙(肅)의 잘못일 것이다. 과연 그렇다면 지금의 평안남도 숙천군(肅川郡)이 바로 이것일 것이다.[77]

박주(지금의 박주 부근)

지금의 평안북도 박천군(博川郡)일 것이다. 다만 박주(博州)의 옛 이름인 박릉군(博陵郡)과 같은 지역이 치소였다고 한다면, 지금의 군치(郡治)에서 남쪽으로 10리에 그 옛 터가 있었다고 할 수 있을 것이다. 박주는 수안현(遂安縣)*을 거느렸다.

  *수안현(지금도 같다) : 지금의 황해도 수안군(遂安郡)이 바로 그 옛 터이다.

  다만 박주에서 너무 멀리 떨어져 있는 것이 괴이하다.[78]

위의 예문에서 볼 수 있듯이 현재의 지명과 발음이 같다는 것만으로 사서의 기록이 잘못된 것이라고 하거나, 평안북도 박천군에 박주를 비정하고 그에 예속된 수안현은 황해도 수안군에 비정하는 모순에 빠져 스스로도 '괴이하다'고 하고 있다.

---

[77] 箭內亘, 위의 논문, 349쪽.
  宿州(今の肅川) 高麗に肅州あり. 宿は蓋し肅の訛ならん. 果して然らば今の平安南道肅川郡卽ち是なるべし.

[78] 箭內亘, 위의 논문, 358쪽.
  博州(今の博川附近) 今の平安北道博川郡なるべし. 但し博州の古名博陵郡と同地に治したりしものとせば今の郡治の南十里を以て其遺址とすべし. 本州は遂安縣を領せり. イ. 遂安縣(今同じ) 今の黃海道遂安郡は卽その故地なり. たゞ博州を距ること餘りに遠きを怪む.

야나이 와타리와 함께 한반도의 역사지리를 연구한 쓰다 소키치는
『조선역사지리』를 서술하였다. 그는 이 책에서 야나이 와타리의 내용을
가져다가 동녕부가 한반도의 평양과 황해도에 있음을 재차 확인하였다.
그런데 쓰다 소키치의 위치 비정 서술 방식도 야나이 와타리 못지않게
모순투성이다.

서경이 옮겼다는 것은 지리지에 보이지 않지만, 앞에 인용한 세가(世
家)의 기사에 따르면 일단 저도(楮島)로 도망간 것은 분명하다. 저도는
지금의 진남포 남쪽에 있는 황해도 안악현에 속하는 저도(猪島)인 것
일까?[79]

지리지에 「고종 18년에 몽고병을 피해 해도로 들어갔다. 원종 2년에 육
지로 나와서 가산(嘉山)의 서촌에 기거하면서 연산부에 예속되었다.(高宗
十八年避蒙兵, 入于海島, 元宗二年出陸, 寓于嘉山西村, 隷延山府)」라고 기록
되어 있다. 대동여지도에 정주(定州)의 동남쪽, 옛 정주 남쪽의 해변에 고
운산의 이름을 기재하였다. 아마도 이곳일 것이다.[80]

---

79 津田左右吉,「元代に於ける高麗西北境の混亂」, 167~168쪽.
　　西京の遷移は地理志に見えざるも, 上文に引用せし世家の記事により一たび楮島に逃竄
　　せしこと明なり. 楮島は今鎭南浦の南にありて, 黄海道安岳縣に屬する猪島ならんか.
80 津田左右吉, 위의 논문, 162쪽.
　　地理志に「高宗十八年避蒙兵, 入于海島, 元宗二年出陸, 寓于嘉山西村隷延山府」とあり.
　　出陸後も故地に復せずして嘉州の西部に州治の名を保てりと見ゆ. 嘉山西村は輿地勝
　　覽, 雲山郡の條に「古雲山, 在嘉山郡西四十里, 去本郡二日程, 卽出陸初寓之處」とあり, 大
　　東輿地圖に, 定州の東南, 古定州南方の海濱に古雲山の名を記せり. 蓋し是ならん.

양암진은 지금의 양덕현(陽德縣) 부근에 있다. 그런데『원사』지리지에
「연주는 양암 1진을 거느린다.(延州領陽嵓一鎮)」라는 기록이 보인다. 연
주를 위에서 설명한 것처럼 영원의 남쪽인 연산이라고 해도 양암진과 약
400리의 거리가 있으므로, 양자 사이에 이러한 관계가 있을 리가 없다.

『원사』의 기사가 틀리지 않다고 한다면 양암진도 당시 어딘가로 도피
하였고 그 지점이 연주가 옮긴 곳과 근접했으므로, 이러한 관계가 형성된
것이라고 상상할 수 있다.[81]

쓰다 소키치의 서술 방식을 살펴보면, '○○가 아닐까?', '아마도 이곳
일 것이다', '상상할 수 있다' 등의 문장으로 역사지리를 비정하고 있다.
그의 이러한 서술 방식은『조선역사지리』에 전반적으로 나타난다.[82] 이
처럼 야나이 와타리와 쓰다 소키치 두 사람이 몰상식한 방법으로 동녕
부를 한반도에 비정한 것은 무슨 까닭일까. 이는 야나이 와타리가 원의
동녕부를 한반도에 비정하고 고려와 원의 경계를 설명하는 결론 부분
에서 알 수 있다.

---

81 津田左右吉, 위의 논문, 176쪽.
　　陽嵓鎮は今の陽德縣附近なり. 然るに, 元史地理志に「延州領陽嵓一鎮」と見ゆ. 延州を
　　(上文に說きしが如く)寧邊の南方なる延山なりとするも, 陽嵓鎮とは約四百里の距離あ
　　れば兩者の間にかかる關係あるべき理無し. 元史の記事を誤 なしとせば陽嵓鎮も當時
　　何れにか逃避しをりて其の地, 延州の遷移せしところと接近せるよりかかる關係を生ぜ
　　しものと想像せざるべからず.
82 이러한 비논리적인 서술은 논설문으로 볼 수 없는 글이다. 결국, '반도사관'이라는 결론을
　　정해 놓고 억지로 꿰어 맞춘 것이라고 볼 수 있는 것이다.

우리는 은율현(殷栗縣)과 풍주(豊州)와의 사이를 기점으로 삼고, 동쪽을 향해 봉산군(鳳山郡)과 서당군(瑞當郡) 사이에 있는 자비령(慈悲嶺)을 통과하여 수안군(遂案郡)의 남쪽을 거쳐 강원도의 서북쪽 경계에 달하는 하나의 선으로, 동녕로와 고려국의 경계로 삼은 것이다.[83]

즉, 고려의 북계는 평양의 아래쪽인 황해도의 은율에서 자비령을 거쳐 강원도로 이어지는 국경선을 획정하고 이에 맞추어 동녕부 60개의 성을 꿰어 맞춘 것이다.[84] 그런데 여기에서도 쓰다 소키치의 작위적인 역사 왜곡이 두드러지게 보인다.

① (지원) 7년 정월에 「조서를 내려 고려 서경이 내속하였으니 동녕부로 고치고 자비령을 경계로 삼게 하였다.(詔高麗西京內屬, 改東寧府, 劃慈悲嶺爲界)」라는 것은 이것에 대응되는 것이며, 자비령 이북은 이와 같이 원 통치에 귀속된 것이다.[85]

② 원 통치하에 귀속된 지역은 자비령(慈悲嶺) 이북이라는 말로 대강

---

83 箭內亘, 「滿洲に於ける元の疆域」, 362쪽.
　　吾人は殷栗縣と豊州との間を起點とし, 東に向つて鳳山·瑞當二郡の間なる慈悲嶺を通過し遂安郡の南を經て江原道の西北境に達する一線を以て, 本路と高麗國との境界と爲すなり.

84 『만주역사지리』는 모두 3명이 저자로 참석하여 각자 맡은 부분을 집필하였다. 하지만 이는 각자의 학문적인 연구 결과물에 의해서 책임 집필을 한 것으로 보이지 않는다. 그것은 결론 부분의 첫 문장에서 알 수 있는데, 이미 저술의 목적과 결과가 정해진 상황에서 쓰다 소키치를 비롯한 3명의 저자들은 이를 충실하게 해결하는 작업이었음을 짐작할 수 있다.

85 津田左右吉, 「元代に於ける高麗西北境の混亂」, 180~181쪽.
　　(至元)七年正月に「詔高麗西京內屬, 改東寧府, 劃慈悲嶺爲界」といへるは之に應ずるものにして, 慈悲嶺以北は此の如くにして元の統治に歸したるなり.

알 수 있지만, 자세한 것은 그중에 포함된 주현(州縣)에 비추어 볼
수밖에 없다.[86]

③『고려사』충렬왕 세가 16년(원, 세조 지원(至元) 27년) 3월 조항에 「황
제가 조서를 내려 동녕부를 폐지하고 서북쪽의 여러 성들을 우리
에게 돌려주었다.(帝詔罷東寧府, 復歸我西北諸城)」라는 기록이 있다.
(중략) 자비령 이북 지역은 동녕로 관하에 속한지 20년 만에 고려의
영유로 귀속된 것이다.[87]

〈사료①〉의 앞부분은『고려사』의 내용을 인용하여 자비령을 설명하
고 있는 부분이다. 그런데 고려와 원의 국경은 '자비령을 경계로 삼았
다'는 사서 원전의 내용을 곧바로 '자비령 이북'으로 설명하고 있다. 하
나의 문장에서조차도 앞뒤가 맞지 않는 왜곡을 자연스럽게 하고 있는
것이다. 이는 곧 황해도에 자비령이라는 지명이 있는 것을 이용하여 이
곳을 원과의 경계로 확정하려고 했기 때문이다. 그리하면 동녕부인 평
양은 자연히 자비령 북쪽이어야 하기 때문에 사서에도 없는 내용을 넣
어서 왜곡시켜 놓은 것이다. 이렇게 왜곡된 '자비령 이북'이라는 단어는
역사적 사실이 되어 〈사료②〉, 〈사료③〉에서 보듯이 하나의 고유명사

---

86 津田左右吉, 위의 논문, 181쪽.
　元の統治に歸したる地域は慈悲嶺以北の一語によりて其の大體を知るを得べきも, 其の
　詳細は之を其の中に包含せらるる諸州縣に徵せざるべからず.
87 津田左右吉, 위의 논문, 192쪽.
　高麗史, 忠烈王, 世家十六年(元, 世祖至元二十七年)三月の條に, 「帝詔罷東寧府, 復歸我
　西北諸城」とあり. (中略) 慈悲嶺以北の地は東寧路の管下に屬すること二十年にして,
　高麗の領に復歸せるなり.

50

처럼 설명되고 있다.[88]

『대명일통지』에서 자비령에 대한 기록을 찾아보면, '평양성 동쪽 160 리에 있다'[89]고 하였다. 이곳에서 말하는 평양성이 현재의 평양이라고 가정[90]하더라도 황해도의 자비령은 '평양의 동쪽 160리'와는 맞지 않는 곳이다. 그들조차도 이처럼 비정하고는 '너무 멀리 떨어져 있어서 괴이 하다'고 하고 있다. 이는 우리의 역사지리를 이미 '정해놓은' 결론에 맞 추느라 급급하였음을 알 수 있는 하나의 방증 자료인 것이다.[91] 이러한 사실은 두 책의 감수를 맡은 시라토리 구라키치가 "만주사의 연구는 학 자의 한가한 사업이 아니라 국가 경영의 임무를 맡은 위정자의 임무를 이루는 것"이라고 주장한 것에서도 알 수 있다.[92] 즉, 만철의 한국 중세 사는 〈지도 I-3〉에서 보는 것과 같이 한반도를 벗어나지 못했다는 반 도사관의 틀 속에서 이루어졌던 것이다.[93]

---

88 쓰다 소키치에 의해 왜곡된 '자비령 이북'은 어느 누구의 교정도 없이 현재까지도 하나의 단어로 사용되고 있다.

89 『大明一統志』卷89, 「外夷」, '朝鮮國'
   慈悲嶺:在平壤城東一百六十里元時劃此爲界.

90 고구려 시대의 평양이 어디였는가에 대한 연구는 크게 두 가지 학설로 나뉜다. 현재의 '평 양'이 고대에도 평양이었다는 설과, 현재의 '요양'이 고대의 평양이었다는 설이다. 오랫동 안 전자를 따르는 학설이 우세했지만, 최근에는 남의현, 복기대, 윤한택 등의 연구 성과에 의해 후자의 학설이 설득력을 얻고 있다.

91 만철의 만주역사조사부는 滿韓史를 연구하기 위해 160여 종에 이르는 방대한 사료를 참 고하였다. 慈悲嶺이 기록된 사료는 『高麗史』와 『元史』및 『大明一統志』 등 몇 종류가 안 된다. 그렇기 때문에 연구자들은 이 자료들을 분명히 확인하였을 것이다. 그럼에도 불구 하고 어떠한 평가나 인용을 하지 않은 것은 정해진 결론에 부합되지 않는 내용이었기 때 문이었을 것으로 생각된다.

92 박지영, 「근대 일본의 조선사 연구와 만주역사조사부」, 『일본은 반도사관을 어떻게 만들 었나?』, 인하대 고조선연구소 학술회의자료집, 2018, 17쪽.

93 일제 시기의 만철과 조선사편수회는 여러 사료의 기록들을 무시한 채 우리 역사를 반도 사관에 꿰맞추는 데에만 급급하였다. 이는 역사 왜곡을 넘어 역사 조작에까지 이르는 행 위였다.

〈지도 I -3〉 원대 고려의 북계(北界)[94]

　1269년(지원 6)에 원의 동녕부가 되었던 영토는 1290년인 고려 충렬왕 16년(지원 27)에 고려에 반환되어 고려는 서경을 되찾았다. 하지만 사서의 기록은 동녕부가 폐지된 것이 아니라 동녕로총관부로 승격되었다고 하였다. 그리고 1369년(공민왕 18)에 공민왕은 지용수, 이성계 등의 장수를 보내 동녕부를 공격하였는데, 그 장소가 지금의 요양이었다.[95] 이러한 사서의 기록을 두고 야나이 와타리는 다음과 같이 결론을 내렸다.

94 『朝鮮歷史地理』2「附圖」, '元代高麗北境圖'

95 『高麗史』卷42,「世家」卷第42, 恭愍王 19年 1月
　　時東寧府同知李吾魯帖木兒, 聞太祖來. 移保亐羅山城, 欲據險以拒, 太祖至也頓村, 吾魯帖木兒來挑戰, 俄而棄甲再拜曰, "吾先本高麗人, 願爲臣僕, 率三百餘戶降. 吾魯帖木兒, 後改名原景. 其酋高安慰帥麾下, 嬰城拒守, 我師圍之. 太祖適不御弓矢, 取從者之弓, 用片箭射之, 凡七十餘發, 皆正中其面. 城中奪氣, 安慰棄妻孥, 縋城夜遁. 明日頭目二十餘人率其衆出降, 諸城望風皆降, 得戶凡萬餘. 以所獲牛二千餘頭, 馬數百餘匹, 悉還其主, 北人大悅, 歸者如市. 東至皇城, 北至東寧府, 西至于海, 南至鴨綠, 爲之一空.

즉, 그 이름이 같은 동녕부라고 할지라도, 그 지역을 달리한다는 것은 말할 필요도 없는 것이다. 앞의 동녕부는 지금 조선의 평양이고, 뒤의 동녕부는 과연 이것을 어느 주변으로 의정(擬定)해야 하는 것일까? (중략) 요컨대 원 말기, 명 초기에 원의 잔당이 웅거하며 고려에게 정벌을 당한 이른바 동녕부는 지금의 요양(遼陽)으로 비정(比定)되어야 할 것이다.[96]

야나이 와타리가 주장하는 동녕부를 정리하자면, 동녕부는 한반도 평양에 설치되었는데, 충렬왕 때인 1290년에 서경인 현재의 평양 지역을 돌려주고 중국 요령성 요양 지역으로 옮겨갔다는 것이다. 즉, 명칭은 같아도 장소는 다르다는 것이다. 이렇게 확정된 동녕부 위치 비정은 해방 이후 오늘날까지도 그대로 준용되어 오고 있다.[97]

---

96 箭內亘,「滿洲に於ける元の疆域」, 363~369쪽.
乃ち其名均しく東寧府といふと雖も,其地を異にするや言を竢たず. 前の東寧府は今の朝鮮の平壤なり,後の東寧府は果して之を那邊に擬定すべきか. (中略) 要するに元末明初の世,元の餘黨の據りて高麗の征討を被りたる所謂東寧府は,今の遼陽に比定せらるべきものなり.

97 국사편찬위원회가 운영하는 한국사데이터베이스에서 이성계가 공민왕의 명령을 받아 동녕부를 공격한 기록을 검색하면 사료 말미에 다음과 같은 '동녕부'에 대한 주석이 있다.
*동녕부(東寧府) : 원이 고려 서경(西京)에 두었던 관청. 고려 원종(元宗) 10년(1269)에 반신(叛臣) 최탄(崔坦)이 난을 일으켜 서경(西京)을 비롯한 북계(北界)의 54성(城)과 자비령(慈悲嶺) 이북 서해도(西海道)의 6성(城)을 들어 원에 항복했는데, 원종 11년에 원세조(世祖)가 서경에 동녕부(東寧府)를 설치하고, 최탄으로 동녕부 총관(東寧府摠管)을 삼아 자비령 이북을 원의 영토로 편입했다. 후에 충렬왕(忠烈王) 16년(1290)에 고려의 요청으로 이를 폐지, 그 지역을 고려에 돌려주고 동녕부를 요동(遼東)으로 옮겼다. 여기의 동녕부는 요동의 것을 지칭한 것이다. (국사편찬위원회 한국사데이터베이스, 『조선왕조실록』「태조실록」1권, 주(註)026)

2) 철령 및 철령위의 위치

대일항쟁기의 일본인 학자들도 철령위 위치에 많은 관심을 가졌다. 이 시기 5명의 학자가 철령위 위치에 관해 연구하고 관련 논문을 발표하였다.[98] 첫 연구는 쓰다 소키치에 의해 이루어졌다. 쓰다는 철령위 위치를 살피기 전에 고려가 철령을 '오해'한 것에서 벌어진 일이라고 단정하였다. 쓰다가 인용한 표문의 내용은 다음과 같다.

철령 이북을 살펴보면, 역대로 문주(文州)·고주(高州)·화주(和州)·정주(定州)·함주(咸州) 등 여러 주를 거쳐 공험진(公嶮鎭)에 이르니, 원래부터 본국의 땅이었습니다. 요(遼)의 건통(乾統) 7년에 동여진이 난을 일으켜서 함주 이북의 땅을 빼앗아 점거하니, 예왕(예종)이 요(遼)에 고하고 토벌할 것을 청하여 병사를 보내어 쳐서 회복하고서, 함주에서 공험진 등까지 성을 쌓았습니다. (중략) '철령 이북·이동·이서는 원에서 개원(開元)에 속하였으니, 관할하는 군민들도 요동(遼東)에 속하게 하라.'라고 하였습니다. 철령의 산은 왕경(王京)으로부터 거리가 겨우 300리이며, 공험진을 변방의 경계로 삼은 것은 1, 2년이 아닙니다. (중략) 엎드려 바라건대, 폐하께서는 넓은 도량으로 포용하시고, 두터운 덕으로 어루만져 주셔서, 몇 개 주의 땅을 하국(下國)의 땅으로 삼아 주십시오.[99]

---

98 津田左右吉,「高麗末に於ける鴨綠江畔の嶺土」,『朝鮮歷史地理』2, 滿鐵, 1913. ; 池內宏,「高麗辛禑朝に於ける鐵嶺問題」,『東洋學報』8-2, 東洋協會調査部, 1918. ; 和田淸,「明初の滿洲經略」,『滿鮮地理歷史研究報告』14, 東京帝國大學文學部, 1934. ; 稻葉岩吉,「鐵嶺衛の位置を疑ふ」,『靑丘學叢』18, 靑丘學會, 1934. ; 末松保和,「麗末·鮮初に於ける對明關係」,『靑丘史草』1, 1965.

99『高麗史』,「列傳」卷第50, 禑王 14年 2月
鐵嶺迤北, 歷文·高·和·定·咸等諸州, 以至公嶮鎭, 自來係是本國之地. 至遼乾統七年, 有東女眞等作亂, 奪據咸州迤北之地, 睿王告遼請討, 遣兵克復, 就築咸州及公嶮鎭等城.

쓰다는 이 표문의 내용에 나오는 철령을 들어, '고려 정부는 철령이라는 이름을 듣고 이것을 지금의 강원도와 함경도 2도의 경계인 철령이라고 생각했을 테지만, 이것은 철령이라는 이름이 같은 데서 생긴 오해'[100]라고 하였다. 쓰다가 위의 표문을 예로 들어 고려가 '강원도 철령'의 오해라고 삼은 근거는 '철령의 산은 왕경으로부터 거리가 겨우 300리'라는 기록인 것 같다. 고려의 수도는 개경이다. 왕경은 개경만을 의미하는 것이 아니다. 즉, 서경도 왕경인 것이다. 설령, 북한의 평양을 서경으로 보더라도 평양에서 강원도 철령까지는 300리가 넘는 거리다. 또한 당시에 강원도와 함경도의 경계를 철령으로 불렀다는 기록도 없다. 오히려 조선 시대 이후에 생겨난 지명인 철령을 가지고 거꾸로 고려 시대까지 소급하여 위치를 비정하고 있는 것이다.

쓰다는 명이 최초로 세우려고 했던 철령위는 '압록강 부근'이라고 하였다. 그리고 그 자세한 위치는 다음과 같은 이유를 들어 파저강 하류 유역이라고 하였다.

신우 전(傳)에 '요동에서 철령까지 70참을 두었다(自遼東至鐵嶺置七十站)'라는 기록은 요동도지휘사사의 소재지인 요양에서 압록강 방면에 달하는 교통로였는데, 그것은 위 문장에서 서술했던 태자하 유역에서 회인

(中略) 今欽見奉, '鐵嶺池北池東池西, 元屬開元, 所管軍民, 仍屬遼東. 欽此.' 鐵嶺之山距王京, 僅三百里, 公嶮之鎭, 限邊界, 非一二年. (中略) 伏望, 陛下度擴包容, 德敦撫綏, 遂使數州之地, 仍爲下國之疆.

100 津田左右吉, 「高麗末に於ける鴨綠江畔の嶺土」, 243～244쪽.
蓋し高麗の政府は鐵嶺の名をさして之を今の江原, 咸鏡二道の境界たる鐵嶺なりと思惟せしものなるも, こは鐵嶺の名の同じきより生ぜし誤解にして.

방면으로 통하는 것이고, 따라서 철령위도 역시 파저강 하류 유역에 있었을 것이다.[101]

또한 명이 철령위를 세우고 황성에 이르러 강계만호 등을 초무하였다는 기록을 들어 파저강 하류 부근이 황성이라면 맞은 편 기슭에 있는 강계부는 현재의 초산 부근이라고 주장하였다. 그러면서 철령위를 봉집현에 설치하였다는 명대의 사서 기록[102]을 의심하고 있다.

봉집현은 무순(撫循) 부근의 봉집보(奉集堡)인 것처럼 보이지만, 이렇게 해서는 위 문장의 여러 조항의 기사와 모순되는 것 같으므로, 흔히 말하는 철령이 과연 이 지역이었는지를 조금 의심해 보아야 할 것이다.[103]

쓰다는 자신이 비정한 파저강 유역의 철령위는 여진이 점령한 곳이 되어 경략의 실효를 보지 못하였다고 하고, 그런 이유로 얼마 못가서 이곳을 철폐하고 개원의 남쪽으로 철령위를 옮겨서 설치하였다고 주장하였다. 쓰다는 이러한 주장에 입각하여 고려 말의 경계를 〈지도 I-4〉와 같이 나타내었다.

---

101 津田左右吉, 위의 논문, 244~245쪽.
而して辛禑傳に「自遼東至鐵嶺置七十站」とあるは遼東都指揮使司の所在地たる遼陽より鴨綠江方面に達する交通路なるべければ,其は上文に述べし,太子河の流域より懷仁方面に通ずるものなるべく,從つて鐵嶺衛もまた婆猪江下流の流域にありしならん.

102 『太祖高皇帝實錄』卷189, 洪武 21年 3月 27日 ; 『明史』권41, 「志」17, '地理2', 遼東都指揮使司 鐵嶺衛

103 津田左右吉, 위의 논문, 244쪽.
奉集縣は撫順附近の奉集堡なるが如く見ゆるも,かくては上文數條の記事と矛盾するが如ければ所謂鐵嶺が果して此の地なりしか,やや疑ふべし.

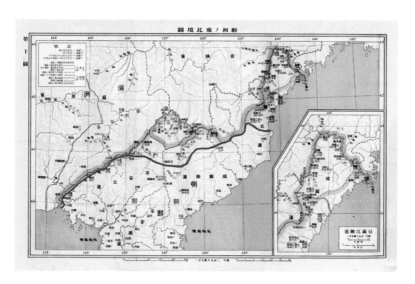

〈지도Ⅰ-4〉 고려 말의 영토(파랑선)[104]

한편, 쓰다는 고려가 원말명초의 혼란한 시기를 틈타 영토의 신장을 도모하였지만, 이는 모두 〈지도Ⅰ-4〉의 범위 내에서 이뤄진 것으로 보았다. 그런데 사서에 보이는 고려의 경계가 요동과 심양까지 이른다는 기록[105]을 제시하고는 다음과 같이 사료의 기록을 부정하였다.

그렇지만 모두 거짓말이다. 탕읍(湯邑)에 관해서는 『고려사』 후비전(后 妃傳) 제2, 충렬왕 제국대장 공부(齊國大長 公主) 전(傳)에 「안동 경산부를 탕목읍으로 삼았다.(以安東京山府爲湯沐邑)」라는 기록 외에 역사상에 다른

---

104 『朝鮮歷史地理』2卷,「附圖」10
105 『高麗史』,「世家」卷第42, 恭愍王 19年 12月
    又慮遼・瀋, 元係本國舊界, 事大以來, 結親甥舅, 任爲行省管轄
    『高麗史』,「列傳」卷第27, 諸臣 池龍壽
    又榜金・復州等處曰, 本國與堯並立, 周武王封箕子于朝鮮, 而賜之履, 西至于遼河, 世 守疆域. 元朝一統, 釐降公主, 遼瀋地面, 以爲湯沐, 因置分省.'

기록이 없는데, 경산부(京山府)는 지금의 경상도 성주(星州)이며, 안동은 상주일 것이다. 요동의 요충지를 공주가 탕목(湯沐)의 읍(邑)으로 삼는 일이 있을 수 없기 때문이다. 고려가 구실로 삼은 역사적 인연이 허구라는 것이 이와 같은 것이다. 더욱이 공험진(公嶮鎭)에 관한 고려인의 주장의 변천을 보는 것도 그들의 생각하는 바를 엿볼 수 있기에 충분하다. 역사가는 그 교활하고 간교한 수단에 미혹되지 말아야 할 것이다.[106]

원의 개원로에는 함평부가 포함된다. 함평부는 요가 함주안동군이라고 부르던 것을 금이 차지하여 부로 승격시키고 안동현을 포함한 6개의 부속 현을 두었다. 이후 원이 차지하여 개원로에 편입시켰다.[107] 원시대의 개원로 남단은 현재의 개원과 철령을 포함하는 지역이다. 사서에 기록된 '요심(遼瀋) 지역'인 것이다. 또한 이 지역은 요 시대부터 '안동(安東)'이라는 지명으로 불렸다. 사서에 기록된 내용과 여러 부분에서 맞아떨어진다. 그럼에도 불구하고 쓰다는 조선 시대 경상도에 경산과 안동이 있는 것을 이유로 들며 사관(史官)을 '교활하고 간교한' 거짓말쟁이로 만들어 버렸다.

---

106 津田左右吉, 「高麗末に於ける鴨綠江畔の領土」, 250~251쪽.
　　されど皆な虛言なり. 湯邑に關しては高麗史后妃傳第二, 忠烈王齊國大長公主の傳に「以安東京山府爲湯沐邑」とある外, 史に所見なく, 京山府は今の慶尙道星州にして, 安東は尙州なるべし. 遼東の要地を公主が湯沐の邑となさんことあらず. 高麗の口實とせる歷史的因緣の虛構なること此の如し. なほ公嶮鎭に關する高麗人の主張の變遷を見るも彼等の心事を覗ふに足るものあり. 史家は其の狡獪手段に惑はされざらんことを要す.

107 『元史』卷59, 「志」第11, '地理2', 咸平府
　　咸平府, 古朝鮮地, 箕子所封, 漢屬樂浪郡, 後高麗侵有其地. 唐滅高麗, 置安東都護以統之, 繼爲渤海大氏所據. 遼平渤海, 以其地多險隘, 建城以居流民, 號咸州安東軍, 領縣曰咸平. 金升咸平府, 領平郭, 安東新興慶雲淸安歸仁六縣, 兵亂皆廢. 元初因之, 隷開元路, 後復割出, 隷遼東宣慰司.

쓰다를 포함한 일본학자들은 많은 사료들을 섭렵하고 만주와 조선의 역사지리를 완성하였다. 그런 쓰다가 이러한 지리지의 내용들을 못볼 리가 만무하다. 그들이 조선의 역사지리를 집필하던 때인 청 시기에도 봉황직예청 산하에 '안동현'이 있었다. 이곳의 범위는 지금의 봉성시와 관전현 사이의 지역으로[108] 요심 지역에 포함되는 곳이다. 역사지리의 비정은 사서의 기록을 최대한 반영하고 이를 심사숙고하는 것이 기본적인 연구 자세이다. 쓰다는 이러한 기본 자세도 저버리고 한반도 안에 있는 지명으로만 비정하려고 하였던 것이다. 그렇기 때문에 김정호의 「대동여지도」는 사료보다 우선시되는 자료였다. 이는 쓰다가 반도사관 완성을 위하여 얼마나 많은 역사 왜곡을 자행하였는지를 알려주는 또 다른 예증이라고 할 수 있는 것이다.

이케우치 히로시는 명 태조가 설치하려고 한 철령위는 현재의 집안인 통구성(通溝城) 부근으로 이곳이 곧 황성(黃城)이라고 주장하였다. 황성의 구체적인 위치는 만포진 건너편이라고 하였다. 그는 자신의 논거를 『요동지』「주악전」을 들어 주장하였다. 그런데 철령위를 봉집보에 설치하였다고 기록된 『명태조실록』[109]의 내용에 대해서는 다음과 같이 주장하였다.

---

108 『淸史稿』卷55,「志」第30,「地理2」, 安東縣
　　安東, 繁疲難. 廳東南一百五十里. 明置鎭江城, 天命六年降. 光緒二年置縣, 隸廳. 分巡奉天東邊兵備道, 宣統元年改爲分巡興鳳兵備道, 駐縣. 縣境居鳳凰邊門外. 北, 元寶山. 鴨綠江自寬甸入, 右受草河, 迤南流入海.

109 『太祖高皇帝實錄』卷189, 洪武 21年 3月 27日
　　徙置二萬衛丁開元是詔指揮僉事劉顯等全鐵嶺站招撫鴨綠江以東夷民會指揮僉事侯史家奴領步騎二千抵幹朶里立衛以糧餉難繼奏請退師還至開元野人劉憐哈等集衆屯于溪塔子口邀擊官軍顯等督軍奮殺百餘人敗之撫安其餘衆遂置衛于開元.

황명실록의 기사는 그 땅에 철령위를 설치하였다는 것을 의미하는 것과 같다. 그렇더라도 『요동지』는 봉집현의 연혁에 관하여 이런 사실을 들지 않았을 뿐 아니라, 철령위가 황성에 설치되었을 때 똑같은 이름의 위소가 봉집현에 설치되었다고 하는 것은 기이하다.[110]

하나의 중요한 사건은 여러 사료에 기록되기 마련이다. 하지만 이때에도 사료마다 약간씩의 차이가 있을 수 있다. 이때에는 사료 선택의 우선순위대로 살펴보아야만 한다. 이케우치가 철령위 설치 장소를 논하면서 참고한 사료의 우선순위를 따진다면 단연코 『황명실록』이 우선되어야 한다. 그런데 정사의 기록은 고구(考究)하지 않고 부수적으로 참고할 자료를 가지고 논의를 전개하고 있다.[111] 즉, 철령위가 요동의 봉집보에 설치되었다는 기록을 '기이하다'라는 하나의 단어로 부정하고 있는 것이다. 이케우치의 철령위 위치 비정도 쓰다와 같은 방식으로 주장하고 있는 것이다.

와다 세이는 쓰다와 이케우치의 '황성설'을 정면으로 반박하고 '강원도 철령설'을 주장하였다.

철령이란 조선 함경남도의 남단, 강원도와의 경계 상에 있는 고개의 이름으로, 즉 원 조정이 성했을 때, 그 세력 범위의 남계(南界)였던 것이다.[112]

---

110 池內宏, 「高麗辛禑朝に於ける鐵嶺問題」, 98쪽.
   皇明實錄の上の記事は, 其の地に鐵嶺衛の置かれしことを意味するもの如し. されども遼東志は奉集縣の沿革に關して斯かる事實を擧げざるのみならず, 鐵嶺衛の黃城に置かれし時, 亦た同名の衛所の奉集縣に置かれたりといふは甚た奇なり.
111 『遼東志』의 기록이 이케우치가 주장하는 내용에 부합하는가는 별도의 문제이다.

와다는 강원도 철령설의 근거로 요동에서 철령까지 70참(站)을 설치하는 것을 들었다. 그런데 그 자신도 70참이 많다고 생각되었는지 '다만 요동(遼陽)에서 황성(洞溝)까지 근소하게 10개 정도의 역이면 충분하다. 도저히 70개 정도의 많은 역은 필요하지 않았을 것이기 때문이다.'[113]라고 설명하고 이어서 다음과 같이 부연 설명을 하였다.

명은 당시 함경도 방면에서 옛 원에 항복한 사람들을 많이 받아들여, 함경 지방에 관련된 지식은 상당히 정확한 것을 갖고 있었음에 틀림없다. 따라서 문제가 된 70참은 분명히 요동에서 동간도(東間島) 방면으로 나와서 소위 조선의 후문에서 함경·함흥을 지나, 철령에 이르는 길에 설치되었을 것으로 생각되는데, 그렇다면 이 황성의 경영이란 무엇이었을까. 황성으로 나온 역은 아무래도 이곳에서 분수령을 넘어 함흥 방면으로 나오는 첩경을 향한 것에 틀림없다. 혹은 70참이란 조선의 후문을 통과해서도, 다소 너무 많으므로, 실은 17참의 잘못으로, 황성에서 철령에 가는 길 위에 설치된 것일지도 모른다. 어쨌든 목적지가 실제로 철령이었음은 의심할 바가 없다.[114]

---

112 和田淸,「明初の滿洲經略」, 263~264쪽.
　　鐵嶺とは朝鮮咸鏡南道の南端,江原道との界上にある山嶺の名で,卽ち元朝の盛時その
　　勢力範圍の南界だつたのである.

113 和田淸, 위의 논문, 270쪽.
　　蓋し遼東(遼陽)から黃城(洞溝)までのみならば,僅に十許站で足り,到底七十站の多さ
　　を要しなかつた筈であるからである.

114 和田淸, 위의 논문, 294쪽.
　　明は當時咸鏡道方面の故元の降人を多く容れてゐて,鐵嶺地方に關すろ知識は相當正確な
　　るものを持つてゐた筈である. 隨つて問題の七十站は必ず遼東から東間島方面に出で,所
　　謂朝鮮の後門から境城·咸興を經て,鐵嶺に至る路程に設けらるべき筈と思ふが,それにし
　　てはこの經營は何事であらうか. 黃城へ出て來た驛はどうしても此處から分水嶺を越え
　　て咸興方面に出る捷徑を目指したものに相達ない. 惑は七十站は朝鮮の後門を通るにして

70참이란 노정이 요동에서 조선의 후문인 동북쪽 지경을 거쳐 강원도 철령에 이르는 길이라고 설명을 하다가, 그래도 70참은 너무 많다고 생각하여 17참의 오류라고 하고 있다. 강원도 철령설을 주장하는 논지가 횡설수설하고 있음을 알 수 있다. 와다는 봉집보에 철령위가 설치된 것에 대하여 부정하지는 않았다. 다만 '명이 그 유지를 참아내지 못하고 홀연히 (강원도 철령에서) 퇴거하여 봉집보'에 설치한 것이라고 하였다.

이나바 이와키치는 평안북도 강계설을 주장하였다. 그 근거로 강계의 옛 지명이 독로강임을 들어 '독로(禿魯)'의 발음이 철령과 흡사하기 때문이라고 하였다. 또한 사서 기록에 보이는 '철령의 북쪽, 동쪽, 서쪽 땅'은 강계를 기준으로 삼으면 무리가 없다는 논리를 펼쳤다.

스에마츠 야스카즈는 「철령등처방문장괘자(鐵嶺等處榜文張掛咨)」[115]를 근거로 들어 '철령은 유일하게 함경·강원 경계에 있는 것뿐이고, 명이 말한 철령 또한 그것 외에 없다'면서 와다와 같은 주장을 하였다. 하지만 그도 '철령위를 설치한 곳은 봉집보라고 하고, 봉집보에 정착한 철령위도 5년 후인 홍무 26년 4월에 다시 현재의 철령 땅으로 퇴치된 것이다.'[116]라고 주장하였다. 스에마츠 역시 『황명실록』에 보이는 '철

も, 少少多過ぎろから, 實は十七站位の誤で, 黄城から鐵嶺に行く路上に置かれんとしたものかも知れぬ. 何れにしても, 目的地が眞の鐵嶺であつたことに疑ひはない.

115 이 榜文은 우왕 14년(1388년) 4월에 요동도사에서 고려 조정에 통보한 것으로, 명 태조의 명령을 받아 철령의 동·서·북쪽 일대의 모든 사람들은 요양에 귀속시킨다는 방문을 붙인다고 알려온 내용이다. (구범진 역주, 『이문역주』상, 세창출판사, 2012, 177∼180쪽.)

116 末松保和, 「麗末·鮮初に於ける對明關係」, 370쪽.
鐵嶺衛そのものの位地の決定は, この奉集縣から始めても充分であるとせねばならぬ. 奉集縣は遼陽の東北八十里, 今の奉集堡である. そうしてこの地にはじめて定着した鐵嶺衛は, これより五年の後, 洪二十六年四月, 現在の鐵嶺の地に退置されるのである.

령"[117]에 관한 기록을 보았을 것이다. 정태상은 이 기록으로 이미 요동에 철령이 있었다는 것을 증명하는 것이라고 하였다.[118] 그럼에도 불구하고 스에마츠는 와다와 같이 자신의 주장을 관철하기 위하여 사서의 기록을 무시하고 있는 것이다.

이제까지 살펴본 대일항쟁기 일본학자들의 철령위 위치 연구에서 보이는 공통점은 사서의 기록을 무시한 채 자의적으로 해석하고 있다는 점이다. 이는 모두 '한국사는 반도를 벗어나지 못한다'는 대원칙 안에서 이루어졌음을 방증하는 것이다. 조선총독부 산하 조선사편수회에서 편찬한 『조선사』는 이나바의 주장을 채택하여 철령위는 강계에 세워졌다고 주장하였다. 그런데 어느 사료를 보아도 명이 설치하려던 철령위가 강계에 있었다는 기록이 없자, 밀직제학 박의중이 명에 가지고 간 표문의 내용을 소개하는 첫머리에 자연스럽게 끼워 넣었다.[119]

명(明)에서, 철령위(鐵嶺衛)를 본국(고려) 강내(疆內 (江界인가))에 설치하려고 하였다. 왕(王)이, 밀직제학(密直提學) 박의중(朴宜中)을 보내어 표문(表)으로 청하여 말하기를, (하략)[120]

---

117 『太祖高皇帝實錄』권189,「洪武 21년 3월 27일」
　　置鐵嶺衛指揮使司先是元將拔金完哥率其部屬金千吉等來附至是遣指揮僉事李文高顯鎮撫社錫置衛於奉集縣以撫安其眾.

118 정태상,「실학자와 대일항쟁기 일본학자의 철령위 인식」,『간도학보』2, 2019, 107쪽.

119 정태상, 위의 논문, 101~105쪽.

120 『朝鮮中』제3편 제7권, 273쪽.
　　明,鐵嶺衛ヲ本國疆內(江界カ)ニ建テント欲ス. 王,密直提學朴宜中ヲ遣シテ表請シテ曰ク.

명 태조는 고려가 철령 지역의 역사적 연고권을 들어 고려의 땅임을
주장하는 표문을 올리자 그 주장을 인정하지 않으면서 다음과 같이 답
하였다.

(홍무) 21년 4월에 우왕(王禑)이 표문을 올려 말하기를, 철령(鐵嶺)의 땅
은 실로 그들이 대대로 지켜온 곳이라고 하면서 예전대로 하게 해줄 것
을 청하였다. 황제가 말하기를, "고려는 과거에 압록강을 경계로 삼았는
데, 이제 철령이라고 꾸며 말하니 거짓임이 분명하다. 짐의 말로써 그들을
깨우쳐 그들로 하여금 본분을 지키면서 흔단을 일으키지 말라고 하라."라
고 하였다.[121]

명 태조가 말한 내용에서도 고려의 영토는 압록강을 경계로 삼았다
고 하였다.[122] 그런데 『조선사』는 명의 철령위는 현재의 압록강 안쪽의
강계에 설치하였다고 하여, '의도적인 사실 조작'[123]을 하고 있는 것이다.
여기에서도 『조선사』가 반도사관 수립에 철저히 이바지하기 위한 것이
었음을 알 수 있다.[124] 이제까지 검토한 일본학자들의 논의를 정리하면
〈표 I -2〉과 같다.

---

121 『明史』권320, 「列傳」제208
　　二十一年四月, 禑表言, 鐵嶺之地實其世守, 乞仍舊便. 帝曰, 高麗舊以鴨綠江爲界, 今
　　飾辭鐵嶺, 詐僞昭然. 其以朕言諭之, 俾安分, 毋生釁端.
122 이때의 압록강이 어디를 말하는 것인가는 논외로 치고, 현재의 압록강이라고 하더라도
　　『조선사』의 강계설은 맞지 않음을 알 수 있다.
123 정태상, 「실학자와 대일항쟁기 일본학자의 철령위 인식」, 103쪽.
124 초기 연구 성과인 쓰다 소키치의 '波猪江 下流說', 이케우치 히로시(池內宏)의 '通溝城
　　說'이 『朝鮮史』에서 논외가 된 것도 이러한 이유일 것으로 판단된다.

구분	철령	최초 철령위	강계부
쓰다 소키치 (1913)	압록강 방면	파저강 하류, 황성	초산
이케우치 히로시 (1918)	황성 부근	황성(통구성) 부근	만포진
와다 세이 (1934)	강원도	봉집보	
이나바 (1934)	강계	봉집보	
스에마츠 야스카즈 (1941)	강원도	봉집보	
『조선사』 (1938)	강원도	강계	

〈표 I -2〉 대일항쟁기 일본학자와 『조선사』의 철령과 철령위 위치 비정

3) 파저강과 올라산성의 위치

여진에 대한 연구는 이나바 이와키치에 의해 시작되었다. 그는 만주 지역의 역사지리를 검토하면서 여진을 크게 세 부류로 구분하고 그 원주거지를 다음과 같이 설정하였다.[125]

1) 건주여직(建州女直) : 吉林 부근 및 木倫河 유역
2) 해서여직(海西女直) : 伊通河가 松花江에 合流하는 지방에서 哈爾賓 지방을 포함한 三姓의 西部 지역
3) 야인여직(野人女直) : 黑龍江 하류 유역

이나바는 여진의 원주거지는 위와 같아도 여진들이 이동함에 따라 전혀 다른 지역에서 살았는데, 그곳에서도 옛 지역의 명칭으로 불리게 되었다고 하였다. 조선과 밀접한 연관을 갖고 있는 건주여진의 경우에는 두 번의 이동이 있었다. 첫 번째는 1423년에 파저강으로 옮겼는데, 이 파저강은 현재의 혼강인 동가강(佟家江)이라고 하였다. 이후 조선 세

---

125 稲葉岩吉, 「建州女直の原地及び遷住地」, 『滿洲歷史地理』 2, 547~576쪽.

종이 파저강 정토[126]를 단행하자, 두 번째로 옮겨간 곳이 소자하(蘇子河) 지역의 흥경(興京)이라고 하였다. 올라산성(兀喇山城)의 위치에 대해서는 정확하게 비정하지 못했지만 압록강과 동가강 사이에 있어야 하므로 회인현(懷仁縣)에서 찾아야 한다고 하였다. 회인현은 현재의 환인이다. 이나바의 연구를 이어받은 쓰다 소키치는 『용비어천가』 주(註)의 내용을 바탕으로 올라산성의 위치를 비정하였다. 쓰다가 활용한 『용비어천가』 주를 살펴보면,

올라산성(兀剌山城): 평안도 이산군(理山郡) 앙토리구자(央土里口子)에서 북쪽으로 압록(鴨綠)·포쥬(波猪) 두 강을 건너면 올라산성에 이르게 되는데, 큰 들녘 가운데 있으며 사면이 가파른 절벽으로 되어 있어 서쪽으로만 오를 수 있다. 이산군과의 거리는 270리이다.[127]

쓰다는 조선 후기의 지도에 표기된 지명들을 그대로 인정하고 파저강을 혼강으로 비정한 채 위의 내용을 다음과 같이 설명하였다.

앙토구자(央土口子)는 이산(理山;楚山)에 있으며, 압록강가와 파저강(동가강)이 만나는 지점의 상류에 위치하므로, 이 지방에서 두 강을 건너 도달한 올라산성은 파저강의 오른쪽 기슭이 아닐 수 없다. 『여지승람』 벽동(碧潼) 조항에도 강 밖의 지역으로서 올라산의 이름을 기록한 것을 보면

---

126 '파저강 정토'의 의미는 본책 제3부 4장을 참조
127 『龍飛御天歌』卷第5, 第39章, 兀剌山城 '註'
    自平安道理山郡央土里口子, 北渡鴨綠婆猪二江, 至兀剌山城 在大野之中, 四面壁立高絶, 惟西可上, 距理山郡二百七十里.

그것이 이산보다는 서북쪽에 위치한다는 것을 알 수 있고, 이것을 파저강 오른쪽 기슭이라고 하면 잘 들어맞는다.[128]

파저강 정토군은 올라산성과 함께 오미부(吾彌府)를 공격하였다. 쓰다는 올라산성이 파저강의 오른쪽 기슭에 있다고 주장하고 오미부의 위치는 다음과 같이 추측하였다.

이산(理山)에서 출발한 군사는 올라산 남쪽으로 향하고, 강계(지금의 강계)에서 출발한 군사는 오미부(吾彌府)로 향했다는 기록이 있으므로, 오미부는 올라산에서 동쪽에 있다는 것을 추측할 수 있다.[129]

조선 세종은 파저강 정토를 앞두고 이만주가 은거하는 오미부를 공략하기 위해 적의 소굴을 정탐하여 보고하도록 하였다. 세종에게 전달된 정탐보고를 보면 파저강을 건너 오미부를 가는 길은 모두 세 곳이 있었다.

오미부로 향하는 길은, 하나는 강계에서 파저강을 건너 바로 오미동구(吾彌洞口)로 들어가고, 하나는 이산(理山)에서 파저강을 건너 올라산 동

---

128 津田左右吉, 「高麗末に於ける鴨綠江畔の嶺土」, 229쪽.
　　 央土口子は理山(楚山)にありて, 鴨綠江畔, 婆猪江(佟佳江)會合點の上流に位せれば, 此の地より二江を渡りて達すべき兀剌山城は, 婆猪江の右岸ならざるべからず. 輿地勝覺, 碧潼の條下にも江外の地として兀剌山の名を記したるを見ればそが理山よりは西北方に位するを知るべく, 之を婆猪江の右岸とせばよく之に合ふ.

129 津田左右吉, 위의 논문, 231쪽.
　　 理山より發したる軍は兀剌山南に向ひ, 江界(今の江界)より發したる軍は吾彌府に向ひたりとあれば, 吾彌府は兀剌山より東方にありしこと推せらるるが.

쪽을 경유하여 오미부 서쪽 변두리의 산 사이로 들어가고, 하나는 또 이 산에서 파저강을 건너 올라산 남서쪽을 경유하여 꺾어서 들어간다.[130]

쓰다는 현재의 강계로부터 파저강으로 비정한 혼강을 염두에 두면서 위의 내용을 풀어나갔다. 그러다 보니 제일 먼저 충돌되는 것이 강계와 이산에서 '파저강을 건너'가는 부분이었다. 이에 쓰다는 위의 사료를 다음과 같이 해석하였다.

여기서 말하는 강계(江界)는 현 시점의 강계이므로, 첫 번째 길에서 말하고 있는 파저강(婆猪江)은 이나바 이와키치(稻葉岩吉) 씨의 설과 마찬가지로 압록강의 오류일 것이다. 두 번째 길, 세 번째 길의 파저강은 압록강의 오류이거나 혹은 압록강을 탈루(脫漏)한 것일 것이다. 다만 세 번째 길에서 말하는 「西」라는 글자는 「東」이라는 글자의 잘못이라는 것은 두 번째 길 및 위에서 기록한 정벌군의 행동에 의해 생각해볼 때 의심할 여지가 없다.[131]

---

130 『朝鮮王朝實錄』,「世宗實錄」78卷, 世宗 19年 7月 乙巳
　　其向吾彌府之路則一自江界涉婆猪江, 直入吾彌洞口, 一自理山涉婆猪江, 由兀剌山東入吾彌府西邊山間, 一又自理山涉婆猪江, 由兀剌山南西折而入.

131 津田左右吉, 위의 논문, 231~232쪽.
　　ここにいへる江界は現時の江界なれば第一路にいへる婆猪江は稻葉岩吉氏の說さしが如く鴨綠江の誤なるべし. 第二路,第三路の婆猪江は惑は鴨綠江の誤なるべく,惑は鴨綠江を脫漏せるものなるべし. ただ第三路にいへる「西」字は「東」字 はの誤 なること第二路及び上記征討軍の行動によりて疑 なし.

조선이 파저강 정토를 앞둔 긴박한 시기에 임금에게 올린 정탐보고 내용이 압록강을 파저강이라 하고 동쪽을 서쪽으로 보고한다면, 이는 삭탈관직은 물론 죽음을 면치 못하는 중벌에 해당되는 사항이다. 이러한 일은 여진 공격을 앞둔 조선 장수로서는 있을 수도 없는 일이다. 그런데 쓰다는 이를 마치 당연하게 잘못된 것인 양 주장하고 있다. 이는 이미 앞에서 수차례에 걸쳐 살펴보았듯이 쓰다의 연구는 오로지 반도사관 수립을 위한 것이었음을 알 수 있다. 그런데 이나바에서 쓰다로 이어진 파저강과 올라산성 연구는 이후 연구자들에게도 그대로 받아들여져 환인에 위치한 오녀산성(五女山城)이 올라산성에 비정되었다. 이렇게 비정된 혼강과 오녀산성은 현재까지 파저강과 올라산성으로 인정되고 있다.[132]

---

132 건주여진, 파저강 정토와 올라산성에 대한 연구는 다음 논문이 있다. 김구진, 「조선전기 대여진관계와 여진사회의 실태」, 『동양학』14, 1984, 513~521쪽. ; 박원호, 「영락년간의 명과 조선간의 여진문제」, 『아세아연구』85, 1991, 237~258쪽. ; 박원호, 「선덕년간 명과 조선간의 건주여진」, 『아세아연구』88, 1992, 135~160쪽. ; 윤훈표, 「조선전기 북방개척과 영토의식」, 『한국사연구』129, 2005, 61~93쪽. ; 한성주, 「조선초기 수직여진인 연구」, 『조선 시대사학보』36, 2006, 67~108쪽. ; 박정민, 「조선초기의 여진관계와 여진인식의 고착화」, 『한일관계사연구』35, 2010, 89~121쪽. ; 남의현, 「15세기 북방정세와 明의 邊境政策의 再檢討」, 『인문과학연구』29, 2011, 159~183쪽. ; 남의현, 「16~17세기 여진의 성장과 요동 변경지대 성격 연구」, 『동북아역사논총』34, 2011, 295~330쪽. ; 유재춘, 「여말선초 조·명간 여진 귀속 경쟁과 그 의의」, 『한일관계사연구』41, 2012, 37~80쪽. ; 채규철, 「건주여진의 발전과 동북아시아의 국제질서」, 『인문연구』74, 2015, 219~246쪽. ; 이규철, 「세종대 파저강 재정벌과 대외정벌 정책」, 『군사』95, 2015, 333~361쪽. ; 한성주, 「조선 시대 접경공간의 시대적 변동양상 연구」, 『중앙사론』50, 2019, 327~360쪽.

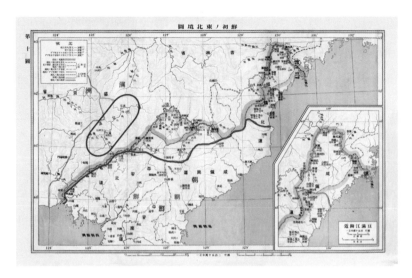

〈지도 Ⅰ-5〉 여말선초의 국경선과 건주여진, 파저강 및 올라산성 위치도[133]

3. 해방 이후 역사학계의 영토 인식과 역사 연구

　1945년 해방 이후 우리의 역사학은 대일항쟁기에 구축된 내용을 전
폭적으로 수용하는 방식으로 진행되었다. 대표적인 학자는 이병도였
다.[134] 그는 조선총독부가 3·1 운동 이후 문화정치를 표방하자 진단학
회를 창립하였다.[135] 그리고 자신의 연구 성과를 집대성한 『한국사』를

---

133 津田左右吉, 『朝鮮歷史地理』附圖10.

134 이병도는 이케우치 히로시(池內宏)의 추천으로 1925년 8월 朝鮮史編修會 修史官補로
　　부임하여 『조선사』 편찬에 참여하였다. 그는 이곳에서 편수회의 각종 자료는 물론 만철
　　의 연구 결과도 수시로 볼 수 있었다.

135 진단학회는 1934년 5월 7일 창립되었으며, 학회의 목적은 '조선 및 인근 문화의 연구'였
　　다. 편집위원은 총 6명으로 이병도가 대표였고, 金台俊, 李允宰, 李熙昇, 孫晋泰, 趙潤
　　濟가 참여하였다. (上山 由里香, 「이병도의 한국사 연구와 교육」, 제3장, 성균관대 박사학위
　　논문, 2016.)

편찬하였다.[136] 그는 서문에서 8·15 해방을 '일제의 질곡에서 벗어나 제 나라의 역사를 올바로 찾을 수 있게 된 때'라고 평가하고 '역사학도로서는 이 시기에 과거를 반성하여 국민의 정기(正氣)를 바로잡고 장래에 대한 민족의 진로를 바로 찾기 위한 노력을 게을리하여서는 안 된다.'고 주장하였다. 아울러, 한국사를 집필하는 이유는 '우리의 역사를 재인식하여야 하는' 시대적 소명이자 자신의 숙원이기 때문이라고 하였다.

돌이켜 생각하면 震檀學會가 태어나기는 지금으로부터 二十五年 前, 그 때는 우리나라 歷史를 硏究한다는 것조차 罪를 犯하는 것같이 느끼던 때 이다. 그런데 지금 오래 前부터 計劃하여온, 우리의 宿願이던 祖國의 歷史 를 이렇게 써내게 되니, 이 어찌 우리 學會만의 기쁨이라고 할 것인가![137]

이병도는 제 나라의 역사를 연구하는 것이 죄를 짓는 시기에서 해방되어 숙원이던 우리의 역사를 올바로 찾을 수 있게 된 때라고 하였으면서도 결과적으로는 대일항쟁기의 반도사관을 국민들에게 이식시키는 데 일조하였던 것이다.

이병도의 한국사 연구는 그가 서문에서 밝힌 것과는 다르게 일제의 반도사관을 그대로 수용한 것이었다. 그의 이러한 역사 인식은 이후에도 우리 역사학계의 모범적인 틀로 인식되었다. 특히, 영토사와 국경사에 관한 한 아무런 이의 제기 없이 받아들여져서 고려나 조선의 국경은 현재의 압록강 너머로 설정하는 것 자체가 '불가능'한 일로 여겨졌다.

---

136 이병도가 1959년 진단학회에서 반간한 『韓國史』는 총 5권이었다. 이중 1,2권에 해당되는 '고대편'과 고려 시대까지를 다룬 '중세편'을 집필하였다.

137 이병도, 『한국사』 고대편, '序', 을유문화사, 1959.

윤무병은 야나이 와타리, 쓰다 소키치 등이 문헌 사료에 근거하여 연구한 내용을 토대로 평안도 지역을 답사하고 이 일대의 성보(城堡) 유적을 가지고 이들의 고려 북계 연구를 보다 구체적으로 제시하였다.[138] 그는 고려가 삼국 통일 이후에도 청천강 이상의 진출은 전혀 기도(企圖)하지 않았다고 하였다.[139] 고려 성종 원년(982) 6월에 최승로(崔承老)가 상서(上書)한 내용[140] 중에 태조 왕건이 서북 경계로 정한 마헐탄(馬歇灘)에 대하여 다음과 같이 주장하였다.

마헐탄에 대하여서는 일본의 이케우치 히로시(池內) 박사는 이것을 초산 강계 방면의 압록강 중류에 推定한 바 있었으나, 이미 말한 바와 같이 太祖朝에 있어서의 北界經略은 청천강 이남에 한정된 것으로써 삼국 통일 이후에 있어서도 청천강을 건너서 북방을 指向한 形跡은 전혀 없는 만큼 박사가 이것을 압록강의 중류에 擬定한 것은 좀 부당한 것 같이 보인다.[141]

윤무병은 이케우치가 마헐탄을 압록강 중류에 비정한 것도 부당하다고 비판하였는데, 그 근거로 마헐탄은 청천강 나루의 요충지였다는 한

---

138 윤무병, 「高麗北界地理考 (上)」, 『역사학보』4, 1953, 37~70쪽. ; 윤무병, 「高麗北界地理考 (下)」, 『역사학보』5, 1953, 37~89쪽.

139 윤무병, 위의 논문(상), 40쪽.

140 『高麗史』卷82, 「志」卷第36, 「兵」2, 鎭戍
成宗元年六月 正匡崔承老上書曰, "我國家統三以來, 士卒未得安枕, 糧餉未免糜費者, 以西北隣於戎狄, 而防戍之所多也. 以馬歇灘爲界, 太祖之志也, 鴨江邊石城爲界, 大朝之所定也. 乞擇要害, 以定疆域, 選土人能射御者, 充其防戍. 又選偏將, 以統領之, 則京軍免更戍之勞, 蒭粟省飛輓之費."

141 윤무병, 위의 논문(상), 48쪽.

진서의 주장[142]을 들었다. 그는 고려가 청천강 북쪽으로 진출한 것은 정종 2년(947)부터 광종과 경종 때였으며, 성종 원년에 이르러 대녕강(大寧江) 이동 지역을 영유하였다고 하였다.[143] 고려가 압록강 이동 지역을 차지하게 된 것은 성종 때 서희에 의해서이며, 현종 20년(1029)에 이르러 현재의 압록강 하류 부근을 차지할 수 있었다고 하였다.[144] 이처럼 윤무병의 고려 북계 연구도 일제의 반도사관 틀 안에서 이뤄진 것이며, 이렇게 구축된 사관은 이병도와 후속 연구자들을 거치며 한국사의 정설로 자리 잡게 된다.

이병도의 사관을 세밀하게 다듬어 한국사의 정통 학설로 올려놓은 것은 이기백이다. 그는 자신의 저서인 『한국사신론』 서문 첫 문장에서 '한국사의 올바른 이해를 위하여 우리가 힘써야 할 일들이 많이 있지만, 그중에서도 우선적인 과업은 식민주의 사관을 청산하는 일이다.'라고 하였다. 이어서 식민주의 사관을 정의하였는데, '한마디로 말하면 일제의 한국에 대한 식민정책을 정당화하기 위한 왜곡된 한국사관'이라고 하였다. 이는 '한국 민족의 자주정신·독립정신을 말살'하고 '한국사의 객관적 진리를 존중하기보다는 현실적인 정치적 목적을 위하여 역사적 진실을 외면한 것'이라고 하였다.[145] 그는 역사학파를 크게 민족주의 사학, 유물사관, 실증사학으로 구분하고 실증사학에 대해서는 다음과 같이 설명하였다.

---

142 『海東繹史續』 卷10, 「地理考」10, '西北路沿革'
　　謹按 崔承老所云馬歇灘當是淸川江津要處, 卽麗太祖所定界也. 其云以鴨江邊爲界大朝【指景宗 光宗之子 成宗之兄】之所定者, 謂景宗曾有是志而未及劃定也.

143 윤무병, 「高麗北界地理考 (上)」, 52쪽.

144 윤무병, 「高麗北界地理考 (下)」, 38쪽.

145 이기백, 『한국사신론』, 일조각, 1999, 3쪽.

이에 대해서 실증사학은 한국사의 발전을 어떤 선입견을 가지고 이에 맞추어서 보는 것에 반대하였다. 오히려 실증적인 태도로 객관적인 사실을 정확하게 인식함으로써 한국사의 올바른 이해에 접근할 수 있다고 주장하였다.[146]

이기백이 주장한 실증사학은 오늘날까지 한국사 연구의 핵심 연구 방법으로 자리 잡고 있다. 하지만 해방 이후의 한국사는 그가 주장한 실증적 연구 방법과는 정반대 방향으로 진행되어 왔다. 그가 우선적인 과업으로 외친 '식민사관의 청산'은 어느 한 부분조차 이뤄진 것이 없다. 그는 식민사관이야말로 '일제가 한국에 대한 식민정책을 정당화하기 위해 만든 왜곡된 한국사관'이라고 규정하면서도 정작 일제가 구축한 '왜곡된 한국사'를 그대로 수용하는 모순에 빠져 있다. 또한 그가 주장한 선입견 없는 객관적이고 실증적인 연구 방법론은 그럴듯하게 포장된 언어적 표현에 지나지 않는다. 그의 주장과는 다르게 현실은 오늘날까지도 일제가 구축한 한국사관이 맞다는 선입관을 구축한 채, 이에 어긋나는 시각은 그 어떤 합리적인 연구도 용인하지 않고 있기 때문이다. 학문이란 다양한 시각과 연구 결과를 종합하는 과정을 통해 발전한다. 역사 연구도 마찬가지다. 하지만 해방 이후의 한국사 연구는 일제가 구축한 식민사관을 청산하려는 노력은커녕 오히려 이것을 절대적인 진리로 만들어버렸다. 나아가 이렇게 구축된 한국사에 대하여 의문을 제기하는 시각에 대해서는 다음과 같이 비판하고 있다.

---

146 이기백, 위의 책, 5쪽.

요컨대 일제 어용학자들의 식민주의적 한국사관은 한마디로 현실적인 정치적 목적을 위하여 객관적 진리를 압살한 것이었다. 그러므로 그것은 진리의 추구를 그 생명으로 삼는 학문이라고 할 수가 없는 것이다. 이 왜곡된 한국사관을 타파하지 않고서는 새로운 한국사학이 올바로 발전할 수 없으리라는 것은 명백한 일이다. 그리고 나아가서, 객관적 진리를 두려워할 줄을 모르고 정치적 목적을 위하여 봉사하는 또 다른 유형의 왜곡된 한국사관은, 식민주의 사관의 사생아와 같은 것으로서, 한국사학의 정상적인 발전을 위하여 이를 경계해야 마땅한 일이다.[147]

그는 일제 어용학자들이 만든 식민주의적 한국사관을 타파하는 것이야말로 한국사학이 올바로 발전하는 시작점이라고 주장하면서도 왜곡된 한국사관을 타파하지 않았다. 오히려 그가 이어받은 왜곡된 한국사관은 이후 '한국사의 정통'이라는 미명 아래 객관적 사실과 실증적 태도로 식민사관을 청산하려는 일련의 노력들에 대해서는 '객관적 진리를 두려워할 줄을 모르는', '또 다른 유형의 왜곡된 한국사관'이자 '식민사관의 사생아'라는 화살을 꽂으려 하고 있다. 이병도에 의해 시작되고 이기백에 의해 더욱 공고화된 사관은 그들이 책의 서문에서 주장하는 '왜곡된 한국사관의 청산'과는 애초부터 거리가 먼 것이었고, 따라서 위와 같은 비판이야말로 그에게로 향하는 부메랑이 되는 것이다.

이기백의『한국사신론』은 오늘날 한국사를 대표하는 역사서로 자리 잡고 있다. 특히, 고려부터 조선까지의 모든 국경 관련 연구는『조선역사지리』가 구축해 놓은 현재의 압록강과 두만강을 벗어나지 않는 범

---

147 이기백, 위의 책, 4~5쪽.

위에서 연구가 진행되고 있다. 따라서 해방 이후에도 지속된 '쓰다~이병도~이기백'이 구축한 학설은 '한국 민족의 자주정신·독립정신을 말살한 왜곡된 한국사관'을 그대로 계승한 것임은 자명한 것이다. 특히, 국경 연구에 있어서 압록강과 두만강 선을 넘지 않는 것은 불문율과도 같은 것이기 때문에 이에 관한 다른 시각은 곧 '어떤 선입견을 가지고 이에 맞추어서 보는 것'이며, '현실적인 정치적 목적을 위하여 객관적 진리를 압살'하는 불손한 연구로 치부되었다. 그리하여 '왜곡된 한국 사관을 타파하지 않고서는 새로운 한국사학이 올바로 발전할 수 없다'는 장벽을 치고 '쓰다~이병도~이기백' 학설에 대항하는 여타 학설을 몰아내는 논리로 사용하고 있다. 이러한 논리는 스스로가 왜곡된 한국사관을 계승하면서 오히려 '타파, 운운'을 외치는 자기모순에 지나지 않는 것이다. 이처럼 이기백에 이르러 확고하게 자리 잡은 왜곡된 한국사관은 이를 과학적이고 합리적으로 검증하려는 노력 자체를 '역사 왜곡'으로 내세우는, 실소를 금치 못할 논리로 변질되어 오늘에 이르고 있는 것이다.

신석호는 한우근 등과 함께 편찬한 『국사신강』 서문에서 '해방 직후 국사를 계몽하는 중임(重任)을 담당한 이는 진단학회의 동지들이었으며, 그 중심은 이병도'라고 하였다. 또한 '정확한 사실(史實)을 토대로 해야 하며 독단설은 삼가야 한다'고 하며 다음과 같이 주장하였다.

이미 단재·위당 양 선생 같은 민족주의 정열만으로는 해결과 만족을 얻을 수 없는 것은 누구나 알게 된 만큼 세대(世代)는 바꾸어졌다. 또 우리나라의 통사의 체계는 무의식 중에 임태보(林泰輔)의 『조선통사(朝鮮通

史)』에서 받은 바도 적지 않을 것이다.[148]

하야시 다이스케(林泰輔)[149]는 한국사를 철저하게 왜곡한 인물이다. 그는 『조선사』에서 단군은 철저한 허구라고 부정하였을 뿐만 아니라, 신공황후의 신라정벌설, 임나일본부설 등을 조작하여 한국의 고대사를 왜곡한 장본인이다. 나아가 삼국이 모두 일본에 조공을 바쳤다는 황당 무계한 내용으로 일관하였다.[150] 하야시는 자신의 책 서문에서 일제로 하여금 조선 침략을 부추기기도 하였다.

조선은 작은 나라로서 동양의 인후에 위치하여 대국들의 병가필쟁의 요충지에 해당한다. 우리나라(일본)와는 겨우 한줄기 띠와 같은 좁은 물을 사이에 두고 있을 뿐이다. 조선의 안위와 존망은 실상 순치관계에 있는 것이니 일단 조선에 변란이 생긴다면 일본은 결코 좌시하고만 있을 수 없는 것이다.[151]

신석호와 한우근은 한국사를 철저하게 부정하고 왜곡을 일삼은 하야시의 책을 거론하고 있다. 비록 통사의 체계라고 선을 그었지만 실상은

---

148 신석호·한우근 외, 『國史新講』序, 일조각, 1982, 2쪽.

149 일본인 역사학자로 1892년에 『朝鮮史』(5권)을 간행하였다. 하야시는 그의 책에서 단군을 귀신의 아들이라고 주장하고 임나일본부설을 주장하는 등 한국인을 폄하하고 한국사를 왜곡하는 데 앞장섰다. 나아가 일제의 조선침략 정당성을 설파하기도 하였다.

150 최재석, 「1892년 하야씨 타이호(임태보)의 『조선사』비판」, 『선사와 고고』18, 2003, 233~243쪽.

151 林泰輔, 『朝鮮史』序, 東京 吉川半七藏出版社, 1892.
朝鮮以蕞爾小邦. 居東洋咽喉. 當大國必爭之衝. 而我邦僅隔一葦帶水耳. 其安危存亡. 實相脣齒. 一旦有變. 則我固不得坐視之.

그렇지 않다. 『국사신강』에서 삼국 시대의 역사를 살펴보면 하야시의 주장하는 바가 그대로 반영되어 있기 때문이다.[152] 이들은 서문에서 스스로 주장한 것과는 반대로 허구적인 역사를 독단적으로 기술한 하야시의 사관을 자신들의 '신강(新講)'에 받아들인 것이다.

역사에서 중요한 것은 그 관점과 가치판단에 있는 것이므로 앞서 지적한 바와 같은 종래의 통사와 같이 너무나 역사 사실을 체계 없이 퇴적시킨 폐(弊)와 저속한 사관을 기양(棄揚)하고 근대적 역사지성을 가지면서 분량에 있어서 알맞게 편차(編次)하여...[153]

결국, 이들의 주장은 단재와 위당의 민족주의 사학은 역사 사실을 체계 없이 퇴적시킨 저속한 사관인 셈이고, 신공황후의 신라정벌과 임나일본부설을 주장하며 한국사를 왜곡한 하야시의 사관은 근대적 역사지성이 되는 셈이다.

고려의 서북경은 압록강으로 대변되고 있다. 그러나 압록강으로 고착되기까지는 접경하고 있는 契丹·女眞 등과 정치·외교·군사적으로 크게 작게 잦은 충돌을 경과하였다. (중략) 북진 정책과 실현은 고려 초 未限定 경계 지역 상태인 패강(대동강) 이북으로부터 압록강 이동 지역에의 진출로 나타났다. 그러나 고려의 북진 정책은 대륙(특히 서북만주 지역의 거란,

---

152 『국사신강』의 상고사~삼국 시대까지는 이홍직이 저술하였다. 이홍직은 일제의 임나일본부설을 옹호하였다.

153 신석호·한우근 외, 『國史新講』, 3쪽.

동북만주 지역의 여진)의 형세 변화에 따라 제한되었고, 압록강 이북으로의 진출은 불가능하였다.[154]

위의 인용문에서 보는 것처럼 해방 이후 역사학계의 한국사 연구는 일제에 의해 구축된 사관을 일관되게 수용·발전시키는 것이었다. 이제부터 본 책과 관련된 주제에 대하여 좀 더 자세하게 살펴보기로 하겠다.

1) 동녕부 및 자비령의 위치

고려 시기의 동녕부와 자비령에 대한 연구는 이병도의 『한국사』에서 시작되었다. 그가 집필한 「중세편」 고려사의 '동녕부' 부분을 살펴보면 만철에서 연구한 내용을 그대로 수용하였음을 알 수 있다.

(蒙主 世祖가) 兵三千을 이끌고 西京을 鎭守케 하고, 그곳을 改稱하여 東寧府라 하고, 慈悲嶺으로써 境界를 삼고, 崔坦으로써 東寧府摠管을 삼으니, 嶺 以北은 一時 蒙古의 領土가 되었던 것이다.[155]

위의 예문을 보면 쓰다 소키치가 주장한 내용을 그대로 수용하고 있음을 알 수 있다. 이러한 이병도의 사관은 고려가 원으로부터 동녕부를 돌려받은 이후의 고려 영토를 나타내는 지도를 보면 더욱 확실하게 알 수 있다.

---

154 방동인, 『韓國의 國境劃定硏究』, 일조각, 1997, 56쪽.
155 이병도, 『한국사』 「중세편」, 591쪽.

〈지도Ⅰ-6〉 고려북경개척도[156]

〈지도Ⅰ-7〉 고려의 동녕부 회복도[157]

---

156 『조선역사지리』2, 附圖

157 이병도, 『한국사』「중세편」附圖

〈지도 I -8〉 고려·몽골 관계도[158]

이기백 역시 고려의 동녕부와 자비령, 철령의 위치를 이병도의 내용을 그대로 계승하였다. 그리고 다음과 같이 설명하였다.

고려의 영토 일부가 원에게 빼앗긴 일도 있었다. 쌍성총관부·동녕부·탐라총관부는 그러한 지역에 설치된 원의 관부였다. 쌍성총관부는 화주(영흥)에 설치된 것으로 철령 이북의 땅이 이에 속하였고, 동녕부는 서경(평양)에 설치된 것으로 자비령 이북이 이에 속하였으며, 탐라총관부는 제주도에 목마장을 설치하고 이를 관장하기 위하여 설치됐던 것이다. 고려측의 요구로 동녕부와 탐라총관부는 곧 반환되었으나 쌍성총관부만은 공민왕이 무력으로 수복할 때까지 존속되었고, 이것은 명의 철령위 설치를 에워싼 시끄러운 문제의 씨를 뿌려놓았다.[159]

---

158 이기백, 위의 책, 173쪽.
159 이기백, 『한국사신론』, 179쪽.

방동인은 처음으로 고조선 시대부터 조선 시대까지의 국경에 대한 종합적인 연구를 시도하였다.[160] 하지만 그의 국경 연구도 식민주의 사관이 구획한 압록강과 두만강 선을 넘어서지 않았다. 그는 고려가 북진 정책을 실현시켜 나가는 과정을 태조 때에는 고려 영토가 청천강 이남 지역이었고, 그 후에는 안북부를 전초 기지로 한 청천강 이북 지역까지 진출하였으며, 성종 12년(993)에 서희의 국경 담판으로 압록강을 국경으로 설정하게 되었다고 하였다. 고려 현종 때에 이르러 금이 등장하면서 압록강 동쪽 지역을 수복하였다고 하였다.[161] 방동인이 살펴본 고려 국경의 변천 과정도 쓰다 소키치와 문무병이 주장하고 이병도와 이기백이 확립한 내용을 다시 확인한 것에 지나지 않는 것이다. 즉, 불문율이 되어버린 현재의 압록강을 그대로 인정하고 논의를 전개하였던 것이다.

2) 철령 및 철령위 위치

해방 이후 철령위 위치 연구도 이병도에서 시작되었다. 그는 와다와 스에마츠의 주장을 따라서 철령위 위치를 다음과 같이 주장하였다.

이른바 鐵嶺의 位置에 對하여는 學說이 區區하나, 대개 國內의 그것임이 거의 定說로 되어 있다. 왜냐하면 當時 遼東都指揮使司의 公牒에 "鐵嶺 池北·池東·池西, 三散(北靑)·哈刺(洪原)·雙城(永興)等處大小衙門, 張掛云云"이라 하여 半島 東北面地方의 地名이 보여 있고, 또 當時 西北面 按撫使 崔元

---

160 방동인, 『한국의 국경획정연구』, 일조각, 1997.
161 방동인, 위의 책, 93~94쪽.

沚의 報告에는, "遼東都司,遣指揮二人,以兵千餘,來至江界,將立鐵嶺衛,帝豫設本衛,鎭撫官等, 皆至遼東, 自遼東至鐵嶺, 置七十站, 站置百戶"라 하여 明이 遼東으로부터 鐵嶺에 이르는 사이에 七十站을 設置한다는 그 驛站數로 보아 國內의 鐵嶺(咸鏡道와 江原道의 境界)임이 틀림없는 까닭이다. 但 當時 準備過程의 臨時的인 本衛(鐵嶺衛)는 日本의 和田淸博士의 說과 같이 鴨綠江 方面도 遼遠하다 하여 지금 奉天 南의 奉集堡에 물러와 있었던 것이다.[162]

이병도가 철령위 위치를 정하고 나자 이후 우리 학계는 이를 그대로 따랐다. 최초로 철령위를 연구한 최용덕도 '명이 의미하는 철령, 고려에서 인식한 철령이 다 같이 우리의 안변의 철령임은 의심의 여지가 없다.'[163]고 하였다. 이후에도 '강원도 철령설'은 한우근[164], 이기백[165] 등으로 이어졌다.

박원호는 철령위 위치와 설치 이유에 대한 두 편의 논문[166]을 발표하였다. 그는 철령과 철령위를 구별하지 못한 것이 이제까지 논의가 혼란스러웠던 이유라면서 '철령은 자연 지형의 하나인 산맥이고, 철령위는 명의 위소제에 입각한 하나의 군사 조직이므로 각각 구별하여 접근해야 마땅하다.'[167]고 하였다. 이어서 철령은 함경도 남단의 철령이라고 하

---

162 이병도, 『韓國史』「中世篇」, 686~687쪽.

163 김용덕, 「鐵嶺衛考」, 『중앙대논문집』6, 1961, 122쪽.

164 한우근, 『韓國通史』, 을유문화사, 1971, 234쪽.

165 이기백, 『한국사신론』, 208쪽.

166 박원호, 「철령위의 위치에 관한 재고」, 『동북아역사논총』13, 2006, 107~137쪽. 박원호, 「철령위 설치에 대한 새로운 관점」, 『한국사연구』136, 2007, 105~132쪽.

167 박원호, 「철령위의 위치에 관한 재고」, 108쪽.

였다. 또한 명 태조가 고려의 경계로 말한 압록강은 '현재의 압록강 하구'를 가리키는 것이라면서 고려의 서북방 경계를 다음과 같이 주장하였다.

고려의 서북방 쪽 경계는 원대(元代) 이전 금대(金代)부터 압록강 하구였으며, 다만 동북방 쪽 경계가 쌍성총관부를 수복하기 이전까지는 함경도 남단(南端)의 철령이었던 것이다. 그러므로 공민왕 5년(1365) 쌍성총관부를 수복하기 이전까지 대체적인 국경은 압록강 하구로부터 함경도 철령을 비스듬히 연결하는 선이었다.[168]

박원호는 철령위의 설치 장소에 대해서 『요동지』 「주악전」의 내용을 인용하여 황성이라고 주장하였다. 즉, '황성을 벌써부터 철령위성으로 간주하여 철령으로 호칭'하였으며, 이곳에 철령위 설치를 추진하다가 '현실의 높은 장벽에 부딪쳐 봉집으로 이설된 것'[169]이라고 주장하였다. 역참수가 70참인 것은 17참의 잘못으로 보고 '요양~황성~철령'이 17참의 거리라고 하였다.[170]

---

168 박원호, 「철령위 설치에 대한 새로운 관점」, 115쪽.
169 박원호, 「철령위의 위치에 관한 재고」, 132~133쪽.
170 박원호, 위의 논문, 130쪽.

4. 영토 인식의 확장과 새로운 연구 동향

2010년대에 들어서면서부터 한국사 연구는 새로운 사관(史觀)으로 영토와 국경을 연구하는 학풍이 형성되기 시작하였다. 그 결과, 고대의 압록강(鴨淥江)과 고려의 국경이 잘못되었다는 연구 결과가 속속 발표되기 시작하였다.[171] 이러한 연구들은 그동안 국내 사료 위주로 진행되었던 기존의 연구 방식에서 탈피하여 중국의 사료들을 폭넓게 활용함으로써 국경사를 새롭게 해석할 수 있었다. 이러한 가운데 동녕부의 위치도 재검토되어야 한다는 연구가 발표되었다.[172]

1) 동녕부 및 자비령의 위치

남의현은 원대의 동녕부와 동녕로, 명대의 동녕위가 상호 연관되어 있다는 관점에서 동녕의 위치를 검토하였다. 그 결과, 원대와 명대의 동녕은 모두 현재의 요령성 요양과 그 부근임을 확인하였다. 이는 중국의 사료들에서 일관되게 나타나는 장수왕대의 평양성이 원대의 동녕부임을

---

[171] 고대의 鴨淥江은 중국 遼寧省의 遼河이고, 고대의 平壤 또한 북한의 평양이 아닌 요령성의 遼陽이라는 연구 성과가 축적되면서 고려의 국경도 再考하여야 한다는 史觀이 형성되었다. 이와 관련된 주요 논문을 살펴보면 다음과 같다.
고광진 외, 「시론 '장백산'과 압록수의 위치검토」, 『선도문화』13, 2012, 421~450쪽. ; 남의현, 「명대 한·중 국경선은 어디였는가?」, 『압록과 고려의 북계』, 주류성, 2017, 283~304쪽. ; 남의현, 「중국의 『中朝邊界史』를 통해 본 한중국경문제」, 『인문과학연구』57, 2018, 25~75쪽. ; 복기대, 「고구려 후기 평양위치 관련 기록의 검토」, 『고구려의 평양과 그 여운』, 주류성, 2017. 63~82쪽. ; 윤한택, 「고려 북계 봉강에 대하여」, 『고구려의 평양과 그 여운』, 주류성, 2017. 143~174쪽. ; 윤한택, 「고려 서북 국경에 대하여」, 『압록과 고려의 북계』, 주류성, 2017. 13~82쪽

[172] 남의현, 「원말·명초 한중간의 요동국경지대연구」, 『인문과학연구』61, 2019, 177~217쪽. ; 복기대, 「원나라 동녕부 위치에 대한 고찰」, 『몽골학』57, 2019, 97~124쪽.

밝히고, 이곳이 고려 시대에 최탄 등이 귀부한 서경이라고 하였다.[173] 고려 말 공민왕이 추진한 동녕부 정벌은 지금의 환인과 요양을 포함하는 요동 지역이 대상이었으며, 동녕부가 동녕로로 승격해서 원 후기까지 요동에 남아 있었다고 하였다. 남의현은 그동안의 동녕부 위치 연구는 한반도의 평양이 곧 고대의 평양이라는 것에 맞추어 비정한 것이라며 다음과 같이 비판하였다.

평양이라는 지명은 한반도에만 있는 것이 아니다. 명대 15세기에 편찬된 『대명일통지』나 『원사』 등의 사료만 보더라도 수·당 시대의 고구려 평양성이 요동 요양이라고 기록되어 있고, 실제 『수서』나 『구당서』, 『신당서』 등 14세기 이전 모든 중국 사료들도 장수왕이 천도한 평양성은 요동에 있다고 기록하고 있다. 그리고 이 고구려의 평양성이 서경이 되었고 이 서경이 동녕부가 되었다고 일관되게 기록하고 있다. 그러나 중국과 일본의 연구 성과들은 이러한 사료를 하나도 이용하고 있지 않다.[174]

남의현은 중국 사료들에 기록된 동녕부가 동녕로로 승격된 것과, 『고려사절요』의 기록을 근거로 '동녕부는 동녕로와 인접해 있으면서 더불어 선원이 많은 지역'임을 주장하였다. 이는 일제 이후 지속된 북한의 평양 일대가 동녕부라는 기존의 연구에 문제점을 제기한 것이다. 특히,

---

173 고려 서경을 요양에 비정한 연구는 남의현, 윤한택 등에 의해서 제기되었다. 한편, 복기대는 고려 서경을 환인에 비정하였다. (남의현, 「중국의 『中朝邊界史』를 통해 본 한중국경문제」, 『인문과학연구』57, 2018. ; 윤한택, 「고려 서북 국경에 대하여」, 『압록과 고려의 북계』, 주류성, 2017. ; 복기대, 「고구려 후기 평양위치 관련 기록의 검토」, 『고구려의 평양과 그 여운』, 주류성. 2017.)

174 남의현, 「원말·명초 한중간의 요동국경지대연구」, 『인문과학연구』61, 2019, 182쪽.

1290년 고려에 반환하고 폐치된 동녕부가 100여 년 뒤에 요동에 다시 등장하는 이유를 설명할 수 없다고 하였다. 동녕로는 다시 명대에 이르러 요동도사 소속 25개 위 중 하나인 동녕위로 재편되었는데, 이는 곧 전 시대의 동녕부와 같이 요양을 중추로 한다고 하였다.

동녕부에 대한 본격적인 연구는 복기대로부터 시작되었다. 그는 우리나라는 물론 차이나계[175]의 사료를 세부적으로 비교 검토하였다. 그리하여 '동녕부의 중심 지역은 요양이고, 동쪽 국경선은 고려, 혹은 조선과의 경계'임을 밝혔다. 즉, 동녕부는 요양에 설치되었으며 원의 세력은 한반도에 들어온 적이 없다[176]고 결론지었다. 이와 함께 만철이 발간한 『조선역사지리』는 반도사관을 만드는 데 장애가 되는 사료나 내용은 절대로 참고하지 않았다고 하였다. 또한 반도사관에 입각한 지리 비정을 하기 위하여 그들이 취한 방법을 다음과 같이 설명하였다.

『고려사』,『조선왕조실록』,『요사』,『금사』,『원사』,『고려도경』,『대명일통지』,『독사방여기요』,『표해록』 등의 기본 사료에서 국경선 관련 기록은 하나도 활용하지 않는다는 것이다. 그들이 가장 자주 활용한 사료는 조선 후기에 편찬된 『신증동국여지승람』,『강역고』,『대동여지도』 등이다. 고려 말 원과의 국경선 관련도 이런 맥락에서 편찬을 한 것이다. 그들은 원사료의 내용을 참고하지 않고 조선 후기에 만들어진 자료들을 중심으로,

---

175 복기대는 '차이나계'라는 용어를 사용하였는데, 일반적으로 중국이라는 이름은 지금도 사용되는 나라 이름이기에 과거 요·금·원 등 많은 시대들의 사료를 어떻게 취급해야 할지 뚜렷한 정의가 없음을 들어 이렇게 대체하여 표기하였다. (복기대, 「원나라 동녕부 위치에 대한 고찰」,『몽골학』57, 2019, 100쪽.)

176 복기대, 위의 논문, 109쪽.

지명이 비슷하면 그것을 근거로 하여 다른 것까지 들고 들어오는 식
이다.[177]

복기대는 이러한 근거를 들어 『조선역사지리』에 보이는 왜곡 사례를
조목조목 열거하고 비판하였다. 일제는 반도사관을 정립하면서 김정호
의 『대동여지도』를 매우 빈번하게 사용하였다. 『대동여지도』에 기록된
지명과 일치하거나 비슷한 지명이 있다는 이유가 그들의 논리였다. 이
러한 논리는 지명은 언제나 이동한다는 기본원칙을 전혀 고려하지 않
은 것이었다. 저자는 17세기 중반, 청이 간도 지역을 봉금하자 조선의
국경 지역에 있던 지명들이 압록강 이동 지역으로 옮겨졌음을 밝힌 바
있다.[178] 『대동여지도』는 조선 후기인 1861년에 제작되었다.[179] 고려 말
동녕부 설치 시기와는 적어도 500년 이상의 차이가 난다. 이처럼 차이
가 나는 지도를 가지고 과거의 역사지리를 비정하는 것은 매우 잘못된
것이다. 복기대는 일본 연구자들이 원사료까지 조작하면서 지리 고증
을 할 수밖에 없는 이유를 다음과 같이 설명하였다.

그들이 하고 싶은 말의 내용이 들어 있는 『신증동국여지승람』이나 『대
동여지도』, 그리고 『명일통지』 「외이」 '조선국'전을 주로 활용하였다. 분명
같은 『명일통지』를 봤으면 어떠한 이유에서든지 권26의 「요동도사부」 관

---

177 복기대, 「원나라 동녕부 위치에 대한 고찰」, 110쪽.
178 허우범, 「위화도의 위치 재고찰」, 221쪽.
179 우리는 김정호가 『대동여지도』를 만들었다고 알고 있다. 하지만 사서 어디에도 김정호
와 대동여지도에 관한 기록은 보이지 않는다. 조선 시대의 지도 제작은 개인이 할 수 있
는 일이 아니었다. 개인이 지도를 제작하고 배포하는 것은 반역죄에 해당하는 것이었기
때문이다. 그러므로 김정호와 대동여지도 문제는 다시 세밀하게 검토해야 할 부분이다.

련을 읽었을 것이다. 그러나 그 내용은 그들이 편찬한 『조선역사지리』에 한 줄도 안 들어가 있었다. 그 이유는 무엇일까? 저자가 판단하기에 그 이유는 명 요동도사 관할에 고구려 관련, 특히 평양성, 압록강, 살수 같은 유적들이 계속하여 나오고 있기 때문이다. 심지어는 동명왕릉의 무덤이 있다는 기록까지도 나오고 있다. 이런 기록들이 반복되어 나오는 것은 그들이 하고자 하는 반도사관을 만드는 데 있어서 결정적인 장애가 된다.[180]

복기대는 남의현의 주장과 같이 원의 동녕부 위치를 요양으로 비정하였다. 원을 뒤이은 명과의 국경선이 연산관이었음을 이해하여 조선과 명의 서북 국경선을 〈지도 Ⅰ-9〉처럼 길림합달령과 천산산맥을 잇는 선으로 보았다.

〈지도 Ⅰ-9〉 조·명 국경선 표시도[181]

---

180 복기대, 「원나라 동녕부 위치에 대한 고찰」, 122쪽.
181 복기대, 위의 논문, 118쪽.

2) 철령 및 철령위 위치

철령위에 대한 새로운 연구의 공통점은 철령위의 위치가 한반도가
아니고 요동에 있었다는 것으로 요약될 수 있다.[182] 이화자와 정태상은
명 태조가 압록강까지는 고려 영토임을 인정한 것을 근거로 철령위는
애초부터 한반도에 설치하려고 하지 않았다고 하였다. 정태상은 철령
위 설치 문제가 오해를 불러일으킨 것은 사서에 사실을 누락시켰기 때
문이라고 하였다.[183] 또한 명에서 고려에 보낸 외교 문서가 고려의 두
사서에 그대로 기록되지 않고 다르게 기록되어 있는 것은 '의도적인 왜
곡'으로 보아야 한다고 하였다.[184]

남의현은 철령위의 초설지(初設地)를 박원호의 주장에 따라 집안으로
보았다. 하지만 명이 압록강을 조선과의 국경선으로 삼으려는 계획이
실패하여 최종적으로는 요동의 철령에 설치되었다고 주장하였다. 이처
럼 철령위가 이설됨에 따라 압록강 하류는 국경중립지대가 되었고, 압
록강 중류는 여진과 조선의 접경지대가 되었다고 하였다.[185]

---

182 철령위의 위치가 요동이라고 주장한 논문은 다음과 같다. 이화자, 「고려·명 간의 철령위
 설치를 둘러싼 논쟁의 진실」, 『대외관계사연구』3, 2009, 7~24쪽. ; 복기대, 「철령위 위
 치에 대한 재검토」, 『선도문화』9, 국학연구원, 2010, 297~325쪽. ; 남의현, 「원·명교체
 기 한반도 북방경계인식의 변화와 성격~명의 요동위소와 3위(동녕·삼만·철령)을 중심
 으로~」, 『한일관계사연구』39, 2011, 37~73쪽. ; 이인철, 「철령위의 위치에 대한 재고
 찰」, 『고조선연구』4, 지식산업사, 2015, 95~126쪽. ; 정태상, 「명의 철령위와 고려 말
 국경의 재검토」, 『인문과학연구』58, 2018. 189~216쪽.
183 『명실록』에는 고려에 통고하는 내용에 철령위는 이미 설치되었으며, 고려의 주장은 받
 아들일 수 없다고 기록되었지만, 『고려사』와 『고려사절요』에는 박의중이 외교를 잘해서
 명에서 철령위 설치 논의를 중지한 것처럼 기록했기 때문이라고 하였다. (정태상. 위의
 논문. 203쪽.)
184 정태상. 위의 논문. 205쪽.
185 남의현. 위의 논문. 69~71쪽.

90

복기대는 먼저 대일항쟁기부터 현재에 이르기까지 고려의 국경선은 철령으로 인하여 압록강에서 원산만까지 고착화시킴으로서 고려의 영토를 반으로 줄였다고 하였다.[186] 그 근거로『고려사』「지리지」서문의 내용을 들었다.[187] 또한『명사』와『명일통지』등 중국 측의 사료들을 추가로 검토해 철령위 위치를 요령성 본계시 지역이라고 주장하였다. 그 근거로『고려사절요』의 기록[188]을 들어 요동·심양 지역과 가까운 곳이 원과의 국경이었기 때문이라고 보았다.[189] 대일항쟁기 이후 현재까지의 철령과 철령위의 위치에 대한 연구사를 총괄적으로 정리하면 〈표 I-3〉과 같다.

---

186 복기대, 위의 논문, 303~304쪽.

187 『高麗史』권56, 「志」권제10, '地理'1, 序文

惟我海東, 三面阻海, 一隅連陸, 輻員之廣, 幾於萬里. 高麗太祖, 興於高句麗之地, 降羅滅濟, 定都開京, 三韓之地, 歸于一統. 然東方初定, 未遑經理, 至二十三年, 始改諸州府郡縣名. 成宗, 又改州府郡縣及關驛江浦之號, 遂分境內爲十道, 就十二州, 各置節度使. 其十道, 一曰關內, 二曰中原, 三曰河南, 四曰江南, 五曰嶺南, 六曰嶺東, 七曰山南, 八曰海陽, 九曰朔方, 十曰浿西. 其所管州郡, 共五百八十餘, 東國地理之盛, 極於此矣. 顯宗初, 廢節度使, 置五都護·七十五道安撫使, 尋罷安撫使, 置四都護·八牧. 自是以後, 定爲五道·兩界, 曰楊廣, 曰慶尙, 曰全羅, 曰交州, 曰西海, 曰東界, 曰北界. 惣京四, 牧八, 府十五, 郡一百二十九, 縣三百三十五, 鎭二十九. 其四履, 西北, 自唐以來, 以鴨綠爲限, 而東北則以先春嶺爲界. 蓋西北所至不及高句麗, 而東北過之. 今略據沿革之見於史策者, 作地理志.

188 『高麗史節要』권32, 「辛禑」3, 우왕 9년 8월

太祖獻安邊之策曰, 北界與女眞達達遼瀋之境相連, 實爲國家要害之地, 雖於無事之時, 必當儲糧養兵, 以備不虞.

189 복기대, 「철령위 위치에 대한 재검토」, 308쪽.

철령				최초 철령위			
한반도		요동		한반도	요동		
강원도 철령	강계	압록강 방면 (황성/집안)	본계	강계	파저강 (황성/집안)	봉집보	본계
와다 세이 스에마츠 『조선사』 이병도 최용덕 한우근 이기백 박원호	이나바	쓰다 이케우치	복기대	『조선사』 이나바	쓰다 이케우치 와다 세이 이병도 박원호 남의현	스에마츠 이화자 정태상	복기대

〈표 I-3〉 철령, 철령위의 위치 비정 현황

3) 조선 초의 국경선

조선과 명의 국경이 현재의 압록강과 두만강으로 확정된 것은 조선 후기 실학자들의 지리지[190]와 여러 지도에서 보이기 시작한다. 이후 대일항쟁기 조선사편수회가 편찬한 『조선사』에서 이를 확정하였고, 현재까지 조선 시대의 국경선은 모든 연구자들이 그대로 따르고 있다. 나아가 현재의 압록강은 조선 시대뿐 아니라 고대로부터 변함없이 있어온 압록강이라고 하였다. 그렇지만 최근 수년간 고려 시대의 북계에 대한 연구가 활발해지면서 고려 시대의 압록강은 요하였다는 연구 성과가 발표되었다. 그럼에도 불구하고 우리 학계는 현재의 압록강이 조선 시대에 이르러 국경선으로 완성된 압록강임을 들어 새로운 연구 성과들

---

190 조선 후기 실학자들이 저술한 지리지에서 말하는 국경으로서의 압록강은 당대의 지리를 이해하고 있다는 인식 아래 설명한 것이다. 즉, 당대의 압록강 물줄기에 대한 인식이 현재의 압록강 물줄기를 말하는 것일 수도 있지만, 현재와는 다른 물줄기를 말하고 있는 것일 수도 있다. 이는 앞서 살펴본 안정복의 『동사강목』의 지도에 보이는 압록강 물줄기가 현재의 혼강을 포함하고 있는 것에서도 살펴볼 수 있는 부분이다.

논의 대상으로도 여기지 않았다. 대신 현재의 압록강에서 연산관까지의 광활한 지역을 어떻게 볼 것인가 하는 것에 초점을 맞추어 연구가 이루어졌다.[191]

남의현은 현재의 압록강을 국경선으로 보는 것은 잘못이라고 하였다. 명의 요동도사가 요동변장을 쌓고 그 내지를 관할하였음을 논증하고 요동변장이 국경선이 됨을 주장하였다.[192] 1480년을 전후로 국경 책문이 연산관에서 봉황성으로 옮겨짐에 따라 국경지대 형성도 연산관과 압록강에서 봉황성과 압록강으로 좁혀졌다고 보았다.[193]

유재춘은 조선과 명의 경계선을 현재의 압록강으로 보았다. 대신 압록강에서 연산관에 이르는 지역은 명의 통치력이 미치지 못하는 지역으로 국경완충지대로 불렀다. 나아가 요동변장 밖의 지역은 여진인이 할거하는 곳으로 이 지역 모두가 조선과 명의 국경완충지대로 작용했다고 주장하였다.[194]

---

191 남의현, 「明 前期 遼東都司와 遼東八站占據」, 『명청사연구』21, 2004, 1~41쪽. ; 남의현, 「元末明初 朝鮮·明의 요동쟁탈전과 국경분쟁 고찰」, 『한일관계사연구』42, 2012, 81~114쪽. ; 남의현, 「원말·명초 한중간의 요동국경지대연구」, 『인문과학연구』61, 2019, 177~217쪽. ; 남의현, 「明의 만주 지역 영토인식에 관한 연구」, 『간도학보』2, 2019, 71~92쪽. ; 유재춘, 「15세기 明의 東八站 地域 占據와 朝鮮의 對應」, 『朝鮮時代史學報』18, 2001, 5~34쪽. ; 유재춘, 「15세기 前後 朝鮮의 北邊 兩江地帶인식과 영토문제」, 『朝鮮時代史學報』39, 2006, 39~76쪽. ; 유재춘, 「중근세 한중간 국경완충지대의 형성과 경계인식~14세기~15세기를 중심으로-」, 『한일관계사연구』39, 2011, 159~204쪽.

192 남의현, 「明의 만주 지역 영토인식에 관한 연구」, 76~81쪽.

193 남의현, 위의 논문, 81쪽.

194 유재춘, 「중근세 한중간 국경완충지대의 형성과 경계인식」, 197쪽.

平頂山　西金山　東金山　開元　三萬

三叉大河　鎮江　撫順

遼河　渾河　鲇州　蒲河　蒲陽　鐵嶺洋　比双島　韭菜島

沙嶺　海州　遼陽　太子河　清河　南夾河島　黄洋島　羊頂島　玭夾河島　野鷄島

蓋州

鎮夷　湯站　鎮東　湯站　旅順島　布代島

鴨緑江　朝鮮界　黄嵐島　婆婆

제2부

역사지리 연구 방법론

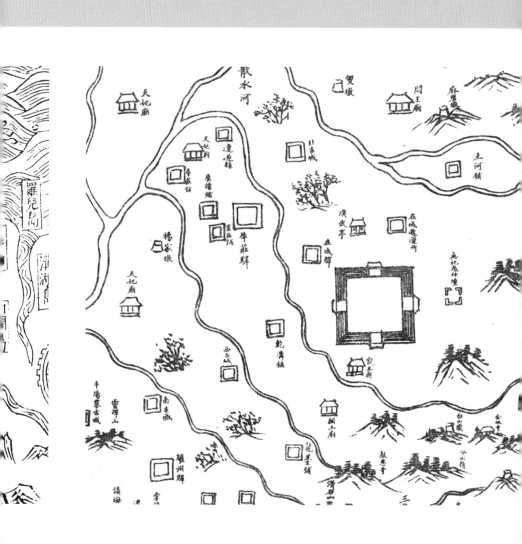

1장
역사지리는 어떻게
연구해야 하는가

국경 연구는 무엇보다 경계를 접한 국가들의 사료를 함께 고찰할 필요가 있다. 이러한 작업은 보다 풍부하고 객관적으로 사실을 확인할 수 있게 해주기 때문이다. 즉, 『고려사』와 『조선왕조실록』 등 우리의 사료는 물론, 고려와 조선이 국경을 접하고 있었던 당대의 중원 사료들을 폭넓게 검토하여 보다 확실한 여말선초의 국경을 밝히는 것이 올바른 역사지리 연구라고 할 수 있다. 이러한 역사지리 연구를 위해서는 다음의 몇 가지 방법이 중요하다.

첫째, 역사지리에 있어서 방위는 진북(眞北)으로 살펴보아야만 한다.
역사지리에서의 지명 위치 비정은 당대의 「지리지」를 1차 사료로 활용한다. 해당 지역의 연혁과 산천의 현황 등이 자세하게 집약되어 있기 때문이다. 그런데 우리는 그동안 지리지에 표기된 방위를 잘못 읽었다. 그로 인하여 지리지의 기록이 잘못되었다는 엉뚱한 결론을 짓기까지 하였다. 하지만 이러한 오류는 우리에게서 비롯된 것이다. 즉, 우리는 지도로부터 방위를 인지하고 파악하는 도북(圖北)에 익숙하다. 하지만 당대의 지리지에 보이는 방위는 우리가 익히 알고 있는 방위와는 다르다.

이는 북극성을 중심으로 하는 진북(眞北)으로 기술하였기 때문이다. 이러한 점을 인지하지 못하고 지리지의 방위를 살펴보았기 때문에 지리지의 기록과는 전혀 다른 결과와 결론을 내렸던 것이다.

둘째, 「지리지」 검토는 새로운 독법으로 살펴보아야 한다.

「지리지」는 해당 지역의 변천과 현황을 요약해 놓은 것이기 때문에 당대의 사실을 기록한 「본기」나 「세가」 및 「열전」 등과는 다른 독법이 필요하다. 다른 사료들이 사건과 행적을 연월 단위로 기록하여 이해도를 높인 반면, 「지리지」의 경우는 바로 앞 시대 뿐 아니라 여러 시대에 걸친 현황을 요약하였기 때문에 기록의 행간까지도 검토해야만 한다. 이를 효율적으로 살펴보기 위해서는 동양의 전통적인 글쓰기 방식인 '술이부작(述而不作)'을 활용해야만 한다.

셋째, 역사지리 연구는 반드시 '지명 이동'을 염두에 두어야 한다.

국가마다 사서를 편찬함에 있어서 영토와 행정 구역을 알 수 있는 「지리지」는 필수항목이었다. 지리와 지역은 변함이 없지만 그곳을 차지하였던 민족과 국가는 시대마다 달랐기 때문이다. 민족과 국가는 그들만의 고유한 정서와 뜻이 배어 있는 언어를 사용하기 마련이다. 특히, 지명은 이러한 정서가 강하게 배어 있다. 지명은 지형의 형태를 사용하지만 부족이나 집단을 상징하는 고유 명칭을 사용하기도 하고, 군사나 경제의 흐름 등에 부합하는 명칭을 사용하기도 한다.[1] 하지만 이들 지명은 그 영토를 차지하고 있는 민족과 국가가 바뀌면 다시 조정된다.

---

1 예를 들면, 黃土嶺·海西江 등은 지형의 모습을, 斡朶里·三姓 등은 민족명을, 東寧·運糧河 등은 군사 및 경제 흐름을 반영한 것으로 볼 수 있다.

기존 영토에서 밀려난 민족과 국가도 자신들이 사용하였던 지명들을 축소된 영토에 새롭게 부여한다. 지명의 이동이 발생하는 것이다. 이 과정에서 전 시대에 사용했던 지명 중 일부 필요한 지명은 재사용하기도 한다. 국가 간에 보이는 동일한 지명이 발생하는 것 중의 하나도 바로 이러한 이유에서 비롯된다.

넷째, 중세 시대의 국경은 새로운 개념으로 살펴보아야 한다.

국가의 범위는 크게 지리적 공간으로서의 영토와 통치적 공간으로서의 주권으로 구성된다. 오늘날의 국경선은 근대 국민국가의 탄생[2]과 함께 시작되었는데, 각종 국제적 협약에 의하여 그 범위와 효력을 인정받는다. 하지만 근대 이전 중세 시대의 국경선은 언제나 힘의 우위 여부에 따라 변화가 심하였다. 즉, 영토와 주권이라는 경계는 불변의 고정선이 아니라 부단한 변동과 재규정[3]의 연속이었다. 이때의 영토에 대한 지배권과 통제권 또는 관할권은 중첩적이고 복합적으로 적용되었다.[4] 이는 국가 요소인 영토라는 지리적 공간이 존재하지만 군주에게 일정한 영토를 하사받은 신하의 충성심과 인적 조직이 또 하나의 중요한 요인으로 작용하기 때문이다.[5] 그러므로 중세 시기의 영토, 특히 변경은 일반적으로 유연성을 가질 수밖에 없으며, 이를 오늘날과 같은 엄격한

---

2 근대 국민국가의 탄생 시점을 유럽은 1648년 베스트팔렌조약 체결, 동양은 1689년 청과 러시아가 체결한 네르친스크조약 체결부터로 본다.

3 고지현, 「지구화와 국민(민족)국가─경계의 문제」, 『사회와 철학』19, 2010, 3쪽.

4 김성원, 「영토, 경계 및 영토 주권에 대한 역사적 고찰」, 『동아법학』81, 2018, 88쪽.

5 영토(봉토)에 대한 권데꿔 소유권이 누구에게 있는가에 따라 중세 국가의 영토는 팽창되며, 왕권의 약화는 반대로 봉토에 대한 신하의 소유권 강화로 이어져 영토의 축소를 가져올 수 있다.

국경선의 개념으로 이해해서는 안 된다. 이러한 점들을 고려하여 중세 시기의 국경은 '지대(zone)'와 '선(line)'의 개념으로 살펴보는 것이 필요하다.

다섯째, 현장 답사를 통한 사료와의 적합 여부를 확인해야 한다.

우리의 역사지리 연구는 대부분 사료 기록을 지도에서 살펴보는 것으로만 위치를 비정하고 현장에서의 확인은 중시하지 않았다. 이는 앞에서 살펴본 것처럼 진북의 방위를 도북의 방위에 맞춰 살펴본 것으로 많은 오류를 내포할 수밖에 없다. 특히, 우리 역사의 중심 무대였던 동북 3성 지역에 대한 지리적 인식은 더하다. 즉, 이 지역에 대한 지리적인 현장감 없이 지도로만 위치를 비정할 경우에는 대부분 산악지대로 인식하기 때문에 불모지나 다름없다고 생각하기 쉽다. 하지만 동북 3성을 직접 답사해 보면 산맥 사이를 오가는 강줄기와 구릉지 사이로 뚫린 도로는 이 지역이 얼마나 풍요롭고 비옥하며 물류의 흐름 또한 중요한 요지라는 것을 알게 해준다. 이처럼 역사지리에서의 위치 비정 연구는 '현장' 없이는 존재할 수 없다. 현장에서 사료 기록 내용과의 적합 여부를 살펴보는 것은 역사지리 연구 방법의 필수적인 사항이 되어야 하며, 그것이 경계와 국경에 관한 것이면 더욱 그러해야만 한다.

역사지리 연구는 영토 및 국경 연구의 시발점이다. 하지만 그간의 연구는 앞서 살펴본 몇 가지 사항들에 대하여 간과하거나 등한시함으로써 지리 비정의 착오와 모순이 많이 발생하였다. 이러한 점을 최소화하고 동시에 올바른 지리 비정을 하기 위해서도 역사지리 연구 방법론을 새롭게 정의할 필요가 있다. 이제 역사지리 연구 방법에 필요한 다섯 가지 사항에 대하여 좀 더 자세히 살펴보기로 한다.

1. 진북(眞北) : 지리지에서의 방위

방위는 거리와 함께 위치를 비정하는 가장 기본적인 요소이다. 역사지리학의 방위는 거리보다 더욱 중요하다고 할 수 있다. 올바른 방위설정이야말로 제반 역사적 사실을 밝히는 가장 기초적인 출발점이 되기 때문이다. 역사지리에서의 방위는 사서뿐만 아니라 지리지, 기행, 연행록 등 다양한 사료에서 접할 수 있다. 그런데 우리는 사료에 보이는 수많은 방위[6]를 때로 잘못 이해해 왔다. 이로 인해 산천과 지형이 맞지 않게 되자 후대의 연구자들은 당대의 기록이 잘못되었다고 주장하며 수정하는 일이 많았다.[7] 이러한 원인은 우리가 지도에서 보는 방위에만 익숙하였기 때문이다. 방위는 북쪽이 기준점이 된다. 그런데 북을 나타내는 방위는 다음과 같이 세 가지로 구분된다.[8]

(1) 진북(眞北: true north) : 지구 자전축의 북극 방향을 말하는 것으로 지구상의 어떤 지점으로부터 북극까지 이은 선은 진북의 기준선이 된다. 진북을 가리키는 가장 신뢰할 수 있는 지표는 북극성이다. 일반적으로 북쪽을 말할 때에는 진북을 가리키는 것이다.

(2) 도북(圖北: grid north) : 지도에서 나타내는 북쪽이다. 지도에는 경선과 위선이 있는데, 지도의 상단에 있는 경선이 북쪽을 가리킨다.

---

6 대부분의 史料는 8방위로 방향을 제시하고 있다.

7 이러한 문제는 지리지의 내용을 해석하는 과정에서 많이 발생하는데 특히, 기준점을 중심으로 강줄기의 흐름이나 해당 지명의 방위를 설명하는 부분에서 더욱 심하다. 이러한 방위 읽기의 오류는 당시에 직접 해당 지역을 방문하고 기록한 기행의 내용조차 집저자가 방위를 구분 못하고 대충 기록했다는 식으로 합리화할 정도다.

8 이연희, 『地圖學 : 主題圖 제작의 原理와 技法』, 법문사, 2007, 137~139쪽.

이렇게 지도상에서 경선과 위선의 좌표에 따라 설정되는 북쪽을
도북이라고 한다.

(3) 자북(磁北; magnetic north) : 나침반의 자석이 가리키는 북쪽을 말
　하는 것으로 지구 자체가 거대한 자석이며, 그 자장이 남북으로
　뻗어나가기 때문에 이를 이용하여 자북 방향을 측정한다.

고대에는 태양의 움직임과 북극성 위치를 기준으로 방위를 정하였다.
진북을 가리키는 이 방법은 나침반이 발견된 이후에도 전통적인 방법
으로 애용되었다. 그렇기 때문에 고대의 지리지나 기행, 연행록 등의 방
위 기록은 진북으로 기록할 수밖에 없다. 즉, 고대의 사료에 나타나는
방위는 모두 진북으로 이해해야 하는 것이다. 18세기부터는 본격적으
로 지도가 제작되었다. 그런데 지도에 진북을 표시하기가 어려워 위선
과 경선을 이용한 도북 개념이 발생하였다. 지도는 언제나 제작자가 속
한 국가의 영토를 중심에 두고 제작한다. 이때 진북과 도북의 편차가
발생하는데, 이를 '도편각'이라고 한다.

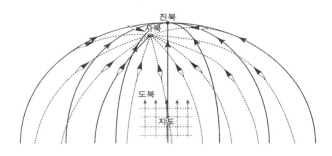

〈그림 II-1〉 진북, 도북, 자북의 편차 관계[9]

---

9 이연희, 위의 책, 140쪽.

그간의 역사지리 비정은 지도의 방위에 익숙한 탓에 대부분 도북 개념으로 비정해 왔다. 이러한 까닭에 지리지나 기타 사료에 나타난 방위와 실제로 많은 부분에서 차이가 발생하였던 것이다. 그러므로 지리지에 기록된 방위는 진북을 기준으로 삼아서 살펴보아야만 한다.

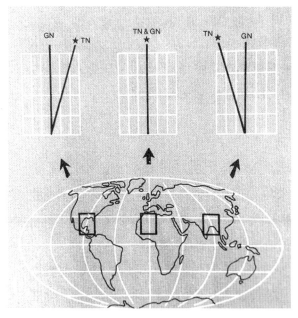

〈그림Ⅱ-2〉 도북과 진북의 차이[10]

우리에게 익숙한 도북의 동서남북 4방위는 '十' 형태로 나타낼 수 있다. 하지만 한반도를 진북으로 표시하면 'X' 형태가 되어 방위 자체가 달라진다. 즉, 우리가 일반적으로 알고 있는 동북쪽이 진북 방향이 되고, 북쪽은 서북쪽, 서북쪽은 서쪽 방향이 되며 우리가 알고 있었던 서쪽은 서남쪽 방향이 되는 것이다.

---

10 이연희, 위의 책, 138쪽.

〈지도Ⅱ-1〉 도북으로 그린 한반도[11]

〈지도Ⅱ-2〉 진북으로 그린 한반도[12]

---

11 일본 육군참모국, 「朝鮮全圖」, 1894
12 일본 흑룡회, 「滿韓新圖」, 1904

2. 술이부작 : 지리지의 독법

「지리지」는 일반적인 사료와는 다른 독법이 필요하다. 즉, 「지리지」의 경우는 바로 앞 시대뿐 아니라 여러 시대에 걸친 현황을 요약·축적하는 특성 때문이기도 하다. 그렇기 때문에 「지리지」의 기록은 그 행간까지도 살펴보아야만 한다. 이를 위해서는 동양의 전통적 글쓰기 방식이었던 '술이부작(述而不作)'의 독법이 필요하다.

동양의 전통적 글쓰기는 공자가 말한 '술이부작'[13]을 근간으로 한다. 술이부작은 '옛 것을 전하되 새로 짓지는 않는다'는 의미이다. 하지만 술이부작은 있는 사실의 기록만을 의미하지는 않는다. '述'은 기존에 완성되어 있는 것(先王之道)을 풀어낸다는 뜻이고, '作'은 기존에 없던 것을 새롭게 지어낸다는 것을 뜻하기 때문이다. 이 말은 공자 이전에 이미 학문의 기본 내용이 완성되어 있다는 인식이 전제되어 있다. 주희는 공자가 술이부작의 방식으로 했던 작업에 대하여 평가하길, "공자는 『시경』, 『서경』을 산삭(刪削)하고 예(禮), 악(樂)을 정하였으며, 『주역』을 찬술(贊述)하고 『춘추』를 편수하시어 모두 선왕의 옛 것을 전술(傳述)하였고, 일찍이 창작한 것이 있지 않았다."고 하였다.[14]

그런데 공자가 술이부작을 실천하여 지었다는 『춘추』에도 독자적인 역사 인식과 가치관이 존재한다. 그래서 후대의 사가와 학자들이 '춘추필법(春秋筆法)'이라고 불렀다. 즉, '있는 그대로 기술(術)'한다는 것은 '어느 정도의 지음(作)'을 포함하고 있는 것이다. 결국 공자가 말한 술이부

---

13 '옛 것을 전하되 새로 짓지는 않는다'는 의미로 공자가 『論語』 「述而」편에서 한 말이다. 이 말은 이후 선비들의 사유와 글쓰기의 표본이 되었고 '춘추필법'을 낳는 근간이 되었다.
14 이한우, 『논어로 논어를 풀다』, 해냄, 2012, 463~464쪽

작이란 개념도 완전히 새로운 것을 만들어내지는 않지만 기존 내용에
첨삭하는 방법으로 어느 정도의 새로운 의미를 부여하는 것이다.

역사 연구에서 술이부작은 시대마다 간행된 『지리지』를 고찰함에 있
어서 더욱 필요하다. 지리와 지역은 변함이 없지만 그곳을 차지하였던
민족과 국가는 시대마다 달랐기 때문이다. 민족과 국가는 그들만의 고
유한 정서와 뜻이 배어 있는 언어를 사용하기 마련이다. 특히, 지명은
이러한 정서가 강하게 배어 있다.

새로운 민족과 국가가 그 지역을 차지하고 영토가 확정되면 언제나
앞 시대의 지리지를 참고하고 자국의 지리 관련 내용을 추가한 지리지
를 편찬하였다. 또한 영토의 중대한 변화가 생길 때에도 지리지의 편
찬이 이루어진다.[15] 이때 '술이부작'의 집필정신이 반영되어 해당 지역
의 역사가 계승되고 또한 새로운 지명으로 발전되어 나간다. 편찬자는
지리지를 찬술하는 과정에서 전 시대까지 기록된 많은 내용들을 압축
해 정리할 필요가 있다. 전 시대까지의 기록은 당대 기록을 위한 과거
의 연혁을 살펴보는 것에 불과하기 때문이다. 이처럼 간략하게 축소하
는 과정에서 역사지리의 왜곡이 일어나게 되고 이러한 작업이 여러 시
기에 걸쳐 축적되면 하나의 틀로 고정되기 쉽다. 구두점이 없는 한문표
기법도 이러한 점에 일조하고 있다고 볼 수 있다. 즉, 한 두 시기의 서로
다른 내용들이 모두 같은 시기나 장소로 해석되어 굳어지거나, 그 반대
로 서로 같은 것들이 각각 다른 것으로 곡해될 수도 있다. 그러므로 지
리지의 내용은 술이부작의 집필 방법에 유념하면서 보다 신중하고 세
밀하게 살펴볼 필요성이 있는 것이다.

---

15 조선 초기에 지리지는 모두 세 번(『세종실록지리지』,『동국여지승람』,『신증동국여지승람』)
에 걸쳐 간행되었는데, 이때마다 영토와 군현의 변화가 있었다.

「지리지」에 술이부작의 개념을 적용해 내용을 검토하는 것은 다음과 같은 과정으로 살펴보는 것을 말한다.

첫째, 국가별·시기별로 나누어서 해석한다. 이는 앞서 살펴본 것처럼 지명은 이동과 개명을 반복하며 축적되어 온 것이기 때문에 이를 나누어 살펴봄으로써 보다 명확한 해석을 할 수 있을 것이기 때문이다.

둘째, 같은 왕의 재위 기간이라도 변화가 있는 시기는 그 사유를 살펴본다. 주군현의 강등과 승격 등이 이에 해당하는데 변경의 경우에는 영토와 행정 구역의 변동이 수시로 발생할 수 있기 때문이다.

셋째, 별호나 이칭을 중요하게 검토한다. 중요한 지명일수록 별호나 이칭이 많다. 이는 시대가 바뀌어도 그 지역의 중요성은 변하지 않기 때문이다. 그런데 별호나 이칭은 시대 구분 없이 대부분 총괄적으로 기술해 놓았다. 이는 오랜 시기를 거치며 축적된 결과물로 보아야 한다. 그렇기 때문에 한 지점이나 한 지역만을 의미하는 것으로 보는 것은 문제가 있다. 그것이 압록강(鴨淥江) 같은 경우에는 더욱 그러하다.

압록강의 이칭은 마자수(馬訾水), 안민강(安民江), 청하(淸河), 용만(龍灣), 익주강(益州江), 의주강(義州江) 등 여러 가지로 불린다. 그런데 이는 모두 현재의 의주와 압록강을 지칭하는 것으로 이해하고 있다. 하지만 이러한 이칭은 오랜 시기 동안에 하나씩 누적된 기록으로 보아야 한다. 즉, 고구려 시대에는 마자수, 고려 시대에는 안민강·청하·용만·익주강 등으로 불렸으며, 조선 시대에 이르러 의주강이 추가된 것으로 해석할 수 있다.[16] 이처럼 압록강의 이칭은 압록강이 이동함에 따라 그 시대, 그

---

16 압록강의 첫 번째 이칭은 마자수인데, 이는 『신당서』에 기록되어 있다. 안민강은 『삼국유사』에 기록된 이칭이며, 청하는 발해와 고려 시기에 불려진 이칭으로 현 요령성 개원시를

지역의 지명이 첨가된 것으로 해석해야만 한다. 이칭이 대부분 그 지역에서 부르는 토속어인 것도 이러한 까닭이다. 그럼에도 불구하고 이를 고대로부터 지금까지 변함없이 한 지역과 하나의 강으로만 한정하는 것은 올바른 역사지리 연구 방법이 될 수 없다고 하겠다.

3. 지명의 이동

우리는 중요한 역사지리는 마치 불변인 것처럼 알고 있다. 압록강과 평양이 특히 그러하다. 하지만 이는 올바른 비정이라고 할 수 없다. 왜냐하면 국경이 변하듯이 지명도 이동하기 때문이다. 특히, 경계나 국경 지역의 지리는 더욱 그러하고 이의 축소나 확대 여부에 따라 국도도 이동하기 마련이다.

지명은 자연적인 지리 공간의 어느 지역에 구체적인 영역과 경계를 정하여 그에 맞는 의미를 부여한 것이다. 이렇게 부여된 지명에는 그 공간에 거주하는 사회적 주체의 정체성(identity)이 반영되기 마련이다. 일반적인 언어가 자의성(恣意性)을 지니고 있는 것과는 달리 지명은 발생한 근거가 되는 특정한 사실과 현상이 지명에 함축되는 유연성(有緣性)을 가진다.[17] 이는 소쉬르가 언어에 대하여 정의한 바 있는 형식(記標)

흐르는 구하로 이해된다. 용만은 고려 시대 의주의 이름이기도 하며, 익주강은 금 태조가 요의 황룡부를 공격할 때 건넌 강으로 고려의 경계이다. 의주강은 조선 시대에 불린 이칭이다.

17 김순배, 류제헌, 「한국 지명의 문화정치적 연구를 위한 이론의 구성」, 『대한지리학회지』 43-4, 2008, 615쪽.

과 내용(記意) 사이에 어느 정도 관련성이 있다는 의미와도 같다.[18] 즉, 기호로써의 언어가 정체성을 가지면 이와 함께 그 언어를 사용하는 사회 집단의 관념이나 사상이 언어에 투영되는 것이다.[19] 이러한 언어적 특성이 강하게 발현되는 것이 지명이다. 이처럼 지명은 단순히 자연지리 공간의 일정한 위치와 영역을 지칭하는 목적을 넘어, 이를 사용하는 사회적 주체의 정체성과 이데올로기를 반영하고 있는 것이다.

우리 고대사에 있어서 평양(平壤)은 고구려와 고려의 도읍지로 매우 중요한 지명이다. 역사적 경계선이었던 압록강(鴨淥江)도 마찬가지다. '평양'과 '압록강'이라는 지명은 단순히 일정한 위치와 영역만을 의미하지는 않는다. 국가를 대표하는 국도(國都)로서의 평양, 영토의 경계를 의미하는 압록강이라는 정체성과 이데올로기가 반영된 것이다. 이러한 정체성과 이데올로기가 반영된 지명은 쉽게 사라지지 않는다. 다만 그 영역을 차지하고 있는 정치 체제의 변화에 따라 지명도 확장 또는 축소 등을 거치며 변화한다.

고대의 지명 변화는 영토 전쟁과 관련이 깊다. 전쟁은 정치적·경제적으로 중요한 요충지를 차지하려는 정치적 행위이기 때문이다. 이 과정에서 영토의 확장과 축소가 일어나고 그때마다 지명도 확장과 축소

---

18 구조주의 언어학자인 소쉬르는 우리가 사용하는 모든 언어는 '記標(signifiant)'와 '記意(signifie)'로 이루어진다고 하였다. 기표는 음성이나 그림, 문자 등의 이미지를 말하며, 기의는 그 기표가 가리키는 개념을 뜻한다. '한국'을 나라마다 다른 언어로 쓰는 것은 '기표'이고, 그것이 가리키는 나라를 인지하는 것은 '기의'에 해당한다. (소쉬르 지음, 최승언 옮김, 『일반언어학 강의』, 민음사, 2006, 91~98쪽.)

19 막스주의 언어철학자인 볼로쉬노프는 모든 언어는 이데올로기에서 벗어날 수 없다고 하였다. 즉, 사회적 소통 기호인 언어에는 그 언어를 사용하는 사람들만큼의 이데올로기가 개입한다는 것이다. 언어는 사회적 맥락이나 행동과 밀접한 연관을 맺고 있다는 것이다. (볼로쉬노프 지음, 송기한 옮김, 『언어와 이데올로기』, 푸른사상, 2005, 26~30쪽.)

등 변동이 발생하는 것이다. 고구려 시대의 평양이 몇 곳으로 이동된 것도 바로 이러한 이유인 것이다. 이러한 지명의 변화는 경계를 의미하는 압록강도 마찬가지로 생각할 수 있다. 따라서 영토 전쟁이 핵심이었던 고대 국가에서 경계선으로서의 압록강이란 지명은 현재처럼 '유일한' 하나의 강으로만 존재할 수가 없는 것이다.

정치적 지배 계급은 다양한 지명을 하나로 통일시켜 표준화한다. 이를 통해 사회집단을 동질화하고 중앙집권적인 위계 체제를 달성한다. 하지만 대다수의 피지배 계급은 각자 자신의 영역에서 부르는 지명을 잊지 않고 사용한다. 바흐찐은 언어를 구심력과 원심력의 상호작용[20]으로 보았는데, 이에 대비하여 설명하면 지배 계급은 언어의 구심력을, 피지배 계급은 언어의 원심력을 추구한다. 압록강이라는 명칭은 역사적 지명에서 언어적 구심력과 원심력의 관계를 살펴볼 수 있는 좋은 사례이다. 압록강은 여러 이칭을 가지고 있다. 압록강(鴨淥江)이라는 지명은 정치 집단 간에 경계선을 뜻하는 '표준화한' 지명이다. 즉, 지배 계급이 통일시킨 구심적인 이름인 것이다. 반면에 다양한 이칭은 그 강을 지칭하는 영역에 거주하는 토민(土民), 즉 피지배 계급이 부르는 원심적인 이름인 것이다. 원심적인 지명인 이칭은 정치집단의 변화에도 크게 변하지 않지만, 대표성을 지닌 구심적인 지명은 정치집단 간 영토의 확장·축소 등의 변화에 따라 달라질 수밖에 없는 것이다. 역사지리에 있어서의 위치 비정은 바로 이와 같은 이치에서 살펴보아야만 하는 것이다.

---

20 이득재, 『바흐찐 읽기: 바흐찐의 사상·언어·문학』, 문학과학사, 2003, 143~149쪽.

4. 지대(zone)와 선(line) : 중세의 국경 개념

　근대 이전 시기에도 국가 간 국경은 존재하였다. 이때는 주로 자연 지형을 이용한 국경이 존재하였지만 이 또한 국가 간 객관적 사실에 근거한 경계의 획정이라고는 볼 수 없다. 군사적으로 우월한 한 국가가 지정학적 목적을 달성하기 위하여 전략적으로 유리한 자연 지형을 선택하여 영토의 경계를 주장하기 때문이다. 이런 상황에서는 경계를 주장하는 쪽은 언제나 자국의 현재 영토 범위를 제한하는 자연 지형을 영토의 경계로 삼지 않고, 자국의 영토 범위 밖에 위치한 자연 지형을 선택하여 이를 영토 경계로 획정하기 때문이다.[21] 이는 조선 건국 당시 명 태조가 요동도지휘사사가 있는 요양에서 180리 떨어진 연산관을 영토 경계로 획정한 것과 같은 것이다.

　여말선초는 중세의 영토와 경계 특징이 그대로 나타나는 시기로 볼 수 있다. 고려와 조선이라는 국가의 영토가 있고, 영토의 경계인 국경을 방어하는 군진이 설치되거나 실질적인 토지 관할권을 인정하여 타민족을 거주하게도 하였다.[22] 하지만 이러한 변경 지역의 방어 정책은 정치적·경제적 국제 관계에 따라 충성과 반란을 반복하였다. 특히, 조선 초기의 영토는 더욱 그러하다. 조선은 국경의 경계 지역마다 방어 군진을 설치하기보다는 여진을 대거 거주시킴으로써 민호를 충당해 국경을 방어하려고 하였다. 이로 인하여 조선은 명과는 물론 여진의 초유에도 많은 노력을 기울여야만 하였고, 이는 결국 실패로 끝나고 말았다.

---

21 김성원, 위의 논문, 96쪽

22 고려는 兩界에 대도호부와 防禦郡鎭을 설치하여 직접 경계를 지켰고, 조선은 변경에 女眞族들을 거주시키는 정책으로 경계를 수호하고자 하였다.

① 두만강의 경계를 회복하여 수어하는 곳으로 벌여 두고 북쪽 변경을 진압한다면, 우리는 수어하는 편의가 있고 저들은 두려워하는 마음이 있어 감히 두만강을 넘지 못할 것이다.[23]

〈사료①〉에서 알 수 있듯이 이 시기의 국경은 경계 지역의 요충지를 선점하고 그 일대 지역을 장악하는 '지대(地帶; zone)'의 개념인 것이다. 이때의 요충지는 경제적으로 물류 집산지, 전략적으로 지정학적 요충지를 의미한다. 전쟁은 이러한 요충지의 확보를 위한 방편인 것이다. 이러한 국경 지역은 여러 가지 방법으로 인호수(人戶數)를 늘려 영토를 수호하기 마련이지만 반대로 전쟁이나 반란, 재해 등에 따른 인구의 이동으로 이를 유지하기가 어려울 경우에는 지대를 축소하거나 그 지대에서 철수하기도 한다. 여말선초의 국경은 일반적으로 '유동적인' 국경으로 존재하였다고 볼 수 있다.

하지만 모든 국경이 '지대'의 개념은 아니었다. 두만강과 압록강처럼 국가 간에 상호 '보장한' 자연 지형의 안쪽은 오늘날과 같은 '선(line)'의 개념이 존재하였다고 볼 수 있기 때문이다. 즉, 여말선초의 국경은 지대와 선의 개념이 공존하는 시기로 볼 수 있는 것이다. 따라서 여말선초의 국경은 '보장된' 국경선과 '유동적인' 국경지대로 구분할 수 있다. 보장된 국경은 당연한 자국의 영토이지만, 유동적인 국경은 그 지대를 실질적으로 관할하는 거주 집단이 귀속되는 국가의 영토로 보아야만 한다.

---

23 『朝鮮王朝實錄』, 「世宗實錄」77卷, 世宗 19年 5月 己酉
　　列置守禦之所, 以鎭北鄙, 則我有守禦之利, 而彼有疑懼之心, 不敢踰豆滿江矣.

② 또 알목하(斡木河)는 곧 두만강의 남쪽, 우리의 국경 안에 있다. 토지
가 비옥하여 경농(耕農)과 목축(牧畜)에 적당하며, 바로 요충지(要衝
地)에 위치하였으니, 거진(巨鎭)을 설치하여 나라의 북쪽 문을 웅장
하게 하기에 합당하다.[24]

〈사료②〉는 태조 시기 알목하로 이주하여 살던 여진이 떠나자 세종이
이곳에 거진(巨鎭)을 설치해 행정 구역에 편입하려고 하는 부분이다. 명
은 두만강과 압록강을 조선의 국경선으로 인정하였다. 이때 두 강은 조
선의 '보장된' 국경선인 것이다. 이러한 국경선 안에 거주하는 여진은
당연히 조선에 부속되어 통제를 받는다. 하지만 〈사료①〉의 경우처럼
두만강 건너편 북쪽 지대가 조선의 국경이라고 해도 이 지대는 '유동적
인' 국경 지역이기 때문에 이곳에 거주하는 여진의 경우는 조선과 명의
통제 대상이 된다. 이때 여진 통제의 우선권은 역사적인 연고권도 중요
하지만 대상자인 여진의 귀속 희망국이 중요한 요인이 된다. 태종이 영
락제로부터 10처 여진의 관할권을 인정받은 것도 이러한 맥락으로 이
해해야 하며, 따라서 10처 여진의 거주지도 조선의 영토에 포함되는 것
이다.[25]

---

24 『朝鮮王朝實錄』, 「世宗實錄」62卷, 世宗 15年 11月 庚子
    且斡木河直豆滿江之南, 在吾境內, 土地沃饒, 宜於耕牧, 正當要衝, 合設巨鎭, 以壯北門.

25 10처 여진의 조선 관할은 기본적으로 조선과 명과의 경계가 획정되었음을 의미하는 것이
며, 따라서 이 지역에 대한 지배권도 조선에 있는 것임을 인정한 것이다. (유재춘, 「여말선
초 조·명간 여진 귀속 경쟁과 그 의의」, 『한일관계사연구』41, 2012, 57~58쪽.)

5. 현장 답사 : 사료 기록의 적합성 판단

사료와 지도만으로 우리 역사의 국경과 영토를 획정하는 것은 단편적인 연구에 지나지 않는다. 특히, 요동반도는 산악지대로 인식하기 때문에 불모지(不毛地)나 다름없게 생각하기 쉽다. 하지만 산맥 사이를 오가는 강줄기와 구릉지 사이로 뚫린 도로는 요동이 얼마나 중요한 지역인가를 직접 알게 해준다. 역사지리 연구는 반드시 현지답사와 고고학적 발굴사항 등을 종합하는 융합 연구를 통하여 비정해야만 한다.

우리는 요동반도를 산악지대로 인식하기 때문에 대부분 경제적 가치가 적은 지역으로 생각하기 쉽다. 하지만 현장을 답사하면 산맥 사이를 흐르는 강줄기와 구릉지 사이를 오가는 도로 등의 확인을 통하여 요동지역이 자연지리뿐만 아니라 정치적·경제적으로도 중요한 지역임을 알 수 있다.

하나의 사례로 위화도를 들 수 있다. 우리는 위화도를 압록강 안에 있는 하중도로 인식하고 있다. 하지만 실록에 기록된 위화도의 내용들을 살펴보면 그렇지 않다. 위화도는 강변에 있는 땅이며, 태조봉도 있고 회군천도 있다. 이성계가 회군한 역사적인 장소인 위화도는 현재의 위치가 아닌 다른 곳이었음을 알 수 있다. 그렇다면 사료에 기록된 위화도는 어디에 있는 것일까. 이는 현장 답사를 통해서 가능하다. 즉, 사료 기록을 토대로 현장에서의 지리적 사항들과 연관성을 보다 확실하게 살펴 위화도가 현재의 관전만족자치현의 포석하에 있었음을 알 수 있는 것이다. 이처럼 현장 답사는 역사지리의 현장에서 얻을 수 있는 장점들을 최대한 살려, 사료에서 인지할 수 없었던 내용들을 보완하게 함으로써 보다 사실에 적합한 국경선을 고찰할 수 있는 것이다.

2장
여말선초의
압록강과 경계

1. 압록강의 정의 : 경계

압록강(鴨淥江)이란 명칭은 '물빛이 오리의 머리색과 같다'고 하여 붙여진 이름이다.[26] 명칭에서 물이 맑고 깨끗한 강임을 알 수 있다. 강물이 맑고 깨끗하려면 수림이 우거진 산이 있어야만 가능하다. 중국의 동북 3성은 이러한 자연조건을 갖추고 있다. 압록강이 중요한 강인 것은 주희의 말에서도 입증된다. 그는 천하(중국)의 3곳에 있는 큰 강으로 황하와 장강에 이어 압록강을 꼽았다.[27] 주희가 3개의 강을 구분한 기준은 강의 길이와 수량이 우선적으로 적용되었겠지만, 더욱 중요한 기준은 그 강줄기를 중심으로 움직이는 연안 지역의 경제적 효과와 가치를 함께 살펴서 정한 것이라고 볼 수 있다.

지명은 언제나 이동하며 압록강도 예외일 수는 없다. 더욱이 현재의

---

26 『康熙字典』21, 鳥子部 '鴨'.
　又水名, 鴨淥.【唐書地理志】馬訾水出白山, 色若鴨頭, 號鴨淥水, 今鴨淥江也.
27 『朱子語類』卷第86, 「禮」3.
　女眞起處有鴨綠江. 傳云, 天下有三處大水；日黃河, 日長江, 并鴨綠是也.

압록강은 황하와 장강에 비교될 수 있는 강이 못 될뿐더러 물류의 관점에서 보아도 강으로서의 기능이 현저히 떨어진다.[28] 그럼에도 불구하고 주희가 거론한 압록강이 현재의 압록강으로 고정된 것은 현재의 압록강을 불변의 고유명사로 이해하기 때문이다. 그런데 압록(鴨淥)의 만주어인 'yalu'의 의미를 찾아보면 상당히 다른 뜻이 내포되어 있음을 알수 있다.

ᐧyalu 명 경계, 토지의 구역을 가르는 境界. (유의어) yalukū

ᐧyalukū 명 ① 말을 타는 사람 ② 사람이 타는 말 등의 가축

③ 境界, 邊境, 邊界, 地邊[29]

압록의 발음은 'yalu'인데, 이는 만주어를 한어로 음차한 것이다. 그 뜻도 '경계'를 의미한다. 유의어인 'yalukū'에는 세 가지의 뜻이 있는데, 이를 모두 종합하면 유목 생활을 하며 살아가는 사람들이 거주하는 일정한 경계를 의미함을 알 수 있다. 유목민들은 풀을 찾아 수시로 이동한다. 그러므로 언제나 경계가 변한다. 이때 초원에서의 경계는 자연스럽게 강을 기준으로 설정하면 편리하다. 이러한 이유로 경계를 나누는 강이 설정되면 이를 'yalu ula'로 불렀고, 이를 한어로 음차하여 압록강(鴨淥江)이 된 것이다.[30]

주희가 말한 천하 3대 강으로서의 압록강은 움직이지 않지만, 국경

---

28 남의현, 「장수왕의 평양성, 그리고 鴨綠水와 鴨淥江의 위치에 대한 시론적 접근」, 『고구려의 평양과 그 여운』, 주류성, 2017, 83~119쪽.

29 이훈 편저, 『滿韓辭典』, 고려대 민족문화연구원, 2017, 924쪽.

30 鴨淥(yalu)의 만주어 표기는 ᠶᠠᠯᡠ이다.

선으로서의 압록강은 시대에 따라 이동할 수밖에 없다. 여러 사서에 기록된 압록강 관련 기록을 살펴볼 때, 적어도 고려 초기까지의 압록강은 주희가 말한 압록강이었을 것으로 판단된다.[31] 하지만 요·금 시대를 거쳐 원 시대에 이르면서 압록강은 국경선의 의미를 함축한 정치적 기능이 더욱 중시되는 강으로 변모하였다고 여겨진다. 이는 국경의 변화에 따른 압록강의 변동이 발생하였다고 보기 때문이다. 이와 함께 국경을 따라 '변동되어진' 압록강은 시대마다 다른 이름으로 불리며 오늘에 이른 것이라고 여겨진다.

이처럼 압록강은 어느 특정한 강을 의미하는 고유명사가 아니라 경계에 있는 강을 의미하는 보통명사로 보아야만 하는 것이다. 즉, 압록강(鴨淥江)은 경계를 마주하는 두 정치집단의 정치적·군사적 힘의 변동에 따라 변화 가능한 강으로 봐야하는 것이다.[32] 이러한 이유로 저자는 고려 시대 이후의 압록강(鴨淥江)은 고유명사로 보지 않고 '경계'를 의미하는 보통명사로 정의하고 내용을 전개하고자 한다. 이와 함께 경계인 압록강은 하나의 강과 그 물줄기만을 의미하지 않는다. 장백산 발원처에서 경계의 끝(바다)지점까지 이어지는 지도상의 강들이 경계로서의 압록(鴨淥; yalu)이 되기 때문이다.

압록강은 사료에 따라 조금씩 다르게 기록되었는데, 압록수(鴨淥水; 鴨綠水), 압록강(鴨淥江; 鴨綠江), 압강(鴨江) 등 크게 세 가지로 나타난다. 이는 음차 과정에서 발음이 같은 한자를 사용하거나 축약해 표현한 것

---

31 압록강은 고대 패수를 의미한다는 연구도 있지만 사서에 처음으로 보이는 것은 고구려 시대인 『신·구당서』에서다. 그러므로 압록강의 위치에 대한 연구는 우선적으로 고구려 때까지로 한정하여 살펴보아야 한다.

32 김영섭, 「고려 서북면 경계 재검토-강동6주를 중심으로-」, 『인문과학연구』62, 2019, 163쪽.

이라고 생각된다. 하지만 이를 구분해 비교하면 새로운 내용을 살펴볼 수 있다. 〈표Ⅱ-1〉은 시대별 주요 사료에 보이는 압록강의 표기를 조사한 것이다.[33] 좀더 살펴보면 발해 시대까지는 압록수(鴨淥水)로 많이 기록되었다.[34]

사서(史書)	압록수 (鴨淥水)	압록강 (鴨淥江)	압록수 (鴨綠水)	압록강 (鴨綠江)	압강 (鴨江)
삼국유사(三國遺事)	○	-	○	-	-
삼국사기(三國史記)	○	-	-	-	-
고려사(高麗史)	-	-	-	○	○
조선왕조실록(朝鮮王朝實錄)	-	-	-	○	○
수서(隋書)	-	-	○	-	-
구당서(舊唐書)	-	-	○	-	-
신당서(新唐書)	○	-	-	-	-
발해국기(渤海國記)	○	○	-	-	-
송사(宋史)	-	○	-	○	-
요사(遼史)	-	○	-	○	-
금사(金史)	-	○	-	○	-
원사(元史)	-	○	-	○	-
명사(明史)	-	-	-	○	○
청사고(淸史稿)	-	-	-	○	○

〈표Ⅱ-1〉 주요 사서별 압록강 관련 표기 현황

이후부터는 두 가지가 중복되어 나타나는 시대와 압록강(鴨綠江)으로 통일되어 나타나는 시대로 구분되는데, 우리의 역사에 대입해보면

---

33 이 비교표는 한국의 경우는 국사편찬위원회 '한국사데이터베이스', 중국의 경우는 '國學大師(http://www.guoxuedashi.com)' 사이트를 참고해 작성하였다.

34 『隋書』와 『舊唐書』에서의 鴨綠水는 모두 15회, 『新唐書』와 『渤海國記』에서의 鴨淥水는 모두 52회가 사용되었다.

고려와 조선 시대이다. 즉, 고려 시대에 들어오면서부터 압록강(鴨淥江)
과 압록강(鴨綠江)이 중복되어 사용되다가 조선 시대에 들어오면서부
터는 압록강(鴨綠江)으로 굳어진 것이다. 이는 국내에서 간행된 사서에
서도 알 수 있다. 고려 시대에 편찬된『삼국유사』는 두 표기가 중복되어
사용되었고, 조선 시대에 간행된『고려사』[35]와『조선왕조실록』에는 압록
강(鴨綠江)으로 통일되었다. 압록강을 축소해서 부른 압강(鴨江)은 명·
청 시대에 사용되었고, 우리나라도 조선 시대에 제작된 사서에만 나타
난다. 경계를 의미하는 강인 압록강의 한자 표기는 압록강(鴨淥江)이 맞
지만 옮겨 적는 과정에서 압록강(鴨綠江)으로도 쓴 것으로 보인다. 고려
시대에 이러한 현상이 보이기 때문이다. 이는 다음의 사료에서도 알 수
있다.

① 鴨淥江은 도사성 동쪽 560리에 있다.[36]
② 鴨綠江은 국성 서북쪽 1450리에 있다.[37]

위의 사료는 모두『대명일통지』에 기록되어 있는 내용이다. 그런
데 〈사료①〉은 압록강(鴨淥江)으로 표기하였고, 〈사료②〉는 압록강(鴨
綠江)으로 표기하였다. 국성은 한성을 말한다. 〈사료①〉은 명의 영토인
'산동·요동도지휘사사'에 기록되어 있고, 〈사료②〉는 '외이·조선전'에 기
록되어 있다. 〈사료①〉의 압록강을 지도에서 확인하면 혼강이 흘러가는

35『高麗史』는 조선 세종 31년(1449)에 편찬을 시작하여 문종 1년(1451)에 완성하였다.
36『大明一統志』,「遼東都指揮使司」, '鴨淥江'
　　在都司城東五百六十里.
37『大明一統志』,「外夷 朝鮮國」, '鴨綠江'
　　在國城西北一千四百五十里.

환인 지역이다.[38] 〈사료②〉의 압록강은 어디를 말하는 것인지 알아보기
로 하겠다.

③ 의주목 : (전략) 서쪽은 압록강까지 14리이고 북쪽은 같은 강까지 2리
이며, 서울(한성)에서는 1186리 떨어져 있다.[39]

〈사료③〉을 통해서 한성에서 압록강까지는 1200리임을 알 수 있다.
하지만 〈사료②〉는 1450리라고 하였으니 250리의 차이가 있다.[40] 조선
초기의 의주나루는 현재 수풍댐이 있는 지역이었다.[41] 이곳에서 혼강이
갈라지는 관전현 입구까지의 거리가 91km로 대략 250리이다. 이로 볼
때 〈사료②〉의 압록강도 환인 지역의 혼강을 말하고 있는 것이다.[42] 그
런데 같은 사료에서 압록강을 다르게 표기한 이유는 무엇일까. 윤한택
은 고려의 서북 국경에는 두 개의 압록강이 있었다고 하였다. 즉, 국경
선으로서의 압록강(鴨淥江)과 후방 방어선으로서의 압록강(鴨綠江)이
그것이다.[43] 이때 압록강(鴨淥江)은 국경지대를 흐르는 강을 의미하는

---

38 明代의 10里는 5.6km이고 都司城은 현재의 遼陽이다. 요양에서 동쪽으로 560리는 桓仁
지역에 해당되며 이곳을 흐르는 강은 渾江이다. 혼강은 현재의 압록강으로 들어간다. 환
인은 요양의 正東쪽에 위치하며 560리는 313km이다. 요양에서 환인까지는 현재의 도로
로도 280km이다. (吳洛, 『中國度量衡史』, 경인문화사, 1989.)

39 『新增東國輿地勝覽』第53卷,「義州牧」
(前略)西至鴨綠江十四里 北至同江二里. 距京都 ·千一百八十六里.

40 朝鮮 初期의 10里는 3.74km였다. 250里는 현재거리로 93.5km이다. (김상보·나영아,「고
대 한국의 도량형 고찰」,『동아시아식생활학회지』4, 1994, 7~12쪽.)

41 이곳은 북한의 朔州와 연결되는 곳으로 일제가 만들어 놓은 압록강 斷橋가 있다. 한국 전쟁
당시 중국군이 이 다리로 진입하였고, 미군이 이를 알고 다리를 공습하여 끊어 놓았다.

42 지도에서 한성의 서북쪽 방향은 '↑'이다.

43 윤한택,「고려 서북 국경에 대하여」,『압록과 고려의 북계』주류성, 2017, 13~80쪽.
고려 시대 국경선과 후방 방어선으로서의 두 개의 압록강은 조선 시대에 들어와 성리학자

보통명사이고, 압록강(鴨綠江)은 압록(鴨綠)이라는 지명을 흐르는 강을 지칭하는 고유명사로 보아야 한다.[44] 이같이 구분되는 압록강은 청이 만주 지역을 봉금하면서 고유명사인 압록강(鴨綠江)이 보통명사인 압록강(鴨淥江)과 합쳐지면서 고유명사로서 국경선을 의미하는 압록강(鴨綠江)으로 되었다고 볼 수 있다.[45] 본 책에서 사용하는 압록강은 경계를 뜻하는 보통명사로 사용할 경우에는 압록강(鴨淥江)으로 표기하고, 고유명사로 사용할 경우에는 압록강(鴨綠江)으로 표기하였다. 다만 사료에 보이는 압록강은 이러한 구분 없이 사료의 기록대로 표기하도록 한다.

2. 말갈 백산과 압록강

압록강(鴨淥江)은 언제나 백산(白山)과 함께 거론된다. 압록강이 백산에서 발원하기 때문이다. 백산은 말갈이 사는 곳에 있는 산이기에 말갈 백산이라고도 부른다. 말갈이 하나의 종족[46]으로 역사에 처음 나타나는

들이 후방 방어선을 국경선으로 인식하였고, 대일항쟁기에 조선사편수회가 편찬한 『조선사』가 이를 기정사실화하였다고 보았다.

44 한자는 表意文字이기 때문에 글자마다 뜻을 가지고 있다. 따라서 한자의 발음은 차이가 있다.(淥lù, 綠lǜ) 반면에 한글은 表音文字이기 때문에 발음이 같아서 문맥에서 그 뜻을 파악하여야만 한다.

45 이는 康熙帝의 白頭山定界碑 작업에서 시작되는데 장백산을 현재의 白頭山으로 확정하고 天池에서 흘러나오는 강줄기를 경계로 삼음으로써 현재의 鴨綠江을 國境線으로 만들고자 하였다.

46 民族이라는 개념은 근대 국민국가의 출현과 함께 나타난 것이기에 種族이라는 용어가 적당하다고 생각된다. 이때의 종족은 '언어, 거주지, 생활 습속, 복식' 등으로 다른 집단과 구별할 수 있다. 한국사에서 말갈과의 상관관계를 통시적으로 연구한 것으로는 민성욱의

것은 『삼국사기』에서다.[47] 중국의 사서는 『북제서』에서 처음 보이는데 이때까지는 독립된 '전(傳)'이 없어서 말갈에 대한 자세한 지리를 알 수 없다. 말갈이 별도의 독립된 「말갈전」으로 기록되는 것은 『수서』에서부터.[48] 기원전부터 존재해온 말갈은 수·당 시대에 이르러서 하나의 종족 이름으로 분명하게 인식되었음을 알 수 있다.[49] 본 책에서 살펴보고자 하는 압록강과 관련된 말갈의 기록은 『신당서』에 처음으로 보인다.

(고구려에) 마자수가 있는데 말갈의 백산에서 나온다. 물빛이 오리의 머리색과 같아서 압록수라고 부른다. 국내성의 서쪽을 지나 염난수와 합쳐지고 다시 서남쪽으로 흘러 안시현에 이르러 바다로 들어간다.[50]

지명 이동론의 관점에서 본다면 말갈의 이동과 함께 그들이 성산(聖山)으로 여기는 백산도 이동하였다고 보아야 한다.[51] 또한 압록강의 발원지인 백산의 이동은 곧 압록강의 이동을 의미하는 것이기도 하다. 즉, 말갈의 주거지가 이동함에 따라 백산도 이동하고 그와 함께 경계로서의 압록강도 새롭게 설정이 되는 것이다. 경계로서의 압록강이 말갈의

논문이 있다. (민성욱, 「韓國史에서 靺鞨認識에 관한 연구」 국제뇌교육종합대학원대학교 박사학위논문, 2011.)

47 『三國史記』卷13, 「高句麗本紀」第1, 始祖 東明聖王
其地連靺鞨部落, 恐侵盜爲害, 遂攘斥之, 靺鞨畏服, 不敢犯焉.

48 『隋書』81, 「列傳」제46, '東夷 靺鞨'에 보인다.

49 민성욱, 위의 논문, 31쪽.

50 『新唐書』卷220, 「列傳」第145, 高句麗傳
有馬訾水出靺鞨之白山. 色若鴨頭, 號鴨淥水, 歷國內城西, 與鹽難水合, 又西南至安市, 入于海.

51 말갈은 후에 여진으로 불렸기 때문에 백산의 이동은 말갈과 여진 시기 모두를 의미한다.

백산과 함께 이동한다는 것은 고구려 시대부터 조선 시대에 이르기까지 국경지대에는 동화되지 않은 말갈(여진)이 거주하였다는 의미이기도 하다. 따라서 고려와 조선의 국경을 고찰하려면 말갈의 이동에 대해서 살펴보는 것이 필요하다.

말갈은 고대 숙신족의 후예로 알려져 있다.[52] 수·당 시대의 말갈은 속말말갈과 흑수말갈로 구분된다. 이들이 거주하는 지역에는 백산이 있는데 고구려와 경계를 이루었다.

① (말갈은) 수십部로 나뉘어져 추장들이 각기 자치를 한다. 그중 가장 두드러진 부는 속말부로서 가장 남쪽에 위치하여 태백산에 이른다. 도태산이라고도 하는데, 고구려와 서로 닿는다. 속말수의 연안에 의지하여 사는데, 이 물은 태백산 서쪽에서 흘러 나와서 북으로 타루하에 들어간다.[53]

②『요사』지리지 상경도에 타로하가 있다고 하였다. (요) 성종 본기 태평 4년(1024)에 달로고하를 고쳐 장춘하로 불렀는데 모두 하나의 물줄기다. (중략) 당서 흑수말갈전의 타로하는, 즉 이 달로하이다. 타로의 음이 변한 것이다. 그 수원은 임황부 서쪽, 북쪽, 남쪽에서 흘러

---

52 말갈족의 계보는 주 시대의 肅愼에서 시작하여 한 시대에는 挹婁, 남북조 시대에는 勿吉로 불리다가 수·당 시대에 靺鞨로 불렀다. 이후 말갈은 발해가 멸망하자 女眞으로 불렸고, 청 시대에는 滿洲族이라고 하였다.

53『新唐書』卷219「列傳」第144, 里水靺鞨
　　離爲數十部, 酋各自治. 其著者曰粟末部, 居最南, 抵太白山, 亦曰徒太山, 與高麗接. 依粟末水以居, 水源於山西, 北注它漏河.

동쪽에 이르고, 백도납 북쪽의 눈강으로 들어간다. 혼동강에 도달하기까지 강줄기가 빼곡하게 얽혀 있다.[54]

백산의 이칭은 태백산(太白山), 도태산(徒太山), 장백산(長白山) 등이다. 이러한 이칭은 모두 백산의 형태를 설명하고 있는 수식어임을 알 수 있다. 즉, '큰(太)', '무리를 이루는 커다란(徒太)', '길다란(長)' 등으로 모두 백산의 모습을 알려주고 있는 것이다. 이러한 수식어를 통해서 백산은 하나의 산봉우리가 아닌 크고 높은 산들이 길게 이어져 있는 산맥임을 말하고 있다.[55] 〈사료①〉에서 말갈이 거주하는 곳은 속말수가 흐르는 곳임을 알 수 있다. 백산의 서쪽에서 발원하여 북쪽으로 흘러 타루하(它漏河)로 들어간다고 하였다. 〈사료②〉에서 타로하는 요 때 달로고하(撻魯古河)로 불렸음을 알 수 있다. 또한 요 성종이 장춘하(長春河)로 개명하였는데, 이때 압자하(鴨子河)도 혼동강(混同江)으로 바꿨다.[56] 〈사료②〉의 백도납(伯都訥)은 현재의 길림성 송원(松原) 지역이다. 송원 지역은 길림합달령에서 북쪽으로 흘러온 송화강이 대흥안령 서북쪽에서 흘러온 눈강(嫩江)과 만나 동북쪽으로 흘러가는 곳이다.

위의 사료를 통해서 속말말갈은 현재의 장춘, 송원 지역에 거주하였음을 알 수 있다. 속말말갈의 거주지가 제일 남쪽이었으니 흑수말갈은

---

54 『東北輿地釋略』卷1,「金上京會寧府考」
　　遼志上京道云, 又有他魯河. 聖宗紀, 太平四年, 改撻魯古河曰長春河, 皆一水. (中略) 唐書 黑水靺鞨傳, 它漏河即此撻魯, 又即它漏之轉音. 其水源正 在臨潢西北南流東至伯都訥北入於嫩江 以達於混同江實繞.

55 명·청 시대 지리지에 보이는 장백산 설명 중 '橫亘千里'는 백산의 이칭을 풀어서 설명한 것이다.

56 『遼史』卷16,「本紀」第16, 聖宗 7
　　太平四年 二月己未朔, 獵撻魯河. 詔改鴨子河曰混同江, 撻魯河曰長春河.

더 위쪽인 대흥안령 동쪽 눈강 지역에 거주하였을 것이다. 이를 종합해 보면 고구려 시대 대흥안령 주변에 거주하던 말갈은 발해 시대에는 대흥안령 동쪽으로 대거 이동하였고, 이후 고려 시대에 동북 3성에 넓게 분포하였을 것으로 생각된다.

대흥안령은 남북으로 러시아와 중국을 아우를 뿐만 아니라 서쪽으로 드넓은 몽골 스텝과 동쪽으로 비옥한 만주를 가르는 분수령이 되는 거대한 산맥이다. 이 산맥은 울창한 삼림으로 인해 수렵에 적당할 뿐만 아니라 폐쇄적인 자연환경 덕분에 자체적으로 힘을 축적하기에도 적합한 곳이었다. 고대 동북의 유목 민족은 이 지역을 토대로 힘을 비축한 후, 몽골의 초원과 비옥한 만주 등지로 진출하여 고대 국가를 형성할 수 있었다.[57] 대흥안령 동쪽은 중국의 동북 3성 지역으로 송눈평원과 송화강이 비옥한 토지를 이루고, 서쪽은 물과 풀이 풍부한 대초원 지대를 형성한다. 한 마디로 수렵과 어로, 농경이 가능한 유목민들의 생활 터전이었던 것이다.

중국 측의 여러 사서에 기록된 숙신족의 계통도를 살펴보면 말갈이라는 명칭이 나온 시대는 〈표Ⅱ-2〉에서 보는 것처럼 우리 역사에서는 고구려 시대이다. 이를 통해서도 압록강은 고구려 시대부터 불렸음을 알 수 있다.

---

57 윤은숙, 「북아시아 유목민의 역사요람 興安嶺」, 『역사문화연구』39, 2011, 101~102쪽.

족명	백산명	기록 시대	우리 역사 시대
숙신(肅愼)	태백산(太白山)	주(周)	고조선(古朝鮮)
읍루(挹婁)	태백산(太白山)	한(漢), 위(魏), 진(晋)	고조선, 부여, 고구려 (古朝鮮, 扶餘, 高句麗)
물길(勿吉)	도태산(徒太山)	남북조(南北朝)	삼국(三國)
말갈(靺鞨)	백산(白山)	수(隋), 당(唐)	삼국, 발해, 통일 신라 (三國, 渤海, 統一新羅)
여진(女眞)	장백산(長白山)	요, 금, 원, 명 (遼, 金, 元, 明)	고려(高麗), 조선(朝鮮)
만주(滿洲)	장백산/백두산 (長白山/白頭山)	청(淸)	조선(朝鮮)

〈표 II-2〉 말갈족과 백산의 명칭 변화

압록강(鴨淥江)이 우리 역사에서 중요한 강이었듯이 백산(白山)은 유목인들에게 있어서 성산이었다. 푸른 초원과 맑은 강이 펼쳐진 들판 너머 만년설 덮인 산이 우뚝하게 솟아있는 것을 보면 인간은 누구나 경외감을 갖기 마련이다. 이러한 설산이 길게 이어진 산맥은 유목민들에게 있어서 일종의 초월적인 존재로 작용한다고 볼 수 있다. 중국의 동북 3성과 내몽골자치구는 평균해발고도가 높고 겨울이 길며 추위도 심한 지역이다. 이러한 곳에서 높은 산들은 언제나 눈으로 덮여있다. 백산이란 이름은 흰 돌이 많은 산을 의미하기도 하지만 눈 덮인 산을 말하는 것으로도 볼 수 있다. 또한 백산은 자작나무숲이 우거진 산을 뜻하는 것으로도 보인다.[58]

---

[58] 장백산에 대한 설명 중에는 새와 짐승, 나무 등이 모두 흰색이라고 하였는데, 이는 자작나무가 숲을 이루고 있는 산을 의미하는 것으로도 이해할 수 있다. 중국 동북 지역과 내몽골 지역의 산들은 자작나무 숲이 빼곡한 산들이 많다. 저자는 눈 덮인 자작나무 숲이 있는 산맥을 직접 답사하였는데, 모든 것이 흰색으로만 보여, 가히 백산이라고 할 만하였다.

인류 사회의 발전 단계를 보면 수렵과 약탈에서 시작하여 유목 시기를 거쳐 농경 사회로 정착하는 단계를 거쳤다. 내몽골자치구의 대흥안령 주변 일대는 유목에는 적당해도 농경은 맞지 않는 곳이다. 따라서 유목과 농경을 병행할 수 있는 평야로의 이동은 필수적인 것이다. 숙신의 후예들도 오랜 시기 동안 이러한 사회 발전의 역사적 단계를 거치며 성장하였다. 아울러 비옥한 땅을 찾아 동쪽과 남쪽으로 이동하였을 것이다. 중국 동북 3성의 자연 지형을 살펴보면 대흥안령 이외에도 많은 산맥이 교차함을 알 수 있다.

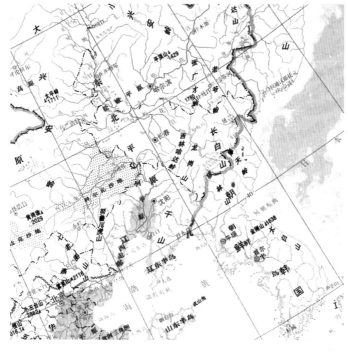

〈지도 II-3〉 동북 3성 지역의 자연 지형[59]

---

59 黃曉風 외, 『中國地理地圖集』, 中國大百科全書出版社, 2012, 5쪽.
　위의 지도는 본 책에서 다루는 眞北 방위의 이해를 돕기 위해 저자가 재작성한 것이다.

말갈이 발해와 고려 시대에 대흥안령 동쪽 지역인 소흥안령 지역으로 이동하였음은 고려 시대 중기에 여진이 이 지역을 기반으로 힘을 축적하여 요를 멸망시키고 금을 세운 점에서도 충분히 이해할 수 있다.[60]

3. 고려 시대의 압록강과 경계

고려 역사와 요·금·원 시대를 대비해보면 대략적으로 초기는 요, 중기는 요·금, 후기는 원과의 관계가 대부분인 것을 알 수 있다. 고려 초기에 해당하는 요 시대는 서북쪽 경계인 압록강을 두고 치열한 각축이 벌어진 시기였다. 고려 중기에 해당하는 금은 요에 편입되지 않았던 흑수말갈 집단 중 생여진[61]이 세운 나라다. 이들은 현재의 눈강과 흑룡강 지역에서 흥성하여 요의 영토를 이어받았다. 고려 후기에 해당하는 원 시대에는 동녕부의 설치로 인하여 압록강은 수복하기 보다는 인식 속에서만 존재하는 시대로 볼 수 있다. 이후 명의 철령위 설치와 조선의 건국 과정에서 경계로서의 압록강도 변하였다. 이제 시대별로 압록강의 변동에 따른 고려와 조선의 경계에 대하여 살펴보기로 한다.

---

60 한 종족 집단이 국가를 건국할 정도의 역량을 갖추려면 거주 지역에서 오랜 시기 동안 힘을 축적해야만 가능하다.

61 흑수말갈은 혼동강을 기준으로 남쪽의 熟女眞과 북쪽의 生女眞으로 구분되는데, 숙여진은 요의 호적에 편입되었고, 생여진은 요에 편입되지 않았다. (『欽定滿洲源流考』, 「部族」 7, 完顏)

고려	요·금·원
고려 초기 (918~1076)	요(915~1125)
고려 중기(1077~1234)	금(1115~1234)
고려 후기(1235~1392)	원(1271~1368)

〈표II-3〉 고려와 요·금·원의 시대 비교

1) 고려 초기의 압록강과 경계

① 거란주가 발해를 공격하여 그 부여성을 빼앗았다. 부여성은 당 때 고려의 부여성이다. 고려왕 왕건이 나라를 세웠을 때, 혼동강을 경계로 하여 지켰으나 혼동강의 서쪽은 진출하지 못하였다. 옛 부여성은 발해국에 속하였는데, 혼동강은 곧 압록수이다.[62]

② 성종 통화 28년(1010) 11월, (성종이) 대군을 이끌고 압록강을 건너자 강조가 항전하였지만 패하고 동주로 후퇴하여 지켰다.[63]

③ 성종 태평 4년(1024) 2월, (성종이) 달로하에서 사냥을 하였다. 조칙을 내려 압자하를 혼동강으로, 달로하를 장춘하로 바꿨다.[64]

---

62 胡三省注, 『資治通鑑』卷第275, 「後唐紀」4
契丹主攻勃海, 拔其夫餘城, 即唐高麗之扶餘城也. 時高麗王王建有國, 限混同江而守之, 混同江之西不能有也, 故扶餘城屬勃海國. 混同江即鴨淥水.

63 『遼史』卷15, 「本紀」第15, 聖宗 6
(統和二十八年) 十一月乙酉 大軍渡鴨淥江 康肇拒戰 敗之 退保銅州

64 『遼史』卷16, 「本紀」第16, 聖宗 7
太平四年 二月己未朔, 獵撻魯河. 詔改鴨子河曰混同江, 撻魯河曰長春河.

④ 고려의 사방은 서북쪽은 당 이래로 압록강을 경계로 하였으며, 동북 쪽은 선춘령을 경계로 하였다. 대체로 서북쪽은 고구려의 영토에 이르지 못하였으나 동북쪽은 그 영토를 넘어섰다.[65]

고려 초기는 주로 요와 경계를 다투었다. 그러므로 고려 초기의 장백산과 압록강을 알려면 요 시기의 상황을 살펴보아야만 한다. 〈사료①〉은 거란이 발해 땅을 차지한 이후, 왕건이 고려를 건국한 때의 경계를 설명하고 있다. 고려 초기의 경계인 압록수(鴨淥水)는 혼동강임을 말하고 있다. 혼동강은 몇 번의 개명을 거쳤다. 〈사료②〉와 〈사료③〉을 통해서 압록강이 혼동강으로 변하는 과정을 추정할 수 있다.

고려의 서희는 요 성종 통화 11년(993)에 소손녕과의 강화 협상에서 압록강 동쪽 수백 리의 땅을 할양받았다. 그러자 이 지역에 살고 있던 여진의 불만이 고조되었고, 성종은 이 지역을 고려에게 준 것을 후회하였다. 이후 고려의 강조가 반역을 하자 요 성종은 이를 빌미로 고려를 침공해 다시 압록강 동쪽을 차지하였다. 〈사료②〉는 이때의 상황을 설명하는 것이다. 이후 고려는 수차례에 걸쳐 압록강의 역사적 연고권을 주장하며 다시 돌려줄 것을 요청하였다. 하지만 성종은 다시 돌려주고 싶은 마음이 없었다. 그가 택한 방법은 〈사료③〉에서 보이는 것처럼 압록강의 명칭을 다른 것으로 바꿔버리는 것이었다. 그런데 이름이 혼동강으로 바뀌는 시점의 강 이름은 압록강이 아닌 압자하(鴨子河)이다. 압자하는 압록강과는 다른 강이라고 생각할 수 있다. 하지만 『요사』의 시

---

65 『高麗史』卷56, 「志」卷第10, '地理1', 序文
  其四履, 西北, 自唐以來, 以鴨綠爲限, 而東北則以先春嶺爲界. 盖西北所至不及高句麗, 而東北過之.

간적 전개 과정을 살펴보면 보다 쉽게 이해가 될 수 있다. 〈사료②〉에 보이는 압록강은 1010년의 기록이다. 그런데 이후로는 『요사』에 압록강 이 보이지 않는다. 즉, 1010년에 성종이 압록강을 다시 차지한 후부터 는 고려의 주장을 일축하기 위한 방편으로 압록강을 압자하로 바꾼 것 으로 보인다.[66] 성종이 압록강을 압자하로 바꾸어도 당시의 고려와 여 진 등은 압록강임을 모를 리 없었다. 경계를 뜻하는 압록강은 '鴨(yal)'자 가 핵심이기 때문이다. 이를 안 성종이 뒤늦게 '압'자도 고친 것으로 여 겨진다. 이처럼 1010년 이후로 보이지 않던 압록강은 14년 후인 1024년 에 압자하로 나타나고 이를 다시 혼동강으로 고쳐서 '압록(鴨淥)'이라는 명칭 자체를 없애버리려고 했던 것이다.

〈사료④〉는 압록강의 위치가 서북쪽에 있음을 알려주고 있다. 저자는 1장에서 지리지의 방위는 진북으로 읽어야 한다고 하였는데, 한반도의 개성에서 서북쪽은 송화강과 눈강이 있는 길림 지역이다. 〈사료④〉를 통 해서도 눈강과 송화강이 고려 초기의 압록강 줄기였음을 알 수 있다.

⑤ 장백산에서 흑수(黑水)가 발원한다. 예전에는 속말하(粟末河)로 불렀 으며 성종[67]이 진(晉)을 쳐부수고 혼동강으로 고쳤다.[68]

⑥ 오대 시기에 거란이 발해의 땅을 모두 빼앗자 흑수말갈은 거란에 부속하였다. 그 남쪽에 있는 자들은 거란의 호적에 편입되어 숙여진

---

66 『요사』 지리지에는 鴨子河가 '上京道'에 있다. 이는 압록강이 상경 지역에 있는 것을 의미 하는 것이다.

67 인용 사료에는 太宗으로 되어 있는데 이는 聖宗의 오류이므로 바로 잡았다

68 『契丹國志』卷27, 長白山
　　黑水發源於此, 舊云粟末河, 太宗破晉, 改爲混同江.

이라 불렀고, 그 북쪽에 있는 자들은 거란의 호적에 편입되지 않아 생여진이라고 불렀다. 생여진의 땅에는 혼동강과 장백산이 있는데 혼동강은 또 흑룡강이라고 부른다. 이른바 '백산, 흑수'가 이것이다.[69]

〈사료①~③〉을 통하여 고려 초기에 압록강이 혼동강으로 바뀌었음을 알았다. 이제 혼동강으로 변한 압록강과 이 강이 출원하는 장백산을 알아보도록 한다. 〈사료⑤〉를 보면 장백산에서 흑수가 발원한다고 하였다. 이 흑수는 속말하로도 불리는데 요 성종이 혼동강으로 바꿨다고 하였으니, 〈사료③〉의 내용으로 볼 때 압자하인 것이다.[70] 장백산에서 흑수가 발원한다는 내용은 〈사료⑥〉과도 연결된다. 흑수말갈 중에서 생여진이 거주하는 지역에 장백산과 혼동강이 있고, 혼동강은 또 흑룡강이라고도 부른다고 하였다. 그렇다면 이제까지 살펴본 것에 의하여 압자하와 혼동강과 흑룡강은 같은 강으로 볼 수 있는 것인가. 다음의 사료가 그 답을 알려준다.

---

69 『金史』卷1,「本紀」第1, 世紀
　　五代時, 契丹盡取渤海地, 而黑水靺鞨附屬于契丹. 其在南者籍契丹, 號熟女直 ; 其在北者不在契丹籍, 號生女直. 生女直地有混同江, 長白山. 混同江亦號黑龍江, 所謂白山 黑水是也.

70 청 선통제 때인 1777년에 간행된 『欽定滿洲源流考』에서는 『契丹國志』(1180)의 혼동강 내용을 인용하면서 '흑룡강은 결코 장백산에서 발원하지 않는다'며 오류라고 하였다. 『거란국지』는 송 때 황제의 칙명으로 거란의 역사를 기록한 책이다. 이처럼 중요한 책에 전혀 상관없는 강을 기록한다는 것은 있을 수 없는 일이다. 청이 만주를 차지한 때에는 이미 장백산의 위치가 훨씬 동쪽으로 이동하여 왔을 때다. 18세기 후반의 장백산을 가지고 12세기의 장백산이 잘못되었다고 하고 있는 것이다. 특히, 청은 영토 확장을 위하여 만주지역을 자신들의 民族的 聖地로 만들어 封禁하였다. 아울러 강희제 때부터 조선과의 경계를 현재의 鴨綠江으로 밀어내기 위하여 장백산을 백두산에 비정하는 작업을 철저하게 하였다.

⑦ (회령부에서) 서쪽으로 조주까지 5백 50리이다. [71]

⑧ (조주는) 예전에 출하점(出河店)이다. (중략) 시흥현은 조주와 함께
  설치되었는데, 압자하와 흑룡강이 있다.[72]

금의 회령부(會寧府)는 현재의 하얼빈 아성현(阿城縣)이다. 〈사료⑦〉
은 아성현에서 서쪽으로 550리에 조주(肇州)가 있으며, 이곳에 압자하
와 흑룡강이 있다는 설명이다. 두 강을 지칭한 것으로 보아 서로 다른
강줄기임을 알 수 있다. 그렇다면 어느 강을 지칭하는 것일까.

아성현에서 서쪽으로 550리 부근은 치치하얼(齊齊哈尔)시이고, 이곳
은 눈강이 흐른다. 눈강은 대흥안령의 북쪽에서 동쪽으로 흘러오는 강
이다. 이 지역은 요 때 장춘주로 비정하는데 치소는 현재의 백성시(白城
市)였다. 대흥안령에서는 동쪽으로 6개의 강이 눈강으로 흘러 들어가는
데, 그중에서 치치하얼시의 눈강과 만나는 강은 아로하(雅魯河)이다. 그
런데 이 강의 발음은 'Yalu'이다.

치치하얼시는 흑룡강성 제2의 도시이다. 예로부터 눈강 주변 지역 일
대를 아우르는 경제 및 교통의 중심지였고, 군사적으로도 중요한 도시
였다. 백성시에는 조아하(洮兒河)가 있는데 이 강의 발음은 'Tao'er'이다.
요 성종 시기의 달로하(撻魯河)와 발음이 같다. 두 강의 이름이 한자만
바뀌었음을 알 수 있다. 또한 두 강은 모두 눈강으로 들어간다. 이를 통

---

71 『金史』卷24,「志」第5, '地理上', 上京路 會寧府
  西至肇州五百五十里.
72 『金史』卷24,「志」第5, '地理上', 上京路 肇州
  舊出河店也. (中略) 始興倚, 與州同時置. 有鴨子河, 黑龍江.

해서도 〈사료⑧〉에서 말하는 압자하와 흑룡강은 곧 아로하와 눈강 일대를 말하고 있는 것임을 알 수 있다.

압자하는 1024년에 요 성종이 조칙을 내려 혼동강으로 바꿨음에도 불구하고 요 시대 내내 압자하로 불렀다. 이는 황제들이 새해 정월이 되면 압자하에서 물고기와 기러기를 잡으며 봄맞이 행사를 하였기 때문인데, 이러한 행사를 '압자하락(鴨子河濼)'이라고 하였다.[73] 압자하락은 장춘주에서 개최되는데, 이곳은 '원래부터 압자하의 봄 사냥터'[74]였다. 백성시의 동북쪽으로 눈강이 흐르는데, 이 지역에서 압자하락 행사를 하였을 것으로 보인다.

이러한 사항을 고려해볼 때, 압자하의 범위는 아로하와 눈강이 합류하여 흘러와 북류해 온 송화강을 만나는 송원까지로 보는 것이 적절할 것이다. 눈강 일대가 압록강 줄기였음은 다음의 사료에서도 알 수 있다.

⑨ 성종 태평 3년(1023) 정월, (성종이) 압록강(鴨淥江)에서 고기잡이를 구경하였다.[75]

---

73 『遼史』卷32,「志」第2, '營衛志', 春捺鉢
　曰鴨子河濼. 皇帝正月上旬起牙帳, 約六十日方至. 天鵝未至, 卓帳冰上, 鑿冰取魚. 冰泮, 乃縱鷹鶻捕鵝雁. 晨出暮歸, 從事弋獵. 鴨子河濼東西二十里, 南北三十里, 在長春州東北三十五里, 四面皆沙堝, 多榆柳杏林.

74 『遼史』卷37,「志」第7, '地理' 1, 上京道 上京臨潢府
　長春州, 韶陽軍. 下, 節度. 本鴨子河春獵之地. 興宗重熙八年置. 隷延慶宮, 兵事隷東北統軍司.

75 『遼史』卷68,「表」第6, 遊幸表
　觀漁于鴨淥江.

⑩ 성종 태평 3년(1023) 봄 정월 초하루 병인일에 납수(納水)에 가서
물고기를 낚았다.[76]

〈사료⑨〉와 〈사료⑩〉은 모두 요 성종 때인 1023년의 기록이다. 두 기
록을 비교해보면 납수가 압록강 줄기임을 알 수 있는데, 납수는 현재의
눈강이다.[77] 즉, 현재의 눈강 지역 일대가 고려 초기 요와의 국경을 이뤘
던 압록강 줄기인 것이다.

저자는 경계로서의 압록강은 발원지인 장백산에서 시작하여 바다로
들어가는 지점까지를 잇는 강줄기로 보았다. 제1부 2장의 최근 연구 동
향에서 고려 시대의 압록강은 현재의 요하에 비정되었음도 살펴보았
다. 따라서 고려 초기의 장백산과 압록강의 선을 이어본다면 〈지도Ⅱ
-4〉로 표현할 수 있다. 이는 경계로서의 압록강에 대한 기록인『신당
서』「고구려전」의 '압록수는 말갈백산에서 발원하여 서남쪽으로 흘러서
바다로 들어간다'[78]는 내용에도 부합된다고 볼 수 있다.

---

76 『遼史』卷16,「本紀」第16, 聖宗 7
三年春正月丙寅朔, 如納水鉤魚.

77 鄧淸林,『黑龍江地名改釋』,「河流」, '嫩江', 黑龍江人民出版社, 1986, 175
『遼史·聖宗紀』又稱其爲納水,『遼史·地理志』載長春洲韶陽軍下節度, 本鴨子河春獵之
地也. (中略) 故長春洲所轄鴨子河卽今之嫩江.

78 『新唐書』卷220,「列傳」第145, 高句麗傳
有馬訾水出靺鞨之白山. 色若鴨頭, 號鴨淥水, 歷國內城西, 與鹽難水合, 又西南至安
市, 入于海.

〈사진Ⅱ-1〉 요하 하류 영구항(좌), 발해로 들어가는 요하(우)[79]

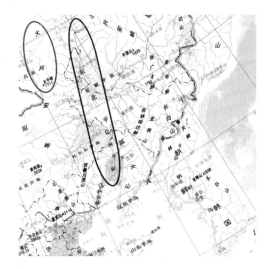

〈지도Ⅱ-4〉 고려 건국 시기인 10세기 초 장백산과 압록강의 범위[80]

〈지도Ⅱ-4〉는 고려 건국 시점인 10세기 초 압록강의 범위를 나타낸 것이다. 이는 발해 시대까지의 압록강 하구는 요하였음을 의미하는 것으로 그 이유는 다음의 사료를 통해서 알 수 있다.

---

79 본 책에서 사용하는 사진들은 저자가 현장 답사에서 직접 촬영한 것이다.

80 본 책은 '용어 정의'에서 지리지의 방위인 眞北을 사용하여 역사지리를 비정하기로 하였다. 이에 앞으로 논의되는 위치 비정 관련 지도는 특별한 사항이 없는 한, 위의 지도처럼 眞北 방위를 圖北에 맞추어 사용하기로 한다.

⑪ 소손녕이 공표하여 말하기를, "우리나라가 이미 고구려(高句麗)의 옛 땅을 다 차지하였는데, 지금 너희 나라가 변경 지역을 침탈하였으므로 이 때문에 토벌하러 온 것이다."라고 하였다. (중략) 소손녕이 마음속으로 기이하게 여기면서 서희에게 말하기를, "너희 나라는 신라(新羅)의 땅에서 일어났으니, 고구려의 땅은 우리의 소유인데도 너희들이 침범하여 갉아먹고 있다. (중략) 서희가 말하기를, "그렇지 않습니다. 우리나라가 고구려의 옛 땅이니, 그렇기 때문에 국호를 고려(高麗)라고 하고 평양(平壤)에 도읍을 정한 것입니다. 토지의 경계를 논하자고 한다면, 상국(上國)의 동경(東京)도 모두 우리의 영역에 있는 것이 되는데, 어찌 침식하였다고 할 수 있겠습니까. 또 압록강(鴨綠江) 안팎도 역시 우리의 영역 안쪽인데, 지금 여진이 그 사이를 도적질하여 기거하면서 완악하고 교활하게 변덕을 부리므로 길이 막혀 통하지 못함이 바다를 건너는 것보다 더 심하니, 조빙이 통하지 못하는 것은 여진 때문입니다. 만약 여진을 쫓아내고 우리의 옛 땅을 되돌려주어 성(城)과 보(堡)를 쌓고 길이 통하게 하여 준다면 감히 조빙의 예를 갖추지 않겠습니까."[81]

〈사료⑪〉은 10세기 말(993년) 요가 고려를 침공하여 압록강을 점령하고 항복할 것을 요구하자 서희가 나서서 소손녕과 협상하는 장면이다.

---

81 『高麗史節要』卷2, 「成宗文懿大王」, 聖宗 12年 10月

遜寧聲言, 大朝旣已奄有高句麗舊地, 今, 爾國侵奪疆界, 是用征討. (中略) 遜寧心異之, 語熙曰, 汝國興新羅地, 高句麗之地, 我所有也, 而汝侵蝕之. (中略) 熙曰, 非也. 我國卽高勾麗之舊也, 故號高麗, 都不壤. 若論地界, 上國之東京, 皆在我境, 何得謂之侵蝕乎. 且鴨綠江內外, 亦我境內, 今, 女眞盜據其間, 頑黠變詐, 道途梗澁, 甚於涉海, 朝聘之不通女眞之故也. 若令逐女眞, 還我舊地, 築城堡, 通道路, 則敢不修聘.

소손녕은 요가 고구려의 옛 땅을 차지하였는데 고려가 변경을 침범했다고 하자, 서희는 고려야말로 고구려를 이은 나라이기 때문에 반대로 요가 영토를 침범한 것이라고 대응하였다. 서희는 이 과정에서 요가 차지한 동경(요양)도 고구려의 영토였음을 주장하여 소손녕으로 하여금 말문이 막히게 하였다. 고려와 요는 거의 같은 시기에 건국하였다.[82] 그런데 요는 발해를 멸망시키고 현재의 요하 일대를 차지하게 되었다. 그러자 발해 시대의 압록강인 요하는 요의 영토가 되어 경계로서의 기능이 사라져버린 것이다. 고려는 요가 발해 영토였던 요하 일대를 차지하자 현재의 길림성과 흑룡강 방면으로 영토를 넓혀갈 수밖에 없었다. 이는 고려의 영토가 '무릇 서북은 그 이르는 곳이 고구려에 미치지 못했으나, 동북은 그것을 넘어섰다'[83]는 내용에도 부합하는 것이다.

결국, 고려는 앞에서 살펴본 것처럼 현재의 눈강과 송화강 일대 유역을 요와의 경계로 삼았고, 따라서 이곳을 압록강으로 불렀던 것이다. 요하가 발해 이후 압록강이 되지 못한 것은 『삼국유사』에 '요수의 다른 이름은 압록인데 지금은 안민강이라고 부른다'[84]는 기록에서도 알 수 있다. 즉, 국경을 마주하는 경계의 강이 아니기 때문에 압록강(鴨淥江)이라고 부르지 않고 안민강(安民江)으로 부르게 된 것이다.

⑫ 통화 11년(993) 봄 정월 고려 왕 왕치(王治)가 박양유(朴良柔)를 보내

---

82 고려는 918년, 요는 916년에 건국하였다.

83 『高麗史』卷56, 「志」第10, '地理1', 序文
　　盖西北所至不及高句麗, 而東北過之.

84 『三國遺事』卷3, '興法'
　　遼水一名鴨淥, 今云安民江.

표문(表文)을 올리고 죄를 청하니, 조서를 내려 '여진에게서 취한 압록강(鴨淥江) 동쪽 수 백리 땅을 하사하도록 하라.'고 하였다.[85]

⑬ 통화 28년(1010) 5월 병오일에 고려의 서경유수 강조(康肇)가 그 임금 왕송을 시해하고, 왕송의 종형 왕순을 맘대로 세우자, 각 도에 조서를 내려 '갑병을 잘 정비하여 동정(東征)을 준비하도록 하라.'고 하였다. 겨울 10월 초하루 병오일에 여진에서 좋은 말 1만 필을 진상하고, 고려를 정벌할 때 참전할 것을 간청하니 허락하였다. (고려 왕) 왕순이 사신을 보내 군대의 출정을 멈추어 줄 것을 간청하는 표문을 올렸으나 허락하지 않았다. 11월 을유일에 대군이 압록강을 건너니 강조가 맞서 대항하였으나 깨부수자 동주(銅州)로 물러나 주둔하였다. 무자일에 동주(銅州)·곽주(霍州)·귀주(貴州)·영주(寧州) 등이 모두 항복하였다.[86]

⑭ 대강 4년(1078) 여름 4월 신해일에 고려에서 사신을 보내 압록강 동쪽 땅을 하사해줄 것을 간청했으나, 허락하지 않았다.[87]

⑮ 고구려의 본토(本土)는 저 요산(遼山)을 중심으로 하였고, 평양(平壤)의

---

85 『遼史』卷13,「本紀」第13, 聖宗 4
   (統和)十一年春正月, 高麗王治遣朴良柔奉表請罪, 詔取女直鴨淥江東數百里地賜之.
86 『遼史』卷15,「本紀」第15, 聖宗 6
   二十八年, 五月丙午, 高麗西京留守康肇弑其主誦, 擅立誦從兄詢, 詔諸道繕甲兵, 以備東征. 冬十月丙午朔, 女直進良馬萬匹, 乞從征高麗. 許之. 王詢遣使奉表乞罷師, 不許. 十一月乙酉, 大軍渡鴨淥江, 康肇拒戰, 敗之, 退保銅州. 戊子, 銅霍貴寧等州皆降.
87 『遼史』卷23,「本紀」第23, 道宗 3
   大康四年, 夏四月辛亥, 高麗遣使乞賜鴨淥江以東地, 不許.

옛 터는 압록강(鴨綠江)을 경계로 하였는데, 여러 차례 바뀌어 변하였다. 그러다가 우리 선조(祖宗) 때에 북쪽으로 요(遼)가 겸병하고 삼한(三韓)의 영토까지 침범하여 와서, 비록 수호를 강구하기는 하였지만 옛 땅은 돌려받지 못하였다.[88]

〈사료⑫〉에서 고려는 요 성종 시기에 압록강 동쪽 땅 수백 리를 하사받았다고 하였다. 여진은 소흥안령 남쪽 지역, 현재의 하얼빈과 송화강, 납림하 일대에 흩어져 살았다.[89] 여진이 사는 곳이 압록강 동쪽이었으니 압록강은 곧 눈강 일대로 보아야 하는 것이다. 한편, 여진은 주거지를 잃게 되자 불만이 고조될 수밖에 없었다. 이에 성종은 강조의 난을 빌미로 압록강 동쪽 땅을 다시 찾았다.(〈사료⑬〉) 이후 고려는 압록강 동쪽 땅을 다시 하사해 줄 것을 요청하였지만 끝내 압록강 동쪽 땅을 돌려받지 못하였다.(〈사료⑭〉) 이후 고려의 국경은 축소될 수밖에 없었다. 따라서 경계인 압록강도 축소될 수밖에 없는 것이었다. 이러한 사정은 〈사료⑮〉의 기록에서도 잘 나타나 있다.

〈사진II-2〉 눈강 - 송화강 합수 지점(흑룡강성 조원현 무흥진)

---

88 『高麗史』卷15, 「世家」卷第15, 仁宗 4年 12月 癸酉
　　切以勾麗本地, 主彼遼山, 平壤舊墟, 限於鴨綠, 累經遷變. 逮我祖宗, 値北國之兼幷, 侵三韓之分野, 雖講隣好, 未歸故疆.
89 본 책의 제3부 4장의 '3.세종의 파저강 여진정토 지역 고찰' 참조

앞에서 압록강이 압자하로 변하는 과정을 살펴보았다. 그 범위는 눈강이 송화강과 만나는 송원 지역까지라고 하였다. 이로 미루어본다면 요가 차지한 압록강 동쪽 땅은 눈강의 오른쪽, 송원에서 하얼빈으로 흐르는 송화강의 위쪽 지역으로 볼 수 있다. 송원과 농안 지역은 대흥안령과 길림합달령에서 흘러온 많은 강줄기가 송화강으로 들어가는 곳이다. 또한 여러 물줄기를 받아들인 송화강이 다시 북쪽에서 흘러오는 눈강을 만나는 만곡점(彎曲點)이기도 하다. 이러한 자연지리는 이 지역이 비옥한 곡창지대이자 강줄기를 이용한 물류와 교통이 사통팔달한 요충지가 될 수 있었으며, 따라서 이곳은 시대마다 병가필쟁지지(兵家必爭之地)가 될 수밖에 없었다. 이러한 지정학적 이점으로 인하여 발해 시대에는 상경부여부(上京扶餘府)로, 요 시대에는 황룡부(黃龍府)로, 금 시대에는 융주(隆州)로 계속해서 도시의 발전이 이어졌던 것이다. 이러한 까닭에 고려도 초기에 이곳을 매우 중요시하며 지키려고 하였을 것이다. 따라서 고려가 압록강을 경계로 요와 여러 차례 치르던 주요 전쟁터는 바로 이곳이었을 것으로 판단된다. 그리고 〈사료⑮〉에서 보듯이 다시 찾지 못하였던 것이다.

〈사료⑪〉에서 서희는 압록강 안팎 고려의 영역에 여진이 길을 막고 있어서 조빙을 못하는 것을 들고 있다. 요의 상경은 현재의 내몽골자치구 파림좌기(巴林左旗)이다. 요의 상경을 가려면 현재의 송원과 농원 지역으로 가는 길이 빠른 길이다. 이 지역은 송화강을 비롯하여 이통하, 음마하 등 많은 강줄기가 얽혀있는 곳으로 몽골의 침입이 있기 전까지는 여진의 중심 거주지이다. 따라서 〈사료⑫〉처럼 고려에게 압록강 동쪽 땅은 주어 교빙의 예를 갖추도록 했던 것인데, 그 후에 다시 빼앗아서 돌려주지 않았던 것이다.

〈지도II-5〉 길림성 고려 유적 발굴 지역 위치

〈사진II-3〉 요의 상경터(내몽골자치구 파림좌기)

송화강 지역이 고려의 경계인 압록강이 되는 것은 고고학적 발굴사항에서도 알 수 있다. 중국에서 조사한 길림성 유적 현황을 살펴보면 송화강 지역 일대에 넓게 퍼져 있는데, 〈표II-4〉과 〈지도II-5〉는 이를 정리하여 나타낸 것이다.

유적명		시기	발굴 유적 위치
1	대고려묘자유지 (大高麗廟子遺址)	요금(遼金)	길림성 덕혜시 대청취진 소령촌 (吉林省 德惠市 大青嘴鎮 小岺村)
	대고려묘자둔북유지 (大高麗廟子屯北遺址)	요금(遼金)	길림성 덕혜시 대청취진 소령촌 (吉林省 德惠市 大青嘴鎮 小岺村)
2	고려방남산산성 (高麗房南山山城)	요금(遼金)	길림성 구태시 상하만진 쌍합촌 (吉林省 九台市 上河灣鎮 双合村)
	고려묘자유지 (高麗廟子遺址)	요금(遼金)	길림성 구태시 호가향 보산촌 (吉林省 九台市 胡家鄉 寶山村)

〈표II-4〉 길림성 고려 유적 발굴 현황[90]

고려의 유적지가 있는 도시들은 현재의 음마하(飮馬河) 주변에 위치하고 있다. 이로 미루어 본다면 고려와 요의 국경은 이 부근이 되어야만 합당하다.

요는 자신들의 강토에 요탑(遼塔)을 세웠다. 요탑은 벽돌을 구워서 쌓은 전탑으로 최근의 연구에 의하면 총 98개가 조사되었다.[91] 거란의 탑은 전탑이어서 여타의 탑에 비하여 크고 높게 쌓을 수 있었다. 높이는 수십 미터에 이른다. 요탑이 있는 위치를 살펴보면 주로 산등성이나 강줄기 또는 사통팔달한 길목에 세워졌다. 탑의 기능인 이정표 역할을 확실하게 한 것이다. 이러한 까닭에 요탑은 요의 경계를 알 수 있는 귀중한 고고학적 자료가 될 수 있다. 백만달은 거란 전탑의 위치를 통하여 요의 경계를 알 수 있다고 하였다.

---

90 『中國文物地圖集』, 「吉林分冊」, 九台·德惠·遼源市 유적 현황.
   이 유적 조사표는 단지 유적명(고려)과 시기(요·금)만을 가지고 조사한 것으로 실제로는 상당 부분의 유적이 고려 시대의 것일 수 있다고 여겨진다.
91 백만달, 「契丹遼博塔研究」, 인하대 박사학위논문, 2020, 101쪽.

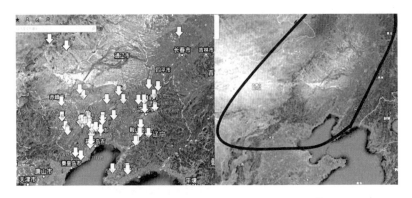

〈지도 II-6〉 요동 지역 거란 전탑의 위치 및 요의 영역[92]

　〈지도 II-6〉은 요탑의 위치와 이 탑들의 경계선을 이어 요의 영역을 살펴본 것이다. 이 지도에서도 보듯이 요 시기 요동반도의 동쪽 경계는 천산산맥을 경계로 하였음을 알 수 있다. 그런데 길림성에서의 요탑은 농안현에 세워져 있다. 농안현에는 이통하(伊通河)가 흐르며 음마하와 나란히 송화강으로 들어간다. 또한 압록강의 이칭 중에는 용만(龍彎)이 있는데 농안현의 토명(土名)이 용만이다.[93] 앞서 살펴본 사료와 고고학적 발굴사항, 농안현의 토명 등을 검토해볼 때, 요 시대의 고려 서북국경은 〈지도 II-7〉에서 보는 것처럼 천산산맥 줄기를 따라 이통하와 송화강으로 이어지는 지역이라고 볼 수 있다. 즉, 고려 초기 경계로서의 압록강은 요와 전쟁을 치르면서 눈강 일대의 동쪽 지역을 빼앗기고 농안의 이통하를 포함하는 현재의 송화강 상류 지역으로 축소된 것으로 볼 수 있다.

92　백만달, 위의 논문, 287쪽.

93　『吉林地志』,「農安縣」, 沿革
　　農安縣 土名龍彎, 縣治旁古塔, 建于遼聖宗時, 相稱龍安塔, 音訛又似農安, 遂爲縣名.

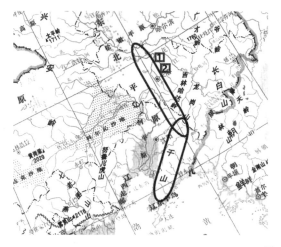

〈지도 II-7〉 고려 초기 축소된 압록강 유역과 요와의 국경[94]

〈사진 II-4〉 송원 시내를 흐르는 송화강

2) 고려 중기의 압록강과 경계

고려의 영토가 축소되고 이와 함께 경계인 압록강의 범위도 축소
되었지만 금은 압록강으로 부르지 않고 혼동강으로 불렀다. 앞에서
살펴보았듯이 요 성종이 압록강을 혼동강으로 바꾸었기 때문이다.[95]

---

94 빨가색 부분은 고려 유적 발굴 장소를 나타난다. (①德車市, ②九台市)

95 요 성종이 1024년에 압자하를 혼동강으로 바꾼 이후, 고려 경계로서의 압록강은 「列傳」과
「地理志」등에서만 보이고 「本紀」에서는 보이지 않는다. 이는 『金史』에서도 마찬가지다.

금도 굳이 압록강의 명칭을 부활시켜 고려에게 빌미를 줄 필요가 없었기 때문이다.

흑수말갈의 일종인 생여진은 요 성종이 이 지역을 빼앗자 고려의 동북쪽 변방 지대로 도피하거나 고려에 귀부하기도 하며 생활 터전을 이어나갔다.[96] 그중 아성현 일대에서 힘을 축적한 생여진이 고려 중기에 요를 멸망시키고 금을 세웠다.

⑯ 경인일에 압록강(鴨淥江)과 혼동강(混同江)의 물이 갑자기 불어났다는 보고를 받고 혼동강 주변에 거주하는 변방 지역 주민들을 구휼하고 이주시키라고 명하였다.[97]

⑰ 수국(收國) 원년(1115) 정월 병자일에 황제가 친히 군대를 거느리고 황룡부(黃龍府)를 공격하러 나갔다. 익주(益州)에 이르자 익주 사람들이 황룡부로 달려가 보위(保衛)하였다. 이에 익주의 남은 백성들을 취하여 돌아왔다.[98]

⑱ 수국(收國) 원년(1115) 8월 무술일에 황제가 친히 황룡부(黃龍府)를 정벌하였다. 혼동강(混同江)에 이르렀을 때 배가 없었다. 황제는

---

96 요는 성종 통화 4년(986)에 대대적인 여진 정벌을 단행하였다. 여진인들은 이를 피해 고려의 변경으로 도피하였다. 통화 28년(1010)에 압록강 동쪽 지역을 차지하자 여진인들은 다시 이동하였고, 고려 文宗 시기(1046~1083)에 이르러 대거 고려로 귀부하였다. 이때 여진인들이 이동한 지역은 송화강 동쪽, 아성현 일대로 여겨진다.

97 『金史』卷3, 「本紀」第3, 太宗 10年 4月 庚寅
庚寅, 聞鴨綠, 混同江暴涨, 命賑徙戌边户在混同江者.

98 『金史』卷2, 「本紀」第2, 太祖 收國元年 1月 丙子
收國元年正月丙子, 上自將攻黃龍府, 進臨益州. 州人走保黃龍, 取其餘民以歸.

한 사람을 시켜 앞에서 길을 인도하게 하고는 자백마(赭白馬)를 타고 물을 건너며 말하기를, "내 채찍이 가리키는 곳을 보고 전진하라." 라고 하였다. 각 군이 그 뒤를 따라가니 물의 깊이는 말의 배를 넘지 않았다. (중략) 9월에 황룡부를 함락시키고 사랄(辭剌)을 요로 돌려보낸 뒤 군사를 거두어 돌아왔다. 혼동강에 이르러 물을 건넘이 예전과 같았다.[99]

〈사료⑯〉을 보면 압록강과 혼동강은 서로 가까이에 있는 강임을 알 수 있다. 그런데 혼동강 주변의 변방 주민들을 구휼하는 것으로 보아서 혼동강이 금의 국경임을 알 수 있다. 즉, 고려의 국경인 압록강과 금의 국경인 혼동강이 가까이에 있음을 알 수 있는 것이다. 〈사료⑱〉은 금 태조가 요의 황룡부인 농안을 함락시킨 내용이다. 이때 황룡부를 공격하기 위해 혼동강을 건넜다. 현재 농안현 만금탑(萬金塔)은 요의 황룡부에 비정되고 있다. 이곳에 송화강이 있으니 금 시기의 혼동강은 송화강인 것이다. 〈사료⑰〉에는 압록강을 추정할 수 있는 내용이 보인다. 금 태조가 황룡부를 공격하려고 하자 황룡부 앞에 위치한 익주(益州)의 백성들이 황룡부로 달려가서 보위하였다. 이 내용으로 본다면 익주의 위치는 황룡부와 송화강 사이에 위치한다. 압록강의 이칭 중에 익주강(益州江)이 있는데, 이 지역의 이름을 딴 것일 수 있다. 이는 앞에서도 살펴본 것처럼 이통하에 해당된다. 따라서 고려와 금의 국경도 이통하 일대로 볼 수 있다.

---

99 『金史』卷2, 「本紀」第2, 太祖 收國元年 8月 戊戌
收國元年, 八月戊戌, 上親征黃龍府. 次混同江, 無舟, 上使一人道前, 乘赭白馬徑涉, 曰視吾鞭所指而行. 諸軍隨之, 水及馬腹. (中略) 九月, 克黃龍府, 遣辭剌還, 遂班師. 至江, 徑渡如前.

〈사진II-5〉 장춘 시내를 흐르는 이통하

압록강은 고려의 경계였다. 그러므로 이통하만을 의미한다고 볼 수는 없다. 즉, 국경을 접하는 강이기 때문에 몇 개의 강이 이어져야 하며, 이때 지역마다 부르는 강의 이름도 달라지는 것이다. 이제 이를 살펴보도록 한다.

⑲ 옛 오사채는 혼동강 곁에 세워져 있다. 강은 광대한 사막의 북쪽에서 흘러오는데, 너무 멀어서 규명할 수 없다. 이곳에서 남쪽으로 5백 리를 흘러가서 고려의 압록강에 이르러 바다로 들어간다.[100]

⑳ 고려에서는 이 강(압록강)물이 가장 크다. 물결이 맑고 투명하여 지나는 나루터마다 모두 큰 배가 정박해 있는데, 그 나라에서 이를 천참(天塹)으로 여긴다. 강물의 너비가 3백 보(步)인데, 평양성(平壤城)에서 서북으로 4백 50리이고, 요수(遼水)에서 동남으로 4백 80리에

---

100 『宣和乙巳奉使金國行程錄』
　　古烏舍塞, 枕混同江湄. 其源來自廣漠之北, 達不可究. 自此南流五百里, 接高麗鴨緑江, 注海.

있다. 요수에서 동쪽은 옛날 거란에 소속되었는데, 지금은 그 오랑캐 무리가 이미 멸망되었고, 대금(大金)에서는 그 땅이 불모지(不毛地)이기 때문에 다시 성을 쌓아 지키지 않는다. 그리하여 한갓 왕래하는 길이 되었을 뿐이다. 압록강 서쪽에는 백랑, 황암 두 강이 있는데 파리성에서 2리쯤 가다가 합류하여 남쪽으로 흐른다. 이것이 요수다. 당 정관 연간에 이적이 남소(南蘇)에서 고구려 군을 대파하고 강을 건너가서 그 강물이 매우 얕고 좁은 것을 괴이하게 여겨 물으니, "이것이 요수의 근원"이라고 대답했다고 한다. 이로써 옛날에는 이 강을 요새로 여기지 않았음을 알 수 있다. 그래서 고려가 후퇴하여 압록강 동쪽을 확보한 것이 아니겠는가.[101]

위의 사료들은 북송 시대의 관료 두 명이 2년의 시차를 두고 각각 고려와 금을 다녀온 후 기록한 사행록이다. 그러므로 당대의 지리적인 기록은 어느 사료에 못지않게 정확하다고 할 수 있다. 이를 통해 고려의 압록강을 살펴보도록 한다. 먼저 〈사료⑲〉는 허항종이 1125년에 금 태종의 즉위를 축하하는 사신으로 금의 수도인 상경회령부를 다녀온 여정을 기록한 사행록이다. 허항종이 말하는 혼동강은 현재의 송화강이다. 황룡부였던 농안현 만금탑향에서 남쪽으로 5백리 되는 곳은 현재의 화전시(樺甸市) 지역이다.

---

101 『宣和奉使高麗圖經』卷第3,「城邑」, 封境
此水(鴨綠之水)最大. 波瀾清澈, 所經津濟, 皆艤巨艦. 其國恃此, 以爲天塹, 水闊三百步. 在平壤城西北四百五十里, 遼水東南四百八十里. 自遼已東, 卽舊屬契丹, 今虜衆已亡, 大金以其地不毛, 不復城守. 徒爲往來之逍而已. 鴨綠之西, 又有白浪黃嵓二水, 自頗利城行數里, 合流而南, 是爲遼水. 唐正觀間, 李勣大破高麗於南蘇, 旣渡, 怪其水淺狹問之, 云是遼源. 以此知前古未嘗恃此水以爲固, 此高麗所以退保鴨綠之東歟.

〈사진 II-6〉 휘발하(우)와 송화강(좌) 합수점(화전현)

　이곳에는 휘발하(輝發河)가 흐르는데 농안현의 이통하가 이곳까지 연
결된다. 이통하와 휘발하는 농안-장춘-반석-화전을 연결하고 있다.[102]
〈사료⑳〉은 서긍이 1123년에 국신사(國信使)로 고려를 다녀온 후 기록
한 사행록이다. 이 사료에서 몇 가지 중요한 사실들을 알 수 있다.

　(1) 압록강은 강폭이 300보이다.[103]

　(2) 압록강은 요수에서 동남쪽으로 480리 떨어져 있다.

　(3) 요수는 압록강 서쪽에 있는데 백랑·황암 두 강이 합류하여 남쪽
　　　으로 흐르다가 요수로 들어간다.

　먼저 요수를 알아보도록 한다. 현재의 공주령시(公主嶺市) 모성자진
(毛城子鎭)에 소요수(小遼水)가 있는데 두 강줄기가 합수하여 요하로 들
어간다. 이 두 강이 서긍이 말한 백랑(白狼)·황암(黃嵒)으로 여겨진다.
인근에는 파리성자진(玻璃城子鎭)이 있다. 이곳에서 동남쪽으로 480리
되는 곳은 현재의 매하구시(梅河口市) 지역이다. 이곳에도 화전으로 이

---

102 이 지역은 얼마 전까지만 해도 이통하와 휘발하를 통해 심양까지 가는 정기선이 운행되
　　 었다.
103 宋元 시대 1里는 561m였으므로 1步는 약 155cm이다. 그러므로 강폭은 465m이다.

어지는 휘발하가 흐른다. 허항종과 서긍이 말한 압록강은 지역의 차이는 있지만 모두 같은 강줄기를 말하고 있는 것이다. 매하구시의 휘발하는 통화(通化)와 환인(桓仁)을 흐르는 혼강(渾江)으로 이어지고 다시 현재의 압록강(鴨綠江)과 만나 바다로 들어간다. 〈사료⑲〉에서 압록강은 바다로 들어간다고 한 것은 단지 하나의 강줄기를 의미하는 것이 아니라, 이처럼 경계로서의 압록강을 설명하고 있는 것으로 보아야 한다.

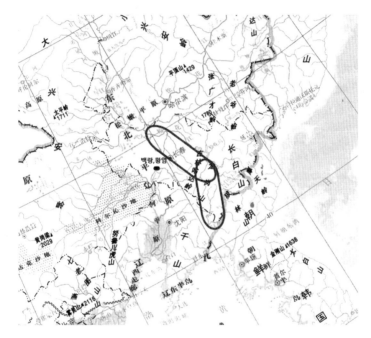

〈지도Ⅱ-8〉『고려도경』에 의거한 고려 중기 요수 주변과 압록강 유역

〈사진Ⅱ-7〉 매하구시를 흐르는 휘발하

금은 요의 영토를 이어 받았다. 그래서 고려와 금의 경계도 요 시대와 크게 다르지 않았다. 금 시대 요동반도의 경계를 알 수 있는 자료는 금의 관료인 왕적이 지은 『압강행부지』이다.[104] 왕적은 이 책에서 금의 남쪽인 요동반도 지역을 둘러보며 그 지역의 역사와 지리를 기록하였다. 책 제목에서도 알 수 있듯이 고려와의 경계인 압록강(鴨淥江)까지 이르렀음을 알 수 있다. 하지만 이 책의 원본은 뒷부분이 결손되었다고 한다.[105] 왕적이 기록한 내용 중 현재 확인이 가능한 노정은 수암현(岫岩縣)까지이다.

월·일	왕적의 노정	현재 지명 비정
2.10	遼陽 靈岩寺	遼陽市 千山 一帶
2.14	澄州	海城市
2.19	析木 法雲寺	海城市 析木鎭 鐵塔
2.20	湯池縣 護國寺	大石橋市 湯池鎭
2.22	辰州 興敎寺	盖州市
2.25	熊岳縣 興敎寺	營口市 熊岳鎭
2.28	褐蘇館	瓦房店市 永寧鎭
3.04	復州	瓦房店市 復州古城
3.08	永康 順化營	大連市 金州區 一帶
3.09	新市	碧流河 附近
3.10	龍岩寺	新市와 大寧鎭 사이

104 『鴨江行部志』는 금의 관료인 王寂이 1192년(명창3)에 공무 처리를 위하여 요동반도 南路의 각 지역을 둘러보고 자신의 느낌을 詩文과 함께 기록한 책이다. 그가 1190년에 지은 『遼東行部志』와 함께 금 시기 요동 지역의 역사 연혁과 지리 현황을 알 수 있는 귀중한 사료이다.

105 왕적의 두 책(『遼東行部志』, 『鴨江行部志』)은 일본학자들이 제일 먼저 관심을 가지고 연구하였다. 고대 한국과 요동반도 및 압록강을 살펴보기 위하였던 것으로 생각된다. 특히, 『鴨江行部志』는 大寧鎭(현재의 岫岩縣)에서 끝나고 나머지 부분은 불에 타서 결손이 되었다고 하였는데 원본을 공개하지 않아서 의심쩍은 면이 없지 않다.

월·일	왕적의 노정	현재 지명 비정
3.11	磨石山	岫岩市 燕窩嶺 : 岫岩市 燕窩村
3.12	大寧鎭	岫岩市 一帶

〈표Ⅱ-5〉 왕적의 『압강행부지』 노정 및 위치 비정[106]

〈표Ⅱ-5〉의 노정을 살펴보면 왕적은 금주의 순화영(順化營)까지 이른 후에 다시 천산산맥 위쪽으로 올라간다. 그리하여 최종적으로 수암현에 이른다.

『압강행부지』는 고려와의 경계인 압록강(鴨淥江) 지역까지 둘러본 것이다. 현재의 압록강(鴨綠江)이 당시에도 압록강(鴨淥江)이었다면 금주에서 다시 올라가지 않고 천산 줄기의 아래쪽 길을 따라 동북쪽으로 가야한다. 그런데 왕적은 다시 온 길을 거슬러 올라갔다. 이는 곧 고려와의 경계가 천산산맥이었음을 알려주고 있는 것이기도 하다. 저자는 왕적이 돌아본 요동 일대를 그의 노정대로 답사하였다.

〈지도Ⅱ-9〉 왕적의 『압강행부지』 일정도

---

106 이 표는 중국학자인 張博泉의 注釋을 정리한 것이다. (張博泉, 『鴨江行部志注釋』, 黑龍江人民出版社, 1984.)

이 과정에서『압강행부지』에 기록된 노정은 왕적이 돌아본 길과 자연 지형 등을 살펴볼 때 그의 기록대로 대녕진에서 끝날 수밖에 없는 것이었다. 그곳에서 현재의 압록강까지 가려면 천산 줄기를 따라 봉황성까지 간 후, 다시 동쪽으로 이어진 산들의 계곡 사이로 내려와야만 한다. 이곳의 육로는 지금도 매우 불편하다. 또한 봉황성은 명 중기 이전까지는 고려와 조선의 영토였기 때문에 왕적은 봉황성으로도 갈 수가 없다. 결국, 왕적이 공무를 마치고 요양으로 올라가는 길은 대녕진인 수암현에서 출발해야만 한다. 즉, 금과 고려의 요동반도 경계는 천산산맥 줄기의 수암현까지로 보아야 하는 것이다. 이제까지 검토한 사항을 종합하여 금 시대의 고려 서북 국경을 살펴보면, 요 시대의 국경인 〈지도Ⅱ-7〉과 커다란 변동이 없다고 할 수 있다.

3) 고려 후기의 압록강과 경계

12세기 중엽, 몽골의 테무친은 그때까지 할거하던 부족들을 통일하고 칭기즈 칸에 추대되어 유럽까지 아우르는 대제국을 건설하였다. 13세기가 되자 몽골 제국의 쿠빌라이 칸은 중원을 공략하여 금과 남송을 무찌르고 대원 제국을 세웠다. 고려 또한 부마국이 되어 원의 간섭을 받았다. 고려의 영토는 이 시기에 또 한 번 축소되었다. 가장 큰 원인은 변경인 서경 지역의 반란이었다. 1270년 최탄과 이연령 등은 원종이 폐립되는 사건이 발생하자 서경을 포함한 60개의 성을 가지고 원에 귀부하였다.[107]

---

107 『高麗史』卷26, 「世家」卷第26, 元宗 11年 2月 丁丑
   崔坦請蒙古兵三千來鎭西京, 帝賜崔坦·李延齡金牌, 玄孝哲·韓愼銀牌 有差. 詔令內屬, 改號東寧府, 畫慈悲嶺爲界.

원은 고려의 서경을 동녕부로 개편하여 자국의 영토에 편입시키고 자비령을 고려와의 경계로 삼았다. 공민왕이 1369년에 공격하여 동녕부를 되찾을 때까지 근 백년 간 압록강은 고려의 경계가 될 수 없었다. 공민왕이 서경을 되찾은 지 4년 만에 시해되고 친원 세력이 다시 득세하면서 이를 지키기 어려웠을 것으로 보인다. 이와 함께 원·명 교체기가 되면서 우왕과 최영이 요동 정벌을 단행하여 수복을 노렸지만, 결국 이성계의 위화도 회군으로 실패하고 말았다. 이후 명 태조 주원장이 철령을 경계로 그 이남 지역의 압록강을 경계로 삼자 조선을 건국한 이성계가 이를 인정함으로써 압록강은 다시 축소된 것이다.

    ㉑ 장방평(張方平) 등이 첨수참(甛水站)에 도착하니, 도사(都司)가 천호(千戶) 왕성(王成)을 보내 황제의 명령을 받아 적은 문건을 보여 주었다. 그 문건에는 '지금부터 고려 사신의 오는 사람은 100리 밖에서 멈추고 돌아가도록 하고, 입국을 허락하지 말라.'고 하였다.[108]

    ㉒ (명 철령위는) 홍무(洪武) 21년(1388) 3월에 옛 철령성(鐵嶺城)에 설치하였다. (중략) 동남쪽에는 봉집현(奉集縣)이 있는데, 즉 옛 철령성으로 고려(高麗)와의 경계에 접해 있으며, 홍무 초년에 현(縣)을 설치했다가 곧 폐지하였다.[109]

---

108 『高麗史』, 「列傳」卷第49, 禑王 13年 11月
    張方平等行至甛水站, 都司使千戶王成, 欽錄聖旨, 以示之曰, 今後, 高麗國使臣來者, 於一百里外止回, 不許入境.

109 『明史』卷41, 「志」17 '地理2', 山東 遼東都指揮使司, 鐵嶺衛
    洪武二十一年三月以古鐵嶺城置. (中略) 東南有奉集縣, 即古鐵嶺城也, 接高麗界, 洪武初置縣, 尋廢.

㉓ 압록강은 도사성 동쪽 560리에 있다.[110]

고려 후기의 서쪽 국경 관문은 첨수참(詁水站)이었다.(《사료㉑》) 첨수참의 동쪽 40리 정도 떨어진 곳에는 연산관이 있다. 명 태조는 고려에 철령위 설치를 통보하고 처음에 봉집현(奉集縣)에 위소를 설치하였다.(《사료㉒》) 그 터인 봉집보(奉集堡)는 현재 심양시의 동남쪽에 있다. 명 태조는 철령 이남의 압록강(鴨淥江)을 조선과의 국경으로 삼았다. 그 이유는 '고려는 압록강을 경계로 해왔다'는 논리였다. 이는 고려 중기까지 이통하를 포함한 길림성 지역의 고려 영토가 원의 동녕부로 편입됨에 따라 이 지역이 제외된 나머지 압록강 줄기만이 고려 후기 경계로서의 압록강으로 새롭게 불린 것으로 이해할 수 있다.

즉, 앞서 〈지도Ⅱ-8〉에서 살펴본 바 있는 휘발하와 혼강 지역만이 고려 후기의 압록강이 된 것이다. 〈사료㉓〉의 압록강은 요양에서 동쪽으로 560리에 있는 도시에 압록강이 흐르고 있다는 것으로 이해해야 한다. 이를 지도에서 확인하면 현재의 환인이다. 이곳에는 혼강이 흐른다. 이를 통해서도 고려 후기의 압록강은 휘발하와 혼강 줄기로 축소되었음을 알 수 있다.[111]

---

110 『大明一統志』,「遼東都指揮使司」, 鴨淥江
在都司城東五百六十里.

111 『대명일통지』에서 鴨淥江을 휘발하가 아닌 혼강에 비정한 것은 휘발하가 당시 건주여진의 근거지인 파저강이었기 때문으로 보인다. 조선과 명은 모두 여진의 관리에 집중하여 자국에 이롭게 하려고 애썼는데, 조선은 10처 여진의 관할권을 가지고 있었기 때문에 파저강까지 영토로 잡았다. 반면, 명은 여진을 조선에게서 분리시켜 조선의 견제 세력으로 삼으려고 하였기 때문에 휘발하를 압록강으로 인정하지 않았다고 볼 수 있다. (자세한 내용은 본 책의 제3부 4장에서 다룸)

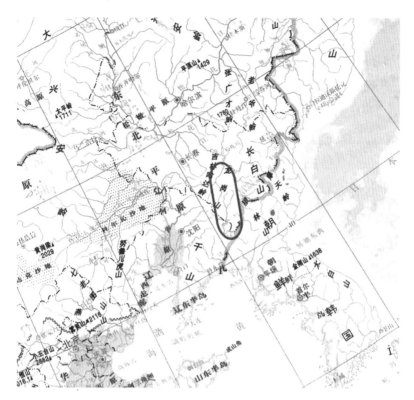

〈지도Ⅱ-10〉 고려 후기의 압록강 유역(휘발하와 혼강)

〈사진Ⅱ-8〉 환인 시내를 흐르는 혼강

4. 조선 초기의 압록강과 경계

조선은 명과 연산관을 국경으로 정하였다. 연산관은 천산산맥 줄기에 있는 관문으로 고려 후기의 관문이었던 첨수참에서 동쪽으로 40여리 떨어진 곳이다. 명 태조는 고려 말에 철령위 문제를 일으켜 철령 남쪽 지역만 고려의 영토로 인정하고 대부분의 요동 지역을 차지하였다.

명 태조가 철령위를 처음 설치하였던 봉집보에서 연산관까지는 대략 180리이다. 그는 조선과의 국경 협상에서 이 거리만큼을 넓힌 것이다.[112] 명 태조가 자국의 영토로 편입시킨 지역은 본계 지역이다. 이곳은 용강산맥과 장백산맥 인근 지역에서 요동으로 나아가는 길목이며, 이는 한반도에서도 마찬가지다. 즉, 지정학적 요충지인 것이다. 또한 이 지역은 봉집보가 있는 것에서도 알 수 있듯이 요동반도 전체를 방어하는 데에도 전략적으로 매우 중요한 장소인 것이다. 명 태조가 조선과의 국경을 연산관으로 정한 것은 바로 이러한 전략적인 판단에 의한 것으로 여겨진다.

조선은 명으로부터 건국의 정통성을 인정받아야 했기에 명과의 국경 협상에 적극적으로 임할 수 없었다. 따라서 조선은 명 태조의 일방적인 조치를 인정할 수밖에 없었을 것이다. 조선 초기의 압록강(鴨淥江)도 고려 후기의 압록강(鴨淥江)과 변동이 없었다.(〈지도Ⅱ-10〉) 하지만 혼강 줄기의 압록강이 국경선이 되지는 않았다. 따라서 조선 초기의 국경선은 연산관을 중심으로 하는 천산산맥 줄기로 잡아야만 한다.[113]

---

112 이후 명은 조선 사신단을 보호한다는 명분으로 국경 관문을 連山關에서 鳳凰城으로 옮겼는데, 이 역시 동쪽으로 180리 되는 지점이었다.

113 남의현도 현재의 압록강을 조선의 국경선으로 보는 것은 잘못된 것이라고 하였다. (남의현, 「明의 만주 지역 영토인식에 관한 연구」, 『간도학보』2, 2019, 76〜79쪽.)

① 정랑(正郎) 지달하(池達河)가 천추사(千秋使) 홍귀달(洪貴達)이 가지고 온 중국의 병부(兵部)의 자문(咨文)을 읽어 올렸는데, 그 자문에 이르기를, "조선(朝鮮) 사신(使臣)이 왕래하며 자고 머무르게 하기 위하여 진동(鎭東)·진이(鎭夷)·봉황(鳳凰) 등지(等地)에 참(站)을 설치하겠습니다."고 하였다.[114]

② 어적도(於赤島)는 성(義州城) 북문 밖에 있는데, 거리가 의주성의 치소(治所)로부터 겨우 1리 정도에 있고, 단지 압록강(鴨綠江) 하나만을 사이에 두고 있으므로, 나가서 경작하고 들어와서는 머무는데 그 형세가 매우 편리하고 쉽다. 그 바깥에 또 서강(西江)과 적강(狄江)이 있는데 경계를 이룬다.[115]

조선은 사신로의 험난함을 들어 명에게 좀 더 나은 자유채(刺楡寨)로 옮겨 줄 것을 요청하였다. 하지만 명은 조선의 요청을 빌미로 삼아 국경 관문을 180리 동진(東進)시켜 봉황성으로 정하였다. 조선의 영토가 또다시 축소된 것이었다. 〈사료①〉은 1481년 명이 국경관문을 봉황성으로 이동시킨 사실을 말하고 있는 것이다. 조선은 건국 후 전 영토에 대한 지리지 편찬에 착수하여 1481년에 『동국여지승람』을 완성하였다. 그런데 국경 관문이 봉황성으로 조정되자 경계를 다시 설정해야만 하는 상황이 되었다.

---

114 『朝鮮王朝實錄』, 「成宗實錄」132卷, 成宗 12年 8月 戊辰
正郞池達河, 進讀千秋使洪貴達齎來兵部咨文, 有云:爲朝鮮使臣往來止宿, 設鎭東, 鎭夷, 鳳凰等站之路.

115 『朝鮮王朝實錄』, 「成宗實錄」217卷, 成宗 19年 6月 乙巳
於赤島在州城北門之外, 距州治纔一里餘, 只隔鴨綠一江, 出耕入宿, 勢甚便易. 其外又有西江, 狄江爲之限隔.

〈사료②〉에서는 다시 조정된 경계가 적강임을 알 수 있다. 적강은 현재 애하(靉河)로 불린다. 환인에서 내려오는 혼강은 세 줄기로 갈라지는데 서쪽으로 흐르는 첫 번째 서강(西江) 줄기는 애하와 연결되고, 두 번째 강줄기인 소서강(小西江) 줄기는 포석하와 연결된다.[116] 애하가 남쪽으로 흘러 봉황성에서 초하(草河)를 만나고, 다시 동쪽으로 흘러 현재의 압록강으로 들어간다.

이처럼 조선은 초기에 연산관에서 봉황성으로 국경 관문이 이동함에 따라 그때마다 경계를 조정하였고, 1481년 이후에 이르러서 국경이 완성되었는데 그 서쪽 경계가 애하였던 것이다. 『신증동국여지승람』은 이러한 사항을 반영하여 다시 편찬한 지리지이다.[117] 따라서 조선 초기, 경계로서의 압록강(鴨淥江)은 현재의 압록강(鴨綠江) 하나가 아닌 세 줄기의 강줄기로 보아야 하며, 그중에 서쪽 국경선으로서의 압록강(鴨淥江)은 명의 국경 관문이 있는 봉황성 앞을 흐르는 애하로 보아야 한다. 또한 조선과의 동남쪽 경계에는 의주강이 흐른다고 하였는데, 이는 오늘날 대양하이다.[118]

---

116 『朝鮮王朝實錄』, 「燕山君日記」40卷, 燕山 7年 5月 癸丑
　　平安道鴨綠江西流至義州潤洞前而分流一派則直走狄江一派則傍義州城底而西.
　　『朝鮮王朝實錄』, 「中宗實錄」9卷, 中宗 4年 9月 戊午
　　鴨綠江到義州九龍淵岐而爲二. 東流爲鴨綠由義州城底而去西流爲西江由黔同島地面
　　而去經數三里復與鴨綠合流其中爲於赤島.
　　『新增東國輿地勝覽』第53卷, 「義州牧」, 鴨綠江
117 『新增東國輿地勝覽』은 1530년에 발간되었다.
118 명은 동단변장을 쌓아 국경으로 삼았는데, 조선과의 국경은 봉황성 지역까지였다. 봉황성에서 동남쪽으로 120리에 義州江이 조선과의 경계라고 하였는데(「岫巖志略」「疆域」), 현재 이 지역은 세 줄기의 강이 大洋河로 연결되어 바다로 들어간다. 세 개의 강줄기 중에는 亮子河가 있는데 이 강이 연결되는 대양하가 의주강이라고 여겨진다. (자세한 내용은 본 책의 제3부 3장에서 다룸)

이제까지 고려 초기부터 조선 초기까지의 경계로서의 압록강과 그 축소에 대하여 검토해 보았다. 이상의 내용을 정리하면 〈표Ⅱ-6〉과 같다.

시대 구분	국경 상대국	압록강(鴨淥江) 유역
고려 초기	요	(10세기 초) 눈강, 송화강, 이통하, 요하 (11세기 초) 송화강, 이통하, 휘발하, 혼강
고려 중기	금	이통하, 휘발하, 혼강
고려 후기	원, 명	휘발하, 혼강
조선 초기	명	휘발하, 혼강

〈표Ⅱ-6〉 경계로서의 압록강 유역과 축소 현황(고려 초~조선 초)

〈사진Ⅱ-9〉 요령성 석성진에서 봉성시로 흐르는 애하

제3부

여말선초 주요 역사지리 고찰

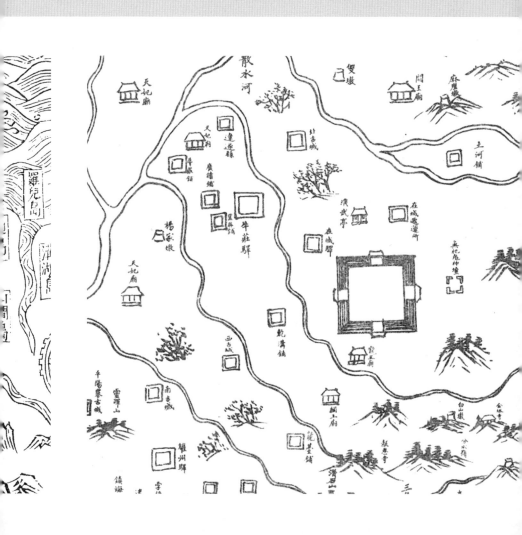

1장
원의 동녕부 설치와
고려의 서북 국경

1. 원 시기의 동녕부

고려와 몽골의 첫 접촉은 1218년이었다. 몽골의 칭기즈 칸은 1211년 쿠릴타이를 소집하여 금을 공격하기로 결정하였다. 1215년 금은 몽골의 대대적인 공격을 받고 수도였던 북경이 함락되며 항복하였다. 이 때 요 유민들이 대요국을 세우고 금의 여진족과 연합하여 부활을 노렸다. 몽골이 토벌에 나서자 이들은 고려의 의주 지역까지 쫓겨 왔다.[1] 몽골이 거란족을 제거하기 위해 고려의 영토로 들어오자 고려도 군사를 동원하여 강동성(江東城)에서 거란을 무찔렀다.[2] 몽골은 이를 계기로 고려와 대대로 우호의 맹약을 맺었다.[3]

---

1 『高麗史』卷22, 「世家」卷第22, 高宗 4年 9月 丁酉
　丹兵入義·靜·麟三州, 及寧德城之界.

2 『高麗史』卷22, 「世家」卷第22, 高宗 6年 1月 辛巳
　趙冲·金就礪, 與哈眞·子淵等, 合兵, 圍江東城, 賊開門出降.

3 『元高麗紀事』, 「太祖皇帝」1, 太祖 13年
　十三年戊寅, 上遣哈只吉, 劄刺等領兵征之. 高麗人洪大宣詣軍降, 與哈只吉等一同圍攻. 高麗王瞰奉牛酒出迎王師, 始行歸行之禮, 且遣樞密院使·吏部尙書·上將軍·翰林學士承

1225년 몽골의 사신 저고여가 국경지대에서 살해되는 사건이 발생하였다. 몽골은 이를 고려의 소행으로 간주하였고, 고려는 금 사람이 피살한 것이라고 주장하였다. 이 사건은 양국의 국교 단절로 이어졌고, 급기야 몽골은 이를 빌미로 고려를 침략하였다. 1231년에 시작된 몽골의 고려 침략은 이전에 서경에서 반란을 일으키고 귀부한 홍복원과 합세하여 일시에 고려의 40여 성을 함락시키며 개경을 포위하였다. 이에 고려는 강화를 요청하였고, 몽골은 72명의 다루가치를 배치하고 철수하였다.[4] 이후 고려의 최씨 무신정권은 강화도로 천도하면서까지 다시 몽골에 대항하였다. 몽골의 집요한 공격은 20여 년간 계속되었다.

몽골과 고려의 강화 분위기가 조성된 것은 1258년 최씨 무신정권의 마지막 집권자인 최의가 피살되면서부터였다. 고려의 고종은 몽골에 사신을 보내 출륙환도(出陸還都)를 약속하며 몽골군의 철수를 요청하였다. 고종의 뒤를 이은 원종은 개경으로의 환도를 적극적으로 추진하였다. 개경 환도는 무신정권의 몰락을 의미하는 것이기도 하지만 몽골의 간섭을 받아야만 하는 새로운 문제가 되었다. 고려 조정은 이 문제로 인하여 심각한 갈등을 초래하였다. 결국, 대신들 사이에 갈등이 깊어지며 출륙환도의 약속이 지켜지지 않는 가운데, 1269년 6월에는 임연이 원종을 폐립시키는 사건이 발생하였다. 그러자 10월 초에 서북면

旨趙沖來助, 併力攻滅六哥. 剳剌與沖約爲兄弟, 以結世好. 請歲輸貢賦, 剳剌曰, 爾國道遠, 難于往來, 每年可遣使十人, 賞特赴上.

4 『元史』卷2, 「本紀」, 太宗 3年 秋8月
是月, 以高麗殺使者, 命撒禮塔率師討之, 取四十餘城.
『元史』卷20, 「列傳」8, 高麗傳
太祖十九年十二月, 又使焉, 盜殺之于途, 自是連七歲絶信使矣. 太宗三年八月, 命撒禮塔征其國, 國人洪福源迎降于軍, 福源所率編民千五百戶, 旁近州郡亦有來師者.

병마사 영리인 최탄이 동료인 한신, 삼화현의 이연령 등과 함께 임연을 주살한다는 명분으로 반란을 일으켰다. 몽골은 고려 조정을 압박하여 11월 말에 원종을 복위시켰다. 그러자 최탄 등은 자신들이 장악한 서경 지역을 가지고 몽골에 귀부하였다.

1270년 2월, 몽골은 고려의 서경을 동녕부로 삼는다는 통보와 함께 서경에 3천 명의 군사를 주둔시켰다.[5] 원종은 즉각 동녕부 설치를 철회하고 서경의 반환을 요청하였으나 원은 이를 받아들이지 않았다.[6] 1269년 원종의 폐립사건으로 발생한 고려 서경 지역의 원 동녕부로의 편입은 이후 20년간을 이어오다가 1290년 3월에 폐지되어 고려에 반환되었는데[7] 모든 지역은 아니었다. 이는 70년 후인 1369년(공민왕 2)에 동녕부가 다시 사서에 기록되는 것으로도 알 수 있다. 반원정책을 추진한 공민왕은 이성계, 지용수, 이인임 등의 장수들로 하여금 압록강(鴨淥江)을 넘어 요성(遼城)을 공격하게 하였다.

이 과정에서 이성계는 먼저 올라산성을 공격하여 인근 여러 지역이

---

5 『高麗史』卷26, 「世家」卷第26, 元宗 11年 2月 丁丑
　崔坦請蒙古兵三千來鎭西京, 帝賜崔坦·李延齡金牌, 玄孝哲·韓愼銀牌 有差. 詔令內屬,
　改號東寧府, 畫慈悲嶺爲界.

6 『高麗史』卷26, 「世家」卷第26, 元宗 11年 2月 庚辰
　王上表, 請西京復屬, 其略曰, 崔坦·李延齡等, 本非有怨於國家者, 因權臣擅行廢立, 初若
　倡義起兵. 至達于上朝, 望屬世子. 今臣將以除滅權臣, 請兵還國, 卷出水內臣民, 復都舊
　京. 坦等理宜捨兵歸本, 反欲判其疆分, 各修職貢, 有乖初起之跡. 天子以四海爲家, 義無
　彼此之擇, 諸侯與百姓守土, 力致朝宗之勤, 豈擬吾民, 遽回異趣. 伏望, 許還諸城, 俾屬本
　國. 時蒙哥篤軍已發, 都堂又議遣殿後軍.

7 『高麗史』卷130, 「列傳」卷第43, 叛逆 崔坦
　忠烈王十六年, 帝罷東寧府, 悉歸西北諸城.

항복하는 성과를 거두었다. 고려군은 이 여세를 몰아 요성을 함락시키고[8] 북원과의 관계를 끊으려고 하였다.

2. 고려 서경 위치 고찰

원은 고려의 서경을 포함한 60개의 성을 동녕부로 삼았다. 그러므로 동녕부의 범위를 고찰하기 위해서는 먼저 고려의 서경 위치를 살펴보아야만 한다. 현재까지 연구된 고려 서경의 위치는 앞서 살펴보았듯이 북한의 평양과 중국 요령성의 요양으로 나뉜다. 저자는 앞의 연구사 검토에서 북한의 평양이 고대의 평양이었고, 그런 까닭에 원의 동녕부도 평양이라는 대일항쟁기의 쓰다 소키치의 논리는 작위적인 역사 왜곡에 지나지 않는다고 하였다.

중국 측의 사료를 비교분석한 최근의 연구에서는 고려의 서경을 장수왕 시기의 평양인 요양으로 비정하였다. 이는 『원사』, 『명사』, 『대명일통지』 등에 보이는 동녕부에 대한 기록을 살펴본 결과이다. 이들의 연구는 지리 비정의 근간인 원사료의 기록들을 비교 검토하고 이를 충실히 반영한 것이라는 점에서 기존의 관점을 넘어서는 획기적인 성과였다. 하지만 서경의 위치를 살펴보는 부분은 보다 세밀한 판단이 요구되는 사

---

8 『高麗史』卷42, 「世家」卷第42, 恭愍王 19年 1月
　時東寧府同知李吾魯帖木兒, 聞太祖來. 移保亏羅山城, 欲據險以拒, 太祖至也頓村, 吾魯帖木兒來挑戰, 俄而棄甲再拜曰, "吾先本高麗人, 願爲臣僕, 率三百餘戶降. 吾魯帖木兒, 後改名原景. 其酋高安慰帥麾下, 嬰城拒守, 我師圍之. 太祖適不御弓矢, 取從者之弓, 用片箭射之, 凡七十餘發, 皆正中其面. 城中奪氣, 安慰棄妻孥, 縋城夜遁. 明日頭目二十餘人率其衆出降, 諸城望風皆降, 得戶凡萬餘. 以所獲牛二千餘頭, 馬數百餘匹, 悉還其主, 北人大悅, 歸者如市. 東至皇城, 北至東寧府, 西至于海, 南至鴨綠, 爲之一空.

항이라고 여겨진다. 이에 서경의 위치를 다시 살펴보고 동녕부의 범위를 고찰해 보고자 한다.

원은 요양등처행중서성 산하에 모두 7개의 로(路)를 두었다.[9] 그중 하나인 동녕로를 살펴보면 다음과 같다.

① 동녕로(東寧路)는 원래 고구려 평양성이었고 또 장안성(長安城)이라고 했다. 한이 조선을 멸망시켜 낙랑, 현도군을 설치했는데 이곳은 낙랑의 영역이었다. 진 의희(義熙) 이후 그의 왕 고련(高璉)이 처음으로 평양성에 거주했다. 당이 고려를 정복하고 평양을 빼앗자 그 나라가 동쪽으로 옮겨갔다. 압록수 동남쪽으로 약 천리 떨어진 곳인데 옛날 평양이 아니다. 왕건(王建) 때에는 평양을 서경(西京)으로 했다. 원 지원(至元) 6년(1269)에 이연령(李延齡), 최탄(崔坦), 현원렬(玄元烈) 등이 부(府), 주(州), 현(縣), 진(鎭) 등 60개의 성을 이끌고 귀복했다. 8년(1271)에 서경(西京)이 동녕부(東寧府)로 개칭됐다. 13년(1276)에 동녕로총관부(東寧路總管府)로 승격했다. 녹사사(錄事司)를 설치했다. 정주(靜州), 의주(義州), 인주(麟州), 위원진(威遠鎭)을 분할하여 파사부(婆娑府)에 예속하게 했다. 동녕로(東寧路) 아래 사(司) 1개를 관할한다. 나머진 성이 폐하므로 사(司)가 남아있지 않다. 오늘날 원래 지명만 남아 있다.

녹사사(錄事司), 토산현(土山縣), 중화현(中和縣), 철화진(鐵化鎭)[10]

---

9 7개의 路는 遼陽路, 廣寧府路, 大寧路, 東寧路, 瀋陽路, 開元路, 合蘭府水達達等路이다.

10 『元史』卷59,「志11」,‘地理2’, 東寧路
　東寧路, 本高句驪平壤城, 亦曰長安城. 漢滅朝鮮, 置樂浪, 玄菟郡, 此樂浪地也. 晉義熙後, 其王高璉始居平壤城. 唐征高麗, 拔平壤, 其國東徙, 在鴨綠水之東南千餘里, 非平壤之舊. 至王建, 以平壤爲西京. 元至元六年, 李延齡崔垣玄元烈等以府州縣鎭六十城來歸. 八年,

〈사료①〉은 동녕로 지역의 연혁을 고조선 시기부터 원 시기까지 설명하고 있다. 이를 중요한 시대별로 구분해보면 다음과 같이 나눠볼 수 있다.

①-㉮ 한이 조선을 멸망시키고 낙랑·현도군을 설치했는데, 이곳은 낙랑의 영역이었다.

①-㉯ 고구려 (시대에는) 평양성이었고 또 장안성이라고 하였다. 진 의희(義熙) 이후 그의 왕 고련(高璉)이 처음으로 평양성에 거주하였다. 당이 고구려를 정복하고 평양을 빼앗자 그 나라가 동쪽으로 옮겨갔다. 압록수 동남쪽으로 약 천리 떨어진 곳인데 옛날 평양이 아니다.

①-㉰ 왕건(王建) 때에는 평양을 서경(西京)으로 하였다.

①-㉱ 원 지원(至元) 6년(1269)에 이연령(李延齡), 최탄(崔坦), 현원렬(玄元烈) 등이 부(府), 주(州), 현(縣), 진(鎭) 등 60개의 성을 이끌고 귀복했다. 8년(1271)에 서경(西京)이 동녕부(東寧府)로 개칭되었다. 13년(1276), 동녕로총관부(東寧路總管府)로 승격하였다. 녹사사(錄事司)를 설치하였다.

①-㉲ 정주(靜州), 의주(義州), 인주(麟州), 위원진(威遠鎭)을 분할하여 파사부(婆娑府)에 예속하였다.

이제 위의 사료를 가지고 서경을 살펴보기로 한다. 서경은 〈사료①-㉰〉에서 볼 수 있듯이 고구려의 평양을 고려 시대에는 서경으로 고쳐서

改西京爲東寧府. 十三年, 升東寧路總管府, 設錄事司, 割靜州義州麟州威遠鎭隷婆娑府. 本路領司一, 余城堙廢, 不設司存, 今姑存舊名. 錄事司. 土山縣. 中和縣. 鐵化鎭.

불렀다. 고구려의 평양은 〈사료①-㉯〉에서 볼 수 있다. 그런데 평양은 두 군데가 있다. 처음의 평양은 고구려 장수왕인 고련이 도읍한 곳으로 지금의 요양이다. 당이 고구려의 평양성을 함락시키고 안동도호부를 설치하자 고구려의 유민들이 동쪽으로 쫓겨 가서 다시 평양을 세웠다. 그곳은 압록수에서 동남쪽으로 약 천리 떨어진 곳이다. 고대의 압록수는 현재의 요하라는 연구 성과[11]를 참고하여 〈사료①-㉯〉의 평양을 살펴보면 요령성 환인 지역으로 비정할 수 있다.[12] 따라서 고려의 서경은 요양과 환인 중에서 살펴보아야 한다.

지리지의 경우, 전 시대의 사항들을 압축하는 과정에서 배제되거나 내용이 삭제되는 경우가 있기 마련이다. 이러한 상황에서 당대의 내용을 이어서 기록하면 문장을 독해하는데 있어서 혼란을 가져오게 된다. 『원사』「지리지」의 '동녕부'도 이러한 혼란을 일으키기 쉽다. 그것은 〈사료①-㉯〉와 〈사료①-㉰〉 사이에는 장수왕 시기의 평양(요양)이 아닌 고구려 멸망 시기의 평양이 있는 것으로 이해해야 하기 때문이다. 고구려의 평양이 고려의 서경이 되었다는 지리지의 연혁은 논리 전개상 후자의 평양이 고려의 서경이 되어야만 합당한 것이다. 이처럼 생각하지 않으면 고려 우왕이 요동 정벌을 계획하고 군수품을 서경으로 옮겨놓는 부분을 설명하기 어려워진다.[13]

---

11 고대 압록수가 현재의 요하라는 주장은, 고광진, 김영섭, 남의현, 복기대, 윤한택 등의 연구에 의해 많은 설득력을 얻고 있다.

12 동요하가 있는 요원에서 동남쪽 방향으로 환인까지는 현재의 도로 상태로도 300km가 넘는 거리이다. 당시의 도로 사정을 감안한다면 천리 거리로 충분하다고 볼 수 있다.

13 대일항쟁기부터 현재까지 고려의 서경으로 인정되고 있는 북한의 평양은 논의 대상이 될 수 없다. 왜냐하면 고대 사서에 보이는 평양은 오직 한 곳, 바로 북한의 평양이라고 보기 때문이다. 북한의 평양은 元代의 동녕로 연혁에서 여지없이 무너지고 만다. 현재의 압록강에서 동남쪽으로 천 리는 서울 인근 지역이기 때문이다. 이처럼 북한의 평양이 요양의

앞의 연구사 검토 부분에서 고려의 서경은 북한의 평양이 아닌 중국 요령성 요양이라는 연구 성과를 살펴보았다. 하지만 저자는 고려 서경은 요양이 될 수 없음을 주장하였다. 이제 이에 대하여 자세히 살펴보기로 하겠다.

> ② (고려) 태조 원년(918) 평양이 황폐하여 염주·백주·황주·해주·봉주 등지의 백성들을 이주시키고 대도호부로 삼았다. 얼마 되지 않아 서경이 되었다.[14]

> ③ 동녕부(東寧府)가 소관하고 있는 여러 성(城) 및 동경로(東京路)의 연해 주현(州縣)에 초공(梢工)과 수구(水手)가 많이 있으니, 바라건대 3,000명을 보내주면 부족한 것을 보충할 수 있을 것입니다.[15]

> ④ 친종장군(親從將軍) 정인경(鄭仁卿)을 요양(遼陽)과 심양(瀋陽)으로, 중랑장(中郎將) 정복균(鄭福均)을 동녕부(東寧府)로 파견하여 사람들을 추쇄(推刷)하였다.[16]

평양 이후 옮겨진 평양이라는 논리나, 현재의 압록강이 고대로부터 변함없이 입록강이었다는 논리는 모두가 맞지 않는 것이다.

14 『高麗史』卷58, 「志」卷第12, '地理3', 西京留守官 平壤府
  太祖元年, 以平壤荒廢, 量徙鹽白黃海鳳諸州民, 以實之, 爲大都護府. 尋爲西京.

15 『高麗史』卷29, 「世家」卷第29, 忠烈王 6年 11月 己酉
  有東寧府所管諸城, 及東京路沿海州縣, 多有梢工·水手, 伏望發遣三千人補乏.

16 『高麗史』卷29, 「世家」卷第29, 忠烈王 8年 9月 乙亥
  遣親從將軍鄭仁卿于遼瀋, 中郎將鄭福均于東寧府, 推刷人物.

〈사료②〉의 내용은 평양이 황폐하여 살 수 없게 되자 왕건이 여러 주에서 백성들을 이주시켜 서경을 건설하였다는 내용이다. 고려의 서경이 요양이라면 이러한 내용은 부합되지 않는다. 고대로부터 요양은 요동반도 전체를 아우르는 요충지였다. 고려 시대와 같은 시기인 요·금·원·명 시대에도 요양은 한시도 버려진 적이 없는 도시였기 때문이다. 즉, 요 때에는 동경, 금 때에는 요양부, 원 때에는 요양로, 그리고 명 때에는 요동도지휘사사로 불리며 시대와 상관없이 요충지이자 중심지로 발전하였다. 이처럼 요양은 각 시대마다 번창하였기 때문에 황폐된 채 버려질 수가 없는 것이다.

〈사료③〉은 1280년(지원 17)의 기록으로 동녕부는 동경로와 다른 곳임을 알려주고 있다. 이 시기의 요양은 동경총관부로 불렸다. 요양로로 개칭된 것은 1288년(지원 25)이었다.[17] 그러므로 〈사료③〉에 보이는 동경로는 이후에 개칭된 요양로인 것이다. 동녕부가 요양이 아닌 것은 〈사료④〉에서도 알 수 있다. 이 사료는 고려의 유민들을 추쇄하기 위해 군사를 파견하는 내용인데, 요심(遼瀋) 지역과 동녕부 지역으로 나누어서 보내고 있다. 동녕부가 요양에 있었다면 군사를 나누어 보낼 필요가 없는 것이다.

⑤ 신우(우왕)가 평양(平壤)에 머물면서 여러 도의 군사 징발을 독려하였고, 압록강에 부교(浮橋)를 만드는 일은 대호군(大護軍) 배구(裵矩)를 시켜서 감독하게 하였다. 배로 임견미와 염흥방 등의 가재(家財)를

---

17 『元史』卷59,「志」第11, '地理2', 遼陽路
至元六年, 置東京總管府, 降廣寧為散府隸之. 十五年, 割廣寧仍自行路事, 直隸省. 十七年, 又以婆娑府, 懿州, 蓋州來屬. 二十四年, 始立行省. 二十五年, 改東京為遼陽路.

서경(西京)으로 운반하여 군수 물자를 준비하게 하였고, 또 온 나라
의 승도(僧徒)를 징발하여 군사로 삼았다.[18]

〈사료⑤〉는 명 태조가 철령위 설치를 통보하자 고려 우왕이 요양을
공격하기 위하여 군수 물자와 군사들을 징발하는 부분이다. 그런데 군
사를 집결시키는 장소는 평양이고, 군수 물자를 준비해 둔 곳은 서경이
다. 평양과 서경이 같은 장소가 아님을 알 수 있다. 그렇다면 이곳에 기
록된 평양은 어디를 말하는 것일까.『고려사』는 조선 세종 시기에 편찬
되었다[19]는 점을 이해하면 현재의 평양임을 어렵지 않게 생각할 수 있
다. 하지만 서경이 요양이라면 문제는 다르다. 즉, 우왕이 서경에서 서
경을 공격하는 모순이 발생하기 때문이다. 우왕이 임견미와 염흥방 등
의 가재(家財)를 배를 이용하여 서경으로 운반하였다는 것은 서경이 현
재의 압록강 건너에 있다는 의미로 볼 수 있는 것이다.

현재의 평양에서 5만 명의 대군을 이끌고 요동으로 출군하려면 현재
의 압록강을 건너야만 한다. 요양을 정벌하는 데 필요한 군수 물자는
요양과 가깝고 교통이 편리한 곳에 비축하는 것이 전술의 기본이다. 환
인은 현재의 압록강을 건넌 대군이 군수 물자를 지원받아 요양을 공략
하기 쉬운 곳에 위치해 있다. 이런 점에서도 환인이 서경이 될 수 있는
것이다. 이상의 사료에서 동녕부에 편입된 서경은 요양이 될 수 없음과
아울러 환인이 서경이 되는 이유를 살펴보았다. 환인이 서경인 이유를

---

18 『高麗史』卷113,「列傳」卷第26, '諸臣', 崔瑩
  禑次平壤, 督徵諸道兵, 作浮橋于鴨綠江, 使大護軍裵矩督之. 船運林 · 廉等家財于西京,
  以備軍賞, 又發中外僧徒爲兵.
19 『高麗史』는 1449년(세종 31년)～1451년(문종 1년) 사이에 김종서와 정인지가 편찬하였다.

정리하면 세 가지로 요약할 수 있다.

첫째, 서경이 황폐화되었던 곳이라는 점이다. 환인 일대는 고구려의 평양이면서 전란으로 폐허가 된 곳이었다. 왕건이 삼국을 통일하는 전쟁을 끝내고 황폐화된 환인을 복원하려고 하는 것도 건국 초기의 정황으로 적합하다고 볼 수 있다.

둘째, 당이 고구려 장수왕 시기의 평양인 요양을 빼앗자 고구려는 평양을 동쪽으로 옮겨갔는데 그 위치가 압록수(鴨淥水) 동남쪽으로 약 천리 떨어진 곳이었다는 점이다. 고구려 시대의 압록수는 현재의 요하이므로 이로부터 동남쪽으로 천 리 떨어진 곳은 환인 지역인 바, 따라서 〈사료①〉의 고려 서경은 환인으로 보아야 한다.

셋째, 환인은 요동을 공략하는 요충지에 위치하였다는 점이다. 고려말 우왕은 명이 철령위 설치를 통보하자 최영과 함께 요동 정벌을 추진하기로 결정하고 이성계, 조민수 등으로 하여금 요동을 공략하게 하였다. 이때 최영은 요동 정벌 기간을 '한 달 이내'로 산정하였다. 5만 명의 병력이 한 달 이내에 요동으로 진격하여 군사적 위력을 보여 주고 돌아오려면 매복군을 걱정할 염려 없이 대군이 움직일 수 있는 도로를 이용해야만 한다. 현재 환인에서 관전을 거쳐 철령까지 가는 국도가 바로 이러한 목적을 수행하기에 아주 적합한 길이다.[20] 현재 북한의 평양이

---

20 이 지역은 지도상으로는 산간 지역이지만 현장을 답사해 보면 5만 명의 대군이 이동하는데 전혀 걸림돌이 없는 곳을 알 수 있다. 즉, 산이 가로막고 있는 산능성이가 없어서 매복 공격이 불가능한 곳이다. 오히려 산들이 첩첩이 길을 보호하고 있어서 본계 지역에 이

고려의 서경이라면 대군이 요양에 이르기까지 오랜 시일이 필요한 바, 최영이 말한 '한 달 이내'에는 임무를 완수하고 돌아오는 것은 어려운 일이 아닐 수 없다.

〈사진Ⅲ-1〉 환인(고려 서경) 지역을 흐르는 혼강과 강변의 인삼밭

3. 동녕부 범위 고찰

동녕부는 고려의 서경을 포함하여 60개의 성으로 이루어졌다. 하나의 성이 도시 역할을 한다고 생각할 때 동녕부는 상당히 넓은 지역임을 짐작할 수 있다. 서경이 포함된 동녕부가 요양이 치소인 동경로가 아니라면 동녕부는 다른 지역에서 찾아야 한다. 이를 위하여 원 시대의 요양로와 심양로 그리고 개원로의 범위를 대략적으로 살펴볼 필요가 있다. 그런데『원사』「지리지」로는 범위를 확인하기가 쉽지 않다.

르기까지는 대군의 움직임을 간파하기가 어려운 곳이다. 이 부분은 제3부 2장에서 자세히 다루었다.

명을 건국한 주원장은 고려와의 철령위 문제를 놓고 다툴 때 명이 원의 강토를 그대로 물려받았다는 논리를 폈다. 이 점에 착안하여 『명사』 「지리지」와 『요동지』를 참고하여 대략의 범위를 살펴보고자 하였다.[21] 『명사』 「지리지」에서 원 시대의 요양로, 심양로, 개원로에 해당하는 지역을 찾아보면 다음의 〈표Ⅲ-1〉과 같다.

원사	요양등처행중서성	요양로	심양로	개원로
명사	요동도지휘사사	정요중위, 개주위	심양중위	삼만위

〈표Ⅲ-1〉 원사·명사 지리지의 관할 지역 비교

명은 건국 후 원 시대의 요양등처행중서성을 요동도지휘사사로 고쳤다.[22] 그리고 25개의 위를 설치하였는데, 그중 〈표Ⅲ-1〉에서 보는 것처럼 4개의 위가 해당된다. 먼저 원 시대의 요양로였던 정요중위와 개주위의 내용을 살펴보기로 한다.

정요중위는 원 때의 요양로였고 치소는 요양현이었다. 홍무 4년(1371)에 폐지하였다. 6년에 다시 설치하였다가 10년에 다시 폐지하였다. 17년(1384)에 위를 설치하였다. 서남쪽에 수산(首山)이 있다. 남쪽에 천산(千山)이 있다. 동남쪽에 안평산(安平山)이 있는데 산에는 철을 캐는 곳이 있다. 서쪽에는 요하가 있는데 새외(塞外)에서 흘러들어와 해주위에 이르러

---

21 『명사』 「지리지」에는 비교하고자 하는 원 때의 지리가 함께 기록되어 있다. 범위가 반드시 일치하는 것은 아니더라도 본 책에서 살펴보고자 하는 동녕부의 범위를 살펴보는 데에는 차이가 없다고 판단된다.

22 『明史』卷41, 「志」第17, '地理2', 遼東都指揮使司
遼東都指揮使司:元置遼陽等處行中書省, 治遼陽路. 洪武四年七月置定遼都衛. 六年六月置遼陽府縣. 八年十月改都衛為遼東都指揮使司. 治定遼中衛, 領衛二十五, 州二.

바다로 들어간다. 서남쪽에는 혼하(渾河)가 있는데 일명 소요수(小遼水)라고 하며, 동북쪽으로는 태자하(太子河)가 있는데 일명 대량수(大梁水) 또 동량수(東梁水)라고 하는데 하류로 흘러 모두 요수로 들어간다. 동쪽으로는 압록강이 있는데 동남쪽으로 흘러 바다에 들어간다. 또 동쪽에 봉황성이 있는데 봉황산의 동남쪽에 있다. 성화 17년(1481)에 쌓았는데 조선의 입공도(入貢道)이다. 또 남쪽으로 진강보성이 있다. 연산관 역시 위소의 동남쪽에 있다.[23]

개주위는 원 때 개주였으며 요양로에 속하였다. 홍무 4년에 폐지되었고, 5년 6월에 다시 설치되었다가 9년 10월에 위가 설치되었다. 28년(1395) 4월 개주가 다시 폐지되었다. 동북쪽으로 석성산(石城山)이 있다. 북쪽으로는 평산(平山)이 있고 그 아래에 염장(鹽場)이 있다. 동쪽으로는 주필산(駐蹕山)이 있고, 서쪽은 바다와 닿아있으며 연운도(連雲島) 위에는 관소가 있다. 또 동쪽으로는 니하(泥河)가 있고 남쪽으로는 청하(淸河)가 있고 동남쪽에는 필리하(畢里河)가 있는데 모두 바다로 들어간다. 남쪽으로는 영녕감성(永寧監城)이 있는데 영락 7년(1409)에 설치하였다. 서북쪽에는 양반구관(梁房口關)이 있는데, 바다를 운행하는 배들이 이곳에서 요하로 들어간다. 근처에 염장(鹽場)이 있다. 또 동쪽으로 석문관(石門關)이 있다. 서쪽으로 염장(鹽場)이 있다. 북쪽으로는 철장(鐵場)이 있다. 북쪽으로

---

23 『明史』卷41, 「志」第17, '地理2', 定遼中衛
　　定遼中衛: 元遼陽路, 治遼陽縣. 洪武四年罷. 六年復置. 十年復罷. 十七年置衛. 西南有首山. 南有千山. 又東南有安平山, 山有鐵場. 又西有遼河, 自塞外流入, 至海州衛入海. 又西北有渾河, 一名小遼水, 東北有太子河, 一名大梁水, 又名東梁水, 下流俱入於遼水. 又東有鴨綠江, 東南入海. 又東有鳳凰城, 在鳳凰山東南, 成化十七年築, 爲朝鮮入貢之道. 又南有鎭江堡城. 又連山關亦在東南.

도사성까지 240리이다.[24]

원 시대 요양로의 범위는 명 시대 정요중위와 개주위의 범위를 합친 것이다. 정요중위와 개주위의 사방 지리를 정리하면 〈표Ⅲ-2〉와 같다.[25]

구분	동	서	남	북
정요중위	압록강, 봉황성	요하	천산, 진강보성	사하
개주위	주필산, 니하, 석문관	바다	청하, 영녕감성	평산

〈표Ⅲ-2〉 정요중위와 개주위의 사방 지리

〈표Ⅲ-2〉의 사방 지리 간의 거리는 『대명일통지』와 『요동지』에서 확인할 수 있는데, 이를 정리하면 다음과 같다.

구분	정요중위(요양)	개주위(개주)
동	봉황산(360리)	*니하(70리), 석문관(70리)
서	요하	바다
남	천산(60리)	*청하(성문밖), *영녕감성(150리)
북	*사하(80리)	*평산(50리)

〈표Ⅲ-3〉 정요중위와 개주위의 사방경계 리수(里數)[26]

---

24 『明史』卷41, 「志」第17, '地理2', 蓋州衛

　蓋州衛: 元蓋州, 屬遼陽路. 洪武四年廢, 五年六月復置, 九年十月置衛. 二十八年四月, 州復廢. 東北有石城山. 又北有平山, 其下有鹽場. 又東有駐蹕山, 西濱海, 有連雲島, 上有關. 又東有泥河, 南有清河, 東南有畢里河, 下流皆入於海. 又南有永寧監城, 永樂七年置. 又西北有梁房口關, 海運之舟由此入遼河, 旁有鹽場. 又東有石門關. 西有鹽場. 北有鐵場. 北距都司二百四十里.

25 지방의 경계는 편의상 네 방위만을 살펴본다.

26 표에 보이는 里數 중 '*'는 『요동지』, 나머지는 『대명일통지』의 기록이다. 『요동지』에서는 압록강과의 거리를 530리로 표기하고 있다.

정요중위에 보이는 압록강 부분을 다시 살펴보면, '동쪽으로는 압록강이 있는데 동남쪽으로 흘러 바다에 들어간다.'고 하였다. 이 문장은 다음과 같이 해석할 수 있다.

'압록강은 정요중위의 (경계를 벗어난) 동쪽에 있는데, 그곳으로부터 흘러온 강물이 (정요중위의 영역 안으로 들어와서) 동남쪽으로 흐르다가 (다시 영역 밖으로 흘러 나가) 바다로 들어간다.'

즉, 동쪽에서 흘러온 압록강 물줄기가 정요중위를 거쳐 흘러가고 있음을 설명하기 위한 장치로 볼 수 있는 것이다. 그러므로 압록강까지를 동쪽의 영역으로 삼는 것은 무리가 있다.[27] 이는 명이 조선과의 국경선을 연산관으로 정한 것에서도 알 수 있다. 그러므로 정요중위의 동쪽 경계는 봉황산으로 정하는 것이 타당하다.[28]

개주위의 청하는 현재 개주시의 남쪽을 돌아 바다로 흐르는 대청하이다. 개주위 남쪽은 복주위와 경계하고 있는데 영녕감성(永寧監城) 남쪽 150리 지점이다. 이는 현재의 벽류하(碧流河) 지역으로 볼 수 있다.

이제 마지막으로 북쪽 경계를 살펴볼 차례다. 북쪽 경계는 정요중위의 경계인 사하(沙河)를 살펴보면 되는데, 사하는 혼하와 태자하 사이에 있는 강으로 태자하와 합류하는 강이다. 오늘날도 사하라고 불린다.

---

27 『大明一統志』에 압록강이 요양성 동쪽 560리에 있다고 한 것도 이런 맥락으로 이해해야만 한다.

28 현재 우리가 인식하고 있는 봉황산은 청 시대의 관문이었던 곳으로 요양성의 '동남쪽'에 있다. 명 시대의 봉황산은 '동쪽에 있다'고 하였으니 현재의 봉황산보다 훨씬 위쪽인 본계 근방이어야 한다. 여기서는 대략의 범위를 살펴보는 것이므로 세부적으로 검토하지는 않는다.

요양에서 80리 거리에 있다. 명 시대의 정요중위와 개주위의 범위를 참고하여 원 시대의 요양로 범위를 추정하면 다음의 〈지도Ⅲ-1〉과 같다.

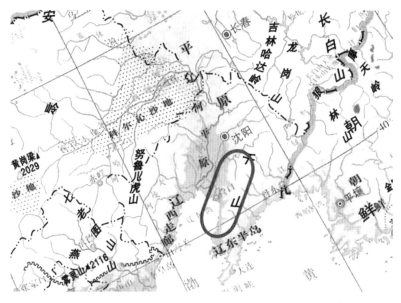

〈지도Ⅲ-1〉 원 시대의 요양로 추정 범위

이제 명 시대의 심양중위 범위를 살펴 원 시대의 심양로를 가름해보기로 하겠다. 『명사』 「지리지」의 심양중위 내용은 다음과 같다.

심양중위(瀋陽中衛)는 원 때의 심양로(瀋陽路)였다. 홍무 초에 폐지하였다. 31년(1398) 윤5월에 위를 설치하였다. 홍무 24년(1391) 심왕부(瀋王府)를 세웠다. 영락 6년(1408)에 산서로주에서 옮겼다. 동쪽에 동모산(東牟山)이 있다. 남쪽에 혼하(渾河)가 있는데 동쪽에서 심수(瀋水)가 들어온다. 서쪽에는 요하(遼河)가 있다. 동북쪽에는 무순천호소(撫順千戶所)가 있는데 홍무 21년(1388)에 설치하였다. 이곳의 동쪽에 무순관(撫順關)이 있다. 북쪽으로 포하천호소(蒲河千戶所)가 있는데 역시 홍무 21년에 설치하였다. 남쪽으로 도사성(都司城)까지 120리이다.[29]

위의 내용에서는 동쪽과 서쪽, 북쪽의 경계는 알 수 있지만 남쪽의 경계는 불확실하다. 앞서 살펴본 예시처럼 '심양중위의 남쪽에는 혼하가 흐르는데 동쪽에서 흘러온 심수가 합류한다'는 설명뿐, 명확한 경계는 알 수 없다. 하지만 『요동지』를 참조하면 이를 보다 자세하게 알 수 있다.

구분	심양중위(심양)	사방경계 간 거리(심양 기준)
동	동모산, 무순천호소	*무순관(100리)
서	요하	요하
남	-	*사하(40리)
북	포하천호소	*포하(40리)

〈표Ⅲ-4〉 심양중위의 사방 경계 및 리수[30]

위의 〈표Ⅲ-4〉를 참고하여 원 시대의 심양로 범위를 살펴보면 심양을 중심으로 동쪽으로는 무순, 서쪽으로는 요하, 남쪽으로는 사하, 북쪽으로는 포하를 아우르는 지역이 된다.

---

29 『明史』卷41, 「志」第17, '地理2', 瀋陽中衛
　　元瀋陽路. 洪武初廢. 三十一年閏五月置衛. 洪武二十四年建瀋王府. 永樂六年遷於山西潞州. 東有東牟山. 南有渾河, 又東有瀋水入焉. 又西有遼河. 又東北有撫順千戶所, 洪武二十一年置. 所東有撫順關. 北有蒲河千戶所, 亦洪武二十一年置. 南距都司百二十里.
30 표에 보이는 里數 중 '*'는 『遼東志』의 기록이다.

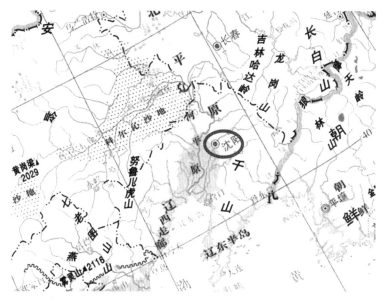

〈지도Ⅲ-2〉 원 시대의 심양로 추정 범위

다음으로 원 시대의 개원로였던 명 시대의 삼만위 범위를 살펴보도록 하겠다.

① 삼만위는 원 때의 개원로이다. 홍무 초기에 폐지하였다. 20년(1387) 12월에 옛 성의 서쪽에 삼만위를 설치하였고, 아울러 올자야인걸예미(兀者野人乞例迷) 여직군민부(女直軍民府)를 설치하였다. 21년에 부를 없애고 개원성(開元城)에서 옮겨서 위를 설치하였다. 홍무 24년에 한왕부(漢王府)를 세웠다. 영락 22년(1424), 섬서성 평량으로 옮겼다. 서북쪽에 금산(金山)이 있다. 동쪽으로 분수동령, 북쪽으로 분수시령이 있다. 서쪽으로 대청하(大淸河)가 있고, 동쪽에는 소청하(小淸河)가 있는데 합류하여 요하로 들어간다. 또 북쪽에 있는 상하(上河)와 동북쪽의 애하(艾河)가 합류하는데 이를 요해(遼海)라고 하며,

곧 요하의 상원(上源)이다. 또 그 북쪽으로 금수하(金水河)가 있으며 북쪽으로 흘러 새외의 송화강으로 들어간다. 진북관(鎭北關)이 동북쪽에 있고, 광순관(廣順關)이 동쪽에 있다. 서쪽에 신안관이 서남쪽에 청하관, 남쪽에 산두관이 있다. 또 북쪽에 북성(北城)이 있는데 즉 우가장(牛家莊)이다. 홍무 23년 3월에 이곳에 요해위를 설치하였다. 26년에 위를 옮겼다. 남쪽에 중고성이 있는데 영락 5년에 설치하였다. 남쪽으로 도사성까지 330리 거리이다.[31]

② 삼만위(三萬衛): 도사성 북쪽 330리에 있다. 고대 숙신씨의 땅이었다. (중략) 원화(元和) 이후에는 발해(渤海)에 복속되어 상경용천부(上京龍泉府)라고 하였다. 거란(契丹)이 발해를 공격하자 흑수말갈이 그 틈을 타고 땅을 되찾아 숙여진이라고 하였다. 이후에 요를 멸망시키고 국도(國都)를 세우기에 이르자 금(金)이라고 불렀다. 후에 연(燕)땅으로 천도하고 이곳은 회령부(會寧府)가 되었고 상경(上京)으로 불렸다. 원 때 개원로(開元路)로 고쳤다.[32]

---

31 『明史』卷41,「志」第17,「地理2」, 三萬衛
　　三萬衛: 元開元路. 洪武初廢. 二十年十二月置三萬衛於故城西, 兼置兀者野人乞例迷女直軍民府. 二十一年, 府罷, 徙衛於開元城. 洪武二十四年建韓王府. 永樂二十二年遷於陝西平涼. 西北有金山. 東有分水東嶺. 北有分水西嶺. 西有大淸河, 東有小淸河, 流合焉, 下流入於遼河. 又北有上河, 東北有艾河, 流合焉, 謂之遼海, 即遼河上源也. 又北有金水河, 北流入於塞外之松花江. 又鎭北關在東北. 廣順關在東. 又西有新安關. 西南有淸河關. 南有山頭關. 又北有北城, 即牛家莊也, 洪武二十三年三月置遼海衛於此. 二十六年, 衛徙. 又南有中固城, 永樂五年置. 南距都司三百三十里.
32 『大明一統志』,「遼東都指揮使司」,「三萬衛」
　　三萬衛: 在都司城北三百三十里. 古肅愼氏地. (中略) 元和以後服屬渤海爲上京龍泉府. 契丹攻渤海 黑水乘間復其地號熟女眞. 後滅遼遂建都國. 後遷都於燕改此爲會寧府號上京. 元改爲開元路.

원 시대의 개원로는 이동이 있었다. 초기의 개원로는 〈사료②〉에서 보는 바와 같이 발해의 상경용천부와 금의 상경회령부 지역으로, 오늘날의 장춘, 농안, 아성, 빈강, 영안 등 길림성의 송화강 주변 지역이 이에 해당되는 곳이다. 이는 〈사료①〉의 내용에서도 이해할 수 있다. 개원로의 치소는 황룡부였다.[33] 개원로는 만호부와 요동로총관부가 되었다가 1286년(지원 23)에 개원로로 개칭되면서 함평부까지 관할하였다. 함평부가 관할하는 6개의 현은 개원로에 예속되었다가 후에 분할되어 일부는 요동선위사에 포함되었다.[34] 금 때 설치된 함평부는 이후 전쟁을 겪으며 도시로서의 기능을 상실하였고, 원 초기에는 폐허로 변한 곳이었다. 이로 미루어 함평부는 요충지인 길목에 위치하였음을 짐작할 수 있다.

〈사료①〉을 보면, 삼만위는 명 초기에 폐지하고 1388년(홍무 21) 개원성에서 옮겨서 설치했다고 하였다. 이때 폐지한 것은 원 시대의 개원로를 폐지한 것으로 봐야 한다. 그 이유는 명 때에는 개원 북쪽 지역을 차지하지 못하였기 때문이다.[35] 그렇기 때문에 원 시대의 개원로를 폐지하고 지금의 개원에 있는 고성을 치소로 하는 삼만위를 설치한 것으로 보인다. 원의 개원로에 소속된 함평부는 개원, 사평, 공주령 및 이통 지역으로 여겨진다.[36] 그런데 함평부는 이후 분할되어 일부가 요동선위사에

---

33 황룡부는 요 때의 명칭으로 현재의 길림성 농안현이다.
34 『元史』卷59,「志」第11, '地理2', 開元路
　(前略)立開元南京二萬戶府, 治黃龍府. 至元四年, 更遼東路總管府. 二十三年, 改爲開元路, 領咸平府, 後割咸平爲散府, 俱隸遼東道宣慰司.
35 명은 開原에서 동북쪽으로 40여 리 떨어진 威遠堡를 넘어서지 못하였다.
36 장춘이 개원로의 범위에 있으므로 그 전 지역까지를 범위로 삼았다.

포함되었다[37]고 하였으니, 이상의 논의로 본다면 개원 지역만 요동선위사에 속하였던 것으로 생각된다. 이처럼 원 시대의 개원로(開元路)가 명 시대에 개원(開原)으로 옮겨지고, 옮겨진 개원에 삼만위를 설치하면서 그 연혁을 정리하다 보니 삼만위의 연혁에 원 시대의 개원로까지 아우르게 된 것이다. 〈사료②〉에 보이는 도사성에서 삼만위까지의 거리가 330리라는 것은 명 시대의 삼만위 위치인 현재의 개원고성(開原古城)을 기준으로 한 것이다. 이는『요동지』에 기록된 삼만위의 사방 경계를 보면 더욱 명확하게 알 수 있다.

동	서	남	북
분수령(200리)	요하(80리)	포하, 무순역(50리)	귀인현(110리)

〈표Ⅲ-5〉 삼만위의 사방 경계 및 리수

〈표Ⅲ-5〉를 검토하여 원 시대의 개원로를 살펴보면 〈지도Ⅲ-3〉과 같다. 아울러, 원 시대의 요양로와 심양로 그리고 개원로의 전체 범위를 살펴보면 〈지도Ⅲ-4〉처럼 표시할 수 있다.

---

37 『元史』卷59 ,「志」第11, '地理2', 咸平府
　　(前略)金升咸平府. 領平郭, 安東, 新興, 慶雲, 淸安, 歸仁 六縣, 兵亂皆廢. 元初因之, 隸開元路, 後復割出, 隸遼東宣慰司.

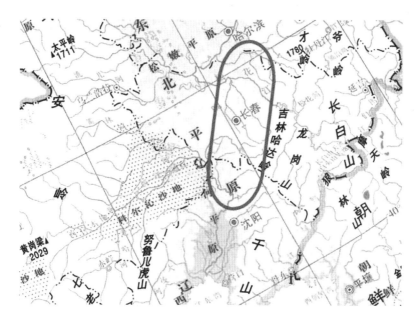

〈지도 Ⅲ-3〉 원 시대의 개원로 추정 범위

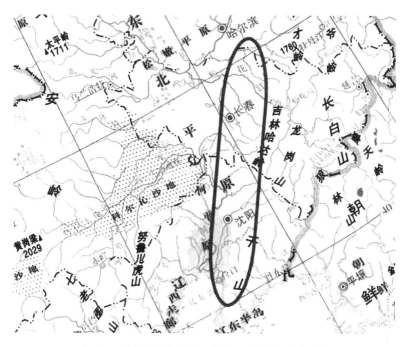

〈지도 Ⅲ-4〉 원 시대의 요양로, 심양로 및 개원로 추정 범위

앞의 논의에서 동녕부는 요양과 심양에 소속되지 않았음을 살펴보았다. 하지만 개원로는 포함이 된다.[38] 동녕로는 서경이 포함되어 있었다는 점들을 고려하여 동녕부의 범위를 비정하면 〈지도Ⅲ-5〉와 같다고 볼 수 있겠다.

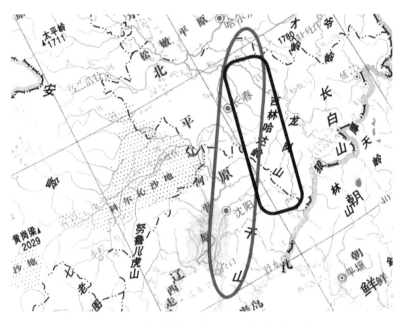

〈지도Ⅲ-5〉 원 시대의 동녕부 추정 범위(사각형 부분)

원 시대의 동녕부 연혁을 살펴보는 과정에서 서경을 환인으로 비정하였다. 동녕부의 개략적인 범위는 현재의 환인 지역을 포함한 본계, 철령, 개원 지역과 길림, 장춘, 백산 및 통화시를 아우르는 지역으로 판단된다.[39]

---

38 본 책의 제2부 2장에서 살펴본 고려 중기의 압록강 유역인 이통하 지역이 장춘, 길림 지역이기 때문이다. (제2부 2장, '고려 시대의 압록강과 경계' 참조)

39 동녕부 범위 안의 도시들은 육로와 수로 교통이 연결되는 중심지에 위치하였고, 지리적으로도 산이나 강을 자연 장벽으로 삼아 웅거하기에도 좋은 곳이다. 즉, 물류가 통하는 곳이며 방어하기에도 좋은 곳으로 지정학적 요충지이다.

『대명일통지』「외이·조선국」에는 조선의 산천이 소개되어 있다. 그 내용은 산이 26개, 고개가 3개, 강이 9개이다. 설명 부분을 자세히 살펴보면 평안도와 개경, 한성 주변에 위치하는 산천들이다. 이를 표로 정리하면 다음과 같다.

구분	평안도 지역	개경 지역	한성 이남	기타	소계
산	18	1	2	5	26
고개	2	1	-	-	3
강	6	2	1	-	9
소계	26	4	3	5	38

〈표Ⅲ-6〉『대명일통지』「외이·조선국」의 '산천' 현황

〈표Ⅲ-6〉에서 알 수 있듯이 조선의 산천이 평안도와 개경 지역에 한정되어 있다. 이것은 명 초기에 편찬된『대명일통지』가 송·원 시대에 축적된 고려의 지리를 바탕으로 기록한 것임을 말해주는 것이다. 조선의 국도인 한성의 지리가 적은 것도 이러한 맥락으로 볼 수 있다. 이 점은 26개의 산들 중 평양과 그 북쪽 주변에 있는 산들이 모두 18개인 것에서도 잘 알 수 있다. 그중 첫 번째로 기록된 '환도산'은 다음과 같이 설명하였다.

*환도산 : 한성의 동북쪽에 있다. 한 시대에 고구려의 왕 이이모(伊夷模)가 이곳에 도읍하였다. 진(晉) 때에 이르러 모용황(慕容皝)이 이곳을 깨뜨렸다.[40]

---

40 『大明一統志』,「外夷·朝鮮國」, '丸都山'
　　丸都山 : 在國城東北, 漢時高句麗王伊夷模都此. 至晉爲慕容皝所破.

이이모는 고구려 제10대 왕인 산상왕의 이름이다. 그는 환도성으로 천도한 후 전연의 왕인 모용황의 공격을 받아 크게 패하였다. 환도산은 현재 중국의 집안에 있는 산으로 비정하고 있다. 하지만 최근 고구려 환도성의 위치 연구 성과에 의하면 현재 요하 중류 지역인 철령 일대이다.[41] 환도산이 명 시대에 갑자기 조선의 영토가 될 수는 없다. 고려 말 철령위 문제에서 알 수 있듯이 조선은 고려 시대보다 영토가 줄어들었기 때문이다. 그럼에도 불구하고 환도산의 위치에서 알 수 있는 것처럼 조선 초기의 영토는 현재의 압록강 너머 요동에까지 이르렀던 것이다.

이러한 사항은 나머지 17개의 산[42]을 소개하는 설명에서도 알 수 있다. 마읍산(馬邑山)부터 웅화산(熊花山)까지 나열하고 간략하게 소개한 후, 마지막 웅화산에는 '이상의 주(州)들과 함께 동녕로에 속하였다'는 주석을 달았다.[43] 이들 17개의 산은 환도산처럼 요동 지역에 있는 산일 가능성이 매우 높다. 17개의 산에는 '관문산(觀門山)'이 있다. 현재의 본계 지역에 있는 '관문산(關門山)'과 한자만 다를 뿐 발음도 같다. 이 산은 이름에서도 알 수 있듯이 길림합달령과 천산산맥을 잇는 요충지에 위치하여 관문 역할을 하는 산이다. 그런데 명의 초기 강역을 기록한

---

41 복기대는 『新唐書』에 실려 있는 가탐의 「도리기」에 기록된 발해와 신라로 가는 길을 재검토하였는데, 압록강 당은포구는 현재의 요하 영구항임을 입증하였다. 이를 통해 현재 집안에 비정된 환도성은 잘못되었다고 하였다. 또한 『통전』 『삼국유사』 등의 기록을 검토하여 고구려 환도성은 철령 지역이었음을 고증하였다. (복기대, 「『신당서』의 가탐 「도리기」 재해석」, 『인문과학연구』 57, 2018, 77~105쪽.; 「고구려 국내성 및 환도성 위치 연구」, 『인문과학연구』 65, 2020, 171~199쪽.)

42 17개의 산은 馬邑山, 蓋馬大山, 魯陽山, 葦山, 觀門山, 花山, 屈巖山, 金堂山, 政方山, 馬頭山, 長花山, 雲山, 龍骨山, 天聖山, 靈山, 香山, 熊花山이다.

43 熊花山: 在郭州東北. 以上州俱屬東寧路.

『대명일통지』[44]에는 관문산(關門山)에 대한 기록이 없다. 이는 곧 명 초기만 해도 관문산이 명의 강역이 아니었음을 증명하는 것이다.[45] 이러한 정황들로 미루어 볼 때, 동녕부에 속했다는 17개의 산은 〈지도Ⅲ-5〉로 표시한 동녕부의 범위에 있을 것이라고 여겨진다.

〈사진Ⅲ-2〉 본계 입구의 요충지에 위치한 관문산

4. 자비령 위치 고찰

원 세조는 최탄과 이연령이 귀부한 지역을 편입시켜 동녕부라 하고 자비령으로 고려와의 경계를 삼았다.[46] 자비령이 경계가 되었다는 것은

---

44 이 책은 1461년에 편찬되었으며 명 초기의 강역을 자세하게 기록한 지지(地誌)이다.

45 關門山이 중국의 地誌에 보이는 것은 『大淸一統志』「奉天府」 '山川'이 처음이다. (關門山在岫巖廳東界)

46 『高麗史』卷26, 「世家」卷第26, 元宗 11年 2月 丁丑
崔坦請蒙古兵三千來鎭西京, 帝賜崔坦·李延齡金牌, 玄孝哲·韓愼銀牌 有差. 詔令內屬, 改號東寧府, 畫慈悲嶺爲界.
『元史』卷7, 「本紀」7, 世祖 4年
高麗國王王禃遣使來言, 比奉詔臣已復位, 今從七百人入覲. 詔令從四百人來, 余留之西京. 詔高麗西京內屬, 改東寧府, 畫慈悲嶺爲界.

동녕부 지역에 자비령이 있다는 의미이기도 하다. 『대명일통지』에는 자비령의 위치를 알려주는 내용이 있다.

> ① 자비령은 평양성 동쪽 160리에 있다. 원 때에 이곳을 경계로 하였다.[47]

앞에서 「외이·조선국」조에 있는 지명들도 대다수가 현재의 본계와 철령 등 요동반도에 있음을 고찰하였다. 그런데 위의 자비령 설명 부분의 '평양성'은 어디를 말하고 있는 것인지 좀 더 살펴보아야 한다. 이를 위해서는 조선 성종 시기에 명의 사신으로 조선을 다녀간 동월(董越)이 지은 『조선부』[48]의 기록을 참고할 필요가 있다. 동월이 사신으로 조선을 오면서 기록한 부분에 자비령의 위치를 짐작할 수 있는 내용이 있기 때문이다.

> ② 성불령(成佛嶺)은 웅관(雄關)인데 버려진 돌들이 여기저기 무더기로 쌓여있다. 북쪽으로는 자비령(慈悲嶺)과 접하고 있고 남쪽으로는 발해(渤海)가 있다. 전 시대인 원 때에는 이곳이 경계가 되었는데 국조(明)에 이르러서도 또한 변함이 없다.[49]

〈사료②〉에서는 자비령의 지리가 보다 구체적으로 나타나 있다. 성

---

47 『大明一統志』, 「外夷 朝鮮國」, 慈悲嶺
　　慈悲嶺: 在平壤城東一百六十里元時劃此爲界.

48 이 책은 1488년(성종 19)에 조선을 다녀간 명의 사신 동월이 지은 책이다. 조선 초기의 풍습과 지리를 기행형식으로 서술하였다.

49 成佛雄關, 棄石磊磊. 北接慈悲 南臨渤澥. 在前元則畫此爲界, 至國朝乃示以無外也.

불령의 북쪽에 있는 자비령도 남쪽으로 발해를 바라보고 있다는 것이다. 이는 자비령이 요동반도의 천산산맥 줄기에 있다는 것을 의미한다. 이에 근거하여 〈사료①〉의 '평양성'은 장수왕 시기의 평양인 '요양'을 말하고 있는 것임을 알 수 있다. 즉, 요양에서 동쪽으로 160리 지점이 자비령인 것이다. 지도에서 이를 확인하면 현재의 사산령(思山嶺) 부근으로 볼 수 있다. 고개(嶺)는 산줄기가 이어진 산맥이 끊어지거나 낮아지는 곳에 위치한다. 사산령 부근은 북쪽에서 남쪽으로 내려오던 길림합달령이 동남쪽에 있는 천산 줄기와 다시 연결되는 지점에 위치한다. 사산령 동쪽에는 관문산이 있다. 관문산이 요충지인 것도 바로 이러한 지정학적인 위치에 있기 때문이다. 이제까지 살펴본 동녕부와 자비령의 위치를 종합적으로 표시하면 〈지도Ⅲ-6〉과 같이 나타낼 수 있다.

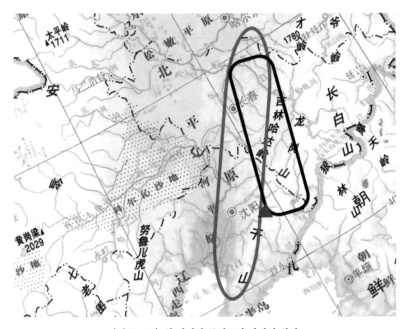

〈지도Ⅲ-6〉 원 시대의 동녕로와 자비령 위치

〈사진Ⅲ-3〉 본계에서 관전으로 가는 길목의 사산령

2장
명의 철령위 설치와
고려의 서북 국경

1. 명의 철령위 설치 전후의 상황

1370년 고려 공민왕은 명의 공격으로 원의 세력이 크게 무너지자, 동녕부와 쌍성총관부를 공격하여 원에게 잃었던 땅을 수복하기에 이른다. 또한 명의 연호를 사용하며 친원파를 제거하는 등 반원정책을 추진하였다. 명도 공민왕의 정책에 협조하며 북원 세력을 궤멸시키는 데 힘을 쏟는다. 하지만 1374년 공민왕이 시해되고 우왕이 즉위하면서 고려와 명의 관계는 악화되기 시작하였다.

우왕이 친원정책을 표방할 즈음, 공교롭게도 명의 사신이 귀국길에 살해되는 사건이 발생하였다. 명 태조 주원장은 요동을 명의 영토로 만들기 위해 북원 세력을 무찌르며 고려와의 연결을 차단하려고 하였다. 이러한 때 발생한 사신 살해 사건은 명 태조에게는 고려를 제압하는 좋은 빌미가 될 수 있었다. 고려가 북원과 연합하여 명에 대항하는 것을 사전에 방지할 수 있는 기회였기 때문이다. 이에 명 태조는 고려에게 철령 이남 지역만 관할하게 하고 나머지 지역은 명의 관할로 삼겠다는 내용을 통고하였다. 그리고 3개월 후에 철령위를 설치하였다. 통고와 설치가 속전속결로 이뤄진 것이었다.

고려는 명에 사신을 보내 철령 지역은 고려의 땅이었음을 설명하고 고려가 관할할 수 있도록 해 줄 것을 요청하였다. 하지만 명 태조의 입장은 확고하였다. 고려의 역사적 연고권은 인정되지만 현 상황은 다르다는 논리였다. 즉, 명이 원을 이어받았기 때문에 원의 영토는 모두 명의 영토라는 것이었다. 고려는 이 문제를 외교적으로 해결하려고 노력했지만, 오히려 명 태조는 '철령위 분쟁으로 흔단을 일으키지 말라'며 단호한 입장을 취하였다.

고려 우왕은 철령위 문제가 외교적으로 해결되지 않자 무력을 사용하기로 결심하고 팔도에서 병사를 징집하였다. 그리하여 1388년 4월, 최영을 필두로 이성계, 조민수 등의 장수로 하여금 요동 정벌을 단행하도록 하였다. 하지만 이성계는 장마철임을 들어 4불가론을 내세우며 위화도에서 회군하여 우왕을 폐위시킴으로써 요동 정벌은 무산되고 말았다. 이후 이성계는 창왕, 공양왕을 옹립하며 권력을 장악하였다. 공양왕으로부터 왕위를 물려받은 이성계는 명에 새로운 국호를 요청하여 마침내 1393년 2월 15일에 '조선'이라는 새로운 나라를 건국하기에 이르렀다.[50]

---

50 『朝鮮王朝實錄』, 「太祖實錄」5卷, 太祖 3年 2月 己丑

2. 철령과 철령위 위치 고찰

1) 철령 위치 고찰

철령이라는 지명이 제일 먼저 보이는 것은 고려 명종 4년(1174) 10월이다. 이보다 한 달 앞선 9월에 서경유수 조위총이 군사를 일으켜 정중부와 이의방을 제거하려고 반란을 일으켰다. 이에 중서시랑평장사 윤인첨에게 삼군을 지휘하여 조위총의 반란군을 토벌하도록 하였으나 오히려 대패하였다. 그런데 관군이 패한 곳이 바로 철령 지역이었다.

> ① 윤인첨이 절령역(岊嶺驛)에 이르렀는데 마침 큰 바람이 불고 눈이 내리자 서경의 병사들이 눈보라를 무릅쓰고 철령을 따라 내려와 미처 생각지도 못하게 갑자기 공격하니 (관군이) 크게 패하였다.[51]

〈사료①〉에서 절령은 자비령을 일컫는다. 관군이 자비령에 도착했을 때 반란군은 '철령을 따라 내려와'서 기습 공격을 감행하였다. 이는 곧 철령이 자비령의 위쪽에 있음을 알려주는 것이다.

> ② (충렬왕) 15년, 황제는 해도(海都)의 군사가 변경을 침범하자 사신을 보내 징병(徵兵)하였는데, 왕은 김흔을 보내어 군사를 거느리고 요양(遼陽)으로 나가도록 하였다. 합단(哈丹)이 오자 김흔은 환가현(豢猳縣) 경계에 주둔하면서 이에 방비하였다. 적이 장차 철령(鐵嶺)에

---

51 『高麗史節要』卷12, 「明宗光孝大王」1, 明宗 4年 10月
尹鱗瞻至岊嶺驛, 會大風雪, 西兵冒雪, 從嶺而下, 出不意, 急擊大破之.

도착하자, 방수만호(防守萬戶) 정수기(鄭守琪)가 두려워 도망하여 돌
아왔다.[52]

〈사료②〉의 설명은 철령이 요동에 있는 것임을 더욱 확실하게 알려
주고 있다. 즉, 고려 충렬왕이 원 황제의 징병 요청에 김흔으로 하여
금 군사를 거느리고 가도록 하였는데, 그곳은 요동의 중심지인 요양이
었다. 김흔이 군사를 거느리고 요양에 도착하기 전에 적(哈丹)이 철령
에 도착하자 환가현(豢猳縣)에 주둔한 것이다. 대일항쟁기의 일본학자
인 스에마츠 야스카즈(末松保和)는 '철령은 유일하게 함경·강원 경계에
있는 것뿐이고, 명이 말한 철령 또한 그것 외에 없다.'고 주장하였다. 하
지만 〈사료①〉과 〈사료②〉를 통하여 그의 주장은 허위임을 알 수 있다.
즉, 철령은 오래전부터 요동에 있었던 것이다.

2) 철령위 위치 고찰

이상에서 살펴본 것처럼 철령은 원래부터 요동에 있는 지명이었던
것이다. 그 위치는 적어도 본계의 관문산 위쪽이 분명하다.[53] 이제 철령
위의 설치 위치를 고찰하면서 철령의 위치를 보다 자세하게 살펴보도
록 하겠다.

③ 호부(戶部)에 명하여 고려왕에게 자문을 보내, 철령(鐵嶺)의 북쪽과

---

52 『高麗史』卷104, 「列傳」卷第17, '諸臣', 金忻
  十五年, 帝以海都兵犯邊, 遣使徵兵, 王遣忻率軍赴遼陽. 哈丹之來, 忻屯豢猳縣界備之,
  賊將至鐵嶺, 防守萬戶鄭守琪, 懼遁還.
53 저자는 제2부 2장에서 慈悲嶺의 위치를 關門山 근처의 思山嶺 지역에 비정하였다.

동쪽과 서쪽 땅은 과거 개원(開元)에 속하였으니 그 토착의 군민(軍民)인 여직(女直)·달단(韃靼)·고려인 등은 요동에서 통할하고, 철령의 남쪽은 과거 고려에 속하였으니 인민들은 모두 본국의 관할에 속하며, 강역과 경계가 이미 바르게 되었으니 각각 그 영역에 안정하면서 다시는 침범하거나 넘어와서는 안 된다고 하게 하였다.[54]

④ 명(明)에서 철령위(鐵嶺衛)를 세우고자 하니, 우왕(禑王)이 밀직제학(密直提學) 박의중(朴宜中)을 보내어 표문으로 청하기를, (중략) 철령(鐵嶺) 이북을 살펴보면, 역대로 문주(文州)·고주(高州)·화주(和州)·정주(定州)·함주(咸州) 등 여러 주를 거쳐 공험진(公嶮鎭)에 이르니, 원래부터 본국의 땅이었습니다. (중략) 지정(至正) 16년(1356) 사이에 원 조정에 아뢰어, 윗 항의 총관과 천호 등의 직을 혁파하고, 화주 이북을 다시 본국에 속하게 하였는데, 지금까지 주현의 관원을 제수하여 인민을 관할하게 하였습니다. 반적으로 인하여 침탈당했다가 대방(大邦)에 아뢰어 복귀시킨 것입니다. 지금 성지를 받들어 보니, '철령 이북·이동·이서는 원에서 개원(開元)에 속하였으니, 관할하는 군민들도 요동(遼東)에 속하게 하라.'라고 하였습니다. 철령의 산은 왕경(王京)으로부터 거리가 겨우 300리이며, 공험진을 변방의 경계로 삼은 것은 1, 2년이 아닙니다.[55]

---

54 『太祖高皇帝實錄』卷187, 洪武 20年 12月 壬申
命戶部, 咨高麗王, 以鐵嶺北東西之地, 舊屬開元, 其土著軍民女直·韃靼·高麗人等, 遼東統之, 鐵嶺之南, 舊屬高麗, 人民悉聽本國管屬, 疆境既正, 各安其守, 不得復有所侵越.

55 『高麗史』卷137, 「列傳」卷第50, 禑王 14年 2月
大明欲建鐵嶺衛, 禑遣密直提學朴宜中, 表請曰, (中略) 切照鐵嶺迤北, 歷文·高·和·定·咸等諸州, 以至公嶮鎭, 自來係是本國之地. (中略) 至至正十六年間, 申達元朝, 將上

〈사료③〉은 명 태조가 호부에 지시하여 고려 왕에게 보낸 공문의 내용이다. 즉, 고려의 영토는 철령 남쪽 지역만 해당되니 그 영역을 인정하고 침범하면 안 된다는 것이다. 이때 명 태조가 든 근거는 철령의 나머지 지역이 원 시대의 개원로였다는 것이다. 저자는 앞서 원 시대 동녕부의 범위를 살펴보는 과정에서 개원로의 남쪽 경계는 포하였음을 확인하였다. 원 시대 심양로는 포하의 남쪽이었다. 이로부터 미뤄본다면 철령은 심양로 지역에 있다고 볼 수 있다. 〈사료④〉는 고려에서 박의중을 사신으로 보내 철령의 사방 지역이 역사적으로 고려의 땅이었음을 설명하며 명 태조에게 재고를 요청하는 표문이다. 이 내용 중에 '철령은 왕경과 300리 떨어진 거리에 있다'고 하였다. 이때 왕경은 서경으로 보아야 한다. 국도인 개경이라고 하지 않았기 때문이다. 저자는 동녕부를 고찰하는 과정에서 서경을 환인 지역에 비정하였다. 이로부터 계산해보면 심양로의 치소인 심양까지는 대략 300리 거리에 있음을 알 수 있다.[56] 〈사료④〉를 통해서도 철령이 요동에 있음을 알 수 있는 것이다.[57]

⑤ 황상이 예부상서(禮部尙書) 이원명(李原名)에게 효유하여 말하기를,
"몇몇 주의 땅은 만약 고려의 말대로라면 마땅히 그에게 예속되어야 할 것 같으니, 이치와 형세로 말하자면 옛날에 이미 원에 통할되었으니 이제 마땅히 요(遼)에 속해야 할 것이다. 하물며 지금 철령이

項攝管千戶等職革罷, 以和州池北, 還屬本國, 至今, 除授州縣官員, 管轄人民. 由叛賊而侵削, 控大邦以復歸. 今欽見奉, '鐵嶺池北池東池西, 元屬開元, 所管軍民, 仍屬遼東. 欽此.' 鐵嶺之山距王京, 僅三百里, 公嶮之鎭, 限邊界, 非一二年. (下略)

56 명·청 시대의 10리는 5.6km로 300리는 대략 170km 거리다.

57 王京을 현재의 평양이나 개성으로 보고 鐵嶺을 강원도로 보아도 각각 400리 이상인 거리다.

이미 위(衛)를 설치해서 병마가 주둔하여 그 백성을 지키고 있으니 각각 통속되는 바가 있는 것이다. 고려의 말은 믿기에 충분하지 못하다. 또한 고려의 땅은 과거 압록강(鴨綠江)을 경계로 하여 옛날부터 스스로 성교(聲敎)를 행하고 있다."[58]

⑥ 서북면도안무사(西北面都安撫使) 최원지(崔元沚)가 보고하기를, "요동도사에서 지휘 2인을 파견하여 군사 1,000여 명을 이끌고 강계(江界)에 이르고는 장차 철령위(鐵嶺衛)를 세우고자 요동(遼東)으로부터 철령에 이르기까지 70개의 참(站)을 설치한다고 하였습니다."라고 하였다. 우왕(禑王)이 이에 동강(東江)에서 돌아왔는데 말 위에서 울며 말하기를, "여러 신하들이 나의 요동을 공격하자는 계책을 듣지 않아서 일이 이 지경이 되게 하였다."라고 하였다.[59]

〈사료⑤〉는 고려 우왕이 철령의 역사적 연고권이 고려에게 있음을 설명한 표문을 본 명 태조가 고려 우왕에게 답한 내용이다. 고려가 역사적 연고권은 있을지 모르나 현재는 명의 영토이고 더욱이 철령위를 설치하여 명군이 주둔하고 있으므로 불가하다는 것이다. 그리고 이를 합리화하기 위하여 '고려의 땅은 과거에 압록강을 경계'로 하였으니 이를 잘 지키라는 것이다.

---

58 『太祖高皇帝實錄』卷190, 洪武 21年 4月 壬戌
　　上諭禮部尙書李原名曰, "數州之地, 如高麗所言, 似合隷之, 以理勢言之, 舊旣爲元所統, 今當屬於遼. 況今鐵嶺已置衛, 自屯兵馬守其民, 各有統屬. 高麗之言, 未足爲信. 且高麗地壤, 舊以鴨綠江爲界, 從古自爲聲敎.

59 『高麗史節要』卷33, 「辛禑」4, 禑王 14年 3月
　　西北面都安撫使崔元沚報, 遼東都司遣指揮二人, 以兵千餘來至江界, 將立鐵嶺衛自遼東至鐵嶺置七十站. 禑乃自東江還, 馬上泣曰, 群臣不聽吾攻遼之計, 使至於此.

제2부 2장에서 고려 후기의 압록강(鴨淥江) 줄기를 '휘발하~혼강'으로 보았다. 고려 후기의 첨수참은 고려 사신이 중국으로 들어가는 국경이었다. 명 태조가 '고려는 압록강을 경계로 하였다'고 하였는데, 이때의 경계로서의 압록강 줄기는 혼강의 물줄기가 연결된 애하로 보아야 한다. 앞에서 살펴보았듯이 혼강에서 갈라져 나온 물줄기가 봉황성 앞을 흐르는 애하가 되기 때문이다.

〈사료⑥〉은 고려의 서북면도안무사 최원지가 강계 부근까지 온 명의 군사로부터 철령위를 설치한다고 알려준 사항을 우왕에게 다시 보고하는 내용이다. 그런데 이 부분은 그동안 해석에 여러 착오가 있었기 때문에 해당되는 부분을 몇 개의 문구로 나누어서 다시 살펴보기로 하겠다.

> ㉮ 서북면도안무사 최원지가 자신이 들은 말을 우왕에게 보고하기를,
> ㉯ 요동도사에서 지휘 2인이 군사 1,000여 명을 이끌고 강계에 이르렀는데
> ㉰ "지휘가 말하기를, '장차 철령위를 세우고자 요동으로부터 철령에 이르기까지 70개의 참(站)을 설치할 것이다.'라고 말했습니다."

이제까지 철령위 위치 연구는 강계(江界)가 출발점이 되었다. 왜냐하면 현재의 압록강 부근에 강계라는 지명이 있는 것을 이유로 강계나 만포진으로 비정한 것이다. 그런데 명 태조가 고려와의 경계는 압록강이라고 하였으니 압록강 건너편에 있는 강계와 만포진에 설치하는 것은 맞지 않음을 알고 황성에 설치하였다고 하였다. 현재의 만포진 건너편에 집안이 있고, 이를 황성으로 불렀기 때문에 철령위를 황성에 세웠

다고 주장한 것이다. 하지만 어느 기록을 찾아보아도 철령위를 강계나 만포진, 나아가 황성에 설치하였다는 것은 보이지 않는다. 다만 철령위를 설치한 당사자인 명의 기록에는 철령위가 '봉집보'에 처음 설치되었다고 정확하게 알려주고 있다.[60] 그럼에도 불구하고 철령위의 초설지는 강원도 철령, 강계, 집안 등이었고, 이후에야 봉집보로 옮겼다가 다시 철령현으로 옮겨졌다고 주장한다. 지명의 이동을 전혀 고려하지 않았기 때문에 이러한 엄청난 착오를 일으킨 것이다.[61]

일반적으로 자신이 들은 말을 전달하는 경우에는 착오가 발생할 수 있다. ㉔의 경우가 그러하다. 최원지는 요동도사의 지휘가 와서 전한 말을 '요동으로부터 철령까지 70참을 설치할 것'이라고 들었던 것이다. 기존의 연구자들도 이 부분에 대해서는 70개 참은 너무 많기 때문에 틀리다거나, 17개의 오류라고 주장하였다. 하지만 정원지는 숫자를 잘못 보고한 것이 아니라 장소를 잘못 들은 것으로 여겨진다. 즉, 정원지가 들은 말의 정확한 내용은 "장차 철령위를 세울 것인데 철령위가 있는 요동의 철령까지 모두 70개의 참을 설치할 것이다."로 보아야 하는 것이다. 그렇다면 70참은 어떻게 계산된 것인가. 이제 70참에 대하여 살펴보도록 하겠다.

명 태조 주원장은 1368년 건국과 함께 남경을 국도로 정하였다. 그리고 31년간의 재위 기간 동안 국도를 옮기지 않았다.[62] 지리지에서 거리를

---

60 『明史』卷41, 「志」17, '地理2'

61 일본인 학자들의 역사지리 연구 방법은 과거의 지명이 현재에도 있거나, 옛 지명과 비슷한 것이면 모두 당시의 장소라고 확정하고, 그렇지 않은 것은 '알 수 없다'라고 하는 방식이었다.

62 명이 국도를 北京으로 옮긴 것은 1421년으로 永樂帝(19년) 때이다.

확인해보면 요양에서 북경까지는 1,700리[63]이고, 북경에서 남경까지는 3,445리[64]이다. 이를 종합하면 요양에서 남경까지 거리는 총 5,145리이다. 이 거리에 70개의 참을 설치한다고 가정하면 참과 참의 평균거리는 73.5리가 된다. 즉, 〈사료⑥〉에 보이는 70개의 참은 명의 국도인 남경에서 철령이 있는 요동까지의 거리로 보아야 하는 것이다. 70개의 참이 남경에서 요동까지의 거리임은 다음의 기록에서 명확하게 확인할 수 있다.

⑦ 사신은 말하기를, "후문(後門)에 가는 길은 옛날에 장천사(張天使)가 해청(海靑)을 잡는 것 때문에 그 길을 두루 돌아다니면서 지도(地圖)에 빠짐없이 기재하였는데, 어찌 감히 길이 멀다는 것을 핑계를 삼습니까? 요동(遼東)과 북경(北京)의 사이가 29참(站)이고 북경(北京)과 남경(南京)의 사이가 41참(站)이니 합계하면 70참(站)인데, 빨리 간다면 7, 8일이면 능히 도착할 것입니다. 지금 후문(後門) 가는 길이 비록 멀다고 하더라도 왕복(往復)에 10여 일이면 여유가 있을 것

---

63 『明史』卷40, 「志」第16, '地理1', 遼東都指揮使司
遼東都指揮使司.【元置遼陽等處行中書省, 治遼陽路.】洪武四年七月置定遼都衛. 六年六月置遼陽府縣. 八年十月改都衛爲遼東都指揮使司. 治定遼中衛, 領衛二十五, 州二. 十年, 府縣俱罷. 東至鴨綠江, 西至山海關, 南至旅順海口, 北至開原. 由海道至山東布政司, 二千一百五十里. 距南京一千四百里, 京師一千七百里.

64 『明史』卷40, 「志」第16, '地理1', 南京
禹貢揚徐豫三州之域. 元以江北地屬河南江北等處行中書省, 又分置淮東道宣慰使司【治揚州路】屬焉 : 江南地屬江浙等處行中書省. 明太祖丙申年七月置江南行中書省.【治應天府.】洪武元年八月建南京, 罷行中書省, 以應天等府直隸中書省, 衛所直隸大都督府. 十一年正月改南京爲京師. 十三年正月己亥罷中書省, 以所領直隸六部. 癸卯改大都督府爲五軍都督府, 以所領直隸中軍都督府. 永樂元年正月仍稱南京. 統府十四, 直隸州四, 屬州十七, 縣九十有七.【爲里萬三千七百四十有奇】北至豐沛【與山東, 河南界】西至英山, 【與河南, 湖廣界】南至婺源【與浙江, 江西界】東至海. 距北京三千四百四十五里.

이니, 모름지기 전하(殿下)께 아뢰어 빨리 사람을 차견(差遣)하여 후 문(後門)에 도착시켜 도망해 돌아온 인구가 있고 없음을 자세히 알 아야 할 것입니다."[65]

〈사료⑦〉은 1452년 조선에 온 명 사신이 조선의 후문에서 한양으로 온 자국민을 만나서 전후 사정을 듣고 조선 조정에 재촉하는 내용이다. 사신이 하는 말 중에 요동에서 남경까지의 거리가 70참임을 알 수 있 다. 그러므로 〈사료⑥〉의 70참은 명 태조가 있는 남경에서 요동에 있 는 철령까지의 참의 개수로 이해해야 한다. 이로 보아도 철령은 요동도 지휘사사의 관할 지역에 있었음을 확실하게 알 수 있다. 이제 철령위가 설치된 봉집보에 관한 기록을 살펴보도록 하겠다.

⑧ 홍무(洪武) 21년(1388) 3월에 옛 철령성(鐵嶺城)에 설치하였다. 26년 (1393) 4월에 옛 은주(嚚州)의 땅으로 옮겼으니 이는 곧 지금의 치 소이다.【서쪽에는 요하(遼河)가 있고 남쪽에는 범하(汎河)가 있으며 또 남쪽에는 소청하(小淸河)가 있는데 모두 요하로 흘러 들어간다. 또한 남쪽에는 의로성(懿路城)이 있는데, 홍무 29년(1396)에 의로 천호소(懿路千戶所)를 이곳에 설치하였다. 또한 범하성(范河城)이 위 (衛)의 남쪽에 있는데 범하성(汎河城)이라고도 하며, 정통(正統) 4년 (1439)에 범하천호소(汎河千戶所)를 이곳에 두었다. 동남쪽에는 봉

<hr>

65 『朝鮮王朝實錄』,「文宗實錄」13卷, 文宗 2年 4月 辛未
便臣曰, 後門道險, 昔者張天使, 以捕海靑, 遊遍其道, 備載地圖, 何敢以路遠爲辭. 遼東 北京之間, 二十九站, 北京南京之間, 四十一站, 竝計七十站, 而疾行則七八日能到矣. 今 後門道路雖遠, 往復十餘日則有餘矣, 須啓殿下, 速差人到後門, 細知走回人口有無也.

집현(奉集縣)이 있는데 즉, 옛 철령성으로 고려(高麗)와의 경계에 접해 있으며, 홍무 초년에 현(縣)을 설치했다가 곧 폐지하였다. 또한 함평부(咸平府)가 있는데 원의 직예(直隸) 요동행성(遼東行省)이었다. 지정(至正) 2년(1342) 정월 항복하여 현이 되었다. 홍무 초년에 폐지하였다.】남쪽으로 도사(都司)까지 240리 떨어져 있다.[66]

〈사료⑧〉은 철령위의 연혁이다. 철령위와 관련된 내용을 정리하면 아래와 같다.

㉠ 철령위는 홍무 21년(1388) 3월에 옛 철령성에 처음 설치하였다.

㉡ 옛 철령성에 설치되었던 철령위는 홍무 26년(1393) 4월에 지금의 치소로 옮겨왔는데 이는 옛 은주(罍州)땅이다.

㉢ 현 철령위의 남쪽에는 범하성(范河城)이 있으며 범하성(汎河城)이라고도 한다.

㉣ 현 철령위의 동남쪽에 봉집현이 있는데 이곳은 옛 철령성이다.

㉤ 봉집현은 고려와 경계를 접하고 있으며 홍무 초년에 현을 설치했다가 곧 폐지하였다.

㉥ 현 철령위의 치소에서 도사성까지는 남쪽으로 240리 떨어져 있다.

---

66 『明史』卷41,「志」17, '地理2', 山東 遼東都指揮使司, 鐵嶺衛
洪武二十一年三月以鐵嶺城置. 二十六年四月遷於古罍州之地, 即今治也.【西有遼河, 南有汎河, 又南有小淸河, 俱流入於遼河. 又南有懿路城, 洪武二十九年置懿路千戶所於此. 又范河城在衛南, 亦曰汎河城, 正統四年置汎河千戶所於此. 東南有奉集縣, 即古鐵嶺城也, 接高麗界, 洪武初置縣, 尋廢. 又有咸平府, 元直隸遼東行省. 至正二年正月降爲縣. 洪武初廢.】南距都司二百四十里.

이제 앞의 내용을 자세하게 살펴보기로 한다. 처음 철령위가 설치된 것은 1388년 3월로, 그 장소는 옛 철령성이었던 봉집현이었다.(㉮, ㉯) 봉집현은 고려와 국경을 접하고 있는 곳이다.(㉰) 봉집현은 무순천호소 남쪽 80리에 있었다.[67] 즉, 무순에서 남쪽 80리 되는 지점이 고려와 국경을 접하고 있었던 지역인 것이다. 처음 철령위가 설치되었던 봉집현에는 현재 봉집보가 있다. 그 위치는 무순의 남쪽 80리 되는 곳이다.[68] 결국 명 태조가 고려와의 경계로 정한 철령도 천산산맥 줄기에 있을 수밖에 없는 것이다.[69]

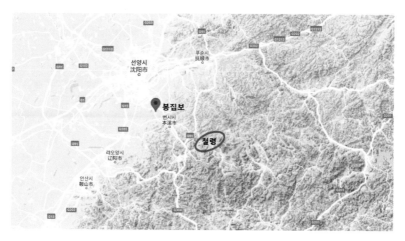

〈지도 Ⅲ-7〉 처음 철령위가 설치되었던 봉집현 봉집보와 철령 위치

---

67 『大明一統志』,「山東 遼東都指揮使司」, '奉集廢縣'
    在撫順千戶所南八十里.

68 『金史』卷24,「志」第5, '地理上', 東京路
    奉集, 遼 集州懷遠軍 奉集縣, 本渤海舊縣, 有渾河.

69 명 태조는 조선 공략 방법으로 하나 씩 성을 쌓아가며 조선의 영토를 차지하겠다고 하였다. 이러한 그가 당시의 압록강이 현재의 압록강이었다면 오히려 270여 리나 후퇴한 연산관에 국경을 설치할 이유가 없다. 연산관과 현재의 압록강 사이의 국경완충지대도 조선 건국 시기가 아닌 청 때, 그들의 압력에 의해 조선이 평안도와 함경도 지역을 비움으로써 형성된 것이다. (이는 제3부 3장에서 살펴보겠다.)

〈지도Ⅲ-7〉에서 봉집보의 위치를 살펴보면 산악지대와 평야지대가 구분되는 지점에 위치하고 있다. 이곳의 동남쪽 산악지대는 길림합달령과 천산산맥이 이어지는 지점으로 원 때부터 국경지대였던 곳이다.[70] 철령위가 설치된 봉집현이 고려와 국경을 접하고 있다고 한 것은 바로 명 때에도 이 지역이 고려와 국경을 이루는 곳이었기 때문이다. 이러한 까닭에 철령도 이 산악지대를 말하는 것으로 보아야 하며, 그 위치는 최초의 철령위가 있었던 봉집현에서 멀지 않은 본계시 편령(偏嶺) 부근 지역이라고 볼 수 있겠다. 고개(嶺)는 인마(人馬)가 다니는 길이기 때문에 대개 산줄기가 낮아지거나 끊어진 지역에 위치한다. 편령은 환인과 요양, 무순과 봉집현 및 관문산으로 이어지는 요충지에 있다.

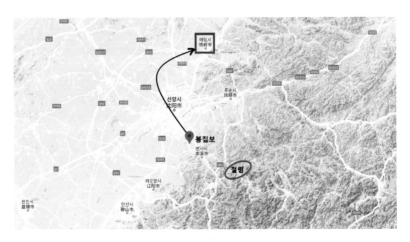

〈지도Ⅲ-8〉 철령위의 설치와 이동

해방 이후 우리 학계에서의 철령 위치 문제는 철령위와 구분하여 고찰하는 데까지 이르렀다. 그리하여 철령은 '강원도 철령', 철령위는 '강

---

70 본 책에서는 고려와 원의 국경인 慈悲嶺을 本溪市의 關門山 부근 思山嶺 지역으로 보았다.

계-봉집보-철령시'로 비정하고 있다. 하지만 앞서 살펴본 것처럼, 철령과 철령위는 별개로 떼어서 살펴봐서는 안 되는 것이다. 철령과 철령위는 모두 요동에 위치하며 최초 철령위는 봉집현에 설치되었고, 이후에 철령현으로 이동한 것으로 보아야 한다.

명이 최초 철령위를 어디에 설치하려고 했는가에 관한 여러 논쟁은 모두가 현재의 압록강을 당시의 압록강으로 생각하고 그 부근에 비정을 하려고 했기 때문이다. 그러다보니 철령위는 요동 경략을 위한 명의 중심 기지인 요동도사로부터 거리가 너무 떨어져 있어 중간지대의 경략을 생략한 까닭에 현실적으로 높은 장벽에 막혀 설치를 못하였다거나[71], 강계나 황성 등에 설치하였다가 봉집보로 옮기고 또다시 지금의 철령으로 옮겼다는 혼란만 가중시켰던 것이다.[72] 처음부터 철령위는 봉집현에 세워졌고 5년 후에 지금의 철령 지역으로 옮겨진 것뿐이다. 그리고 철령은 봉집현에서 동쪽으로 40여 km 떨어진 지점인 편령 지역에 함께 있었던 것으로 보이는 바, 이렇게 철령과 철령위의 위치를 확인하면 무리가 없는 것이다. 이러한 논거는 당시 압록강(鴨淥江) 줄기가 봉황성의 애하까지였다는 것을 염두에 두면 보다 쉽게 이해되는 것이다. 이제까지 논증한 철령과 철령위의 위치를 정리하면 〈표Ⅲ-7〉과 같다.

철령	최초의 철령위	옮긴 철령위
중국 요령성 본계시 편령	중국 요령성 심양시 봉집보	중국 요령성 철령현

〈표Ⅲ-7〉 철령과 철령위 위치 비정

---

71 박원호,「철령위의 위치에 관한 재고」,『동북아역사논총』13, 2006, 118쪽.
72 현재 국사편찬위원회 데이터베이스의 철령 관련 내용 주석이다.

〈사진Ⅲ-4〉 최초 철령위 설치 장소인 무순 봉집보터

이상으로 철령과 철령위의 문제점을 검토하고 새롭게 그 위치와 범위에 대하여 살펴보았다. 명 태조의 철령위 설치를 둘러싼 고려와의 분쟁과정을 정리하면 〈표Ⅲ-8〉과 같다.

연도(연호)	주요내용
1368.1 (홍무원년, 洪武元年)	〈명〉 주원장이 남경에서 명을 건국
1368.12	〈명〉 고려에 사신 파견, 명 건국을 알림
1369.8	〈명〉 공민왕 책봉, 고려 유인(流人)165명을 보내줌. 고려는 홍무 연호 사용
1370.1	〈고려〉 공민왕이 원대(元代) 동녕부와 요양 공략
1371	〈원〉 요양행성 평장 유익이 명에 귀부, 명은 정요도위 설치
1372	〈북원〉 나하추가 명의 요동 군량 저장소인 우가장(牛家莊) 공격
1373.2	〈명〉 고려 사신로 폐쇄
1374.9	〈고려〉 공민왕 시해, 우왕 즉위
1374.11	〈고려〉 밀직 금의(密直 金義)가 명 사신 임밀(林密)을 개주참(開州站)에서 살해
1377	〈고려〉 북원의 연호 사용
1378	〈고려〉 명의 홍무 연호 사용

연도(연호)	주요 내용
1387.12	〈명〉 철령 이남 지역만 관할할 것을 통고
1388.3	〈명〉 요동 땅 봉집현에 철령위 설치
1388.2	〈명〉 요동도사가 보낸 이사경 등이 강계에 이르러 철령위 설치를 알림
1388.2	〈고려〉 박의중을 명에 보내 철령 이북은 고려 땅임을 주장
1388.3	〈명〉 후군도독부에서 요동백호 왕득명을 보내 철령위 설치를 고함
1388.3	〈고려〉 우왕이 요동 정벌을 위해 팔도의 군사를 징집
1388.4	〈명〉 예부상서 이원명에게 명하여 철령위 분쟁으로 흔단을 일으키지 말라고 함. 〈고려〉 홍무 연호 정지
1388.4	〈고려〉 우왕이 요동정벌 추진
1388.5	〈고려〉 이성계의 위화도 회군
1388.6.	〈고려〉 명에 사신으로 갔던 박의중 귀국 〈고려〉 우왕 폐위 강화 귀양, 창왕 옹립, 홍무 연호 재사용
1389.11	〈고려〉 창왕 폐위 강화 귀양, 공양왕 옹립
1389.12	〈고려〉 우왕, 창왕 처형
1392.7	〈고려〉 공양왕 폐위, 원주 귀양
1392.閏12.9	〈명〉 '조선'이란 국호를 내림
1393.2.15	〈조선〉 이성계가 나라 이름을 조선이라 함
1393.4 (홍무 26, 洪武 26)	〈명〉 철령위를 옛 은주(현 철령시)로 옮김

〈표Ⅲ-8〉 철령위 설치 전후의 주요 정치 상황

3. 위화도 위치 고찰

고려는 명 태조가 철령위를 설치하며 고려의 연고권을 부정하자 외교적으로는 해결할 수 없음을 알았다. 고려의 선택은 이대로 물러나느냐, 아니면 무력으로라도 고려의 영토를 되찾느냐는 두 가지였다. 우왕은 후자를 선택하고 최영을 앞세워 이성계와 조민수에게 5만여 명의 병력으로 요동을 정벌하도록 하였다. 하지만 친명파에 속했던 신흥 세력 이성계는 4불가론[73]을 천명하며 위화도에서 회군하여 고려 우왕과 최영 등을 축출하고 정권을 장악하였다. 이후 이성계는 두 왕을 옹립하고 처형하는 과정을 통해 자신이 왕위에 오르며 조선을 건국하고 태조가 되었다.

이성계가 조선을 건국하는 발판이 되었던 위화도는 현재의 중국 단동시를 흐르는 압록강 가운데의 충적지를 일컫는다. 이곳이 위화도가 된 것은 대일항쟁기 조선총독부 산하 조선사편수회에서 편찬한 『조선사』의 내용을 그대로 따랐기 때문인데 해당 내용을 보면 다음과 같다.

7일(경진) 좌우군(左右軍)이 압록강(鴨綠江)을 건너, 위화도(威化島, 평안북도 의주군 강중)에 주둔하였다(屯).[74]

---

73 『高麗史』卷137, 「列傳」卷第50, 禑王 14年 4月 乙巳
四月 乙巳朔 禑至鳳州. 初禑獨與瑩, 決策攻遼, 未敢顯言, 是日, 召瑩及我太祖曰, 寡人欲攻遼陽, 卿等宜盡力. 太祖曰, 今者出師, 有四不可. 以小逆大, 一不可. 夏月發兵, 二不可. 擧國遠征, 倭乘其虛, 三不可. 時方暑雨, 弓弩膠解, 大軍疾疫, 四不可.

74 조선사편수회, 『조선사』 제3편 제7권, '左右軍威化島二次ス', 283쪽.
七日(庚辰)左右軍鴨綠江ヲ渡リ, 威化島(平安北道義州郡江中)ニ屯ス.

흔히 『조선사』는 역사서가 아닌 사료집에 속한다고 말한다. 사료집이 되려면 역사적인 기록들만 통시적으로 정리해야 한다. 하지만 『조선사』를 자세히 살펴보면 위에서 보는 것처럼 사료에 없는 내용들을 아무런 논증 없이 당연한 것으로 설명하고 있다. 이는 특히 역사지리 부분에서 흔히 볼 수 있다. 뿐만 아니라 곳곳에서 반도사관에 필요하다고 생각되는 경우에는 사서 기록의 왜곡과 재단, 자의적인 해석을 거리낌 없이 진행하였다. 대표적인 사례가 위화도의 위치 비정이다.

1) 우리 학계의 위화도 인식

현재의 위화도가 탄생한 것은 조선 후기에 제작된 지도를 참고한 일본학자들의 연구에서 비롯되었다. 그러나 조선 후기에 제작된 지도들은 여말선초의 지리를 반영한 것이 아니다. 19세기 초에 제작된 이 지도들은 청이 간도 지역을 봉금하자 그곳에 있었던 조선의 지명들을 현재의 압록강 동쪽 지역으로 옮겨 설치한 이후에 제작된 것이다. 일본학자들은 이렇게 제작된 지도를 가지고 수백 년 전의 지리를 확정한 것이다. 이들은 지리 비정의 근거로 김정호의 『대동여지도』를 활용해 설명하였다. 그런데 사서의 어디에도 김정호가 『대동여지도』를 제작하였다는 기록은 찾아볼 수 없다. 그럼에도 불구하고 일본학자들은 '반도사관 정립'이란 목적 달성을 위하여 지도와 지형을 근거[75]로 위화도를 비정하였는데, 그 선두는 쓰다 소키치였다.

---

75 지도는 『大東輿地圖』를 말하고, 地形은 威化島는 섬(島)이라는 인식을 말한다.

고려의 영토권이 강 가운데 섬까지 미치지 않았다는 것은 『고려사』 김광중 전(傳)에, '인주·정주 2주(州)의 경계에 섬이 있었는데, 2주의 백성이 일찍이 왕래하며 밭을 갈고 고기잡이도 하였다. 금의 사람들이 (고려의 관리가) 소홀한 틈을 타 나무하고 목축을 하였던 것 때문에 많이 살게 되자, 김광중이 땅을 되찾아 공을 세우려는 욕심으로 마음대로 군사를 동원하여 공격하여 그들의 움막을 불태우고 방수군(防戍軍)과 둔전(屯田)을 설치하였다. 뒤에 김장(金莊)이 사신으로 금에 가자, 금의 임금이 꾸짖으며 말하기를, 근래 갑자기 변경에 적이 쳐들어왔다는 기별이 있었는데, 너의 임금이 시킨 것이냐? 만약 변경의 관리가 스스로 한 짓이라면 당연히 그들을 징계해야 할 것이다.'라고 하였다. 김장이 돌아와서 아뢰니, 왕이 명령하여 그 섬을 돌려주고 방수군을 철수시키게 하였다'는 기록이 있으므로 분명하다. 그리고 이 섬은 지금의 위화도인 것이다.[76]

쓰다는 위화도가 섬(島)임을 들어 현재의 압록강 하구의 충적토를 위화도로 비정하였다. 『조선사』는 이를 이어받아 '평안북도 의주군 강중'이라고 못 박아버린 것이다. 그리고 위화도의 위치와 세부 지도까지 만들었다. 1913년에 제작된 위화도의 위치 비정과 세부 지도는 오늘날까지도 국정교과서에 그대로 반영되어 사용되고 있다.

---

76 津田左右吉, 「高麗西北境の開拓」, 『朝鮮歷史地理』2, 76～77쪽.
　　高麗の領土權が江中の島嶼に及ばざりしは高麗史金光中傳に '有島, 在麟靜二州之境, 二州民嘗往來耕漁, 金人乘間樵牧, 因多居焉, 光中欲復地邀功, 禮發兵 之,火其盧舍, 仍置防戍, 屯田, 後金莊奉使如金, 金主讓之曰, 近梢有邊警, 爾主使然耶, 若邊吏自爲則固宣懲之, 莊還奏, 王命歸其島撤防戍'とあるにて明なり. 此の島は今の威化島にや.

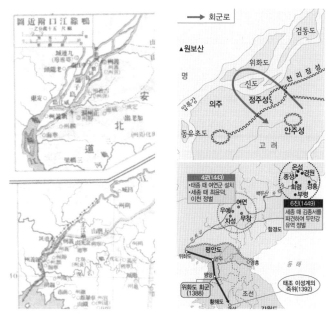

〈지도Ⅲ-9〉鴨綠江口附近圖[77]　〈지도Ⅲ-10〉현행 사회과부도의 위화도 지도

2) 사료에 기록된 위화도

위화도는 여말선초 정치사를 논할 때면 결코 빠뜨릴 수 없는 곳이다. 그런데 위화도와 관련된 사서의 기록들을 살펴보면 위화도는 고려 말 이성계가 요동 정벌의 불가함을 천명하며 회군한 곳보다는 백성들과 군사들의 식량 마련을 위한 경작과 둔전, 국경 지역에서 발생하는 월경 (越境), 불법 경작하는 중국인의 추쇄(推刷) 등에 관한 문제가 훨씬 많은 비중을 차지하고 있다.

우리가 알고 있는 현재 압록강 하중도의 위화도에 실록의 기록을 대입해 보면 여러 가지 점에서 이해가 되지 않는다. 그것도 위의 세 가지

---

77 津田左右吉,『朝鮮歷史地理』2,「附圖」7

내용들이 110회가 넘는 것을 보면서 의심은 더욱 커지게 된다. 왜냐하면 대륙의 넓고 많은 땅 중에서 하필이면 왕래하기에도 불편한 하중도가 그렇게 중요한 곳이 될 수 있는가라는 생각이 들어서다. 더욱 이상한 점은 위화도를 오가는 교통수단은 배나 뗏목이 아닌 사람들이 '직접 걸어서 갈 수 있다'는 기록이 있다는 점이다. 이에 이르면 지금의 압록강어귀의 하중도에 비정된 위화도와 역사적인 장소인 위화도와는 많은 차이가 있음을 알게 된다. 이제 몇몇 사서에 기록된 위화도의 내용을 살펴보기로 한다.

① 경진, 좌군(左軍)과 우군(右軍)이 압록강(鴨綠江)을 건너 위화도(威化島)에 주둔하였는데, 도망가는 병사가 길에 끊이지 않았다. 우왕(禑王)이 명하여 소재지에서 목을 베게 하였으나 막을 수가 없었다.[78]

② 이에 군사를 돌려 압록강을 건넜다. 태조는 백마를 타고 동궁(彤弓)과 백우전(白羽箭)을 메고 언덕에 서서 군사들이 모두 건너기를 기다렸다. 군중에서 이를 바라보고 서로 말하기를, "예로부터 이와 같은 사람이 있지 않았다. 지금 이후로도 어찌 다시 이런 사람이 있겠는가."라고 하였다. 이때 장맛비가 여러 날 내렸는데도 물이 불어 넘치지 않는데, 군사들이 건너고 나자 큰물이 갑자기 이르러 온 섬이 잠기었으므로 사람들이 모두 신기하게 여겼다.[79]

---

78 『고려사』137권, 우왕 14년 5월 7일 경진.
庚辰左右軍渡鴨綠江屯威化島亡卒絡繹於道.禑命所在斬之不能止.
79 『고려사절요』33권, 우왕14년 5월 22일 을미.
是回軍渡鴨綠江太祖乘白馬御彤弓白羽箭立於岸遲軍畢渡軍中望見相謂曰自古以來未有如此人自今以後豈復有如此人時霖潦數日水不漲師旣渡大水驟至全島墊溺人皆神之.

〈사료①〉은 우왕의 명령으로 요동 정벌에 나서는 대군이 압록강을 건너서 위화도에 주둔하였음을 알려주고 있다. 〈사료②〉는 이성계가 병사들과 함께 위화도에서 회군하는 장면을 기록한 것이다. 위화도가 압록강 하중도가 아니라는 것은 〈사료①〉에서 "도망하는 병사가 길에 끊이지 않았다"는 기록에서 더욱 명확하게 알 수 있다. 위화도가 하중도라면 병사들이 도망갈 수가 없다. 어느 곳으로 도망치더라도 결국은 강에 갇혀서 빠져나갈 수가 없기 때문이다. 또한 강모래가 쌓여 만들어진 하중도는 평지이다. 병사들이 도망치는 모든 곳이 길이 될 수 있다. 그러므로 〈사료①〉을 분석하면 위화도는 압록강 건너 일정한 진군로를 따라 이동한 곳에 위치한 장소임을 알 수 있다.

이성계는 1388년 위화도 회군 이후 정국의 주도권을 장악하였다. 그는 우왕과 최영을 축출하고 창왕을 옹립하는 등 고려 말의 정국을 좌지우지하였다. 그리고 4년이 지난 1392년에 새롭게 조선을 건국하고 왕위에 올랐다. 조선 시대 사료에서 위화도와 관련된 내용은 총 148편이다. 시기도 태조 1년(1388)부터 순조 11년(1811)까지 4백여 년이 넘는다. 이렇게 오랜 기간 동안 많은 기록을 남긴 위화도의 주요 내용을 요약하면, ① 농민들의 경작지와 군사들의 둔전지 개간, ② 요충지 수비 및 국경 분쟁, ③ 월경자의 처리 문제 등이 반복적으로 나타나고 있다. 위화도는 태조 이성계가 조선을 세운 발상지로서의 성지(聖地)뿐만 아니라 조선의 서북 국경지대에 있는 중요한 땅이었던 것이다.

이처럼 위화도에 대한 많은 논의 속에는 이해를 돕기 위한 위치와 지형에 대한 설명들도 많이 있다. 오랜 기간 동안 논의되었기 때문에 면적이나 거리 등이 조금씩 차이가 있기는 하지만 위화도의 위치를 살펴볼 수 있는 기록은 충분하다.

사서 주요 내용	고려사 (12)	고려사절요 (3)	조선왕조실록 (96)	비변사등록 (12)	승정원일기 (40)	합계 (163)
위화도 회군	12	3	41	-	6	62
경작/둔전 등	-	-	26	10	20	56
경계/월경 등	-	-	23	2	7	32
위치/지형 등	-	-	14	2	9	25
소계	12	3	104(8)	14(2)	42(2)	175(12)

〈표Ⅲ-9〉 사서별 위화도 관련 내용 분석[80]

〈표Ⅲ-9〉를 살펴보면 위화도는 조선 시대 내내 경작과 둔전의 문제가 으뜸이었음을 알 수 있다. 위화도에서의 경작은 조선의 농민뿐만 아니라 명·청의 농민들도 수시로 욕심내는 곳이었다. 즉, 조선과 중국의 농민이 서로 포기할 수 없는 국경지대의 옥토였던 것이다. 이러한 까닭에 법으로 금지해도 이를 어기면서까지 경작을 하였고, 이러한 과정은 양국의 월경자에 대한 처리 문제로 확대되는데, 이러한 내용이 전체의 1/2이 넘고 있음을 알 수 있다.

3) 압록강 물줄기와 섬(島)에 대한 이해

위화도의 위치를 고찰하기에 앞서 압록강 물줄기와 섬(島)에 대한 개념을 다시 살펴볼 필요가 있다. 이는 우리가 알고 있는 현재의 압록강 물줄기와 바다 혹은 강 속에 고립된 육지가 섬이라는 인식만으로는 위화도의 위치를 올바르게 이해할 수 없기 때문이다.

---

80 사서의 괄호는 위화도 관련 기록 수이며, 소계의 괄호는 내용의 중복을 나타낸 수치이다.

(1) 압록강 물줄기에 대하여

『신증동국여지승람』은 조선 중종 25년(1530)에 완성된 조선 최대의 지리지이다. 이 책의 평안도 의주목 항목 중에서 검동도와 위화도를 설명하고 있는 부분을 살펴보면,

- 검동도(黔同島) : 주에서 서쪽으로 15리 떨어져 있는데, 둘레가 15리이다. 압록강이 여기에 이르러서 3갈래로 나뉘는데, 이 섬이 두 섬 사이에 있으며, 삼씨량(三氏梁)이 있다. 모든 강을 건너는 사람들이 반드시 이 섬의 북쪽을 거치는데 〈중국의〉 서울로 가는 사신이 입조(入朝)하는 길이기도 하다.
- 위화도(威化島) : 검동도의 아래에 있는데 둘레가 40리이다. 두 섬 사이를 압록강의 지류가 가로막고 있는데 굴포(掘浦)라고 일컫고 주성(州城)에서 25리 떨어져 있다.[81]

위의 사료에 의하면 검동도와 위화도 두 섬 사이를 압록강이 지나가고 있다. 그런데 이는 압록강의 본류가 아닌 지류이다. 위화도를 흐르는 압록강 지류는 '굴포(掘浦)'라는 별도의 명칭을 가지고 있다. 현재 우리가 알고 있는 압록강은 지류가 아닌 본류이다. 본류 안에 하중도가 있다고 해서 그곳을 흘러가는 강줄기를 지류라고 하지는 않는다. 그러므로 위화도는 또 다른 강이 압록강으로 흘러들어가는 강줄기에 있는 것

---

81 『신증동국여지승람』제53권 「의주목」 '검동도', '위화도'
  ○黔同島 在州西十五里周十五里鴨綠江到此分二派而島 在二洲間有三氏梁凡渡江者必
  由島北越京使臣入朝之路 ○威化島 在黔同島之下周四十里兩島之間有鴨江支流隔焉稱
  爲掘浦距州城二十五里

이다.[82] 압록강 물줄기가 여러 지류로도 흐르고, 그러한 지류들이 다시 모여 압록강의 본류와 합쳐지고 있음은 다음의 사료에서도 확인할 수 있다.

> ① 이익균이 또 아뢰기를, "평안도 압록강은 서쪽으로 흘러서 의주(義州) 활동(闊洞) 앞에 이르러 두 갈래로 나눠지는데, 한 갈래는 바로 적강(狄江)으로 흐르고 한 갈래는 의주성(義州城) 밑을 끼고 서쪽으로 흐르며, 여기에 탄자도(灘子島)·어적도(於赤島)·위화도(威化島)·검동도(黔同島) 등 4섬이 두 갈래의 사이에 들어 있습니다. 만약 서쪽으로 흐르는 갈래를 막아서, 같이 적강(狄江)으로 흐르게 한다면, 4섬이 모두 우리의 소유가 되고 또한 경작하는 이익을 얻을 수 있으니, 관찰사와 의주 목사로 하여금 가부를 살펴서 아뢰게 하도록 청합니다." 하니, 전교하기를, "가하다." 하였다.[83]

---

82 우리의 고대사에서 압록강이 어디였는가를 놓고 여러 견해가 있다. 이는 압록강의 위치에 따라 고대사의 강역이 달라지기 때문이다. 현재까지 이루어진 압록강에 대한 연구는 크게 두 가지로 나뉘는데, ① 현재 압록강이 고대에도 압록강이었다는 설, ② 요하가 고대 압록강이었다는 설로 양분된다. 대다수가 전자의 설을 따르는 반면, 아래의 논문들은 후자를 주장한다.
남의현, 「장수왕의 平壤城, 그리고 鴨綠水와 鴨淥江의 위치에 대한 시론적 접근」(『고구려의 평양과 그 여운』), 2017.
복기대, 「고구려 후기 평양위치 관련 기록의 검토」(『고구려의 평양과 그 여운』), 2017.
윤한택, 「고려 서북 국경에 대하여」(『압록과 고려의 북계』), 2017.
고광진, 「시론 '장백산'과 압록수의 위치검토」(『선도문화』13), 2012.
압록강 연구의 핵심은 '西爲鴨綠'의 해석 여부에 달려있는데, 이는 '압록'의 만주어 뜻인 '경계'의 의미로 풀어야만 의미의 확장과 시대별 압록강의 해석이 가능해진다.

83 『조선왕조실록』「연산군일기」40권, 연산 7년 5월 6일 계축
克均又啓平安道鴨綠江西流至義州闊洞前而分流一派則直走狄江一派則傍義州城底而西以此灘子於赤威化黔同等島隔在兩江之間若防塞西流一泒竝走狄江則四島皆爲我有而且獲耕食之利請令觀察使及義州牧使審便否以啓傳曰可.

② 관전(寬甸). 동남에는 반도령(盤道嶺), 망보산(望寶山)이 있다. 동북
　에는 괘패령(掛牌嶺)이 있다. 압록강(鴨綠江)이 남쪽 집안(輯安) 혼강
　구(渾江口)에서 들어온다. 서남쪽으로 안동(安東)에 들어간다. 우측에
　서 소포석(小蒲石), 영전(永甸), 장전(長甸), 대포석(大蒲石), 안평(安平)
　등 강물이 들어온다. 동쪽에는 혼강(渾江)이 있고 우측에서 소아(小
　雅), 북고(北鼓), 남고(南鼓) 등 강물이 들어온다. 애하(靉河)가 서북의
　우모령(牛毛嶺)에서 발원되고 서남으로 청(廳) 지경에 들어간다.[84]

　〈사료①〉을 보면 압록강은 의주의 활동(闊洞)에서 두 갈래로 나뉜다.
한 갈래는 적강(狄江)으로 흐르고 한 갈래는 의주성 밑을 끼고 서쪽으
로 흐른다. 위 아래로 나뉘어 흐르는 두 강줄기 사이에 위화도와 검동
도 등이 있음을 알 수 있다. 적강은 지금의 애하(愛河)로 〈사료②〉에서
도 알 수 있다. 이 사료를 종합해보면 혼강(渾江) 역시 압록강 물줄기임
을 알 수 있다. 이 혼강의 물줄기가 압록강으로 들어가기 전에 관전현으
로도 흐르는 물줄기가 있는데, 이 사이에 위화도가 있음을 알 수 있다.

　우리가 일반적으로 압록강을 이야기할 때에는 강의 본류만을 거론하
고 지류는 생각하지 않는다. 하지만 위화도를 고찰함에 있어서는 위에
서 살펴본 것처럼 압록강의 지류를 살펴보지 않으면 안 된다. 사서에도
명확하게 '압록강 지류'라고 기록되어 있는 것을 간과하고 오직 본류만
생각하였기 때문에 위화도를 설명한 또 다른 여러 기록들과도 맞지 않
는 현재의 하중도가 위화도가 된 것이다.

---

84 『징사고』, 「지리2」 55권, '奉天省 鳳凰直隷廳 寬甸'
　寬甸東南盤道嶺望寶山東北掛牌嶺鴨綠江南自輯安渾江口流入西南入安東. 右受小蒲石永
　甸長甸大蒲石安平諸河. 東渾江右受小雅北鼓南鼓諸河. 靉河導源西北牛毛嶺西南入廳境.

(2) 섬(島)의 의미에 대하여

섬(島)은 일반적으로 사방이 물로 둘러싸인 육지를 의미한다. 하지만 섬은 반드시 이것만을 의미하는 것은 아니다. 후한 때 허신이 한자를 집대성한『설문해자』에서 '섬(島)'을 찾아보면 다음과 같은 뜻이 있음도 알 수 있다.

『상서』「우공」편에 "도이족들은 풀로 만든 옷을 입었다(島夷卉服)."고 하였다. 공안국전에서 도(島)에 대해 주를 달기를, "바닷가의 휘어지고 굽어진 만곡(彎曲)을 섬(島)이라고 한다."고 하였다.[85]

〈지도 III-11〉『籌海圖編』「山東沿海山沙圖」 부분

---

85 『설문해자』「山部」'島'
　《書·禹貢》島夷卉服孔傳海曲謂之島

위의 설명에 의하면 주변이 물길로 둘러있는 육지도 섬이라고 하였음을 알 수 있다. 이는 마치 육지의 거대한 호수를 '바다(海)'라고 부른 것과 같은 이치다. 섬은 대부분 외부와의 교통이 쉽지 않고 방어하기에도 좋은 곳이다. 성을 축조할 때 해자(垓字)를 파는 이유도 인공적인 섬을 만들기 위한 것이다. 섬은 또한 고립된 곳이기도 하다. 청은 자신들의 발상지인 만주 지역을 봉금(封禁)하고, 이 지역을 '간도(間島)'라고 하였는데, 이는 조선과 청 사이에 고립된 곳이기 때문에 붙여진 명칭이다. 위의 주석에 의거하면 강줄기가 구비 도는 곡류 하천에서의 만곡 부분도 섬이라고 할 수 있는 것이다. 이러한 섬에 대한 이해의 확장은 여러 사서에서 수없이 나오는 섬(島)의 위치를 고찰하는 데 있어서 보다 넓은 시각을 제공하여 준다.

만곡 부분을 섬이라고 한 것은 〈지도Ⅲ-11〉에서도 명확하게 알 수 있다. 이 지도는 명 희종(喜宗) 때인 천계(天啓) 연간(1621~1627)에 간행된 「山東沿海山沙圖」의 한 부분이다. 이 지도에서도 강물이 바닷가에 이르는 굽어진 육지들 사이에 많은 섬(島)들이 표기되어 있는 것을 볼 수 있다. 이처럼 『상서』의 주석과 『주해도편』의 지도를 통해서 우리는 섬에 대한 새로운 개념을 이해할 수 있다. 위화도는 이처럼 섬에 대한 이해를 확장하고 살펴보아야만 제대로 고찰할 수 있는 것이다.

4) 위화도의 자연지리

(1) 위치 및 거리

① 검동도와 같은 것은 거리가 이주성으로부터 30여 리이고 위화도는 그 반이 더 떨어져 있는데다가 모두 난자강(蘭子江)·압록강 두 강의

밖에 있으니, 이는 곧 6, 70리의 노정(路程)으로서 왕래하는 데 거의 하루가 걸리는데, 또 어떻게 경작하기를 바라겠는가.[86]

② 본국과 중국은 압록강을 경계로 삼았고 적강(狄江)은 바로 팔도하(八渡河)의 하류이므로 본래 경계에 관계되지 아니한다. 삼도는 두 강 사이에 있는데 조종조(祖宗朝)에 나라가 승평(昇平)하자 변경 백성이 스스로 내왕하면서 농사를 지어 많은 이익을 얻었다. …(중략)… 적강은 팔도하로부터 압록강으로 흘러들어오는 것이니, 이는 별도의 강이다. 태조 고황제(太祖高皇帝)의 시(詩)에 이르기를, "압록강 물이 맑아 옛 나라 경계했네.[鴨綠江淸界古封]"라고 한 것이 바로 이것이다. 그 사이 삼도는 단지 몇 조각의 땅인데 중국이 어찌 와서 다투겠는가.[87]

〈사료②〉는 위화도의 위치가 압록강과 적강 사이에 있음을 알려주고 있다. 팔도하의 하류인 적강은 압록강으로 흘러들어가는 강인데 지금의 애하(愛河)이다. 즉, 압록강의 본류와 애하 사이에 위화도가 있다는 것이다. 〈사료①〉에서는 의주성에서 위화도까지의 거리를 알 수 있다. 즉, 의주성에서 검동도는 30리, 위화도는 45리인 것이다. 난자강과 압록강 밖에 있다고 하였는데, 여기서 말하는 압록강은 본류를 말하는 것

---

86 『조선왕조실록』「성종실록」217권, 성종 19년 6월 13일 을사
至如黔同島距城三十餘里威化則又加半焉皆在蘭子鴨綠兩江之外乃是六七十里之程往來尙費一日之暑又奚望於耕耘耶

87 『조선왕조실록』「성종실록」223권, 성종 19년 12월 29일 무오
本國與上國以鴨綠江爲界限狄江則乃八渡河之下流本不關於界限三島在兩江之間祖宗朝國家昇平邊民自相來往耕穡頗獲饒利…(중략)…若狄江則自八渡河流入鴨綠是別流也太祖高皇帝詩曰鴨綠江淸界古封是也其間三島特片片之地中原何以來爭乎

이다. 의주성에서 두 섬을 왕복하는 데 하루 정도가 걸리는 일정이다.

(2) 주변 지명과 지형

『조선왕조실록』에는 여러 대에 걸쳐서 위화도의 개간과 경작에 대한 각종 찬반 논의가 있었음을 알 수 있다. 이러한 논의 속에는 위화도를 설명하는 과정에서 주변 지명과 지형들이 함께 거론된다. 위화도의 위치를 고찰하는 데 있어서 주변 지명과 지형은 매우 중요한 가치를 지닌다. 위화도 위치 고찰에 필요한 몇 가지 중요한 내용을 살펴보겠다.

① 의정부에서 병조의 정장(呈狀)에 의거하여 아뢰기를, "송골산(松骨山) 동북쪽 모퉁이의 대창산(大昌山) 서동(西洞)이 의주(義州)의 위화도 (威化島)와 금음동도(今音同島)의 두 섬과의 거리가 삼식(三息)여 남짓한 도정(途程)으로서 길이 평탄하니, 곧 요충(要衝)의 땅입니다."[88]

② 위화도를 개간할 만하다 하나, 큰 강 밖에 있어 왕래하며 경작하려면 사람들이 매우 힘들다. 다만 대천(大川)·수구(水口) 두 동리와 송산(松山)·대문(大門)·인산(麟山)·해구(海口)는 모두 의주(義州) 경내이며 토지가 기름지고 수리(水利)가 좋고, 적변(賊變)이 생겨 강을 건너올 염려가 없으며, 논을 만든다면 무궁한 이익을 거둘 만하니, 청컨대 먼저 개간하여 시험해 보기 바란다.[89]

---

88 『조선왕조실록』「세종실록」113권, 세종 28년 8월 13일 무신
議政府據兵曹呈啓松骨山東北隅大昌山西洞距義州威化今音同兩島三息餘程途道平易乃要衝之地
89 『조선왕조실록』「연산군일기」50권, 연산 9년 8월 16일 경술
威化島雖云可墾然在大江之外往來耕稼人甚病焉但大川水口兩洞及松山大門麟山海口

③ 의주(義州) 강변의 위화도에 중국인들이 있는데 마이산(馬耳山)에서 이주해와 농사를 짓고 있었으므로 역관을 차견하여 요진순안사(遼鎭巡按使)에게 이에 대해 쟁변(爭辨)하고 금패(禁牌)를 내어 법령대로 몰아내게 하였다.[90]

위화도의 위치를 고찰함에 있어서 제일 먼저 살펴봐야 하는 곳은 송골산(松骨山)이다. 왜냐하면 물줄기의 흐름은 약간씩 변할 수 있지만 산은 움직일 수 없는 지형물이기 때문이다. 〈사료①〉을 보면, 송골산의 동북쪽 끝에 대창산(大昌山) 서동(西洞)이 있다. 즉, 대창산은 송골산이 연이어 뻗어나간 산들 중에 동북쪽 방향 끝에 있는 산이다. 이곳에서 위화도까지는 90리 거리다.[91] 그런데 대창산 이후로 동북쪽은 낮은 지형으로써 길이 평탄하다고 하였다. 이는 곧 송골산의 높은 산줄기가 대창산에서 끝난다는 것을 의미하는 것이다. 〈사료②〉와 〈사료③〉에는 대천, 수구, 마이산 등 위화도 주변의 여러 지명이 나온다. 이러한 지명의 위치를 찾을 수 있다면 위화도의 위치 비정에 많은 도움이 될 것은 자명하다.

皆義州境內有沃饒水川之利無賊變渡江之憂可作水田以收無窮之利請先起耕試驗

90 『조선왕조실록』「선조수정실록」21권, 선조 20년 1월 1일 경인
義州江旬威化島有漢人自馬耳山移住開種差譯官辨爭於遼鎭巡按使出禁牌驅逐如令

91 1식(息)은 30리(里)이므로 총 90리이다. 당시 10리는 5.6km 정도였으니 대략 50여 km의 거리를 의미한다.

(3) 면적

① 위화도(威化島) : 검동도의 아래에 있는데 둘레가 40리이다.[92]

② 이 섬(위화도)은 땅이 비옥하고 둘레가 7, 80리가 되는데 섬 밖에 또 두 줄기 강물이 있어서 이미 저쪽에서나 이쪽에서나 교통(交通)하는 길이 아니어서 사람이 살지 않고 폐기된 지가 수백여 년이 되었다. 만일 땅이 없는 백성들에게 원하는 대로 개간하여 경작하게 한다면 3백여 일(日) 갈이의 전지를 확보할 수 있다.[93]

③ 위화도는 육도(六島)의 하류(下流)와 삼강(三江)의 경계 안에 있는 한 섬인데, …(중략)… 그곳은 길이가 19리(里)이고 너비는 8, 9리가 되며 토질이 기름지고 형지(形止)가 평탄하고, 또 강가에 있어 여러 들[坰]에는 제언(堤堰)을 쌓는 비용이 없어 단지 구역만 나누면 곧 경작을 할 수 있는데, 폐하여 묵힌 햇수가 오래되어 생산되는 곡식이 기필코 갑절은 될 것이다.[94]

---

92 『신증동국여지승람』제53권 「의주목」 '위화도'
　　威化島在黔同島之下周四十里

93 『조선왕조실록』「정조실록」12권, 정조 5년 12월 17일 을유
　　(威化島)土沃而周可七八十里島之外又有二江則既非彼我地交通之路而廢不居者屢百餘年如令無土之民從願耕墾則田可爲三百餘日耕

94 『조선왕조실록』「순조실록」14권, 순조 11년 2월 15일 갑오
　　威化一島在於六島之下流三江之內界伏然爲一望蘆葦之墟半日射獵之場臣輒審其形使相度其土宜則長爲十九里廣爲八九里土性腴沃形止平衍又無沿江諸坰築堰之費而只盡區域便可耕作年久廢陳生穀必倍

위화도의 면적은 조선 후기로 오면서 늘어났음을 알 수 있다. 〈사료 ①〉을 보면 중종 시기[95] 이전의 둘레는 40리였는데, 〈사료②〉에 보이는 것처럼 정조 5년(1781)에는 두 배인 80리로 늘어났다. 위화도가 250년 동안 꾸준히 개간되었음을 알 수 있다. 이는 대략 60여만 평에 달하는 넓은 땅이다.[96] 위화도의 길이는 19리에 이르고 너비 또한 8 내지 9리 이다. 이는 〈사료③〉에서 알 수 있다. 하지만 더욱 중요한 것은 위화도 가 어떠한 형태로 있는 곳인가를 알려주고 있는 것이다. 그 단서는 바 로 '연강(沿江)'이다. 이 단어의 사전적 의미를 찾아보면 위화도의 형태 가 더욱 확연하게 드러난다.

*연강(沿江): 명 강가에 있는 땅, 강줄기를 따라 벌여있는 땅. 연하(沿 河)[97]

이처럼 위화도는 앞에서 섬의 의미에 대해 살펴본 바와 같이 강물이 굽이져 돌아가는 가장자리에 만들어진 충적토를 말하고 있는 것이다. 『조선왕조실록』에는 위화도가 '강가에 있는 땅'이라는 것을 확실하게 알려주는 기록이 있다.

비국 당상 정민시가 아뢰기를, "의주부(義州府)는 본디 사람은 많고 땅 은 좁은데, 그중 위화도는 토지가 비옥한데도 오랫동안 버려져왔습니다. 그리하여 그곳 백성들이 농사를 짓도록 허락해주기를 원하고 있으나, 의

---

95 『신증동국여지승람』이 편찬된 것은 중종 25년인 1530년이다.
96 소가 '하루갈이' 할 수 있는 면적은 약 2천 평이다.
97 민중서림편집국, 『엣센스 국어사전』, 민중서림, 2003.

논하는 자가 어렵게 여겨 말하기를 '성조(聖祖)께서 군대를 주둔시켰던 곳이다.' 또는 '연변(沿邊)의 땅이다.' 또는 '오래 버려진 땅이다.'라고 합니다."[98]

위의 기록은 위화도를 설명하고 있는 부분인데, 분명하게 '강가에 있는 땅(沿邊之地)'이라고 설명하고 있다. 즉, 위화도는 지금의 압록강 가운데 있는 하중도가 아닌 강변에 길게 늘어서 있는 땅인 것이다.

(4) 모습

이제까지 위화도의 주변과 대략적인 위치 등에 대해 확인하였다. 그렇다면 위화도의 모습은 어떠하였는지도 살펴볼 필요가 있다. 위화도는 넓은 땅이다. 그곳에는 우리가 일반적으로 산천을 말할 때 필요한 자연물들이 모두 갖춰진 곳이다. 산봉우리도 있고, 개천도 있고, 언덕과 길도 있었다. 뿐만 아니라 기념비와 건축물도 있었다. 이제 사료에서 확인해 보기로 한다.

① 태조(太祖)가 위화도에 군사를 머무르고 있을 때, 여러 날 장마가 져도 물이 붇지 않다가, 군사를 돌리어 언덕에 오르자 큰물이 갑자기 붇어서 온 섬이 잠겼다.[99]

---

98 『조선왕조실록』「정조실록」48권, 정조 22년 1월 15일 경진
備堂鄭民始啓言義州府人多地狹而威化島土膏沃久棄民願許耕而議者難之曰聖祖駐軍之地也曰沿邊之地也曰久棄之地也此有不然者

99 『조선왕조실록』「세종실록」116권, 세종 29년 6월 4일 을축
太祖駐師威化島霖潦數日水不張及旋師登岸水卽大至全島塾沒

② 위화도는 압록강의 갈라지는 물길이 빙 둘러 감싸고 물이 깊어서 건너가기가 어려우나, 다만 날씨가 가물면 걸어서 건너갈 수 있는 곳인데, 그 거리는 겨우 7, 80보(步)이다.[100]

③ 임금이 말하길, "위화도는 이미 비(碑)를 세울 곳이 아니다. 그리고 태조봉(太祖峰)과 회군천(回軍川)은 모두 비를 세우기가 어렵고, 익원당(翊原堂)은 그 장소를 적실히 알지 못하니, 본도(本道) 감사(監司)로 하여금 다시 살펴서 보고하게 하라."고 하였다.[101]

④ "태조대왕(太祖大王)께서 무진년 5월에 위화도에서 회군할 때 진을 치던 곳과 선조대왕(宣祖大王)께서 임진년에 주필(駐驆)하던 곳에 비석을 세워 기념하시기 바랍니다." 하고 청하니, 임금이 소견하고 비답을 내렸다.[102]

⑤ 의주부윤(義州府尹) 조흥진(趙興鎭)이 상소하였는데, 대략 이르기를, "위화도는 육도(六島)의 하류와 삼강(三江)의 경계 안에 있는데, 한갓 아득한 갈대밭으로 반나절 동안 사냥하는 장소가 되고 있을 뿐입니다."[103]

---

100 『조선왕조실록』「세조실록」34권, 세조 10년 8월 4일 을유
   威化島則鴨綠江岐流回抱水深難涉但旱則可徒涉處僅七八十步
101 『조선왕조실록』「숙종실록」45권, 숙종 33년 1월 25일 기묘
   上曰威化島旣非立碑之所太祖峰回軍川俱難立碑翊原堂其處不能的知使本道監司更審以報
102 『조선왕조실록』「영조실록」123권, 영조 50년 8월 26일 정미
   請太祖大王戊辰五月回軍時留陣所及宣祖大王壬辰駐驆處立石以紀之上召見賜批
103 『조선왕조실록』「순조실록」14권, 순조 11년 2월 15일 갑오

위화도는 굽이진 강가의 충적토가 만든 땅이기에 평지만 있는 것은 아니다. 〈사료①〉을 보면 이성계가 이끄는 요동 정벌군이 장마로 인하여 회군할 때 강물이 불어났는데 모두 언덕으로 올라가서 수몰을 피할 수 있었다. 이처럼 위화도는 큰 비에 강물이 넘쳐나는 곳이기도 하지만 반대로 가뭄이 들었을 때는 걸어서 건너갈 수 있는 곳이기도 하였다. 이는 〈사료②〉에서 알 수 있는데, 강폭도 80보 정도다. 이로 보아 위화도의 지형은 언제나 강물이 흐르는 평탄한 곳이 아님을 알 수 있다. 즉, 위화도는 물이 잘 빠지는 산기슭이나 언덕이 있는 지형에 위치하고 있다는 것을 알려주는 것이다. 또한 〈사료⑤〉를 보면, 위화도는 개간을 하지 않을 경우에는 갈대밭으로 변해 사냥을 하는 장소가 되기도 하였다. 그 면적도 반나절에 걸쳐 사냥을 할 수 있는 정도로 넓은 땅이다. 뿐만 아니라 위화도에는 태조 이성계가 군사를 돌려 고려를 종식시키고 조선을 개창한 역사적 장소임을 상기시키기 위하여 여러 가지 지명과 표식(標式)을 남겼다. 〈사료③〉과 〈사료④〉에서 알 수 있듯이 위화도에는 태조봉(太祖峯)이라는 산봉우리도 있고, 회군천(回軍川)이라는 개천도 있으며, 위화도 회군 당시 진을 쳤던 곳에 기념비도 세웠다. 아울러 익원당(翊原堂)이라는 건축물도 세웠다. 우리가 현재 알고 있는 위화도는 압록강 하류에 모래가 쌓여서 이뤄진 평평한 땅이다. 이곳에는 위의 사서에 보이는 위화도의 모습은 찾아볼 수 없다. 기념비와 건축물은 사라져 버렸다고 할 수 있어도 강물이 불어날 때 피할 수 있는 언덕도 없다. 그런 곳에서 태조봉과 같은 산봉우리를 찾는다는 것은 어불성설인 것이다.

義州府尹趙興鎭疏略曰威化一島在於六島之下流三江之內界徒然爲一望蘆葦之墟半日射獵之場

5) 위화도 위치 비정

그렇다면 사서에 기록된 위화도는 어디일까. 앞서 살펴본 위화도 관련 자료들을 바탕으로 이제 위화도의 위치를 비정해보고자 한다. 위화도의 위치를 비정함에 있어서 두 가지의 중요한 기준점이 있다. 그것은 '송골산'과 '압록강 지류'이다. 이 두 기준점에 대한 사서의 내용을 다시 살펴보도록 한다.

> 의정부에서 병조의 정장(呈狀)에 의거하여 아뢰기를, "송골산(松骨山) 동북쪽 모퉁이의 대창산(大昌山) 서동(西洞)이 의주(義州)의 위화도(威化島)와 금음동도(今音同島)의 두 섬과의 거리가 삼식(三息)여 남짓한 도정(途程)으로서 길이 평탄하니, 곧 요충(要衝)의 땅입니다."[104]

송골산은 중국 측의 연구에 의하면 현재의 오룡산(五龍山)이다.[105] 이는 연행사신(燕行使臣)들의 노정을 살펴보아도 알 수 있다.[106] 오룡산은 현 단동시에서 서북쪽으로 25km 떨어진 곳에 있는 산으로 높이는 700m에 이른다. 이 산은 단동시와 봉성시의 두 경계에 걸쳐 있다. 위화도는 이 산의 동북쪽 모퉁이에 있는 대창산에서 90리 떨어진 지점에 있다. 90리는 약 50km의 거리다. 현 단동시를 흐르는 압록강에 있는 위화도는 오룡산과의 거리를 아무리 멀리 잡아도 30km 이내이다. 또한

---

104 『조선왕조실록』「세종실록」113권, 세종 28년 8월 13일 무신
    議政府據兵曹呈啓松骨山東北隅大昌山西洞距義州威化今音同兩島三息餘程途道平易
    乃要衝之地

105 王俊, '五龙山从古至今有很多名字', 「丹東新聞」 2016-07-26.

106 '진강성'에서 '탕참'까지 가는 노정은 송골산을 거쳐서 가는데 현재의 지도에서 찾아보면 '오룡산'으로 표기되어 있다.

232

방향도 동북쪽이 아닌 동남쪽이다. 그러므로 사서에 기록된 위화도와는 방향과 거리가 맞지 않는다. 이는 역사적 장소인 위화도가 지금의 압록강 위화도보다 훨씬 위쪽의 강줄기에 있음을 알려주고 있는 것이다.

> (우의정) 이극균(李克均)이 또 아뢰기를, "평안도 압록강은 서쪽으로 흘러서 의주 활동(闊洞) 앞에 이르러 두 갈래로 나눠지는데, 한 갈래는 바로 적강(狄江)으로 흐르고 한 갈래는 의주성 밑을 끼고 서쪽으로 흐릅니다. 여기에 탄자도(灘子島)·어적도(於赤島)·위화도(威化島)·검동도(黔同島) 등 4섬이 두 갈래의 사이에 들어있습니다."[107]

다음으로 압록강 지류의 확인이 필요하다. 위의 사료에서 압록강 물줄기는 의주 활동에서 두 갈래로 나눠지는데 한 줄기가 현재의 애하인 적강으로 들어간다. 두 갈래로 나뉘는 강줄기는 앞에서 살펴본 바와 같이 혼강(渾江)이다. 이 강은 집안과 환인을 거쳐 관전에 이르러 사료의 기록처럼 물길이 갈라진다.

이상을 종합하면 위화도는 ① 오룡산의 동북 모퉁이에 있는 대창산에서 동북쪽으로 90리 되는 지점, ② 혼강의 물줄기가 두 갈래로 나뉘어서 흐르는 그 안에 있음을 알 수 있다. 이를 지도로 살펴보면 현재의 압록강 위쪽인 '중국 요령성 관전만족자치현' 지역이다.

---

107 『조선왕조실록』「연산군일기」40권, 연산 7년 5월 6일 계축
　李克均又啓平安道鴨綠江西流至義州闊洞前而分流一派則直走狄江一派則傍義州城底而西以此灘子於赤威化黔同等島隔在兩江之間

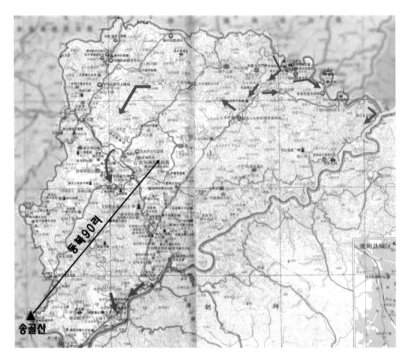

<지도 Ⅲ-12> 송골산 위치와 압록강 지류의 물줄기

그런데 한 가지 의문점이 생긴다. 의주의 활동 앞에서 두 갈래로 나
뉜 물길 중 한 갈래는 적강으로 연결된다는 강줄기가 <지도 Ⅲ-12>에
서 살펴보면 사실이 아님을 알 수 있다. 즉, 사료 내용과는 다르게 높은
산이 물길을 막고 있다. 그렇다면 사료의 기록이 잘못된 것이다. 이러한
사실은 다음의 사료에 보인다.

"신[영사(領事) 유순정(柳順汀)]이 전에 의주목사(義州牧使)로 있을 때
에, 이극균(李克均)이 또한 압록강의 갈라져 흐르는 곳을 막아 적강(狄江)
으로 돌려 흐르게 하고 검동도를 육지와 연결시켜 경작하기를 편리하게
하려고 계문(啓聞)하였었는데, 신과 관찰사(觀察使)로 하여금 같이 합당

여부를 살펴보아 아뢰도록 하였었습니다. 신이 그 때에 그 합당 여부를 살펴보니, 압록강과 적강은 서로 접속(接續)되지도 않고 지형이 또한 높아서 돌려대어 합류시킬 수 없었으나, 서강이라면 돌려댈 수 있었습니다."[108]

위의 사료를 보면 우의정 이극균이 물줄기의 흐름을 잘못 알고 임금에게 아뢴 것이었다. 〈지도Ⅲ-12〉의 물줄기는 이러한 사실을 입증하고 있다. 이제 이 지도의 범위 안에서 다음의 사료 내용을 살펴보아야 한다.

압록강을 막 건너 만성(灣城)에 이르면 강줄기가 셋으로 나뉘는데, 그 가운데 있는 한 섬의 이름이 위화도이다.[109]

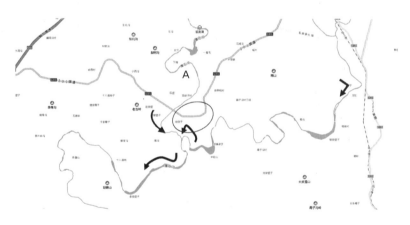

〈지도Ⅲ-13〉 중국 요령성 관전만족자치현 서점자 지역의 위화도 추정 지역
(→ 는 강물의 흐름 방향/A는 검동도 추정 지역)

---

108 『조선왕조실록』「중종실록」9권, 중종 4년 9월 29일 무오
   臣前任義州牧使時李克均亦欲塞鴨綠岐流處導注于狄江使黔同島連陸以便耕作啓令臣
   與觀察使同審便否以啓臣其時審其便否鴨綠與狄江不相接地勢亦高不可導注合流若西
   江則可以導注矣
109 『조선왕조실록』「정조실록」12권, 정조 5년 12월 17일 을유
   鴨江縫到灣城而分爲三江中有一島名曰威化

앞에서 위화도는 애하와 압록강의 한 갈래인 혼강이 서쪽으로 이어
지는 강 사이에 있음을 알았다. 위의 사료는 위화도의 위치를 구체적으
로 알려주고 있다. 즉, 혼강에서 이어지는 물줄기가 세 갈래로 굽이 도
는 강가에 위화도가 있다는 것이다. 지도에서 이곳을 찾아보면 그곳은
'중국 요령성 관전만족자치현 서점자(徐店子)' 지역이다.

〈지도Ⅲ-13〉을 보면 강줄기가 세 갈래로 흐르고 있음을 알 수 있다.
위화도는 검동도 아래에 있다[110]고 하였고, 압록강 지류가 위화도와 검
동도에 이르러 두 길로 나뉘어 흐르는데 위화도를 빙 둘러서 흐른다고
하였다.[111] 이를 종합한 것이 위 지도에 표시한 부분이며, 이 지역이 위
화도로 추정되는 곳이다.

6) 위화도 위치 현장 검증

사서에 보이는 위화도와 관련된 내용을 바탕으로 위화도의 위치를 새
롭게 추정해 보았다. 이제 현장에서 이를 직접 점검해 볼 필요가 있다.
역사지리는 현장에서의 확인이 무엇보다 중요하다. 사서에 지리적인
설명이 나오지만 자세하지 않기 때문이다. 현장 검증은 기록의 행간과
역사적 사건들의 전개 과정을 살펴보는 데 있어서도 반드시 필요한 작
업이다. 그것은 현장을 살피면 언제나 적실(的實)한 사항들이 새롭게 발
견되기 때문이다. 이는 서책이나 지도만으로 판단하는 데에서 오는 착

---

110 『신증동국여지승람』제53권 「의주목」 '위화도'
　　○威化島在黔同島之下周四十里兩島之間有鴨江支流隔焉稱爲掘浦距州城二十五里
111 『조선왕조실록』 「세조실록」34권, 세조 10년 11월 17일 병인
　　鴨綠江外鳥沒亭黔同島雖自來農作之地賊路四通耕治勢難威化島則與黔同島爲界鴨綠
　　江流至兩島之間分二道而流抱威化島入狄江
　　『조선왕조실록』 「세조실록」34권, 세조 10년 8월 4일 을유
　　威化島則鴨綠江岐流回抱水深難涉但旱則可徒涉處僅七八十步

오를 줄여줄 뿐만 아니라 지리적 이해를 바탕으로 한 새로운 시각의 형성에도 요긴하다. 역사지리를 연구함에 있어서 현장 점검이 반드시 필요한 이유다.[112]

(1) 송골산과 그 주변

앞서 송골산은 현재의 오룡산임을 확인하였다. 오룡산은 기암(奇巖)이 층층이 연결된 산으로 단동 지역의 명산이다. 옛 사람들은 길을 만들 때 험준한 산이나 강이 나오면 그곳을 돌아서 갔다. 바위로 된 산이나 폭이 넓은 강은 더욱 그러하였다. 이 산의 동북쪽 방향 끄트머리에는 국도와 고속도로가 지나간다. 그런데 이곳에 국도와 고속도로를 연결하는 톨게이트가 있다. 이 톨게이트를 기준으로 산세는 극명하게 바뀐다. 기암괴석을 자랑하며 웅장하게 달려온 오룡산이 이곳에서 멈춰 버렸다. 반면에 나직나직한 구릉 같은 산들이 길게 펼쳐져 있다.

〈사진Ⅲ-5〉 오룡산 동북 방향의 낮은 지형

---

112 저자는 위화도로 비정한 '관전만족자치현 서점자'와 그 인근 지역을 수차례에 걸쳐 답사하였다.

〈사진Ⅲ-6〉 오룡산(오른쪽)와 동북(왼쪽) 지형

사서에 기록된 송골산에서의 위화도 지형을 보면 "동북쪽 모퉁이에서 삼식(三息)경 남짓한 도정(途程)으로서 길이 평탄"[113]하다고 하였다. 위화도 추정 지역은 이곳에서 동북쪽 방향으로 201번 국도를 따라가면 약 50km 지점에 있다. 현장에서 사서의 기록을 확인한 결과, 오룡산 톨게이트를 기준으로 적실하게 맞아 떨어짐을 알 수 있다.

한편, 실록에 보면 마이산(馬耳山)에서 이주해 온 중국인들이 위화도까지 와서 농사를 짓고 있다는 기록이 있다.[114] 단동시 호산장성에서 동북쪽 방향으로 현도(縣道)를 따라가다 보면 호산(虎山)이 나온다. 이 호산이 실록에 보이는 '마이산'이다. 호산 고개에 이를 알려주는 석비가 있다. 산의 형상이 말의 귀처럼 생겨서 마이산으로 불렸다고 하는데, 호랑이의 귀처럼 보여서 호이산(虎耳山)으로도 불렸다고 한다. 오랜 세월이 지나서 오늘날에는 '호랑이산'으로 불리는 것이다.

마이산으로 불렸던 호산에서 위화도 추정 지역까지는 약 40km 정도의

---

113 『조선왕조실록』「세종실록」113권, 세종 28년 8월 13일 무신
　　松骨山東北隅大昌山西洞距義州威化今音同兩島三息餘程途道平易乃要衝之地
114 『조선왕조실록』「선조수정실록」21권, 선조 20년 1월 1일 경인
　　義州江旬威化島有漢人自馬耳山移住開種

거리다. 중국인들은 자국 정부가 현재의 관전현에 파사부를 설치하자, 거리낌 없이 검동도와 위화도까지 이주하여 농사를 지었던 것이다.

호산진(虎山鎭)에서 201번 국도를 따라 위화도 추정 지역인 서점자(徐店子)를 가다보면 네 개의 고개(嶺)가 나온다. 마의령(螞蟻嶺), 토문령(土門嶺), 차도령(車道嶺) 및 영빈령(迎賓嶺) 순이다. 영빈령을 끝으로 관전현 시내까지는 더 이상의 고개는 없다. 그런데 영빈령이 위치한 곳이 〈지도Ⅲ-13〉에 표시한 검동도로 추정되는 지역이다. 검동도 역시 위화도 못지않게 중요한 곳이었다. 이곳은 '모든 강을 건너는 사람들이 반드시 이 섬의 북쪽을 거치는데 (중국의) 서울로 가는 사신이 입조(入朝)하는 길'[115]이었기 때문이다.

〈사진Ⅲ-7〉 검동도로 추정되는 지역에 있는 영빈령

평안도 의주는 중국과 경계를 맞닿고 있는 지역이어서 조선에서 중국으로 가는 사신이나, 중국에서 조선으로 오는 사신이 모두 오가는 길목이었다. 특히, 조선은 상국(上國)인 명에서 사신이 올 때면 덕망 있는

---

115 『신증동국여지승람』53권 「의주목」 '검동도'
　　黔同島在州西十五里周十五里鴨綠江到此分三派兩島在二洲間有三氏梁凡渡江者必由島北越京使臣入朝之路

2품관 중에서 원접사(遠接使)를 뽑아 사신을 맞이하였고, 2, 3품의 당상관(堂上官) 중에서 선위사(宣慰使)를 뽑아 중국 사신을 영접하고 연회를 베풀었다. 중국으로 가는 사신들은 의주성에서 마지막 점검을 마치고 검동도를 거쳐서 나갔다. 마찬가지로 중국에서 오는 사신들도 이곳을 거쳐서 의주로 왔다. 검동도는 의주성과 중국을 잇는 국로(國路)가 지나가는 곳이었던 것이다. 이 길을 통해 중국으로 가는 사신들을 배웅하고 중국에서 오는 사신들을 영접하였던 것인데, 그 장소가 지금도 '영빈령'으로 남아 있는 것이다. 영빈령이 있는 섬이 곧 검동도이고, 검동도와 강 하나를 사이에 두고 있는 것이 위화도이니, 이를 통해서도 현재의 '서점자' 지역이 위화도일 가능성이 매우 높은 곳임을 알 수 있다.

(2) 서점자 인근 지형

이제 위화도로 추정되는 서점자(徐店子)의 지형을 사서의 기록과 함께 살펴보고자 한다. 사서에 기록된 위화도 내용은 다음과 같다.

> ① 태조(太祖)가 위화도에 군사를 머무르고 있을 때, 여러 날 장마가 져도 물이 붇지 않다가, 군사를 돌리어 언덕에 오르자 큰물이 갑자기 불어서 온 곳이 잠겼다.[116]

> ② (위화도는) 다만 날씨가 가물면 걸어서 건너갈 수 있는 곳인데, 그 거리는 겨우 70~80보(步)이다.[117]

---

116 『조선왕조실록』「세종실록」116권, 세종 29년 6월 4일 을축
　　太祖駐師威化島霖潦數日 水不張及旋師登岸水卽大至全島墊沒
117 『조선왕조실록』「세조실록」34권, 세조 10년 8월 4일 을유
　　(威化島)但旱則可徒涉處僅七八十步

③ 임금이 말하길, "위화도는 이미 비(碑)를 세울 곳이 아니다. 그리고 태조봉(太祖峰)과 회군천(回軍川)은 모두 비를 세우기가 어렵고, 익원당(翊原堂)은 그 장소를 적실히 알지 못하니, 본도(本道) 감사(監司)로 하여금 다시 살펴서 보고하게 하라."고 하였다.[118]

위화도는 비가 오지 않을 경우에는 물이 많이 흐르지 않아서 사람들이 걸어서 건너갈 수 있었다. 〈사료②〉를 보면 강폭의 넓이는 70~80보[119]라고 하였으니 대략 80~100미터 이내다. 서점자에는 강줄기가 휘돌아 흐르는데 강폭이 상당히 넓었다. 저자가 처음 서점자를 답사한 때는 겨울이었다. 사서의 내용처럼 걸어서 충분히 강을 건너갈 수 있었다. 또한 건기인 때를 이용하여 준설 공사가 한창이었는데, 준설로 강폭이 넓어질 수 있지만 강 위에 놓인 다리는 80여 미터 정도였다.

서점자는 매우 넓은 땅이다. 강물이 굽이 돌고, 언덕과 밭이 있고, 야산 지대 및 우뚝 솟은 남산(南山)도 있다. 둘레가 70~80리, 길이가 19리, 너비는 8~9리에 이른다는 사서의 기록들을 충족함을 알 수 있다. 이성계가 이끄는 5만여 명의 대군이 주둔하기에도 충분한 넓이다. 이러한 서점자의 지형은 〈사료①〉에 보이는 '언덕'도 있고, 〈사료③〉에서 '태조봉'이라고 지칭하였음직한 '남산'이라는 산도 있다. 특히, 〈사료①〉에 '이성계가 군사를 돌려 언덕에 오르자 이내 큰물이 불어나 잠겼다'는 내용은 군사들을 강변에 주둔시켰다가 빗물이 넘쳐나자 언덕으로 대피

---

118 『조선왕조실록』, 「숙종실록」45권, 숙종 33년 1월 25일 기묘
　　上曰威化島旣非立碑之所太祖峰回軍川俱難立碑翊原堂其處不能的知使本道監司更審以報
119 1보(步)는 1.2m이다.

시킨 것이다. 서점자의 현장이 모든 기록들과 확실하게 부합됨을 알 수 있다.

이제까지 여러 사서에서 보이는 위화도와 관련된 기록들을 검토하고 현장 검증을 거쳐 확인한 위화도는 〈지도Ⅲ-14〉에 표시된 것처럼 포석하가 압록강으로 흘러가는 '중국 요령성 관전만족자치현 서점자'였음을 알 수 있다. 이곳은 현재의 압록강 단교에서 서쪽으로 약 50km 정도 올라간 지점이다.

〈사진Ⅲ-8〉 입구에서 본 위화도

〈지도Ⅲ-14〉 새롭게 비정한 위화도의 위치[120]

---

120 허우범, 위의 논문, 254쪽.

4. 의주 범위와 부경사신로 검토

1) 의주의 범위

위화도가 관전현에 있다는 것은 무엇보다 평안도의 의주 지역도 압록강 위쪽에 있었음을 방증하는 것이다. 이제 새롭게 비정한 위화도의 위치를 참고하여 조선 초기 의주의 범위를 살펴보기로 한다.

의주는 조선과 명의 접경 지역이기도 하였지만 여진과도 인접하고 있는 곳이었다. 명의 요동총병관인 이성량은 만력초[121]에 6개의 보를 설치하였다. 그중 현재의 관전현 지역에 5개의 보를 설치하고 7, 8백여 리에 달하는 땅을 개간하여 농사와 목축으로 많은 이익을 거뒀다. 이때 이주한 중국인은 6만 4천여 호에 이르렀다.[122] 조선은 명이 관전보까지 자국민을 이주시켜 위화도와 검동도 등지를 경작하는 상황이 되자, 이를 우려하면서도 강하게 대응하지 못하였다. 오히려 명이 보를 설치하고 군사를 주둔시킴으로써 여진으로부터 조선을 지켜줄 것이라고 믿었다. 하지만 명에 대한 믿음은 국경의 침범과 경작 다툼의 폐해만 발생시켰다.

① 중국이 의주로부터 20리 떨어진 강상(江上)에 관전보(寬奠堡)를 설치하였다. 간원이 이르기를, "중국이 진을 설치하고 전답을 일구어 그 인민이 우리 변경과 서로 접속해서 살게 된다면 간세한 무리가

---

121 명 제13대 황제인 神宗의 연호로 1573년부터 1620년 7월까지 사용하였다.

122 『明史』卷238, 「列傳」第126, '李成梁'

當萬曆初元時兵部侍郞江道昆閱邊成梁獻議移建孤山堡丁張其哈剌佃險山堡於寬佃沿江新安四堡於長佃長嶺諸處仍以孤山險山二參將戍之可拓地七八百里益收耕牧之利. 道昆上於朝報可. 自是生聚日繁至六萬四千餘戶.

반드시 사건을 야기할 것이고, 혹은 유민(流民)을 그곳으로 투입하거나 달로(㺚虜)가 들어와 싸워서 여러 가지로 국경에 사건을 빚어내고도 남을 것입니다. 사신을 보내 간절히 주문(奏聞)하여 저지시키소서." 하니, 상이 명하여 대신에게 수의(收議)하게 하였는데, 모두들 '진을 설치하는 것은 해로울 것이 없고 또한 우리에게 유리하니, 어찌 그만두게 할 것이 있는가.' 하였다. 그러나 그 뒤에 과연 국경을 침범하여 농사를 짓고 재물을 다투며 훔쳐가는 폐해가 생겼다.[123]

② 평안도 압록강은 서쪽으로 흘러서 의주 활동(濶洞) 앞에 이르러 두 갈래로 나눠지는데, 한 갈래는 바로 적강(狄江)으로 흐르고 한 갈래는 의주성(義州城) 밑을 끼고 서쪽으로 흐른다.[124]

③ 압록강이 의주 구룡연(九龍淵)에 이르러서는 두 갈래로 갈라져서 동쪽으로 흐르는 것이 압록강인데 의주성 밑으로 해서 내려가고, 서쪽으로 흐르는 것이 서강(西江)인데 검동도(黔同島) 방면으로 해서 내려가다가 몇 리를 지나서는 다시 압록강과 합류(合流)하니, 그 안이 어적도이다.[125]

---

123 『朝鮮王朝實錄』,「宣祖修正實錄」8卷, 宣祖 7年 4月 乙巳
中朝設寬奠堡于江上距義州二十里. 諫院啓曰中朝設鎭開田人民與我境相接則奸細之徒必惹起事端或流民投入或㺚虜來闌皆足以生釁疆場請遣使懇奏止之. 上命議于大臣皆以爲設鎭無害亦便於我何可已之. 其後果有侵耕爭偸之害矣.

124 『朝鮮王朝實錄』,「燕山君日記」40卷, 燕山 7年 5月 癸丑
平安道鴨綠江西流至義州濶洞前而分流一派則直走狄江一派則傍義州城底而西.

125 『朝鮮王朝實錄』,「中宗實錄」9卷, 中宗 4年 9月 戊午
鴨綠江到義州九龍淵岐而爲二. 東流爲鴨綠由義州城底而去西流爲西江由黔同島地面而去經數三里復與鴨綠合流其中爲於赤島.

이성량은 1574년(만력 2)에 관전보를 설치하였다. 관전보는 현재 관전만족자치현에 위치한다.[126] 〈사료①〉에는 의주와 관전보의 거리가 20리 떨어져 있다고 하였다. 대략 10km 거리다. 그렇다면 의주성은 현재의 압록강 위쪽인 관전현 내에 있어야만 한다. 관전현에서 압록강까지는 국도로 47km로 이는 약 80리 거리이기 때문이다. 지리적으로 의주성은 압록강 위쪽에 있을 수밖에 없다.[127] 〈사료②〉와 〈사료③〉은 압록강이 의주성 밑으로 흘러 서쪽으로 간다고 분명하게 알려주고 있다. 이와 함께 구룡연의 위치도 정확하게 알려주고 있다. 〈사료③〉에서 알 수있는 것은 현재의 환인에서 관전으로 흘러오는 혼강이 두 갈래로 나뉘는데 서쪽으로 흘러가는 서강은 검동도를 지나간다고 하였다.[128] 〈지도Ⅲ-12〉를 살펴보면, 혼강이 두 갈래로 나뉘는 곳에서 검동도 추정 지역으로 흐르는 강이 있는데, 이 강은 반납강이다. 이 강이 서쪽으로 흐르다가 다시 갈라져 남고하(南股河)와 북고하(北股河)가 되는데 이중 북고하가 검동도 추정 지역으로 흘러간다. 검동도 지역을 흐르는 강의 이름은 현재 포석하(蒲石河)로 부른다.[129] 이 포석하가 압록강과 합쳐진다.

남고하는 사서에 보이는 난자강(蘭子江)일 가능성이 매우 높다. 발음도 비슷[130]할 뿐만 아니라 '위화도가 난자강 밖에 있다'[131]는 사서의 기록

---

126 관전형 시내에 관전보터가 남아있다.

127 황지영은 이성량이 세운 堡 중에서 조선과 가장 가까운 長奠이 義州에서 20여리 거리라고 하였다. 하지만 이 거리도 12km로 압록강을 건너지 못한다. (「李成梁事件을 통해서 본 17세기 초 遼東情勢의 變化」, 『조선 시대사학보』21, 8쪽.)

128 혼강은 관전 입구에서 세 갈래로 나뉘는데 〈사료②〉의 적강(애강)과 연결되는 것이 서강이고, 〈사료③〉은 소서강을 말하고 있는 것이다.

129 현재의 포석하가 史料에 보이는 掘浦이다.

130 南股의 발음은 'nangu'이고 蘭子의 발음은 'lanzi'이다.

131 『朝鮮王朝實錄』, 「成宗實錄」217卷, 成宗 19年 6月 乙巳

과도 일치하기 때문이다. 관전현 지역에 있었던 의주성도 어느 때부터
인가 압록강 아래쪽으로 옮겨졌을 것이다. 하지만 적어도 17세기 초까
지의 의주성은 위의 사료들에서 알 수 있는 것처럼 압록강 위쪽에 있
었음이 확실하다.

의주성의 위치가 압록강의 위쪽에 있었다면 의주의 범위도 다시 살
펴 보아야만 한다. 일반적으로 군현의 경계를 나누는 우선적인 기준은
호구 수와 경제적 가치이다. 같은 군현이라고 해도 면적이나 호구 수가
다른 것도 이 때문이다. 의주는 변방의 산악 지역이다. 인구도 많지 않
고 경작할 땅도 많지 않다. 그러므로 중앙의 여타 주들이 면적은 작고
인구 밀집도가 높은 반면, 의주는 반대로 적은 인구에 넓은 면적을 차
지하고 있었음을 짐작할 수 있다. 〈사료②〉와 〈사료③〉을 통해서 의주
의 범위도 어느 정도 추론이 가능하다. 강줄기를 통해 의주의 범위를
살펴본다면, 의주의 활동에서 갈라지는 두 개의 강줄기가 의주의 동쪽
경계가 될 수 있다. 혼강이 압록강으로 들어가기 전에 갈라져서 서쪽으
로 흐르는 지역과 포석하가 다시 압록강으로 합쳐지는 지역이 각각 북
쪽과 서쪽 범위로 볼 수 있다. 의주의 남쪽 지경은 최소한 혼강이 압록
강과 만나서 바다로 흘러가는 부분이 될 수 있다.

2) 부경사신로 검토

조선은 중국과의 정치적·경제적 목적 달성을 위하여 외교 활동에 집
중하였는데 그것은 곧 사행단의 파견이었다. 중국으로 가는 사행단의
명칭은 시대와 목적에 따라 달랐다. 일반적으로 명 때에는 부경사신(赴

至如黔同島距城三十餘里威化則又加半焉皆在蘭子鴨綠兩江之外

京使臣)이라고 하였고, 청 때에는 연경사신(燕京使臣)이라고 하였다.[132] 사행로 중 의주에서 요양까지 이르는 길은 '동팔참(東八站)'이라고 하였고, 이에 대한 지리적 이해는 익히 알고 있다.[133] 하지만 앞서 살펴본 바와 같이 의주성이 압록강 위쪽에 있다면 사신단의 노정도 다시 살펴보아야만 한다. 『조천록』을 살펴보면 사행단이 의주로 향할 때마다 고진강(古津江)을 건넌다. 고진강은 북한쪽에서 압록강으로 흘러들어가는 강[134]인데 포석하가 압록강으로 합수하는 지점을 마주보고 있다. 그렇다면 18세기 이전 의주 지역의 사행로는 '고진강 → 압록강 → 의주성 → 검동도'로 이어지는 노정이 될 수 있다. 사행단은 의주의 검동도를 지나[135] 첫 번째 역참인 구련성에 도착하게 된다. 그런데 우리는 사신단이 머물던 구련성을 현재의 단동시 호산장성에 비정하고 있다. 이 비정이 맞는다면 검동도에 도착한 사행단은 다시 남쪽으로 90여 리를 내려갔다가 또다시 탕참과 봉황성으로 올라가야만 한다. 사행로는 중국이 정해준 노정을 따라야 하는 것이지만 국내의 노정까지 멀리 돌아가는 길을 선택하지는 않을 것이다. 우리가 알고 있는 사행로는 청 때의 사행로이다. 그렇다면 명 때에도 이와 같았는지 확인해 볼 필요가 있다. 의주의 범위와 위치가 압록강 위쪽이라면 더욱 필요한 것이다.

---

132 김경록은 사행단의 명칭에 대하여 학술적으로 면밀한 검토가 필요하다고 하였다. (「조선과 중국(명·청)의 사행외교」, 『한일관계사연구』55, 260쪽.) 저자는 조선 사신단들이 當代에 일반적으로 쓴 단어를 사용하였다.

133 東八站은 義州에서 출발하여 '九連城-湯站-鳳凰城-松站-通遠堡-連山關-拈水站-遼陽'에 이르는 路程을 말한다.

134 古津江은 평안북도 천마군 관동리의 천마산에서 발원한다.

135 黔同島는 사신들이 의주를 오갈 때 반드시 지나는 곳이었다. (『신증동국여지승람』제53권, 「평안도 의주목」 '검동도' 참조) 검동도 추정 지역의 고개 이름은 지금도 迎賓嶺이며, 요양 쪽에서 관전현으로 들어오는 국도에 있는 마지막 고개이다.

〈지도Ⅲ-15〉『여지도』「아국총도」평안도의 구련성

　〈지도Ⅲ-15〉는 18세기 말에 제작된 『여지도』「아국총도」의 '평안도'
부분이다. 이 지도에 표시된 구련성의 위치는 현재의 호산장성 부근과
는 상당히 떨어진 곳이다. 현재의 평안북도 삭주에서 압록강을 건너고
포석하를 거슬러 올라간 어느 지점에 위치한다. 18세기까지도 사신단
이 오가던 구련성은 현재의 호산장성에 있는 구련성이 아니라는 것을
알려주는 것이다. 이러한 사항은 17세기 초 명을 다녀온 소광진의 『조
천일록』에서도 확인할 수 있다.

　의주에서 15리 떨어진 곳에 옛날 구련성보가 있다. 장전보와 관전보 등
이 설치된 후부터는 구련성은 폐지되기에 이르렀다.[136]

---

136 임기중, 『燕行錄全集』11卷, 「朝天日錄」, 沿路各城站
　　距義州十五里 舊有九連城堡 自說長寬尊等堡之後城遂廢.

〈지도Ⅲ-16〉 이성량의 6보 위치

이성량은 건주여진의 침탈을 방어하기 위하여 총 6개의 보를 설치하였다.[137] 그중에 5개가 현재의 관전현에 집중되어 있다. 위의 사료를 보면 구련성보는 의주와 15리 떨어진 곳에 있다. 구련성은 폐지되었다가 다시 축성되어 진강성(鎭江城)으로 불렸다.[138] 하지만 그 위치는 원래 자리에서 동남쪽으로 1리 떨어진 곳이었다. 의주와의 거리는 별반 차이가 없다. 구련성이 관전·장전 등의 보를 설치하고 폐지한 것은 이들 보 근처에 있었기 때문이라고 봐야 한다. 여진이 들어올 수 있는 길목에 5개의 보를 설치하고 보니 구련성은 활용 가치가 높지 않았던 것이다.

---

137 이성량이 설치한 六堡는 張其哈喇佃子(孤山新堡), 新奠, 大奠, 寬奠, 永奠, 長奠을 말하며, 孤山新堡를 제외한 나머지 5堡는 모두 관전현 내에 집중적으로 설치되었다.

138 임기중, 『燕行錄全集』11冊, 「호중청 朝天錄」
　　大槩自義州至遼東通計四百里舊自九連城由江沿臺以行且於連山設關置官故謂之東八站今則九連爲鎭江而行不由江沿直指湯站連山關亦廢實六站也.

현재 호산에 있는 구련성은 관전보나 장전보로부터 멀리 떨어져 있다. 현재의 구련성과 탕참의 위치를 그대로 비정한다면 이성량이 여진을 방어하기 위해 설치한 5보뿐만 아니라 멀리 떨어져 있는 구련성 역시 폐지할 수 없는 것이다. 하지만 〈지도Ⅲ-15〉에 보이는 구련성과 〈지도 Ⅲ-16〉에서 알 수 있는 이성량이 쌓은 6보의 위치를 비교하여 살펴보면 현재의 구련성과 탕참의 위치는 많은 의구심을 갖게 만든다. 이성량이 설치한 6보의 위치 중 다섯 개의 보는 관전현을 타원형으로 에워싸듯 배치되어 있다. 그런데 고산신보(孤山新堡)의 위치는 5개의 보와는 많이 떨어진 곳에 위치하고 있다.

여진은 흥경(興京)[139]을 중심으로 인근 지역에 넓게 거주하고 있었다. 이들이 봉황성과 탕참을 침탈할 때에는 조선의 국경을 지나가기보다는 경계지대로 가는 경우가 많았다.[140] 그중 애양보는 건주여진이 자주 침범하는 길이었고, 애양보에 이은 공격 루트는 탕참이었다.[141] 이는 탕참의 위치가 애양보에서 봉황성 사이에 있음을 알려주는 것이기도 하다. 탕참이 애양보에서 가까운 곳에 있다는 것은 다음의 기록에서도 짐작할 수 있다.[142]

---

139 興京은 渾河上流의 蘇子河 유역으로 현재는 淸原滿族自治縣 지역이다.

140 『朝鮮王朝實錄』,「明宗實錄」25卷, 明宗 14年 3月 丁亥
建州衛犾子則甕陽堡湯站江沿臺地方作賊之時必由方山鎭鴨江西邊往來故江沿臺守堡官欲令義州牧使邀遮賊路內外夾攻至於懇辭移文. 但賊路非是我國地方而在於他境非但形勢甚難若遽輿兵越江以開釁端替受無窮之患後悔無及.

141 『朝鮮王朝實錄』,「中宗實錄」102卷, 中宗 39年 4月 甲申
二千餘名甕陽堡圍立三千餘名湯站地方發向.

142 조천록의 기록들을 살펴보면 구련성에서 탕참까지는 60리이고, 탕참에서 봉황성까지는 40리이다.

평안도 관찰사 안윤덕(安潤德)이 장계(狀啓)를 올렸는데, "탕참 천호(湯站千戶) 이능(李能) 등이 와서 말하기를 '건주위(建州衛)의 오랑캐들이 군사를 나누어 입구(入寇)하여, 신안보(新安堡)의 군민 30여 명과 애양보(靉陽堡)의 군민 1백여 명을 죽이고 포로해 갔는데 애양보 대인(靉陽堡大人)과 요동방어 대인(遼東防禦大人)은 전사하였습니다. 그들이 또 탕참(湯站)지방을 침입하려 하니, 만약 적변(賊變)이 생기면 와서 구원해 주기를 청한다.'고 합니다."[143]

건주여진의 공격 방향은 신안보와 애양보에 이어 탕참이다. 현재 탕참의 위치는 봉황성 남쪽에 있는 '탕산성진'으로 비정하고 있다. 건주여진의 근거지인 흥경에서 명의 요동도사 지역을 공격하는 방향은 서북쪽에서 동남쪽 방향이다. 이러한 공격 방향으로 볼 때 현재의 탕참에 도달하려면 필히 봉황성을 거쳐야만 한다. 그런데 위의 사료에서도 볼 수 있듯이 여진은 봉황성이 아닌 탕참을 침입하려고 하고 있다.[144] 이는 탕참의 위치가 지금보다 훨씬 위쪽에 있었음을 짐작하게 해준다. 따라서 16세기 초반 탕참의 위치는 적어도 봉황성의 서북쪽에 있었던 것으로 보인다. 〈지도Ⅲ-16〉에서 고산신보 위치는 6보 중 가장 위쪽인 본계 지역에 있다. 이는 건주여진이 본계와 철령 방향으로 침입하는 것을 방어함과 동시에 애양진을 공격하는 여진의 배후를 차단하는 역할도 겸

---

143 『朝鮮王朝實錄』, 「中宗實錄」26卷, 中宗 11年 8月 戊寅
　　平安道觀察使安潤德狀啓曰湯站千戶李能等來言建州衛猹子等分兵入寇殺虜新安堡軍民三十餘名靉陽堡軍民百餘名靉陽堡大人及遼東防禦大人戰死彼又欲寇湯站地面若有賊變請來救云.

144 저자는 建州女眞이 興京 지역의 鴉鶻關에서 遼東都司를 공격하는 루트를 직접 답사하였는데, 鴉鶻關에서 서남쪽으로 弟兄山까지, 남동쪽으로 靉陽鎭까지는 방어선을 구축할 수 있는 산이 없는 평탄한 길이었다.

하고 있는 것이다. 그러므로 16세기 초 부경사신로의 탕참은 애양진에서 봉황성으로 이어지는 어느 지점에 있는 것으로 보아야만 한다.[145]

〈사진Ⅲ-9〉 이성량이 구축한 고산신보터

다음의 사료를 통해서도 조선 초 의주를 포함하는 평안도 지역이 현재의 압록강 위쪽까지 포함되었음을 알 수 있다.

청석령(靑石嶺)은 의주에 있고 (걸어서) 4일 정도의 거리이며, 옛날 요양으로부터 70리인데 예부터 고려의 구계(舊界)라고 불렀고, 산등성이가 서남쪽으로 내어 달리고, 금복해(金復海)가 남쪽으로 사방을 둘러싸고 있는 땅이니 모두 산등성이가 연이어 있고 가파른 산이 겹겹이 있어서, 고구려의 전성기에는 수·당의 백만 군사도 망설여 머뭇거리고 감히 침입하지 못하였다. (중략) 건주(建州)의 모든 지역은 옛 우리 태조가 공격한 동녕부(東寧府), 올자성(兀剌城) 등의 지역이다. 여지승람에 이미 기록된 압록강 바깥 지역은 우리나라의 옛 땅으로 우모령(牛毛嶺) 파저강(婆猪江)은 모두 근거지로 삼을 수 있으나 험하고 요해(要害)한 곳이어서 강 안쪽의 지역에서는 청석(靑石) 등의 지역과는 비교할 수가 없다.[146]

---

145 조선과 명의 부경사신로 고찰은 본 논문의 논지에서 벗어나는 부분이므로 여기에서는 의주 지역의 범위를 살펴보기 위한 방편으로 개괄적인 전개에만 그친다.

146 이종휘, 『東史』「東國興地雜記」

5. 우왕의 요동 정벌로 검토

고려 우왕은 명과의 철령위 설치 문제를 둘러싼 외교 분쟁이 실패로 끝나자 곧바로 요동 정벌을 단행하였다. 이미 앞에서 살펴본 바와 같이 철령과 철령위는 모두 요동의 본계 지역에 있었다. 그렇기 때문에 요동 정벌을 단행하였던 것이다.[147] 고려의 요동 정벌은 명의 철령위 설치에 반대하고 고려의 영토를 지키기 위한 일종의 구국 출병이었던 것이다.

우왕은 최영을 팔도도통사로 임명하고, 조민수와 이성계를 각각 좌우도통사로 삼아 5만여 명의 대군을 이끌고 요동 정벌에 나섰다. 그런데 막중한 대사를 처리해야 하는 기간은 '한 달 이내'였다.

이에 최영에게 8도도통사(八道都統使)를 더하고 조민수(曹敏修)를 좌군도통사(左軍都統使), 태조를 우군도통사(右軍都統使)로 삼았다. 여러 장수들과 함께 평양을 출발하면서 최영이 말하기를, "지금 대군(大軍)이 장도에 올랐는데 만약 한 달을 끌게 되면 대사(大事)를 성공할 수 없으니 신이 가서 독려하게 해주십시오."라고 하였다.[148]

고려의 요동 정벌은 명에 대한 일종의 군사적인 무력 과시 수준이었을 가능성이 높다. 건국 초기인 명은 북원 세력과의 전쟁에 많은 병력을 투입하고 있었기 때문에 요동 지역까지 신경 쓸 겨를이 없었다. 고

---

147 우리 역사교과서에는 고려 우왕이 '강원도 철령'이 아닌 '철령위'의 치소가 있는 요동을 정벌하려고 한 것이라고 하며 각각 별개의 장소로 정의하고 있다.

148 『高麗史』115卷, 『列傳』26卷, '崔瑩'
於是加瑩八道都統使敏修爲左軍都統使太祖右軍都統使與諸將發平壤瑩曰今大軍在途若淹旬月大事不成臣請往督.

려는 이 같은 정세를 활용하여 명에게 철령위 지역은 고려의 관할권임을 무력으로라도 인지시켜 명 태조가 이를 받아들이도록 하면 된다고 여겼을 수 있다. 그렇다고 하여도 대군이 한 달 안에 요동을 공략할 수 있을지 의문이 들 수밖에 없다. 특히, 이성계가 회군한 위화도가 현재의 압록강 하중도라면 이는 더욱 어려운 문제가 아닐 수 없다. 왜냐하면 현재의 위화도에서 요동을 가는 길은 봉황성, 연산관 등을 지나는 험난한 길이기 때문이다. 이 길은 산세가 험하고 협곡이 많아 대군이 이동하기에 적당한 길이 아니다. 요충지마다 군사를 배치하여 수비하면 고려군은 요동에 이르기도 전에 전멸할 가능성이 높은 길이기 때문이다. 이런 길을 한 달 안에 달려서 요동을 공략하는 것은 불가능하다.

하지만 새로 비정한 서점자 지역이 위화도인 경우에는 상황이 달라진다. 관전현에서 요동까지 이어진 성도(省道)가 있는데 도로의 종착점이 철령이다. 약 280km에 이르는 이 길은 산과 산 사이의 폭이 최소 1km 이상인 넓은 벌판길로 이어져 있다. 그야말로 고속도로인 것이다. 이런 지형에서는 적이 매복 공격을 하기도 어렵다. 또한 본계 지역에 이르기까지 길을 가로막는 산도 없고, 낮은 고개만 두 개 뿐이다. 그야말로 대군이 이동하는 데 최적의 길인 것이다. 이러한 길이라면 대군으로도 5, 6일이면 요동까지 갈 수가 있는 것이다. 최영이 한 달 이내에 대사를 성공시켜야 한다는 말은 바로 이러한 진격로가 준비되어 있었기 때문에 가능한 계획이었던 것이다.

〈지도Ⅲ-17〉은 대군이 관전에서 요동까지 진군함에 있어서 커다란 무리가 없는 길만을 표시한 것이다. 이 길들은 산맥들 사이로 난 길이어서 적군에게 들킬 염려도 적은 길이다. 즉, 고려의 대군이 명과와의 경계 지역인 본계의 철령까지 안전하고 빠르게 진군할 수 있는 길인

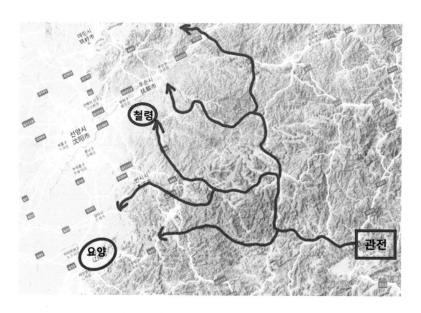

〈지도 III-17〉 관전에서 요양·철령까지 교통로

것이다. 명군이 알 수 있는 곳은 봉집보이고 이때는 이미 늦은 시점이 되고 만다. 최영은 이처럼 관전과 본계 일대의 지리적인 사항을 잘 알고 있었기 때문에 '한 달 이내'의 속전속결을 추진하였던 것이다. 이성계 역시 누구보다도 이 지역을 잘 알고 있는 장수였다. 그가 천명한 요동 정벌 불가론에도 한 달 이내에 공략하고 돌아오는 것은 불가하다는 말이 없는 것은 바로 이러한 사실을 입증하는 것이다.[149]

---

149 이성계가 내세운 '4불가론'은 '① 작은 것으로 큰 것을 거스르는 것, ② 여름에 군사를 내는 것, ③ 저국식으로 빌리 공석을 나가니 왜구가 그 틈늠을 늠탈 것, ④ 상마철이어서 활과 쇠뇌의 아교가 느슨하고 대군에 질병이 돌 것이다.'이다. (『高麗史』卷137,「列傳」卷第50, 禑王 14年 4月 乙巳)

〈지도Ⅲ-17〉에서 제일 빠르고 안전한 진격로는 철령으로 향하는 길이다. 이 길들은 〈사진Ⅲ-10〉에서 보듯이 고속도로와도 같은 길이다. 철령위는 처음에 봉집보에 세워졌다가 5년 후, 아무런 이유 없이 철령현으로 옮겨졌다. 이는 여진과 몽골을 방어하기 위한 조치였다고도 볼 수 있지만, 불발로 끝난 고려의 요동 정벌로를 살펴본 명 태조가 전략적 판단착오를 인정하고 옮긴 것임도 염두에 두어야 한다. 즉, 고려군이 철령을 넘어서 올 것으로 판단하고 바로 국경지대 앞인 봉집보에 철령위를 설치하였던 것인데, 고려군이 우회하여 뒤로부터 급습하는 진군로가 있었음을 알고는 급히 옮긴 것으로 판단된다. 아울러 옮긴 철령위는 여진의 방어에도 보다 효율적인 곳이기도 하였던 것이다.

〈사진Ⅲ-10〉 관전서 철령까지 이어진 벌판길

3장
명의 요동변장 설치와
조선의 서남 국경

1. 명의 요동 지역 공략과 요동변장 설치

명은 1368년 건국과 동시에 중원의 여러 지역에서 북원 세력을 몰아내기 위하여 병력을 투입해야만 하는 상황이었다. 이 과정에서 요동 지역은 우선적으로 장악해야만 하는 곳이었다. 이 지역은 동쪽으로는 고려, 서쪽으로는 산해관, 북쪽으로는 몽골로 이어지는 요충지인 까닭에 요동을 장악하지 못하면 명의 후문이 열려 있는 것과 마찬가지여서 결국 황하 이북은 방어에 어려움을 겪기 때문이다. 하지만 명은 병력을 요동에 집중시킬 여력이 없었다. 명 태조의 요동 지역 공략은 1370년 원의 요양행성 평장이던 유익의 투항으로 활기를 띠게 된다. 명은 곧 유익을 요동위지휘동지로 임명하여 요동 공략을 위한 교두보를 확보하였다.[150] 이어 1371년 요양에 정요도위 설치를 시작으로 신속하게 위소 설치를 확대해 나갔다. 1387년에는 금산 전투에서 패한 납합출이 항복함으로써 명 태조는 드디어 요동 지역을 장악하기에 이르렀다.

---

150 남의현, 「明代 遼東都司 支配의 限界에 관한 硏究」, 강원대 박사학위논문, 2006, 17쪽.

명은 친명정책을 표방하던 고려의 공민왕이 시해된 이후, 공로폐쇄(公路閉鎖)와 무리한 공마요구(貢馬要求) 등으로 고려와 갈등이 야기되고 있었다. 북원 세력을 일소한 명은 고려와 북원 세력과의 연결을 차단하고 요동 지역에서의 우위를 선점하기 위하여 고려에 철령위 설치를 통보하였고, 이로 인해 고려와 명은 전쟁 일보직전까지 가는 상황을 맞이하였다. 명 태조는 이성계의 회군으로 요동 지역에서의 고려와 북원 세력을 차단하는 전략을 차질 없이 수행할 수 있었고, 아울러 고려와의 연고권 다툼 없이 고려의 옛 영토를 차지할 수 있었다.

명 태조가 요동 지역을 놓고 고려 및 조선과의 분쟁에서 우위를 차지할 수 있었던 것은 모두 이성계 덕분이었다. 이성계는 군사 쿠데타가 아닌 역성혁명으로 권력을 잡은 것임을 천하에 알리고, 이로부터 새로운 국가 건설을 통한 왕위의 정통성을 확보할 필요가 있었다. 이를 위해서는 동북아시아 조공체제에 합당한 방법인 명으로부터의 왕위 인준이 절실할 수밖에 없었다. 명 태조는 이러한 이성계의 급박한 사정을 숙지하고 '조선'이라는 국호를 주기까지 이러저러한 이유로 압박을 가하며 요동 지역에서의 입지를 확고히 하였다. 이성계는 명으로부터 조선 창업과 왕위를 승인받자 더욱 친명 사대주의로 일관하였고, 이는 조선 시대 내내 명과의 국경 문제에서 언제나 후퇴해야만 하는 전거가 되었다.

명은 요동 지역을 통제하기 위하여 군사 중심의 위소제(衛所制)를 실시하였다. 요양에 설치된 정요도위지휘사사가 요동도지휘사사로 개편되면서 모두 25개의 위소를 총괄하였다. 명의 요동 지역 위소 설치는 남쪽인 여순에서부터 시작되었다. 1370년 요양행성 평장 유익이 투항하며 요동위를 설치하고 요양에 정료도위를 설치하였지만, 우선적으로 요남 지역인 금주, 복주, 개주 등의 지역부터 위소 설치에 주력하였다. 이처럼 명 태조가 요남 지역에 관심을 기울인 것은 당시 국도인 남경과의 수송로 확보를 위해서도 필요한 조치였다. 명은 요동위에 이어 1371년 7월에 요양에 정료도위지휘사사 설치를 시작으로 1373년에 정료좌위, 정료우위, 1375년에 금주위, 1376년에 해주위와 개주위, 1377년에 복주위와 요해위를 설치하였다. 이어 1380년에 동녕위, 1384년에 정요중위, 1386년에 심양중위, 심양좌위, 심양우위 3위를 설치하였다.[151] 14개의 위소가 요양과 심양을 중심으로 천산산맥을 따라 여순까지 설치되었는데, 이는 명이 건국된 지 약 20년이 경과된 후였다.

명 태조는 고려와 철령위 분쟁을 일으키며 고려는 예전부터 압록강을 경계로 하였다고 일축하였다.[152] 위화도 회군을 통해 조선을 건국한 이성계는 명의 주장을 그대로 받아드릴 수밖에 없는 입장이었다. 또한 명 태조는 조선과의 경계를 요동도지휘사사가 있는 요양에서 동남쪽으로 180리 떨어진 연산관으로 정하였다.[153] 연산관은 심양에서 여순까지 설치된 위소의 동쪽 경계선인 천산이 산맥을 형성하며 이어지는 곳에 설치되었다.

이로부터 연산관에는 국경파수가 설치되어 조선과 명이 드나드는 국

---

151 남의현, 「明 前期 遼東都司와 遼東八站占據」, 『明淸史硏究』21, 2004, 5쪽.
152 『太祖高皇帝實錄』卷190, 洪武 21年 4月 壬戌
上諭禮部尙書李原名曰, 數州之地, 如高麗所言, 似合隸之, 以理勢言之, 舊旣爲元所統, 今當屬於遼, 況今鐵嶺已置衛, 自屯兵馬守其民, 各有統屬. 高麗之言, 未足爲信. 且高麗地境, 舊以鴨綠江爲界, 從古自爲聲敎
153 『大明一統志』,「遼東都指揮使司」, '連山關'
連山關:在都司城東南一百八十里. 朝鮮入貢之道.

제3부_ 여말선초 주요 역사지리 고찰 · 259

경선이 되었고, 압록강에서 연산관에 이르는 지역은 국경지대[154]로 보았다. 조선 초기의 국경선 위치와 관련된 연구가 많지 않은 것은 현재의 압록강이나 연산관의 위치가 명확하게 설명될 수 있기 때문일 것이다. 하지만 고려 시대의 압록강(鴨淥江)이 눈강-요하, 송화강-혼강을 잇는 강줄기라고 하였듯이, 조선 초기의 압록강(鴨淥江) 줄기가 혼강-애하인 것을 이해하면 명과의 국경지대도 새롭게 정의할 필요가 있다.

〈사진 III-11〉 요양 방면으로 가는 길에서 본 연산관진 원경

〈사진 III-12〉 봉황산 방면으로 가는 길에서 본 연산관 원경

---

154 이 지역에 대한 명칭은 연구자에 따라 無人地帶, 空閑地帶, 國境地帶, 國境緩衝地帶 등 다양하게 정의하고 있다. 저자는 현재처럼 광대한 국경지대가 있었다는 것에는 동의하지 않지만 산맥을 사이에 둔 국경지대는 존재할 수 있다고 생각한다. 저자가 사용하는 국경지대의 의미는 사람이 아주 살지 않는 땅이 아니라 많지는 않아도 양국의 주민들이 실제로 거주하고 있음을 전제로 한다.

제2부 2장에서 고려와 요·금·원과의 요동반도에서의 경계는 천산산맥을 기준으로 동쪽은 고려의 경계였음을 확인하였다. 원은 당시 최고의 영토를 가진 대제국이었다. 하지만 요동반도 남단의 영토는 요·금 시대와 변동이 없었을 것으로 보인다.[155] 원의 영토를 물려받은 명 역시 요동반도 남단의 고려와의 경계는 천산산맥이었다. 고려의 뒤를 이은 조선은 서북계와 동북계의 영토는 축소되었지만 서남쪽인 요동반도 남단은 17세기 초까지 조선의 영토로 존재하였다. 이제 이러한 사실을 확인해보도록 하겠다.

2. 요동도지휘사사의 동남쪽 경계

조선 초기의 압록강을 고찰하기 전에 명 태조가 요동 경략 초기에 설치한 금주위, 복주위, 개주위, 해주위의 범위에 대하여 살펴볼 필요가 있다. 조선은 고려의 강토를 그대로 이어받았기 때문에 명이 요동 공략의 발판을 마련한 4위의 동쪽 범위를 살펴보는 것은 조선 초기의 경계를 이해하는 데에도 중요한 단서를 제공해줄 수 있기 때문이다. 먼저 금주위와 복주위를 살펴보도록 하겠다.

① 금주위는 본래 금주인데 홍무 5년(1372) 6월 옛 금주에 설치하였
　　다. 8년(1375) 4월에 위(衛)를 두었다. 동쪽으로 대흑산(大黑山)이 있는데

---

155 원은 고려를 부마국으로 여겼기 때문에 고려의 영토를 굳이 원의 영토로 편입할 필요성
이 크지 않았을 것이다. 이는 고려의 서경 지역을 동녕부로 편입하였다가 돌려준 것에서
도 유추할 수 있다.

소사하(小沙河)가 여기에서 나온다. 또 소흑산(小黑山)이 있는데 낙마하(駱馬河)와 징사하(澄沙河)가 여기에서 함께 나온다. 위(衛)의 동, 서, 남 3면은 모두 바닷가이다. 남쪽에는 남관도(南關島)가 있다. 동쪽에는 연화도(蓮花島)가 있다. 동남쪽에는 금선도(金綫島)가 있다. 다시 동쪽으로는 피도(皮島)가 있고 그 동쪽에는 장행도(長行島)가 있다. 남쪽에는 쌍도(雙島)와 삼산도(三山島)가 있다. 서남쪽에는 철산도(鐵山島)가 있다. 동북쪽에는 소가도(蕭家島)가 있는데 관문이 있다. 북쪽으로 도사(都司)와는 600리 떨어져 있다.[156]

② 복주위는 본래 복주인데 홍무 5년(1372) 6월 옛 복주성에 설치하였다. 14년(1381) 9월에 위(衛)를 두었다. 서쪽으로 바다와 인접해 있으며 서남쪽에는 장생도(長生島)가 있다. 남쪽에는 사하(沙河)가 있는데 마하(麻河)와 합쳐져 서쪽으로 바다에 흘러들어간다. 동쪽에는 득리영성(得利嬴城)이 있는데 원 말기에 그 고장 사람들이 쌓았다. 북쪽으로 도사(都司)와는 420리 떨어져 있다.[157]

〈사료①〉은 금주위의 현황을 열거한 것인데, 동북쪽과 북쪽을 제외하고는 모두 바다에 접하고 있다. 〈지도Ⅲ-18〉은 『주해도편』의 금주위

---

156 『明史』, 「志」第17, '地理二', 金州衛
金州衛本金州. 洪武五年六月置於舊金州. 八年四月置衛. 東有大黑山, 小沙河出焉. 又有小黑山, 駱馬河澄沙河俱出焉. 衛東西南三面皆濱海. 南有南關島. 東有蓮花島. 東南有金綫島. 又東有皮島, 又有長行島. 南有雙刀及三山島. 西南有鐵山島. 東北有蕭家島, 有關. 北距都司六百里.

157 『明史』, 「志」第17, '地理二', 復州衛
復州衛本復州. 洪武五年六月置於舊復州城. 十四年九月置衛. 西濱海. 又南有沙河, 合麻河, 西注於海. 東有得利嬴城, 元季土人築. 北距都司四百二十里.

지도이다. 이 지도와 함께 살펴보면 보다 확실한 경계를 알 수 있다. 금
주위의 동북쪽 경계는 소가도이고, 북쪽은 패란포이다.[158] 동북쪽 경계
인 소가도에는 관문이 있는데 위소에서 150리 떨어져 있다.[159] 패란포
는 현재의 대련시 보란점구이다. 이곳의 동쪽에 사하가 있고 남쪽으로
흘러 바다로 들어가는데 소가도는 바로 사하에 있는 섬이다.

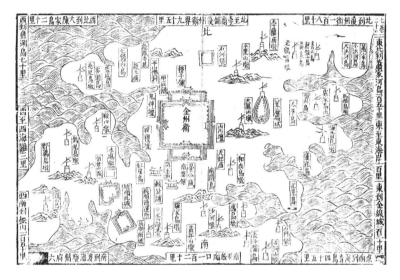

〈지도 Ⅲ-18〉『주해도편』「금주위」

〈사료②〉에서는 복주위의 동쪽에 득리영성(得利嬴城)이 있다고 하였
는데, 위소에서 성까지 거리는 80리이다.[160] 이 성은 용담산(龍潭山)에

---

158 『籌海圖編』, 「遼陽總圖」, '金州衛'
　　　東北到蕭家河島一百五十里. 北至宇蘭舖復州衛界九十五里.
159 『大明一統志』, 「遼東都指揮使司」, '蕭家島關'
　　　在金州衛東北一百五十里.
160 『大明一統志』, 「遼東都指揮使司」, '得利嬴城'
　　　在復州衛東八十里.

위치한다.[161] 현재의 복주하(復州河)가 용담산의 동쪽을 돌아 득리사진 (得利寺鎭)의 남쪽으로 흘러 서쪽의 발해로 들어간다. 〈지도Ⅲ-19〉를 참조하면 복주위의 동북쪽 경계는 필리하이다.[162] 필리하는 현재 벽류하로 불린다. 즉, 명대의 복주위는 현재의 벽류하를 경계로 하였음을 알수 있다.

〈지도Ⅲ-19〉『주해도편』「복주위」

다음으로 개주위와 해주위에 대하여 알아보도록 하겠다.

---

161 『復縣志略』,「山水略」,'龍潭山'
　　城東北七十里. 東距復州河里許. 上有得利嬴城..云云
162 『籌海圖編』,「遼陽總圖」,'復州衛'
　　東北到畢里河一百一十里.

③ 개주위는 원 때 개주이며, 요양로에 속하였다. 홍무 4년(1371)에 폐지하였다가 5년 6월에 다시 설치하였고, 9년 10월에 위를 설치하였다. 28년 4월에 주를 다시 폐지하였다. 동북쪽으로 석성산이 있다. 북쪽으로는 평산이 있는데, 그 아래에 염전이 있다. 동쪽으로는 주필산이 있으며, 서쪽은 바다에 이른다. 연운도가 있는데 섬 위에는 관(關)이 있다. 또 동쪽으로 니하가 있고 남쪽으로는 청하가 있으며, 동남쪽으로는 필리하가 있는데 모두 바다로 들어간다. 남쪽에는 영녕감성(永寧監城)이 있으며 영락 7년(1409)에 설치하였다. 서북쪽으로는 양방구관(梁房口關)이 있는데, 바다를 오가는 배들이 이곳에서 요하로 들어간다. 널따랗게 염전이 있는데 동쪽에 석문관이 있다. 서쪽과 북쪽에도 염전이 있다. 북쪽으로 도사성까지 240리이다.[163]

④ 해주위는 본래 해주인데 홍무 초기에 옛 징주성에 설치하였고 9년(1376)에 위를 설치하였다. 28년 4월에 주를 폐지하였다. 서남쪽으로 바다에 이르며 염전이 있다. 서쪽으로 요하가 있는데 혼하와 태자하를 모아 바다로 들어간다. 이를 일러 삼차하(三岔河)라고 한다. 또 서쪽으로는 남통강과 북통강이 있는데 역시 요하에서 합류한다. 동쪽으로는 대편령관(大片嶺關)과 염전이 있다. 동북쪽으로 도사성까지 120리이다.[164]

---

163 『明史』,「志」第17, '地理2', 蓋州衛
　　蓋州衛元蓋州, 屬遼陽路. 洪武四年廢, 五年六月復置, 九年十月置衛. 二十八年四月, 州復廢. 東北有石城山. 又北有平山, 其下有鹽場. 又東有駐蹕山, 西濱海, 有連雲島, 上有關. 又東有泥河, 南有淸河, 東南有畢里河, 下流皆入於海. 又南有永寧監城, 永樂七年置. 又西北有梁房口關, 海運之舟由此入遼河, 旁有鹽場. 又東有石門關. 西有鹽場. 北有鐵場. 北距都司二百四十里.

164 『明史』,「志」第17, '地理2', 海州衛

〈사료③〉은 개주위의 현황을 열거한 것이고, 〈지도Ⅲ-20〉은『주해도편』의 개주위 지도이다. 이 지도와 함께 사료의 내용을 살펴보면 보다 확실한 경계를 알 수 있다.

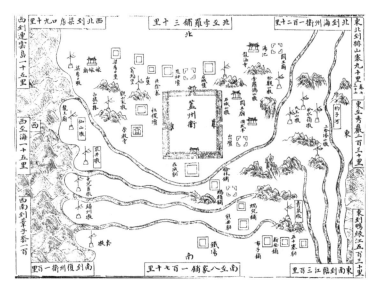

〈지도Ⅲ-20〉『주해도편』「개주위」

개주위의 서쪽은 바다에 접하고 있고 남쪽은 청하, 동남쪽으로는 필리하와 경계를 이룬다. 지도를 참조하면 개주위의 경계를 좀 더 자세하게 알 수 있는데, 동쪽은 수암까지 230리이고 남쪽은 팔가보까지 170리이다. 복주위의 경계인 벽류하의 동쪽 적산(赤山)에 팔가자촌(八家子村)이 있다. 개주위의 남쪽 경계로 보여진다. 동쪽 경계는 현재의 수암현의 경계에 있는 황토령진(黃土嶺鎭) 지역이다. 개주위의 동쪽과 남쪽 경

海州衛本海州, 洪武初, 置於舊澄州城, 九年置衛. 二十八年四月, 州廢. 西南濱海, 有鹽場. 西有遼河, 匯渾河, 太子河入海, 謂之三岔河. 又西有南, 北通江, 亦合於遼河. 東有大片嶺關. 有鹽場. 東北距都司百二十里.

계는 벽류하에서 천산산맥을 따라 북쪽으로 황토령까지였음을 예측할
수 있다.

〈사진Ⅲ-13〉조선 시대 필리하로 불린 벽류하

해주위는 〈사료④〉의 설명과 〈지도Ⅲ-21〉을 비교해서 살펴보면 그
경계를 이해할 수 있다.

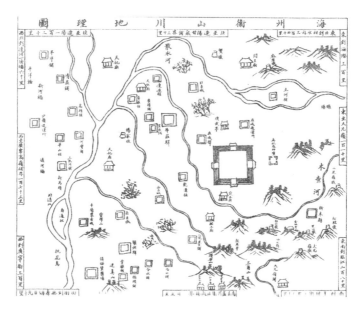

〈지도Ⅲ-21〉『요동지』「해주위」

해주위의 사방 경계는 서쪽은 광녕과 남쪽은 개주위와 접한다. 여기에서 필요한 것은 동쪽과 북쪽 방면이다. 지도에서 동쪽 경계는 대판령까지 110리이고, 북쪽은 감천포까지 30리이다. 동북쪽은 고려 시기의 국경이었던 첨수참으로 340리이다. 동쪽 경계인 대판령까지의 거리를 염두에 두고 현재의 위치를 찾아보면 편령진(偏嶺鎭) 지역까지로 볼 수 있다.[165]

이제까지 살펴본 4위의 남쪽과 동쪽 그리고 북쪽 방면의 경계를 종합하면, 복주위의 동북쪽 경계인 벽류하를 기점으로 천산산맥을 따라 황토령과 편령까지 이어진 후, 국경 관문인 연산관까지 연결되는 선이 조선과 명의 초기 국경선으로 볼 수 있다. 이는 앞서 살펴본 고려의 요동반도 남단에서의 영토와도 차이가 없는 것이다.

구분	금주위(金州)	복주위(瓦房店)	개주위(蓋州)	해주위(析木)
동	東海岸 100리	동해안 240리	秀巖 230리	大片嶺 110리
서	西海灘 3리	서해안 45리	海 15리	高嶺鋪 175리
남	旅順口 120리	古城鋪 85리	八家鋪 170리	石城鋪 105리
북	李蘭鋪 90리	八家鋪 12리	李羅鋪 30리	甘泉鋪 30리
동북	蕭家河島 150리	畢里河 210리	排山寨 90리	甛水站 340리

〈표Ⅲ-10〉 금주위 · 복주위 · 개주위 · 해주위의 사방 경계

---

165 해주위의 동쪽 경계 지점인 110리 부근의 자연 지형은 偏嶺이 있다.

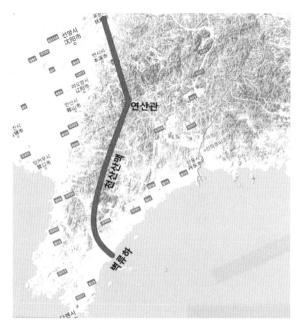

〈지도 Ⅲ-22〉 여말선초 요동 지역의 동쪽 경계

〈지도 Ⅲ-22〉를 보면 현재의 봉황성과 수암현이 고려와 조선의 영토였음을 알 수 있다. 그렇다면 봉황성과 수암현에 대한 연혁과 경계를 살펴볼 필요가 있다. 봉황성과 수암현이 중국의 행정 구역에 편입된 것은 청 때이다. 봉황성은 1776년(건륭 41)에 봉황성순사(鳳凰城巡使)를 설치하였고, 수암현은 1772년(건륭 37)에 수암성통판(岫巖城通判)을 설치하였다. 이후 1백여 년 후인 1876년(광서 2)에 봉황직예청과 수암주로 고쳤는데, 이때 수암주는 봉황직예청에 예속되었다. 단, 수암현에는 명대에 수암보가 설치되었다고 하였으니 경계를 지키는 군사 기지로서 점유하였을 가능성이 높다.[166]

---

166 『淸史稿』卷55, 「志」第30, '地理2', 鳳凰直隸廳

이러한 내용들을 검토해볼 때, 현재의 수암현에서 단동시에 이르는 지역은 적어도 18세기 중반까지 중국의 영토가 아니었던 것이다. 이는 청대의 기록인『수암지략』을 통해서도 알 수 있다. 이 책에 수암과 봉황성의 경계를 설명한 부분이 있다.

⑤ (수암의 강역은) 동쪽으로 초자하까지 60리이다. 동쪽은 봉황성과 경계이다. 동북쪽으로 분수령까지 150리이며, 동쪽은 봉황성, 서쪽은 요양과 경계이다. 동남쪽으로 대양하(洋河口)까지 150리이고, 동쪽은 봉황성과 경계이다.[167]

⑥ (봉황성의 강역은) 동쪽으로 애강까지 120리이며, 조선과 경계이다. 동남쪽으로 의주강까지 120리이며, 조선과 경계이다. 서남쪽으로 초자하까지 95리이며, 수암과 경계이다.[168]

위의 〈사료⑤〉와 〈사료⑥〉을 보면 수암과 봉황성은 초자하를 경계로 하고 있다. 그런데 봉황성의 동남쪽은 의주강을 사이에 두고 조선과 경계를 이룬다. 즉, 봉황성 동쪽 경계인 애하와 서남쪽의 초자하 사이에 의주강이 있어야 한다. 초자하는 삼지창처럼 세 줄기의 강이 모여 대양하를 이루며 바다로 들어간다. 이 강들 중에 하나를 의주강이라고 불렀던

---

167 『岫巖志略』卷3, 疆域
　　東至哨子河六十里東鳳凰城界. 東北至東分水嶺一百五十里東鳳凰城界西遼陽界. 東南
　　至洋河口一百五十里東鳳凰城界.
168 『岫巖志略』卷3, 疆域
　　東至靉江一百二十里朝鮮界. 東南至義州江一百二十里朝鮮界. 西南至哨子河九十五里
　　岫巖界.

것이라고 생각된다. 이처럼 봉황성과 수암현의 연혁을 살펴보아도 명 초까지 이 지역은 조선의 영토이었음을 알 수 있다.

명 태조는 요동 지역에서의 북원 세력을 일소하고 요양을 중심으로 하는 요동도지휘사사와 25위를 설치하며 성공적인 요동 진출을 달성 하였다. 그러나 영락 시기에 단행한 몽골 친정(親征)이 큰 효과를 보지 못함에 따라 이후의 대몽골 정책은 방어 체제로 전환되었다. 명 선덕 연간(1426~1435)부터 시작된 성보의 수축과 방어선의 정비는 정통 연 간(1436~1449)까지도 계속되었다. 특히, 1449년(정통 14)에 발생한 '토 목보의 변'[169]은 명의 수동적인 북방 정책의 한계와 몽골 세력의 군사적 성장을 잘 드러내준 사건이었다.[170] 이때부터 명은 몽골과의 국경선에 거주하던 올량합 3위에 밀리기 시작하였고, 동북 지역의 여진에 대한 방비도 강화해야만 하였다. 이러한 이유로 명은 기존의 역로를 정비 하면서 이들을 방어하기 위한 변장(邊墻)을 설치하기 시작하였다.

변장의 구축은 영토의 수비를 위한 것이다. 이는 곧 변장이 국경임을 의미하는 것이기도 하다. 즉, 명의 동쪽 국경은 요동변장의 동단이 되 는 것이다. 그렇다면 조선의 국경은 어디인가. 조선은 압록강을 넘으면 월경으로 보았다. 이는 압록강이 조선의 국경임을 의미한다. 당대의 사 료 기록들을 살펴보면 요동변장은 그 위치가 오늘날과 차이가 없다. 하지 만 압록강은 다르다. 현재의 압록강이 아닌 점들이 여럿 보이기 때문이다. 본 책에서는 조선과 명의 국경선인 연산관과 압록강을 살펴보고 아울 러 국경지대의 범위를 새롭게 살펴보도록 하겠다.

---

169 明 英宗가 사로잡힌 오이라트 부장 에센(也先)과 土木에서 벌어지기 포로가 된 사건을 일컫는다.

170 남의현, 「15세기 북방정세와 명의 변경정책의 재검토」, 『인문과학연구』29, 2011, 167쪽.

3. 명 초기의 동단변장과 연산관

1) 명의 동단변장 설치

명이 요동변장[171]을 처음 설치하기 시작한 것은 1437년(정통 2)부터다.[172] 요동변장은 산해관과 요하 서쪽 지역에서 먼저 구축되었다. 이는 올량합의 요하투 지역 침략을 방어하기 위한 것이었다. 요동변장의 동쪽 지역은 개원에서 시작하여 무순과 본계를 거쳐 연산관으로 이어진다. 이 지역의 변장은 다른 두 변장에 비해 늦게 구축되었는데, 남의현은 그 이유를 네 가지로 정리하였다.

첫째, 명은 우선적으로 북변 방어에 치중하였는데, 이곳은 북변을 접하고 있지 않은 곳이기 때문이었다. 둘째, 이 지역은 명 초기 조선과 명의 힘이 직접적으로 미치지 않던 중간지대 내지 힘의 완충지대였으므로 특별한 사안이 없는 한 역참의 정비를 서두를 이유가 없었다. 셋째, 불안정한 요동의 정세 속에서 조선과 적절한 거리를 유지하며 직접적인 충돌을 방지하고자 하는 의도가 있었다. 즉, 양국의 영향력이 미치지 않는 '변경지대'로 남겨 둘 필요가 있었다. 또한 이 지역 주변에 산재하는 여진족이 명의 요동도사를 위협할 정도로 성장하지 않았다. 넷째, 명 영종의 토목보의 변으로 북변의 정세가 위급하게 변하고 있었기 때문에

---

171 遼東邊墻은 요서 지역을 방어하는 遼西邊墻, 요하 유역을 이용하여 瀋陽·遼陽 및 開原을 연결하는 遼河套邊墻, 開原에서 撫順·本溪를 거쳐 連山關까지 築造된 東段邊墻으로 나뉜다. 成化年間 이후에는 鳳凰城까지 이어졌다. 山海關에서 시작되는 遼東邊墻은 그 길이가 약 2천여 리에 이른다.

172 『孝宗敬皇帝實錄』卷72, 弘治 6年 2月 辛亥
巡按山東監察御史李善奏臣見遼東邊墻正統二年始立自後三衛夷人假以放牧潛入河套間行剽掠且邊墻阻遼河為固瀕河之地延亘八百餘里

명은 이 지역에 신경을 쓰지 못하였다[173]고 하였다. 동단변장은 처음에는 연산관까지 구축되었고, 봉황성까지 연결된 것은 그 이후의 일이다. 이러한 사실은 다음의 사료들에서 확인할 수 있다.

⑦ 경태 원년 정월 병술일(10일), 요동을 출발하였다. 이때에 요양의 도사(都司)는 동녕위의 지휘(指揮) 1명, 백호(百戶) 4명으로 군마 200 필을 이끌고 호송하였다. 진수어사(鎭守御史) 이순(李純), 순안어사(巡按御史) 유자(劉孜), 좌부도독(左府都督)으로 요동도사(遼東都司) 일을 맡고 있는 왕상(王祥) 등이 모두 성을 나와 송별연을 베풀어주었다. 요동에서 압록강에 이르기까지 옛날에는 8개의 역참(驛站)이 있었는데 지금은 모두 폐허가 되었다. 호송하는 관원은 장방(帳房)을 준비하고 수행하였다. 고려충(高麗衝), 두관참(頭館站), 동령(東嶺)을 경유하여 낭자산(浪子山)에 이르러 민가에서 숙박하였다. 정해일(11일), 낭자산을 출발하여 배음산(背陰山)과 반도령(盤道嶺)을 지나 신채(辛寨)에 이르러 민가에서 숙박하였다. 무자일(12일), 신채를 출발하여 고령(高嶺)을 지나고 연산의 동관(東關) 입구에 이르러 숙박하였다. 동관(東關)은 화이(華夷) 땅의 경계이다.[174]

⑧ 우리 성조(成祖; 영락제)가 수도를 북경에 세운 후, 요동은 결국 동북

---

173 남의현, 「明代 遼東都司 支配의 限界에 관한 硏究」, 139쪽.

174 倪謙, 『朝鮮紀事』

景泰元年正月丁丑朔. 丙戌, 遼東起程. 都司差東寧衛指揮一員, 百户四員率領軍馬二百護送. 鎭守都御史李純, 巡按御史劉孜, 左府都督守遼東都事王祥出城宴餞別. 自遼東抵鴨綠江舊有八站, 今廢, 官賞帳房隨行. 過高麗衝, 頭館站, 東嶺, 至浪子山下人家宿. 丁亥, 浪子山起程, 過背陰山, 盘道嶺至新寨人家宿. 戊子, 新寨起程, 過高嶺至連山東關口宿. 東關係華夷界限.

쪽의 거진(巨鎭)이 되었다. (중략) 경태(景泰) 연간에 외적이 빈번하게 쳐들어오자, 요양(遼陽)은 강(河)을 이용하여 변장(邊牆)을 설치하였다. (중략) 옛 변경은 동쪽의 연산관에서 그치지만, 지금은 애양(靉陽) 등의 여러 성(城)이 있어서 1,000리의 요해지를 굳게 지키고 있다.[175]

〈사료⑦〉은 1450년(경태 원년)에 명의 사신으로 조선에 온 예겸(倪謙)이 그의 여정을 기록한 것이다. 이때는 명이 요동 지역을 장악한 지 적어도 70여 년이 지난 후였다. 하지만 명은 북변의 몽골을 방어하느라 동단을 돌볼 겨를이 없었다. 또한 명이 북원 세력을 일소하는 과정에서 벌어진 전쟁의 상흔도 남아 있었다. 원 시대의 동팔참이 폐허인 채로 버려진 것은 이런 이유에서다. 폐허로 버려진 사신로는 호송하는 관원들이 군막을 가지고 다니며 임시로 장막을 설치해야만 하는 정도였다. 예겸은 연산의 동쪽 관문을 지났다. 그가 동관은 화이의 경계라고 말한 것에서도 알 수 있듯이, 조선과 명의 국경은 연산관임을 알 수 있다. 또한 예겸이 사신으로 조선을 오가던 때의 동단변장은 연산관까지 구축되었음을 확인할 수 있다. 〈사료⑧〉은 경태 이후 여진족이 요동을 공격하고 약탈하던 성화 연간(1465~1486)의 상황을 말하고 있는데, 이때의 동단변장은 봉황성까지 구축되었음을 알 수 있다. 따라서 명 초기의 국경은 연산관을 넘지 않았음을 알 수 있다.

---

175 呼爲卿,「遼陽副總兵題名記」,『全遼志』卷5
我成祖建都於北京, 遼東遂爲東北巨鎭. (中略) 景泰多事, 遼陽始據河爲邊. (中略) 舊邊, 東止連山關, 今靉陽諸城, 扼險千里, 舊屬城備禦.

요동 지역은 산들이 연이어 첩첩한 산간지대다. 하지만 그 사이로 계곡이 형성되어 강줄기를 이룬다. 또한 계곡 주변은 개간할 수 있는 땅들이 많이 있다. 요동의 산간지대를 지나는 국도를 따라 달리다보면 이러한 곳을 수시로 볼 수 있다. 하지만 천산산맥의 고봉들이 이어지는 연산관은 달랐다.

⑨ 성불령(成佛嶺)은 웅관(雄關)인데 널려진 돌들이 여기저기 무더기로 쌓여있다. 북쪽으로는 자비령(慈悲嶺)과 접하고 있고 남쪽으로는 발해(渤海)가 있다. 전 시대인 원 때에는 이곳이 경계가 되었는데 국조(명)에 이르러서도 경계임을 알게 해준다.[176]

⑩ (요동의 산맥은) 동북쪽으로는 장백산에서 시작하여 서남쪽 여순(旅順) 바다 입구에 이르러 그친다. 한 경로는 지맥을 나누어 장벽을 형성하였는데, 매 장벽마다 하나의 골짜기가 있고, 골짜기마다 하나의 강이 있다. 물은 졸졸 흐르고, 돌은 줄지어 있으므로 둔전을 할 수가 없다. 거주하는 사람은 산에 의지하여 살며 산을 파서 논밭을 갈고 씨를 뿌려서 가꾼다. 올해는 이 한 덩어리의 흙을 팠는데 지력(地力)이 다하였으므로 또 다른 땅덩어리를 파서 경작한다. 생각하건대, 어찌 공지(空地)를 얻을 수 있겠는가?[177]

---

176 董越,「朝鮮賦」
　　成佛雄關, 棄石磊磊. 北接慈悲, 南臨渤澥. 在前元則畫此爲界, 至國朝乃示以無外也.

177 『皇明經世文編』卷482,「論屯田」
　　自東北長白山發脉抵西南旅順海口而止. 一路分枝開障. 每障爲一峪. 每峪有一河. 小漈淙然. 石齒齒然. 而不可屯也. 民皆依山居住, 刳山耕種, 今年刳此塊, 種瘦又刳彼塊, 顧安所得空地.

〈사료⑨〉는 1488년(조선 성종 19)에 명의 사신으로 조선을 다녀간 동월(董越)이 사행 일정을 기록한 내용 중 한 부분이다. 동월도 예겸처럼 연산관을 지나 조선으로 왔다. 성불령의 웅관은 곧 연산관을 의미하는 것이다. 그런데 동월은 연산관 주변의 자연환경도 함께 기록해 놓았는데, 연산관 지역은 돌무더기가 널려있는 너덜지대인 것이다. 〈사료⑩〉은 『황명경세문편』[178]에 기록된 것으로 요동의 산맥을 개괄하는 내용인데 특히, 요동반도의 천산산맥을 자세히 설명하고 있다. 천산산맥은 경작할 땅이 없는 척박한 곳임을 알 수 있다. 이처럼 척박한 곳은 이웃한 국가들도 별로 중시하지 않기 때문에 국경으로 삼기에는 좋은 곳이다. 연산관이 있는 천산산맥은 이처럼 불모지의 산악지대였기 때문에 국경선이 되기에 적합한 곳이었던 것이다.

고려 후기에 요동을 오가는 국경 지역은 첨수참이었다. 연산관은 첨수참에서 동쪽으로 40리 지점에 위치한다. 명 태조는 요동도지휘사사가 있는 요양을 더욱 안전하게 방어하기 위하여 요동변장을 구축하였다. 이 과정에서 동단변장을 고려 말 국경이었던 첨수참이 아닌 연산으로 정함으로써 자연스럽게 40리의 영토를 더 확보할 수 있었던 것이다. 명은 고려와 철령위 설치 분쟁으로 철령 이남을 뺀 나머지 지역을 차지하였고, 조선과는 동단변장을 설치하여 첨수참 지역을 자국의 영토로 삼을 수 있었다. 조선은 '건국'과 '정통성 획득'이라는 시급한 현안 문제 해결을 위하여 명의 정책에 사대의 예로 따랐던 것이다. 이렇게 시작된 조선의 사대주의는 이후 조선 시대 내내 발생한 명의 조선 영토 침탈 행

---

178 『皇明經世文編』은 明代의 文學, 史學, 政治 등 다방면의 글들을 모아 놓은 책으로 보론 4권을 포함하여 총 508권에 달하는 방대한 저작물이다. 이 책에는 420명의 文章이 시대순으로 정리되어 있는데, 명 시기의 정치사상과 지리 등을 이해하는 데 중요한 史料이다.

위에 대해서도 강하게 대응하지 못하고 오히려 무기력한 태도로 일관하는 원인이 되었다.

〈사진 III-14〉 첨수참향에 있는 탑만탑

2) 연산관과 압록강(鴨淥江)

조선과 명의 국경인 연산관이 위치한 천산산맥은 국경선이 될 수밖에 없는 곳임을 확인하였다. 이제 압록강은 '경계'를 나타내는 보통명사라는 논거에 의거하여 다음의 사료를 살펴보기로 한다.

⑪ 요동은 옛 유주(幽州)와 영주(營州)이다. 순임금이 기주(冀州)를 나눠 북쪽의 의무려산 지역을 유주라고 하였는데 지금의 광녕(廣寧) 지역이고, 청주(靑州)를 나눠 동북쪽을 영주라 하였는데, 지금의 요양(遼陽) 지역이다. 동쪽으로는 압록강(鴨綠江)에 이르고, 서쪽으로는 산해관(山海關)에 이르며 1,460리이다. 남쪽으로는 여순해구(旅順海口)에

이르고 북쪽으로는 개원성(開元城)에 이르는데 1,070리이다.[179]

⑫ 정요중위:【원 때 요양로였고 치소는 요양현이었다.】홍무 4년(1371)에 폐지하였다가 6년에 다시 설치하였다. 10년에 다시 폐하였다. 17년에 위를 설치하였다.【서남쪽으로 수산(首山)이 있다. 남쪽으로 천산(千山)이 있다. 동남쪽으로는 안평산(安平山)이 있는데 산에는 철장(鐵場)이 있다. 서쪽에는 요하(遼河)가 있는데 새외(塞外)에서 흘러 들어와 해주위(海州衛)에 이르러 바다로 들어간다. 서북쪽으로는 혼하(渾河)가 있는데 일명 소요수(小遼水)라고 하며, 동북쪽에는 태자하(太子河)가 있으며 일명 대량수(大梁水)라고 하는데 다른 이름은 동량수(東梁水)라고 하며, 아래로 흘러 모두 요수로 들어간다. 또 동쪽으로는 압록강(鴨綠江)이 있는데 동남으로 흘러 바다에 들어간다. 또 동쪽에는 봉황성(鳳凰城)이 있는데 봉황산 동남쪽에 위치한다. 성화 17년(1481)에 쌓았으며 조선의 사신이 지나는 길이다. 또 남쪽으로는 진강보(鎭江堡)와 성(城)이 있다. 연산관(連山關)도 또한 동남쪽에 위치한다.】[180]

---

179 『皇明經世文編』卷248,「遼東鎭」
遼東古幽營二州. 舜分冀北醫無閭之地為幽州, 即今廣寧之地, 分青東北為營州, 即今遼陽之地. 東至鴨綠江, 西至山海關, 一千四百六十里. 南至旅順海口, 北至開元城, 一千七十里.

180 『明史』卷41,「志」17,「地理2」,遼東都指揮使司 定遼中衛
定遼中衛【元遼陽路, 治遼陽縣.】洪武四年罷. 六年復置. 十年復罷. 十七年置衛.【西南有首山. 南有千山. 又東南有安平山, 山有鐵場. 又西有遼河, 自塞外流入, 至海州衛入海. 又西北有渾河, 一名小遼水, 東北有太子河, 一名大梁水, 又名東梁水, 下流俱入於遼河. 又東有鴨綠江, 東南入海. 又東有鳳凰城, 在鳳凰山東南, 成化十七年築, 爲朝鮮入貢之道. 又南有鎭江堡城. 又連山關亦在東南.】

⑬ 봉황성: 도사성(都司城) 동쪽 360리에 있다.[181]

〈사료⑪〉은 요동의 범위를 말하고 있다. 요동의 사방 경계 중 동서 경계는 압록강과 산해관이고 그 길이는 1,460리이다. 명 때 요동도지휘 사사가 있는 요양에서 경사까지의 거리는 1,700리였다.[182] 명 때의 산해 관은 영평부 무녕현에 속하였다. 영평부에서 경사까지의 거리는 550리 였다.[183] 이 두 사항을 비교하면 산해관에서 요양까지 거리는 1,150리가 된다. 〈사료⑪〉은 산해관에서 압록강까지의 거리가 1,460리라고 하였 으니, 압록강은 요양에서 동쪽으로 310리 정도 떨어진 거리에 있음을 알 수 있다.[184] 그런데 요양에서 압록강까지의 거리는 사료마다 차이가 있다. 『대명일통지』는 동쪽으로 560리[185]라고 하였고, 『요동지』는 동쪽으 로 530리[186]라고 하였다. 〈사료⑪〉에서 살펴본 310리와는 많은 차이가

---

181 『大明一統志』, 「遼東都指揮使司」, '鳳凰山'
　　鳳凰山在都司城東三百六十里

182 『明史』卷41, 「志」17, '地理2', 遼東都指揮使司
　　遼東都指揮使司【元置遼陽等處行中書省, 治遼陽路.】洪武四年七月置定遼都衛. 六年
　　六月置遼陽府, 縣. 八年十月改都衛為遼東都指揮使司. 治定遼中衛, 領衛二十五, 州二.
　　十年, 府縣俱罷. 東至鴨綠江, 西至山海關, 南至旅順海口, 北至開原. 由海道至山東布政
　　司, 二千一百五十里. 距南京一千四百里, 京師一千七百里.

183 『明史』卷40, 「志」16, '地理1', 京師 永平府
　　永平府【元永平路, 直隸中書省.】洪武二年改爲平灤府. 四年三月爲永平府. 領州一, 縣
　　五. 西距京師五百五十里.

184 조선 시대 명을 다녀온 사신들이 남긴 『朝天錄』을 보면 압록강이 있는 의주에서 산해관
　　까지는 1,254리이고, 산해관에서 북경까지는 675리였다. (「매창선생조천록」, 『연행록전
　　집』9.) 사신로는 행정로와는 길이 다를 수도 있는 까닭에 사료의 통일성을 유지하기 위
　　해서도 명의 사료에 근거하여 검토하였다.

185 『大明一統志』, 「遼東都指揮使司」, 疆域
　　東至鴨淥江五百六十里, 西至山海關一千十五里, 自都司至京師一千七百里

186 『遼東志』卷1, 「地理」, 遼東·疆域
　　東至鴨綠江五百三十里, 西至山海關一千五十里, 至北京一千七百里.

난다. 이는 어떻게 이해해야 하는가. 우선 『대명일통지』와 『요동지』의 관계를 살펴보면, 요양을 기준으로 대략 동서 30리 정도로 큰 차이가 없다. 이는 치소의 이동이 있었다고 가정하면 한 지점의 압록강 줄기를 의미한다고 볼 수 있다. 하지만 〈사료⑫〉의 내용은 좀 더 살펴볼 필요가 있다.

〈사료⑫〉는 요동도지휘사사의 정요중위의 연혁을 설명하는 내용이다. 그런데 사방의 산천을 소개하는 주석 부분을 보면 치소인 요양현 동쪽 방향의 산천이 열거되어 있다. 동쪽 방향의 열거된 순서는 '압록강 → 봉황성' 순이다. 즉, 치소인 요양현의 동쪽에 압록강이 있고, 압록강의 동쪽에 봉황성이 있는 것이다. 〈사료⑪〉에서 압록강은 요양현 동쪽 310리에 있음을 알았다. 〈사료⑬〉과 내용을 비교해보면, 〈사료⑫〉의 내용이 정확하게 일치함을 알 수 있다. 요양성에서 동쪽으로 310리 지점의 강줄기를 살펴보면 초하가 있음을 알 수 있다. 초하는 봉황성 앞에서 애하와 합류한 후, 애하가 되어 현재의 압록강으로 들어간다. 즉, 〈사료⑫〉에서의 압록강은 초하와 애하 줄기를 말하고 있는 것이다.

본 책의 제2부 2장, '조선 초기의 압록강과 경계'에서 압록강 중심 줄기인 혼강이 환인에서 세 줄기로 나뉘는데 그중 첫 번째 줄기인 서강이 애하와 연결되고, 애하가 곧 조선의 서쪽 경계인 압록강이 된다고 보았다. 그러므로 〈사료⑫〉는 바로 압록강의 서쪽 끝줄기인 애하를 말하고 있는 것이다.

4. 동단변장의 연장과 압록강

조선 초기의 부경사신들은 국경 관문인 연산관을 통해서 북경으로 갔다. 이곳은 국경지대인 까닭에 인가도 없고 길도 험하여 사신단은 군사들의 호송을 받으며 다녔지만 안전을 보장하기 어려웠다. 그래서 1436년(세종 18)에 사신로를 자유채(刺楡寨)로 옮겨줄 것을 요청하였다.[187] 명은 조선의 요청을 받아주지 않았다. 조선은 이후로도 20여 년을 지속적으로 사신로의 변경을 요구하였다.[188] 명은 1460년(세조 6)에 가서야 조선의 요청에 답을 하였는데, 새로운 길을 허가해주는 것이 아니라 연산관과 압록강 중간에 성보를 구축하여 조선 사신단의 안전을 도모하겠다는 것이었다.

> ⑭ 자유채(刺楡寨) 지방은 산이 험하고 나무가 빽빽하며 사는 백성들도 매우 드무니, 왕래하기에 합당하지 않다. 그 동팔참(東八站) 지방은 길이 평탄하고 다니는데 익숙하며, 겸하여 모련위(毛憐衛) 등지와도 거리가 멀리 떨어져 왕래하는 데 방애(防礙)됨이 없을 것이다. 다만 연산관(連山關) 밖을 보면, 내봉(來鳳)이 중간 정도 되는 곳이니, 마땅히 성보(城堡) 한 좌(座)를 쌓아서 군관(軍官)을 보내어 지키게 하

---

187 『朝鮮王朝實錄』,「世宗實錄」卷75, 世宗 18年 12月 己巳
  在先本國使臣, 來往東八站一路, 自來山高水險, 一水彎曲, 凡八九渡, 夏潦泛漲, 本無舟楫; 冬月氷滑雪深, 人馬多有倒損. 又有開州, 龍鳳等站, 絶無人烟, 草樹茂密, 近年以來, 猛虎頻出作惡, 往來人馬, 實爲艱苦. 遼東所管連山把截南有一路, 經由刺楡寨把截㽞都司, 人民散佳, 又無山水之險. 冀蒙轉達, 許令刺楡寨 ·路往還相應.

188 『朝鮮王朝實錄』,「世宗實錄」卷80, 世宗 20年 1月 丙午;「文宗實錄」3卷, 文宗 卽位年 8月 乙亥, 8月 庚寅;「世祖實錄」19卷, 世祖 6年 3月 丁亥.

다가 왕래하는 사신(使臣)을 호송(護送)하도록 하겠다.[189]

⑮ 정랑(正郞) 지달하(池達河)가 천추사(千秋使) 홍귀달(洪貴達)이 가지
고 온 중국의 병부(兵部)의 자문(咨文)을 읽어 올렸는데, 그 자문에
이르기를, "조선(朝鮮) 사신(使臣)이 왕래하며 자고 머무르게 하기 위
하여 진동(鎭東)·진이(鎭夷)·봉황(鳳凰) 등지(等地)에 참(站)을 설치
하겠습니다."고 하였다.[190]

〈사료⑭〉는 조선의 사신로 변경 요청을 20년 넘게 끌어오던 명이 조
선의 사신단을 안전하게 보호한다는 명분 아래 이제까지의 국경선이
었던 연산관을 넘어 조선의 강역을 침탈하기 시작하는 내용이다. 조선
은 사신로 변경 요청을 취소하고 싶었지만 이미 누차에 걸쳐 명에게
요청을 해온 터라, 취소할 수도 없는 형편이었다. 명의 명분론이 조선을
꼼짝없이 옭아매었던 것이다. 1460년부터 시작된 명의 조선 영토 침탈
은 1481년에는 국경변문을 봉황성으로 설정하기에 이른다. 〈사료⑮〉에
서 이러한 사정을 살펴볼 수 있다. 결국, 조선은 사신로 변경을 요청한
지 40여 년 만에 요동도지휘사사의 치소인 요양성에서 국경 관문이던
연산관 만큼의 영토를 침탈당한 것이다.[191]

---

189 『朝鮮王朝實錄』,「世祖實錄」卷21, 世祖 6年 8月 己巳
刺楡寨地方山險樹密, 居民稀少, 不堪往來. 其東八站地方路坦行熟, 兼與毛憐衛等處隔
遠, 往來無礙, 但看得連山關外來鳳分中去處, 宜築城堡一座, 差發軍官守把, 防送往來
使臣.

190 『朝鮮王朝實錄』,「成宗實錄」卷132, 成宗 12年 8月 戊辰
正郞池達河, 進讀千秋使洪貴達齎來兵部咨文, 有云:爲朝鮮使臣往來止宿, 設鎭東, 鎭
夷, 鳳凰等站之路.

191 연산관은 요양성에서 180리이고, 봉황성은 연산관에서 180리이다.

〈지도Ⅲ-23〉 봉황성까지 연장된 요동변장 동단[192]   〈사진Ⅲ-15〉 봉성시 변문진

위의 〈지도Ⅲ-23〉은 1536년(가정 15) 명의 학자이자 관리인 이묵(李默)이 제작한 요동변장의 동단 부분이다. 1480년 이후, 명으로 들어가는 국경 관문은 연산관에서 봉황성으로 옮겨졌다.[193] 그런데 위의 지도에서 보이는 동단변장은 현재의 압록강까지 이어지지 않았다. 16세기 초에도 조선과 명의 국경선은 여전히 봉황성 밑으로 내려오지 않았음을 알 수 있다. 이는 조선의 경계가 천산산맥 남단의 수암현 지역까지 이르렀음을 방증하는 또 하나의 사료인 것이며, 그 경계는 초자하와 대양하로 볼 수 있는 것이다.

---

192 『大明興地圖』, 「山東興圖」2, '遼東別圖' 부분 (출처 : 미, 의회도서관)
193 남의현, 「명의 만주 지역 영토인식에 관한 연구」, 『간도학보』2, 2019, 81쪽.

〈사진Ⅲ-16〉 봉황산 남쪽에 있는 봉황산 산성터

5. 조선의 서남 국경과 가도 위치 고찰

조선은 명과의 사행외교를 중시하였다. 이는 당면한 외교적 현안들을 해결하기 위한 것이었는데, 정기적인 사행인 동지성절사나 사은사는 물론 국가 간 마찰이 있을 때에도 이러한 사행외교를 통해 정국을 풀어가려고 하였다. 북경으로 가는 대명사행은 육로를 통해 이루어졌다. 육로 여정은 한양에서 의주의 압록강을 건너 요양과 산해관을 거쳐 북경에 도착하는 일정이었다. 육로 사행은 17세기 초까지 진행되었다. 그러다가 후금을 건국한 누루하치가 명을 무찌르고 요동 지역을 점령하자 조선의 육로 사행은 위기를 맞게 되었다. 특히, 반정으로 왕위에 오른 인조는 자신의 정치적 취약성을 상쇄하기 위해서라도 명으로부터 정통성을 인정받는 것이 시급한 현안이었다. 이러한 상황에서 조선은 바닷길을 통해 대명외교를 이어가야 할 수밖에 없었다. 이때 명의 요동총병관 모문룡이 후금의 배후를 공격하기 위하여 조선의 가도(椵島)[194]에 동강진(東江鎭)을 설치하고 주둔하였다.[195] 조선은 모문룡이 가도에 주둔하자, 그를 통하여 대명외교 사행을 원활하게 추진하고자 하였다.

조선의 해로 사행은 17년 동안 진행되었는데, 출항지는 정묘호란 (1627) 전후로 몇 번의 이동이 있었다.[196] 하지만 출항지와 상관없이 첫 번째 경유지는 가도였다. 이는 가도가 해로 사행의 길목이기도 하였지만 모문룡을 만나 대명외교를 위한 자문과 지원을 받아야만 했기 때문이다. 가도는 다음의 사료들에서도 알 수 있듯이 해로 사행의 길목이자 요충지였다.

① 가도는 우리나라와 요동 사이에 있어 남쪽 북쪽의 배가 반드시 경유하는 길목이니 진을 설치하여 지키지 않을 수 없다.[197]

② 가도(椵島)는 바로 우리나라 요충인데, 이완(李浣)이 살았을 때에 일찍이 말하기를, '가도는 우리나라에서 진을 설치하지 못하였는데, 만약

---

194 椵島는 皮島, 稷島, 雲從島 라고도 불렀다.(「光海君日記」(正草本)卷183, 光海 14年 11月 癸卯)

195 『朝鮮王朝實錄』, 「光海君日記」(正草本)卷183, 光海 14年 11月 癸卯
鐵山府使馳啓, 毛將不意乘舡, 入據 椵 椵島.

196 조선의 대명 해로 사행은 1621년(광해군 13)~1637년(인조 15)까지 이루어졌다. 조선에서의 출항지는 정묘호란 이전에는 청천강과 선사포, 이후에는 석다산과 대동강에서 출항하였다. (『燃藜室記述』별집 권5, 「事大典故」, '赴京道路')

197 『備邊司謄錄』32冊, 肅宗 2年 3月 26日
宣沙浦, 僉使所居之鎭, 在於宣川界, 而本非要害之處, 椵島則在於我國遼東之間, 爲南北舟船必由之路, 不可不設鎭防守.

저들이 먼저 점령하는 바가 되면 그 해(害)가 적지 아니하다.'라고
하였다.[198]

③ 이때 조정에서 가도(椵島)는 곧 해로(海路)의 문호(門戶)라 하여 이
미 선사첨사를 그곳으로 옮겨서 가도를 진수(鎭守)케 하였다.[199]

〈사료①〉에서 가도는 배들이 남북을 오르내리는 길목에 위치하였
다고 하였다. 이는 가도가 요동반도의 동쪽에 있음을 말하는 것이다.
〈사료③〉은 가도가 조선의 경계선상에 있다는 것을 말해주고 있다. 〈사
료②〉는 적이 가도를 점령하여 진을 설치하면 조선에 피해가 많을 것
을 말하는 부분으로, 모문룡이 가도에 동강진을 설치하고 조선을 괴롭
혔던 것을 기억하게 하는 부분이다. 이처럼 가도는 지정학적으로 요충
지에 위치하고 있었음을 알 수 있다.

모문룡이 주둔한 가도에 대한 연구는 다가와 고조(田川孝三)가 시작
하였다.[200] 그는 가도의 위치를 평안북도 철산군 운산면에 소속된 섬이
라고 하였다.[201] 그가 비정한 가도의 위치는 야나이 와타리(箭内亙)가 비
정한 것을 그대로 따른 것이다.[202] 야나이와 다가와가 당시의 평안북도

---

198 『朝鮮王朝實錄』, 『肅宗實錄』5卷, 肅宗 2年 3月 丁未
　　椵島卽我國要衝, 李浣生時嘗言, 椵島自我國不能設鎭, 而若爲彼所先占, 則其害非細矣.
199 『朝鮮王朝實錄』, 『肅宗實錄』5卷, 肅宗 2年 10月 丙辰
　　時, 朝廷以椵島乃海路門戶, 旣移宣沙僉使, 使鎭椵島.
200 田川孝三, 「毛文龍と朝鮮との關係について」, 『靑丘說叢』3, 1932.
201 田川孝三, 위의 책, 54쪽.
202 箭内亙, 「滿洲に於ける元疆域」, 『滿洲歷史地理』2, 356쪽.
　　야나이 와타리(箭内亙)는 동녕부에 편입된 고려의 60개 성을 모두 한반도 내에 비정하
　　였는데, 그중에는 椵島鎭이 포함되며 현재의 평안도 철산에 비정하였다.

철산군의 가도가 모문룡이 있었던 가도로 비정하자 현재까지 모든 학자들이 이를 따랐다. 이러한 까닭은 17세기 초의 『조천록』에 기록된 지명들과 현재의 지명들이 일치하기 때문이다. 하지만 지명은 시대에 따라 변동하기 마련이다. 이는 신해혁명 이전의 요동반도 해안선을 그린 〈지도Ⅲ-24〉만 보아도 알 수 있다. 따라서 현재의 지명과 당시의 지명이 같다는 것만으로 과학적인 검증도 없이 당시의 가도라고 하는 것은 객관적인 역사지리 비정이라고 할 수 없다.[203]

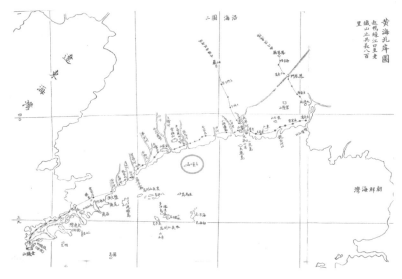

〈지도Ⅲ-24〉 20세기 초 요동반도 해안선과 지명[204]

---

203 다가와 고조는 가도는 동서 1km, 남북 500m, 둘레가 3.8km의 섬이라고 하였다. 이와 같이 작은 섬에 군병(軍兵)이 십만 여명이 있었다고 주장하였다.(田川孝三, 위의 책, 54~71쪽.) 하지만 작은 섬에 많은 병력이 주둔할 수도 없을 뿐만 아니라, 섬 둘레가 41리(16.4km)라는 『新增東國輿地勝覽』 기록에도 부합하지 않는다. 따라서 이러한 사실만으로도 현재의 평안북도 철산군의 가도는 모문룡과 그의 병사들이 주둔했던 가도가 될 수 없는 것이다.

204 中國人民共和國, 『新繪沿海長江險要圖』, 「黃海北岸圖」, 1911년 이전. (블로그 '향고도'에서 인용) 현재의 석성도가 고려섬으로 표시되어 있다.

정묘호란을 일으킨 후금은 조선과 모문룡을 차단하였는데, 이때 병사가 주군하였던 장소는 의주와 진강이었다.[205] 김정호의 『대동지지』 '평안도' 편에는 조선 서북계 주군(州郡)들의 지리를 설명하고 위도(緯度)와 경도(經度)를 함께 기록하였다. 그중에서 가도와 관련 있는 4개 군의 위도와 경도를 살펴보면 〈표Ⅲ-11〉과 같다.[206]

지명	『대동지지』 내용	위도/경도[207] 수치
선천	북극고40도35분편평양[208]서1도5분 (北極高四十度三十五分偏平壤7西一度五分)	40.35 / 124.64
철산	북극고40도45분편평양서1도19분 (北極高四十度四十五分偏平壤西一度十九分)	40.45 / 124.40
용천	북극고40도52분편평양서1도29분 (北極高四十度五十二分偏平壤西一度二十九分)	40.52 / 124.24
곽산	북극고40도35분편평양서51분 (北極高四十度三十五分偏平壤西五十一分)	40.35 / 124.87

〈표Ⅲ-11〉 선천·철산·용천·곽산군의 위도와 경도

205 『淸史稿』, 「太宗文皇帝實錄」卷2, 天聰元年 3月 乙酉
　　上召諸貝勒大臣集議. 復遣巴克什庫爾纏, 往諭大貝勒阿敏等曰. 朝鮮既經和好. 其歸順之民. 毋得秋毫擾害. 仍留彼處. 俾各寧居. 可作書諭朝鮮王. 言歸順之民. 俱已放還. 惟我軍臨陣俘獲者. 賞給被傷士卒. 諸所俘獲. 俱就彼處, 區處攜回義州, 留滿洲兵一千. 蒙古兵二千. 於柺額禮, 達朱戶, 圖爾格, 阿山, 舒賽, 葉克書, 屯布祿, 葉臣等. 每旗下. 派滿洲官二員蒙古官一員駐防. 鎭江, 留滿洲兵三百. 蒙古兵一千. 派滿洲官四員蒙古官四員. 駐防. 俱令一大臣統領之. 所留滿洲兵. 須令牛彔額眞具保. 選留精壯堪用者. 勿留疲弱貧乏之人. 更當選良矢給之. 其統領駐防之大臣. 令各屯, 割滿義州, 鎭江城樓上. 加意巡防. 毋致疏忽. 恐他人效我兵襲義城也. 再査義州城所有糧餉若干. 他處猶有糧否. 計算城守兵丁所用外. 若有餘. 可速遣部中敏練者來奏. 以便往運. 義州江兩岸俘獲. 愼加看守. 勿致疏失. 其向在我國之朝鮮官員. 仍令借來. 與朝鮮王書內. 可再言我所以駐兵義州者. 原為防毛文龍耳. 爾若不容文龍. 吾兵亦不駐義州矣. 至所給義州, 鎭江, 駐防兵丁糧餉. 務須寬裕. 否則我軍儻致擾索. 恐彼又以為生亂也. 於是庫爾纏齎諭. 至安州江遇大軍. 即以敕諭付阿敏.

206 『大東地志』卷24, 「平安道」, '宣川·鐵山·龍川'

207 『대동지지』에서는 1度를 60分으로 정의하였다. 수치는 백분위로 환산한 것이다.

208 평양의 경도는 125.72이다.

288

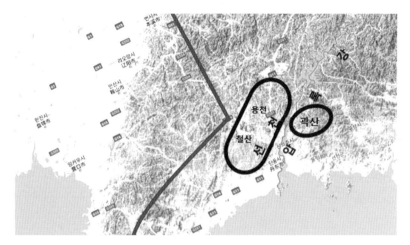

〈지도Ⅲ-25〉『대동지지』에 기록된 철산 · 용천 · 선천 · 곽산군의 범위

　〈표Ⅲ-11〉의 3개 군은 모두 압록강 위쪽의 요동 지역에 위치하고 있는데, 이것은 『대동여지도』를 비롯한 다른 지도들에 보이는 위치와는 차이가 많다. 앞에서 살펴본 여말선초 요동반도의 서남쪽 경계는 현재의 벽류하 지역이었음을 염두에 두고 〈지도Ⅲ-25〉를 살펴보면 현재의 대양하(大洋河)를 기준으로 북쪽에 평안도 지명들이 있는 것이 이해가 된다. 초자하와 대양하 부근에 위치한 수암현의 연혁을 보면 강역 내에 3개의 도서(島嶼)가 있다. 그중에 녹도(鹿島)를 설명하는 부분을 보면 모문룡과 관련이 있음을 알 수 있다.

　④ 녹도 : 명 총병 모문룡이 일찍이 이곳에서 병력을 주둔시켰다.[209]

　수암현 남쪽 대양하 앞 해구에는 대록도와 소록도 두 개의 섬이 있다.

---

209 『岫巖志略』卷3, 疆域
　　鹿島, 明總兵毛文龍曾駐兵於此.

이 두 섬 중에 하나가 모문룡이 주둔하였던 가도인 것이다.

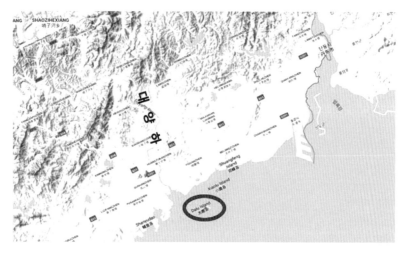

〈지도Ⅲ-26〉 가도로 비정되는 대양하 입구의 대녹도

〈사진Ⅲ-17〉 대양하와 대고산

모문룡은 명과 조선 사이에서 각각의 명분을 빌미로 많은 사욕을 취하였다.[210] 『모대장전』을 지어 허위로 자신의 치적을 자랑하기도 하였다.

---

210 『朝鮮王朝實錄』, 「光海君日記」(正草本)167卷, 光海 13年 7月 乙丑
毛文龍, 南方人. 遼陽城陷時, 逸出, 自旅順口浮海東來, 寄居龍, 義間, 以爲牽制之計. 始
甚單微, 其後入據椵島, 聲勢日盛, 奴賊不能無東顧之虞. 旣而欺誑中朝, 托以接濟遼民
二三十萬, 歲發帑銀二十萬, 潛結宦官魏忠賢輩, 都不發包, 入諸內瑠, 島糧則專責我國.
虛張捷報, 至作毛大將傳, 鋪張戰伐之蹟. 蟄居孤島, 徒事張皇, 轉增功賞, 官至後軍都督.
至戊辰, 經略袁崇煥受命出關, 稔知其狀, 召至雙島斬之. 其後崇煥得罪, 蓋以是媒孽云.

290

그는 이에 그치지 않고 공적을 자랑하는 비석까지 세웠다. 그가 1628년에 세운 비석이 대녹도에서 발견되었다.[211] 이러한 비석의 발견은 이 섬이 모문룡이 주둔하였던 조선 철산군의 가도였음을 입증하는 것이다. 대녹도는 〈지도Ⅲ-26〉에서 알 수 있는 것처럼 산둥반도와 조선을 남북으로 오가는 길목에 위치한다. 모문룡은 이곳에 자신의 병력을 주둔시키고 동강진(東江鎭)을 설치하였던 것이다. 모문룡이 동강진을 설치한 곳은 현재의 대양하이다. 동강(東江)이라고 부른 것은 명의 동쪽에 있는 강이기 때문에 그렇게 불렀던 것이다.[212] 대녹도가 가도인 것은 다음의 사료에서도 확인할 수 있다.

⑤ 의주 부윤 서유구(徐有榘)가 치계(馳啓)하기를, "용천 부사(龍川府使) 최조악(崔朝岳)이 이문(移文)한 가운데, '본월 초하루에 장교와 군사 3백여 명을 거느리고 신도(薪島)에 들어갔더니, 대국(大國)의 배 4척이 먼저 와서 정박하고 있었습니다. 그래서 소통사(小通事)로 하여금 나온 까닭을 물어 보게 하였더니, '관원 2인과 갑군(甲軍) 2백 명이 흠차 부도통의 지휘로 간민(奸民) 유문희(劉文喜) 등을 체포하기 위해 지난달 18일에 떠나 24일에 와서 정박하고 있는데, 매일 순행하여 조사하고 있으나, 체포하지 못했다.'고 하였습니다. 그래서 협력해서 수토(搜討)하겠다는 뜻으로 왕복하여 약속하고 하루 종일

---

211 『中國文物地圖集』, 「遼寧分冊下」, '毛文龍碑', 173쪽.
　　孤山鎭大鹿島(明代) 碑立于崇禎元年(1628)
212 『朝鮮王朝實錄』, 『仁祖實錄』25卷, 仁祖 9年 11月 甲戌
　　朝鮮國議政府, 檄告島中諸忠義軍民等. (中略) 故島自乇媼以來, 秉秉忠順, 仕歳興泒作逆, 戕害主將, 本國爰擧義旗, 將致天討, 及閣部有命, 旋即班師. (中略) 欽差鎭守登鎭後軍都督府都督僉事黃龍, 受天子明命, 掛印建牙, 來鎭東江, 此實皇天之命帥, 全島之司命也.

수색하였습니다. 초이틀에 대국의 관원 2인이 또 와서 도착하여 먼저 도착했던 2인과 합하여 4인이 되었습니다. 이날 부근의 여러 섬을 두루 수색하여 적비(賊匪) 유청산(劉靑山)·채법(蔡法)을 붙잡아 모두 대국의 관인(官人)이 있는 곳에 보내었습니다. 초닷새에 관원 4인 가운데 수암성 방어(岫巖城防禦) 2인은 적비 2명을 압령(押領)하여 심양(瀋陽)으로 향하고, 수사영 방어(水師營防禦)와 효기교(驍騎校) 2인은 도로 해도(該島)에 도착하였습니다. 초엿새에 곳곳마다 수토(搜討)하였고, 장교와 소통사 등을 보내어 실정을 탐문해 보게 하였더니, 회고(回告) 가운데, '피지(彼地)의 서해 1백여 리 바다 가운데에 대고산(大孤山)이 있었는데, 곧 거주하는 사람이 없는 작은 섬입니다. 따라서 적비가 도망하여 그 가운데 접거(接居)할까 염려한 나머지 체포하기 위해 갑군을 나누어 배 2척을 거느리고 떠났습니다.' 하였습니다."[213]

　〈사료⑤〉는 중국의 도적들이 조선으로 도망치자 중국에서 부도통이 갑군 2백 명을 이끌고 조선의 용천부사와 함께 도적을 체포한 과정을

213 『朝鮮王朝實錄』,「純祖實錄」5卷, 純祖 3年 9月 己酉
　　義州府尹徐有榘馳啓言, 龍川府使崔朝岳移文內, 本月初一日, 領率校卒三百餘名, 入去薪島, 則大國船四隻, 先已來泊. 故使小通事, 問其出來之由, 則官員二人, 甲軍二百名, 以欽差副都統指揮, 奸民劉文喜等緝捕次, 去月十八日離發, 二十四日來泊, 而連日巡查, 尙未捕得云云. 故以協力搜討之意, 往復約束, 竟日搜打. 初二日大國官員二人, 又爲來到, 竝先到二人, 合爲四人. 是日遍索附近諸島, 捉得賊匪劉靑山, 蔡法, 竝捉送大國官人處. 初五日官員四人內, 岫巖城防禦二人, 押領賊匪二名, 轉向瀋陽, 水師營防禦及驍騎校二人, 還到該島. 初六日逐處搜討, 發遣將校, 小通事等, 使之探情, 則回告內, 彼地西海百餘里洋中, 有大孤山, 卽無人居住之小島也. 爲慮賊匪之逃接其中, 緝拿次分甲軍, 領二隻船發送云. 初七日至十一日, 與大國兵役等, 協同搜討, 葦蘆叢林, 盡爲燒火, 高阜深谷, 遍行邏察, 而更無賊匪形跡. 十六日, 大國派兵等, 竝撤還, 卽以搜討形止, 成呈文入送鳳城, 派兵等以十六日撤歸.

의주부윤이 조선 조정에 보고한 것이다. 그런데 중국에서 도적의 잔당들을 체포하기 위하여 갑군을 보낸 곳은 현재의 대양하 입구에 있는 대고산으로 이곳은 다름 아닌 조선의 섬이라고 하고 있다. 대고산 앞에 있는 섬이 대녹도인데, 이를 통해서도 대녹도가 조선의 가도였음을 이해할 수 있는 것이다.

⑥ 대고산은 수암성 동남쪽 120리에 있는데, 배와 수레를 끌고 온 상인과 장사치들이 구름처럼 모여들어 해구일대가 번성하자 성의 수위 아문에서 매월 관원 1명을 파견하여 병사 5명을 힐문(詰問)하였는데, 이들은 산해관 호부 소속 세무국이었다.[214]

⑦ 관서(關西)에서 삼(參)을 파는 상인을 금단하였다. 이때 조사(詔使)가 국경 가까이 오자 삼 값이 뛰어 올랐는데, 상인들이 깊이 감추고 팔지 않으면서 높은 값을 받으려고 몰래 가도(椵島)와 매매 행위를 하였다. 호조가 평안 감사로 하여금 법을 만들어 관문(關門)과 나루에서 금단하게 하기를 청하니, 상이 윤허하였다.[215]

⑧ 호조가 아뢰기를, "모 도독이 섬 안에 객상(客商)을 거주케 하여 1년의 세수(稅收)가 수만 금에 이른다고 합니다. 만약 도독이 그 모두를

---

214 『岫巖志略』권3, 「村鎭」, 大孤山
    大孤山, 城東南一百二十里, 舟車輻輳商賈雲集 爲海口繁盛之區 城守尉衙門每月派官
    一員汛兵五名山關戶部設立稅局.
215 『朝鮮王朝實錄』, 「仁祖實錄」8卷, 仁祖 3年 2月 戊子
    禁關西賣蔘商賈時詔使壓境, 蔘價踊貴, 商賈等深藏不市, 以索高價而潛相貿賣椵島.
    戶曹請令平安監司, 設法關津禁之. 上許之.

자기 사유로 하지 않았다면 군량을 충당하는 데 매우 보탬이 되었을 것입니다. 우리나라의 경우는 은이나 삼을 가지고 가서 물화를 무역하는 서울과 지방의 상인들이 이루 헤아릴 수 없이 가도(椵島)에 운집하는데도, 관에서는 한 푼도 수세를 하지 않으니 어찌 이런 이치가 있습니까."[216]

〈사료⑥〉은 대고산과 대녹도 지역이 상업지구로 번성하였음을 알려주고 있는데, 이는 〈사료⑦〉과 〈사료⑧〉에서도 그대로 나타난다. 모문룡은 가도를 상업지구로 만들어 인삼 밀매와 각종 상거래에 따른 세금 등을 통해 막대한 수익을 거둬들였다. 이렇게 거둬들인 재물은 그의 사욕을 채우고 군진을 강화하는 데 사용되었다. 한편, 조선은 모문룡의 동강진 무역으로 경제가 어렵게 되자 결국 가도에서의 무역 행위를 금지시켰다.[217]

⑨ 대고산 동쪽 언덕에는 고구려의 성이 있다. 산 남쪽으로 장자도(獐子島), 녹도(鹿島)가 있는데 명 때 모문룡이 일찍이 이곳에 주둔하였다. 지금도 커다란 장군비와 묘가 있다.[218]

---

216 『朝鮮王朝實錄』,「仁祖實錄」19卷, 仁祖 9年 12月 丁未
戶曹啓曰, 毛都督於島中, 接置客商, 一年收稅不啻累巨萬云. 若使都督, 不盡入己, 其補軍餉, 豈淺鮮哉. 我國則京外商人, 雲集椵島, 賷持銀蔘, 換貿物貨者, 不可勝數, 而官家未嘗有一箇收稅, 豈有此理乎.

217 『朝鮮王朝實錄』,「仁祖實錄」7卷, 仁祖 2年 11月 壬子
禁椵島私商. 時毛文龍久據椵島, 許我國通貸, 商賈潛相販鬻, 蔘價日踊. 戶曹啓請, 下諭于兩西監司, 管餉使及龍鐵等官, 譏察關津, 俾不得潛入. 如或抵法, 沒入贓物, 梟示境上, 循私蔑公, 不謹檢飭者, 亦爲拿鞫. 上從之.

218 『岫巖志略』卷9,「藝文志」, '大孤山開眺'
山東坡有高麗城, 南有獐子島鹿島, 明時毛文龍嘗駐兵於此, 馬將軍碑墓猶存.

⑩ 복주의 동쪽 7백여 리에 피도가 있다. 지형이 광대하고 믿을만한 요해처가 있다. 천계 연간에 모문룡이 이곳에서 둔전을 하며 주둔하였다. 피도의 동북쪽에 승복도가 있고 또 그 동북쪽은 조선 철산의 동쪽 경계이다.[219]

⑪ 조선의 서남쪽은 요동의 경계인데 그 경계 안에 승복도와 피도가 있다.[220]

〈사료⑨〉에서는 대고산을 중심으로 녹도의 위치와 그가 세운 비석에 대하여 설명하고 있다. 여기에서도 녹도는 모문룡이 주둔하였던 섬임을 말하고 있다. 〈사료⑩〉은 피도의 위치를 알려주고 있다. 즉, 복주의 치소인 와방점(瓦房店)에서 동북쪽으로 7백여 리는 현재의 대고산 지역이다. 또한 피도에서 동북쪽으로 나아가면 철산군의 동쪽 경계가 나온다고 하였는데, 〈지도Ⅲ-27〉에서 보듯이 『대동지지』에 기록된 철산의 위치와 일치한다.[221]

현재의 평안도 철산의 위치는 압록강 아래에 위치한다. 그러므로 요동 방향에서 조선에 이르는 경계라고 볼 수 없다. 의주의 위치가 앞서

219 『東北邊防輯要』卷上,「盛京險要考」
　　復州東七百餘里又有皮島 地形廣衍有險可恃 天啟中毛文龍屯駐於此 其東北為僧福島
　　又東北即朝鮮東境之鐵山矣.
220 『大淸一統志』,「朝貢各國」,'朝鮮'
　　又西南為遼東境內之僧福島及皮島云,
221 현재의 평안북도 철산군의 동쪽으로 가려면 요동에서 동북쪽이 아닌 동남쪽 방향으로 가야 한다.

있기 때문이다. 하지만 〈지도Ⅲ-27〉의 철산 위치를 염두에 두면 〈사료 ⑩〉의 내용이 정확하게 맞는 것을 알 수 있다. 그리고 피도는 승복도와 함께 조선의 경계 안에 있는 섬인 것이다.(〈사료⑪〉) 따라서 모문룡이 주둔한 가도는 평안도 철산군 남쪽 47리에 있는[222] 조선의 땅이었고, 이는 곧 대양하 앞 바다에 있는 대녹도였던 것이다.

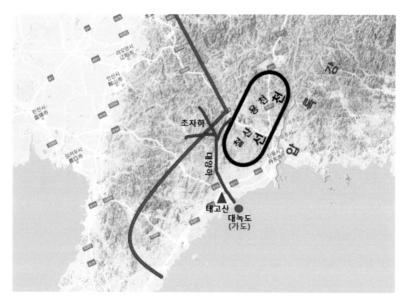

〈지도Ⅲ-27〉 철산 · 용천 · 선천군의 범위와 가도 위치 비정

---

222 『新增東國輿地勝覽』, 「義州牧」, '鐵山郡'
椴島, 在郡南四十七里 有牧場周四十一里.

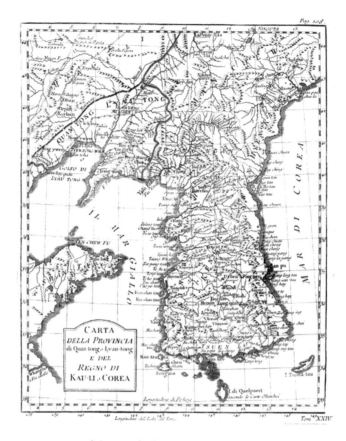

〈지도Ⅲ-28〉 광동, 요동 및 조선 지도

    가도가 조선과 요동의 길목인 대양하 앞에 있었다는 것은 프랑스의 자크벨링이 제작한 〈지도Ⅲ-28〉에서도 알 수 있다.[223] 이 지도를 통해서도 조선과 청의 국경선은 대양하임을 알 수 있다. 이는 대녹도가 이제까지 살펴본 가도였음을 알려주는 또 다른 전거자료가 되는 것이다.

---

223 이 지도의 원제목은 'Carte de la province de Quan-tong ou Lyan-tong et du Royaume De Kau-Li ou Coreé'로 프랑스의 수로학자인 자크벨링이 1750년에 제작한 것이다. (출처: 동북아역사재단 독도연구소)

6. 조선 초기의 압록강과 국경지대

이제까지 명이 설치한 요동변장의 동단 부분을 중심으로 조선 초기 국경 관문의 변화과정을 살펴보았다. 아울러 조선의 국경선인 압록강의 위치에 대해서도 함께 살펴보았다. 그 결과 동단변장은 처음에 연산관까지 설치되었음을 확인하였다. 이후 명은 조선이 세종 때부터 세조 때까지 20여 년간 요청한 사신로 변경을 빌미로 1481년에는 동단변장을 봉황성까지 연장 설치하여 국경 관문으로 삼음으로써 〈지도Ⅲ-23〉에서 보는 것처럼 연산관으로부터 180리의 영토를 확장하였다.

명의 동단변장 확장으로 조선의 초기 강역이 180리 정도 축소되었지만 이는 불모지나 다름없는 천산산맥의 줄기를 벗어나지 않는 것이었다. 하지만 요동반도 남단 영토의 축소는 아니었다. 이는 17세기 초 해로 사행의 길목이었던 가도의 위치를 살펴보는 것으로도 증명되었다. 이러한 사항들을 종합해 볼 때, 천산산맥을 기준으로 요동반도 남단 지역은 적어도 18세기 후반에 청의 행정 구역에 편입되기 전까지는 조선의 영토였던 것이다. 또한 이러한 논거에 의하여 조선의 행정이 미치는 지역은 초자하와 대양하 지역까지가 되는 것이다.

1) 국경지대에 대하여

현재 우리 학계가 인정하는 조선의 국경선은 백두산에서 발원하여 단동시 앞으로 흘러 서해로 들어가는 현재의 압록강이다. 연산관에서 압록강에 이르는 광활한 지역은 어느 국가의 영토도 아닌 무인지대로 간주하였다. 하지만 앞에서 살펴보았듯이 이는 조선 초기 압록강의 위치를 잘못 이해한 데에서 비롯된 것이라고 할 수 있다.

저자는 제2부 1장에서 국경에 대한 인식을 지대와 선으로 설명하였다. 이에 의하면 여말선초인 15세기 초까지도 국경선은 일정한 범위 내에서는 선의 개념으로 이해할 수 있다. 즉, 상호 간에 국경은 정해졌지만 중심적인 요충지가 아닌 국경선은 언제든지 월경할 수 있으며, 어느 정도 상호 왕래가 가능한 시기였던 것이다. 국경선과 국경지대의 설정은 양국의 협의에 의해 국경선을 기준으로 일정 범위를 상호 비워야만 하는 것이다. 국경선의 획정은 서로가 한 치의 땅도 양보하지 않기 위해 치열한 논리를 펼치기 때문이다. 그러므로 어느 한 국가만이 일방적으로 국경에서 일정 거리의 공백지대를 비우는 것은 중세 시기라 하여도 국경 설정 원칙에 맞지 않는 것이다. 조선과 명의 국경인 연산관은 명 태조가 일방적으로 정하였다.[224] 명 태조가 국경으로 정한 연산관 지역은 고봉들이 즐비하게 이어지는 천산산맥의 중심 줄기이다. 즉, 고려 시대부터 국경선 역할을 해왔던 천산산맥으로 조선과 국경선을 삼은 것이다.[225] 천산산맥은 국경선이자 국경지대의 의미를 지닌다. 국경선이라고 할 때에는 연산관을 중심으로 금주위 지역까지 이어진 천산산맥을 잇는 선이며, 국경지대라고 할 때에는 봉황성까지의 천산산맥의 산악지대를 일컫는다.

① 경태 원년(1450) 1월 10일(병술), 요동에서 출발하였다. 도사(都事)가

---

224 『朝鮮王朝實錄』,「睿宗實錄」6卷, 睿宗 1年 6月 辛巳
　　連山把截, 高皇所定, 兩國封疆, 不可相紊,
225 고려와 원·명의 경계였던 자비령과 철령도 천산산맥을 벗어나지 않았다. 이는 천산산맥 줄기가 오래 전부터 고려와 조선의 국경 지역이었음을 의미하는 것이다.

동녕부지휘 1명, 백호(百戶) 4명을 보내 군마 200을 거느리고 호송
도록 하였다. (중략) 고려충, 두관참, 동령을 지나 낭자산 아래의 민가
에서 묵었다. 1월 11일(정해), 낭자산에서 출발하여 배음산, 반도령
을 지나 신채(辛寨)의 민가에서 묵었다. 1월 12일(무자), 신채에서 출
발하여 고령을 지나 동산관 동구에 이르러 묵었다. 동관(東關)은 화
이의 경계이다. (중략) 1월 13일(기축), 동관에서 출발하여 분수령을
지나 용봉산(龍鳳山) 아래의 군영에서 묵었다. 1월 14일(경인), 용봉
산에서 출발하여 팔도사열령(八渡斜列嶺)을 지나 봉황산(鳳凰山) 아
래의 군영에서 묵었다. 1월 15일(신묘), 봉황산에서 출발하여 개주참
을 지나 동탕참에 이르렀을 때, 조선의주병마절제사 조석강이 통사
전만길리(全滿吉里)를 파견하여 미주(米酒)를 보내며 환영하였다.[226]

〈사료①〉은 1450년(문종 원년)에 명의 예겸이 조선의 사신으로 오면
서 기록한 노정이다. 개주는 현재의 봉황산 부근을 말하는데, 명의 사
신이 봉황산을 지나서 조선의 관료가 영접을 하고 있다. 이러한 정황을
살펴보면 조선과 명의 국경지대는 천산산맥을 벗어나지 않았던 것으
로 보인다. 이 지역이 국경지대가 될 수 있는 것은 명이 국경 관문을 봉
황성으로 옮기기 전인 1480년까지 이곳이 불모지였기 때문이다. 이후
부터는 평안도 변경 지역 농민들의 개간과 둔전 등으로 인한 추쇄 및

---

226 倪謙,「朝鮮紀事」
　　景泰元年正月丁丑朔. 丙戌 遼東起程 都司差東寧衛指揮一員 百戶四員 率領軍馬二百護
　　送. (中略) 過高麗衝頭館站東嶺 至浪子山下人家宿. 丁亥 浪子山起程 過背陰山盤道嶺
　　至新塞人家宿. 戊子 新塞起程 過高嶺 至連山東關口宿. 東關係華夷界限. (中略) 己丑
　　出東關 過分水鎭 至龍鳳山下營. 庚寅 龍鳳山起程 過八度斜列嶺 至鳳凰山下營. 辛卯 鳳
　　凰山起程 過開州站 至湯站 朝鮮義州兵馬節制使趙石岡 遣通事全滿吉里 送米酒下程迎.

월경 문제가 조선과 중국의 주요 쟁점이 되었다.[227]

그렇다면 봉황성에서 압록강(鴨綠江)에 이르는 지역이 국경지대가 된 것은 언제부터일까. 청은 북경에 도읍을 정한 후, 만주 지역을 조종 (祖宗)의 발상지(發祥地)라고 하며 신성시하였다.[228] 이와 함께 주변 민족의 유입을 막기 위하여 만주 지역을 봉금(封禁)하였다. 청이 만주 지역을 자신들의 발상지라고 주장하며 봉금하였지만 사실은 이 지역에서만 생산되는 특산물인 인삼(人蔘), 동주(東珠) 및 초피(貂皮) 등을 채굴하지 못하게 하여 경제적인 기반을 방어하기 위한 것이었다.[229]

---

227 압록강변에 있는 위화도가 대표적인 장소인데 실록에는 400여 년에 걸쳐서 위화도에서의 개간과 둔전에 따른 각종 문제를 다루고 있다.

228 『太祖高皇帝實錄』, 「總序」

太祖承天廣運聖德神功肇紀立極仁孝睿武端毅欽安弘文定業高皇帝姓愛新覺羅氏諱先世發祥於長白山. 是山, 高二百餘里. 綿亙千餘里. 樹峻極之雄觀. 萃扶興之靈氣. 山之上, 有潭曰闥門. 周八十里. 源深流廣. 鴨綠, 混同, 愛滹, 三江之水出焉. 鴨綠江自山南西流. 入遼東之南海. 混同江自山北流. 入北海. 愛滹江東流. 入東海. 三江孕奇毓異. 所産珠璣珍貝. 爲世寶重. 其山風勁氣寒. 奇木靈藥. 應候挺生. 每夏日. 環山之獸, 畢棲息其中. 山之東, 有布庫里山. 山下有池曰布爾湖里. 相傳有天女三. 曰恩古倫. 次正古倫. 次佛庫倫. 浴於池. 浴畢. 有神鵲銜朱果, 置季女衣. 季女愛之. 不忍置諸地. 含口中. 甫被衣. 忽已入腹. 遂有身. 告二姊曰. 吾身重. 不能飛昇. 奈何. 二姊曰. 吾等列仙籍. 無他虞也. 此天授爾娠. 俟免身, 來未晩. 言已, 別去. 佛庫倫尋産一男. 生而能言. 體貌奇異. 及長. 母告以吞朱果有身之故. 因命之曰. 汝以愛新覺羅爲姓. 名布庫里雍順. 天生汝以定亂國. 其往治之. 汝順流而往. 即其地也. 與小舠乘之. 母遂淩空去. 子乘舠順流下. 至河步. 登岸. 折柳枝及蒿爲坐具. 端坐其上. 是時, 其地有三姓爭爲雄長. 日搆兵相仇殺. 亂靡由定. 有取水河步者. 見而異之. 歸語眾曰. 汝等勿爭. 吾取水河步. 見一男子. 察其貌. 非常人也. 天必不虛生此人. 眾往觀之. 皆以爲異. 因結所由來. 答曰. 我天女佛庫倫所生. 姓愛新覺羅氏. 名布庫里雍順. 天生我以定汝等之亂者. 眾驚曰. 此天生聖人也. 不可使之徒行. 遂交手爲昇. 迎至家. 二姓者議曰. 我等盍息爭. 推此人爲國主. 以女百里妻之. 遂定議. 妻以百里. 奉爲貝勒. 其亂乃定. 於是布庫里雍順, 居長白山東. 俄漠惠之野, 俄朵里城. 國號曰滿洲. 是爲滿洲開基之始也. 歷傳至後世. 不善撫其國人. 國人叛. 攻圍俄朵里城. 布庫里雍順之族被戕. 有幼子名范察者. 遁於荒野. 國人追之. 會有神鵲止其首. 追者遙望鵲栖處. 疑爲枯木. 遂中道而返. 范察獲免. 隱其身以終焉. 自此後世了孫俱德號. 誡勿加害云.

229 김경춘, 「조선조 후기의 국경선에 대한 일고-무인지대를 중심으로-」, 『백산학보』29, 1984, 12쪽.

조선은 명과 국경을 연산관으로 정하고 봉황성에 이르는 지역까지를 국경지대로 설정하였다. 그러나 조선 중기에 접어들면서 중원에 새롭게 청이 건국되고 이들이 자신들의 발상지를 지킨다는 명분으로 만주 지역을 봉금 조치하는 상황이 벌어지자, 조선은 청과의 국경지대를 현재의 압록강(鴨綠江)까지로 설정하게 된 것이다. 이는 다음의 〈사료②〉에서도 이해할 수 있다.

② 봉황성 동방에는 조선국 서방 국경이 있다. 생각건대, 만주는 명을 침공하기에 앞서 조선과 싸워 이를 정복하였는데, 그때에 장책(長柵)과 조선국과의 국경 사이에 무인지대를 설치할 것을 의정하였다. 지도상에 표시된 것이 바로 그것이다.[230]

청은 17세기 초반에 두 번에 걸쳐 조선을 침략해 승리하였다. 이어 태종 시기(1626~1643)에 '봉황성 - 애양보 - 청하보 - 마근단보 - 동주보'를 잇는 유조변책(柳條邊柵)을 설치하였다. 그리고 이 변책과 압록강(鴨綠江) 사이를 무인지대로 설정하였는데, 위의 설명은 당시 상황을 설명하고 있는 것이다. 따라서 조선의 국경지대는 처음부터 연산관에서 압록강에 이르는 지역으로 설정된 것이 아니라 명·청 시대마다 국경지대의 범위가 달랐던 것이다.

저자는 앞에서 조선과 명의 동남쪽 경계는 천산산맥을 중심으로 '연산관~편령~황토령~벽류하'를 연결하는 선이라고 하였다. 이러한 지리 비정을 근거로 조선 초기 명과의 국경지대를 표시한다면 연산관에서

---

230 Du Halde, Description de E'mpire de la Chine. 김경춘의 위의 논문에서 재인용, 17쪽.

봉황성 사이, 벽류하에서 대양하 사이가 되는 것이다.[231]

〈사진Ⅲ-18〉 연산관이 있는 천산산맥 줄기

2) 명의 조선 영토 침탈과 조선의 대응

동단변장은 1481년 이후 봉황성으로 연장되었다. 이는 명이 국경선을
동쪽으로 확장함에 따라 조선의 영토가 그만큼 축소된 것을 의미한다.
아무리 사람이 살 수 없는 불모지라고 하여도 영토를 빼앗기는 것은
걱정거리가 아닐 수 없다. 〈사료③〉은 바로 이러한 정황을 잘 알려주고
있다.

③ 지금 듣건대 중국이 장차 개주(開州)에 위(衛)를 설치하려 한다 하는
데, 신이 거듭 생각해 보니 크게 염려되는 바가 있습니다. 개주는 봉
황산(鳳凰山)에 의거하여 성(城)을 이루었는데, 산세가 우뚝하고 가
운데에 대천(大川)이 있으며, 삼 면이 대단히 험하고 한 면만이 겨우

---

231 명이 국경 관문을 봉황성으로 옮긴 이후의 국경완충지대는 별도로 없었다고 여겨진다.
대신, 조선 스스로가 徙民政策의 어려움과 民戶 이탈을 걱정하여 국경지대에서 농사를
지으며 생활하지 못하게 하였던 것이다. 그 결과, 조선의 영토에 농사민들이 늘어와 농
사를 짓게 되고, 이로 인해 양국 간에 분쟁이 끊임없이 발생하였는데, 그 대표적인 사례
가 위화도와 그 주변 섬에서의 경작 문제였다.

인마(人馬)가 통하는 이른바 자연히 이루어진 지역이므로, 한 사람
이 관(關)을 지키면 1만 명이라고 당해낼 수 있는 것입니다.[232]

대개 군사들의 식량은 둔전을 통해서 해결한다. 특히, 국경선에 주둔
하는 군사들은 더욱 그러하다. 하지만 앞서 살펴본 것처럼 국경 지역인
연산관은 둔전이 어려운 불모지였다. 이들은 식량 조달을 위해서도 둔
전하기에 적당한 장소를 구해야만 하였다. 이러한 때에 조선의 사신로
변경 요청은 명에게 있어서는 좋은 기회가 되었다. 그래서 사신로를 변
경해주지 않고 사신단의 안전을 위한다는 빌미로 둔전이 가능한 조선
의 국경지대를 잠식하여 온 것이다. 이러한 명의 조선 영토 침탈은 명
태조 시기부터 이미 정해져 있었다.

④ 만약 내가 그대들을 정벌해야 한다면, 되는대로 가지는 않고 일정한
   거리마다 성곽을 축조해가면서 천천히 쳐들어갈 것이다.[233]

〈사료④〉는 명 태조가 북원의 납합출을 무찌르고 요동 공략을 완수
하던 1387년(우왕 13년)에 고려 우왕에게 경고조로 전달한 내용이다. 명
태조의 이 말은 이후 황제들에게 유훈으로 전해져 사대주의로 일관하
는 조선의 북방 영토를 강탈하는 정책이 되었던 것이다.

---

232 『朝鮮王朝實錄』,「成宗實錄』134卷, 成宗 12年 10月 戊午
   今聞中國, 將置衛於開州, 臣反覆籌之, 有大可慮者焉. 開州據鳳凰山爲城, 山勢突兀,
   中有大川, 三面絶險, 一面才通人馬, 眞所謂天作之地, 一夫當關, 萬夫莫敵者也.
233 『高麗史』卷136,「列傳』卷第49, 禑王 13年 5月
   我若征你, 不胡亂去, 一程程築起城子來, 慢慢的做也.

⑤ (요동 땅은) 여름에는 만경(萬頃)의 험로(險路)이면서 오히려 충분히
  의거할 수 있고 겨울에는 평평하기가 숫돌 같으면서도 곧기가 화살
  과 같으니, 비록 형제 부모의 나라라도 이 땅이 이렇게 가까이 있는
  것은 부당합니다. 평시에는 평안도 백성들 중 부역(賦役)을 피하는
  자들의 태반이 이곳으로 가는데, 저들은 가벼운 부역으로 이들을 맞
  이합니다. 그러나 변경 땅의 백성이 모두 그 곳으로 들어간다 하여
  도 그것은 일시의 해로움 밖에 되지 않습니다. 그러나 명에서 그곳
  에 군대를 주둔시키는 것은 영원한 근심거리입니다. …(중략)… 수백
  리의 땅을 공지(空地)인 채로 버려둔 것은 두 나라의 영토가 서로
  혼동(混同)될 수 없다는 것인데, 만일 간사한 무리들이 흔단(釁端)을
  일으켜 달자(達子)나 왜인(倭人)을 가장하여 도적질한다면 실로 예
  측하기 어렵게 될 것입니다. 이제 조공(朝貢)하는 사절(使節)이 옛길
  로 가다가 침범이 있게 되면 철저히 방비하고, 그대로 주청하면 거
  의 면할 수 있을 것입니다만, 만약에 윤허를 얻지 못하면 그 해가 이
  루 말할 수 없을 것입니다.[234]

〈사료⑤〉에서는 명의 국경지대 강탈에 따른 조선의 위기의식과 고
민을 엿볼 수 있다. 조선은 변경 지역인 평안도 백성들이 무거운 부역
을 피하기 위하여 요동 지역으로 도망하는 유민들을 늘 걱정하였다.

---

234 『朝鮮王朝實錄』,「成宗實錄」134卷, 成宗 12年 10月 戊午
  夏日則萬頃之險, 猶足據也, 至冬日, 則平如砥, 而直如矢矣, 雖兄弟父母之邦, 不當如
  是相近也 : 平時平安之民逃賦役者, 太半歸之, 彼亦輕徭薄賦, 招納之矣. 然邊民之盡入
  於隣境, 一時之害也. 大國之置兵於境上, 萬世之慮也 (中略) 然捐數百里之地, 以空其
  處者, 以兩國封疆, 不可相混, 萬一奸細, 彼此構釁, 或假(達子)之名, 或作倭人之形, 潛
  行草竊, 誠難測度. 今也朝貢使節, 仍行舊路, 若有聲息, 益謹隄防, 如是奏請, 庶或可
  免, 如未蒙允, 其爲害, 可勝言之哉.

연산관이 국경인 시기에는 백성들의 이탈이 많지 않았지만, 국경이 봉황성으로 당겨지고 중국에서 자국 백성들의 경작까지도 장려하자 조선의 걱정은 더욱 커질 수밖에 없었다. 조선은 중국인들이 조선 백성들과 어울려 부역이 가벼운 요동으로 이탈하는 것을 막아야만 하는 현실적인 문제에 부닥치게 된 것이다. 게다가 남아 있는 백성들마저 핍박한 사정으로 인해 도적으로 나서게 되면 국경을 지켜야 할 백성은 존재하지 않게 된다. 그렇다고 부족한 호구 수를 늘리기 위하여 남쪽의 백성들을 옮겨오는 사민정책만 시행할 수도 없었다. 결국, 조선의 대응 정책은 두 나라의 백성들이 서로 만나지 못하도록 거리를 두는 것이었고, 이는 곧 조선의 백성들이 개간하며 살고 있던 땅을 공한지로 비워두는 것이었다. 하지만 명은 조선의 이러한 정책을 이용하여 개주, 탕참 등의 역참을 설치하며 계속 조선의 영토를 강탈해 왔다.

국경 지역에서 시작된 명의 조선 영토 강탈은 〈사료⑥〉과 〈표Ⅲ-12〉에서 확인할 수 있듯이 마침내 의주의 치소 앞까지 이르게 되었던 것이다.

⑥ 지금 중국에서 이미 애양포(靉陽鋪)를 설치하여 많은 군대를 주둔시켰으며, 기점을 요성(遼城)으로부터 하여 남북으로 광녕(廣寧)까지 긴 담을 쌓아 야인(野人)이 요동 지경(地境)에 들어갈 수 없는 것이 오래입니다. 그래서 개주(開州) 이북(以北)에는 백성들의 거주가 이미 조밀합니다. 지난해에는 개주에 성을 쌓았고 또 앞으로 탕참(湯站)에 성을 쌓을 것입니다. 개주는 의주에서 1백여 리(里)의 거리이며, 탕참에서는 6, 70여 리가 됩니다. 탕참에 성을 쌓으면 또 반드시 파사부(婆娑府)에 성을 쌓을 것인데, 의주와의 거리는 겨우 30여 리

입니다. 파사부에 성을 쌓으면 반드시 압록강 삼도(三島)의 전지(田地)를 경작(耕作)할 것인데, 이것은 우리가 오늘날 걱정해야 할 것으로서 이를 보류하여 뒷날의 근심이 되게는 할 수 없습니다. 그리고 동팔참은 수백 년 동안 텅 비어 있던 지역인데 백성들의 거주가 이미 조밀하고 평안도는 백성들의 거주가 날로 더욱 쇠잔해지니, 비록 의주가 있으나 큰 진(鎭)이라고 여기고 관방(關防)이 있다고 할 수가 없습니다.[235]

년도	변동 사항	근거 사료
1392(홍무 25)	연산관 국경 설정	「예종실록」권6, 예종 1년 6월 29일
1436(정통 1)	자유채로 사신로 변경 요청	「세종실록」권75, 세종 18년 12월 8일
1437(정통 2)	요동변장 설치 시작	「효종경황제실록」권72, 홍치6년 2월16일
1460(천순 4)	내봉에 성보 구축 군사주둔	「세조실록」권21, 세조 6년 8월 26일
1481(성화 17)	진동,진이,봉황 역참 설치통보	「성종실록」권132, 성종 12년 8월 26일
1493(홍치 6)	탕참 설치	「성종실록」권273, 성종 24년 1월 7일
1509(정덕 4)	파사보 설치	「중종실록」권8, 중종 4년 3월 12일

〈표Ⅲ-12〉 명의 조선 영토 강탈 현황

3) 지리지의 편찬과 영토의 변화

명은 태조의 유훈대로 조선 시대 내내 조선의 변경을 잠식해 들어왔다. 조선은 그때마다 변경의 영토를 공한지로 비워두는 정책으로 대응하였다. 이러한 조선의 공한지 정책은 명에게 있어서는 영토 확장에 더없이

---

235 『朝鮮王朝實錄』, 「成宗實錄」216卷, 成宗 19年 5月 庚寅
今中國旣設靉陽鋪屯之重兵, 又起自遼城延袤至廣寧築長墻, 野人不能入寇遼境久矣. 開州以北 民居已稠 是以去年城開州, 將城湯站. 開州距義州百有餘里, 湯站六七十餘里. 城湯站, 則又必城婆娑府, 距義州僅三十餘里. 城婆娑府, 則必耕鴨綠三島之田, 此吾今日之可憂, 而不可留爲後日之憂者也. 東八站數百年空虛之地, 民居已稠, 平安道則民居日益殘亡, 雖有義州, 不可謂之巨鎭, 而恃有關防也.

좋은 여건이 되었다. 사태가 심각해지자 조선은 요동도지휘사사에게 자국인들을 추쇄해줄 것을 요청했지만 별반 효과를 보지 못하였다. 명은 자국민들의 불법 개간을 엄격하게 단속하지 않음으로써 자연스럽게 조선의 변경을 자국의 영토로 흡수할 수 있게 하였다. 조선의 수동적인 대응은 과도한 부역에 따른 유민의 발생이나 양국 백성의 접촉을 차단하기 위한 조치였지만, 한편으로는 조선의 개국 당시부터 형성된 사대주의가 관료사회에 깊게 뿌리내리고 있었기 때문이기도 하였다.

⑦ 지금의 사대부(士大夫)의 습속(習俗)이 이익을 탐내어 의리를 잊고 비위를 맞추고 아첨하여 절개가 없고 권세와 이익에 아부하므로, 1자급(資級) 반자급도 계책이 온갖 방면에서 나오니, 그 교활함이 토끼와 같고 그 아첨함이 여우와 같고 그 얽히고설키는 것이 독사와 같다. 매양 관리 명단이 나올 때마다 사람들은 반드시 가리키기를, '아무개는 아무의 친척이요, 아무개는 아무와 사귀는 친구이다.'고 하여, 습속이 이 지경에 이르렀으나 아무렇지도 않게 여기기 때문에 괴이(怪異)함을 알지 못한다. 사람을 쓰는 데 보증 천거하는 법이 있으나, 천거(薦擧)하는 바는 모두 벼슬을 간청하는 무리이니, 이로 말미암아 어진 인재를 진용(進用)하려고 하더라도 또한 어렵지 않겠는가?[236]

---

236 『朝鮮王朝實錄』, 「文宗實錄」4卷, 文宗 元年 10月 庚辰
今之士大夫之俗, 嗜利忌義, 依阿無節, 容悅勢利, 一資半級, 計出百端, 其狡如兔, 其媚如狐, 其繆結如蛇虺. 每除書出, 人必指曰: 某也, 某之姻婭也; 某也, 某之交舊也. 習俗至此, 因恬而不知怪, 用人有保擧之法, 而所薦皆干請之輩, 由是而欲賢才之進用, 不亦難乎.

⑧ 임금(세조)이 말하기를, "중국이 우리나라에 비록 이를 신칙하였더라도 이와 같은 야인이 입조(入朝)하면 물건을 주는 것이 심히 후하였으니, 이는 중국의 깊은 꾀이다. 옛사람이 이르기를, '오랑캐로써 오랑캐를 치게 함은 중국의 형편이다.' 하였으니, 이것은 곧 오늘날 중국의 모책이나, 우리나라에서는 진실로 그들을 후대(厚待)하여야 마땅하다. 어찌 중국의 술책에 빠짐이 옳겠느냐? 마땅히 이두리에게 말하기를, '날씨가 장차 더워질 텐데 너의 아비는 늙은이라 이때에 옴은 좋지 못하다. 만약 오려고 한다면 가을이나 겨울이 좋을 것이다.'라고 하라." 하니, 강맹경이 아뢰기를, "중국은 야인(野人)을 매우 두려워합니다. 지난해 야선(也先)의 난(亂)에는 야인이 연산파절에 들어가 인물(人物)을 창탈하고 노략하여 밧줄로 그 손을 꿰어가지고 돌아갔습니다."고 하였다. 임금이 말하기를, "중국이 연산 파절을 설치한 것은 무엇 때문인가?" 하니, 강맹경과 한확은 "오로지 우리나라를 위함이며, 이것이 계교가 아닙니다."고 대답하였다.[237]

⑨ 평안도 같은 데에 이르러서는 영안도에 비할 것이 아닙니다. 사명(使命)의 왕래에 호송하는 것의 초선(抄選)과 기재(騎載)를 내며 공돈(供頓)하는 비용이 다른 도의 10배나 되니, 백성은 애오라지 살 수가 없어 인가(人家)에선 연가가 드물며, 종일토록 가도 혹 인가를 보지

---

237 『朝鮮王朝實錄』, 「世祖實錄」3卷, 世祖 2年 2月 丁巳
上曰: 中國之於我國, 雖勅之如此, 野人入朝, 則饋遺甚厚, 此中國之深謀也. 古人云, 以蠻夷攻蠻夷, 中國之勢, 此卽今日中國之謀也, 在我國固當待之以厚, 豈可陷於中國之術乎. 當語豆里曰, 天氣將暖, 汝父老矣, 不可此時而來. 若欲來則秋冬可也. 姜孟卿啓曰: 中國頗畏野人. 去年也先之亂, 野人入連山把截, 搶掠人物, 繩貫其掌以歸. 上曰: 中國置連山把截, 何也. 孟卿, 確對曰: 專爲我國, 然此非計也.

못하매, 족히 한심하다 말할 수 있습니다. 국가를 위하는 큰 계획은 마땅히 먼저 백성의 힘을 너그럽게 하고 군정(軍丁)을 충족하여서, 다른 날 만일의 방비를 굳게 할 것인데, 재상(宰相)의 집은 그 장실(壯實)한 자를 가려서 반당(伴儻)을 삼아 그 수효는 거의 이졸(吏卒)보다 지나치니, 군현(郡縣)은 날로 축나고 군액(軍額)은 날로 줄어들어 실로 작은 일이 아닙니다. 그런데도 조정에서는 보기를 평상시처럼 대하니, 이로 말미암아 고을에는 보이는 이졸이 없고 군(軍)에는 장실한 군정이 없으니, 백성이 넉넉히 있음으로써 무궁한 역사(役使)가 가능한 법인데 또 어느 겨를에 갈고 심어서 농사일에 전념하고 자식을 기르는 데 바탕을 삼겠습니까? 이것은 마땅히 사민(徙民)하여 그 빈 곳을 채워야 하는데도 도리어 겨우 있는 백성으로 재상의 집에 취역(就役)하게 하여 방어(防禦)하는 군졸을 줄이기만 하니 나라의 좋은 계책이 아닙니다.[238]

〈사료⑦〉은 박팽년의 상서(上書)의 한 부분이다. 박팽년은 사대부 사회가 이미 권세와 사욕에만 매몰되어 친인척을 요직에 임명하고 아첨과 뇌물로 자리를 보전하기에만 혈안이 되어버렸다고 비판하고 있다. 조선이 개국한 지 채 60년도 되지 않아 이미 관료 계급인 사대부 사회의

---

238 『朝鮮王朝實錄』,「成宗實錄」10卷, 成宗 2年 6月 己酉
至如平安, 又非永安之比. 使命之來往, 護送之抄, 騎載之出, 供頓之費, 十倍他道, 民不聊生, 人烟鮮少, 終日之行, 或不見人家, 言之足爲寒心. 爲國大計, 宜先寬民力, 足軍丁, 以爲他日, 萬一之備固也, 而宰相之家, 擇其壯實者, 以爲之伴, 其數殆過於吏卒, 郡縣日耗, 軍額日減, 非細故也. 而朝廷視爲尋常, 由是邑無見吏, 軍無實丁, 以有數之民, 供無窮之役, 又何暇耕耘食力, 以爲仰事, 俯育之資乎. 是宜徙民, 以實其虛, 而反使僅存之民, 就役於宰相之家, 以損削防禦之卒, 非國之善計也.

모순은 심각한 상황이었던 것이다. 〈사료⑨〉는 조선의 사대부 사회는 백성의 안위와 영토의 보전보다는 권문세가로서의 지위를 누리는 데에만 혈안이 되어있음을 알 수 있다.

〈사료⑧〉에서는 관료들이 생각하는 사대주의의 진면을 볼 수 있다. 세조가 전통적으로 '이이제이(以夷制夷)' 전략을 사용하는 중국의 모략을 읽고 중국의 술책에 빠지지 말아야 한다면서 여진족을 후대해야 한다고 하자 관료들이 이를 반대하는 장면이다. 명 태조가 연산파절을 설치하고 이를 조선과 국경으로 정하였던 것인데, 이러한 국경을 설치한 것 자체가 조선을 위한 것이지 명의 계교가 아니라고 하고 있다. 위의 사료들을 통해서 밖으로는 국가의 안위는 아랑곳없이 사대로만 일관하고, 안으로는 백성은 돌아보지 않은 채 자신들의 권세와 사리사욕에만 집중하는 사대부 계급의 특성을 살펴볼 수 있다. 이 같은 사대부 사회의 사고방식으로는 명의 지속적인 영토 강탈을 막을 수가 없음은 자명한 일인 것이다.[239]

조선 시대 최대의 지리지는 『신증동국여지승람』이다. 이 책은 1530년 (중종 25)에 발간되었다. 그런데 이 지리지를 편찬하기에 앞서서 이미 서너 번에 걸쳐 지리지가 발간되었다. 이를 정리하면 〈표Ⅲ-13〉과 같다.

---

239 조선 시대 사대부 계급의 사고방식은 요동 지역의 조선의 강역을 포기하고 현재의 압록강과 두만강을 자연장벽으로 삼아 지키려는 것으로 귀결되었다.

발간년도	지리지명	특징	주요 정치 사항
1432 (세종 14)	팔도지리지	건국, 통치의 필요성	조선 건국(1392)
1454 (단종 2)	세종실록지리지	팔도지리지 이후 내용 보완	4군 6진 개척
1481 (성종 12)	동국여지승람	조선 초기의 지리 완성	명의 요동변장 구축
1530 (중종 25)	신증동국여지승람	동국여지승람 개수(改修)	명의 봉황성 · 탕참 등 구축

〈표Ⅲ-13〉 조선 초기의 지리지 편찬 현황 및 주요 정치 사항

『지리지』의 편찬은 국가의 영토나 행정 기구의 변화가 있을 때 시행된다. 군현의 범위와 호구 수 및 이에 따른 조세와 부역 등을 확정함으로써 국가의 영토 및 통치에 활용할 수 있기 때문이다. 지리지 편찬은 대부분 영토 변경과 관련된 정치적 사건들이 발생한 이후에 제작되었다. 〈표Ⅲ-13〉은 조선 건국 후 약 150년 동안 지속적으로 영토의 조정이 있었음을 알려주고 있는 것이다. 그 변화 추이를 대략적으로 살펴보면 세종 시기 4군 6진의 개척으로 동북 지역 영토가 확장되었다. 반면에 서북 지역은 명의 요동변장 확장에 따른 역참 설치로 조선의 행정 구역과 통치 영역이 축소될 수밖에 없었다. 행정 구역의 변경은 곧지명의 이동을 의미한다. 앞서 가도의 위치를 고찰하면서 4개 군의 범위를 살펴보았는데, 『세종실록지리지』와 『신증동국여지승람』을 비교해보면 4개 군의 위치와 크기가 조금씩 바뀌었음을 알 수 있다. 이는 바로지명의 이동이 이뤄졌음을 알려주는 것이기도 하다.

압록강 역시 행정 구역의 변경과 함께 이동되었을 것으로 판단된다. 그것은 1481년 봉황성이 국경 관문이 된 이후에도 명은 계속해서 동진하여 탕참 등을 설치하며 의주의 앞까지 잠식해 왔기 때문이다. 이러한

이유로 국경을 넘나드는 길과 강줄기도 바뀔 수밖에 없었고 경계로서의 압록강도 자연히 변동될 수밖에 없었던 것이다.[240] 하지만『신증동국여지승람』이 완성된 시기의 압록강도 현재의 압록강을 의미하지는 않는다. 현재의 혼강과 포석하 및 애하가 모두 압록강 줄기였기 때문이다.[241] 그러므로 현재의 압록강이 고려와 조선 초기에도 변함없이 압록강이었다는 주장은 반드시 재고되어야만 한다.[242]

〈사진 III-19〉 봉성시에 있는 봉황산 전경

---

240 압록강은 언제나 국경선의 개념으로 사용되었다. 즉, 압록강은 국경을 오가는 공적(公的) 교통로(交通路)에 있는 강을 말하는 것이다. 이는 곧 국경을 오가는 교통로가 바뀌면 국경을 건너는 압록강도 변동함을 뜻하는 것이다. 압록강의 변동은 행정 구역과 교통로의 변경에 영향을 받지만, 반드시 영토의 축소를 의미하지는 않는다.

241 저자는 위화도의 위치를 고찰하면서 우리가 알고 있는 압록강은 현재의 압록강이 아님을 궁리하였다. (허우범, 「위화도의 위치 새로읽기」, 218~253쪽.)

242 『大東地志』에 기록된 평안도 서북방 州郡들의 위치가 현재의 압록강 위쪽에 있다는 것은 현재의 압록강이 조선 초기에는 다른 강으로 불렸을 가능성이 매우 높다고 할 수 있다.

4장
조선 세종의 여진정토와
서북 국경

1. 조선 초기 여진과의 관계

이성계 일가는 오래전부터 여진족과 매우 친밀한 관계를 형성하였다. 이성계의 고조인 이안사는 알동(斡洞)의 수천호(首千戶)였고, 부친인 이자춘은 쌍성총관부의 관리였는데, 이곳은 동북면의 여진인들이 거주하는 지역이었다. 이성계는 이러한 환경 속에서 생활하며 그들과 자연스럽게 우호관계를 형성하며 군사적인 기반을 다질 수 있었다. 이성계의 이러한 활동은 이지란, 이원경 등을 휘하로 둘 수 있었고, 이들의 활약은 조선을 건국하는 데 있어서 중요한 역할을 하였다. 이성계가 조선 태조가 되자 더욱 많은 여진의 추장들이 내조하였다.[243] 그 결과 조선은 여진과 우호관계를 유지할 수 있었다.

여진은 고려 시대부터 동·서여진으로 불리며 압록강과 두만강 유역에 넓게 거주하였다. 조선은 이러한 여진과의 우호적인 관계를 중시하였다. 이는 조선 건국 초기의 영토 방어는 물론 국내의 제반 정치를 안

---

243 『朝鮮王朝實錄』, 「太祖實錄」8卷, 太祖 4年 12月 癸卯

정적으로 처리하는 데에도 매우 필요하였기 때문이다. 이를 위해 조선은 여진에게 많은 노력을 기울였다. 시장을 개설하여 교역을 하게 하고 식량을 주는 등 재정적인 지원을 하였다. 또한 내조하는 여진인들에게 관직을 줌으로써 여진을 조선의 영향력 아래에 두려고 하였다.

명도 요동도사를 운영하는 데 많은 인구와 정보가 필요했기 때문에 여진을 초유(招諭)하여 민호로 채우는 것에 관심이 많았다. 하지만 현실적으로 몽골을 축출하는 것이 급선무였기에 일단은 접어둘 수밖에 없었다. 특히, 요동도사에서 여진이 거주하는 지역까지는 초유하기에도 쉽지 않은 먼 거리였다. 명 태조는 철령위와 삼만위의 설치를 통해 압록강과 두만강의 여진을 통제하려고 하였지만 이러한 위소 정책은 결국 좌절되었다.[244] 이에 반해 조선은 여진과 변경을 접하고 있는 까닭에 여진의 초무(招撫)에 보다 적극적으로 임할 수 있었다. 명 태조는 조선이 여진을 초무하기에 훨씬 유리한 것을 알고 조선을 견제하고 나섰다.

사람을 보내어 요동(遼東)에 이르러 포백(布帛)과 금은(金銀)의 종류를 가지고 거짓으로 행례(行禮)함으로써 사유(事由)로 삼았으나, 마음은 우리 변장(邊將)을 꾀는 데 있었으니, 이것이 흔단(釁端)을 일으킨 것의 두 가지요, 요사이 몰래 사람을 보내어 여진(女眞)을 꾀여 가권(家眷) 5백여 명을 거느리고 압록강을 몰래 건넜으니, 죄가 이보다 큰 것이 없었소. 이것이 흔단(釁端)을 일으킨 것의 세 가지요.[245]

---

244 남의현, 「원말명초 조선·명의 요동쟁탈전과 국경분쟁 고찰」, 『한일관계사연구』42, 2012, 98쪽.

245 『朝鮮王朝實錄』, 「太祖實錄」3卷, 太祖 2年 5月 丁卯
　一, 遣人至遼, 將布帛金銀之類, 假以行禮爲由, 意在誘我邊將, 此生釁二也. 一, 近者, 暗遣人說誘女眞, 帶家小五百餘名, 潛渡鴨江, 罪莫大焉. 此生釁三也.

조선 태조는 명 태조의 이 같은 조서에 대하여 '죄가 아닌 것을 책망하면서 군대를 일으키겠다고 위협하니 어린아이에게 공갈하는 것과 다를 것이 없다'[246]고 분노하면서도 결국은 4백여 명의 여진인을 경사로 보내며 몸을 낮추었다.[247] 태조는 그동안 구축해온 여진과의 돈독한 우호관계 덕분에 조선과 여진의 관계를 차단하려는 명 태조의 협박에도 불구하고 여진들을 초무하는 데 자신이 있었다. 따라서 이를 내세우지 않음으로서 더 큰 분란을 방지하려고 했던 것으로 이해된다. 이러한 까닭에 조선은 태종 초까지 여진과의 우호관계를 계속 유지하게 된다.

조선과 여진의 우호관계는 명 영락제가 적극적으로 여진을 초무하면서 금이 가기 시작하였다. 영락제는 1403년 올량합의 아합출 등이 입조하자 건주위를 설치하기로 하고 아합출을 건주위지휘사에 임명하였다. 또한 홀라온의 서양합 등이 입조하자 올자위를 설치하였다.[248] 영락제가 여진 초유에 힘을 쏟자 조선 태종은 위기의식을 느끼고 대책을 논의하였다.

> 삼부(三府)가 모여서 여진(女眞)의 일을 의논하였다. 황제가 여진에게
> 칙유(勅諭)하여, 오도리(吾都里)·올량합(兀良哈)·올적합(兀狄哈) 등을 초
> 무(招撫)하여 조공을 바치게 하라고 하였는데, 여진 등은 본래 우리에게
> 속하였기 때문에, 삼부(三府)가 회의(會議)한 것이었다. 그 칙유가 여진의

---

246 『朝鮮王朝實錄』, 「太祖實錄」3卷, 太祖 2年 5月 己巳
　　今又責我以非罪, 而脅我以動兵, 是何異恐喝小兒哉.
247 『朝鮮王朝實錄』, 「太祖實錄」4卷, 太祖 2年 8月 乙亥
　　欽差黃永奇, 崔淵等還京師. 上送于西郊. 遣中樞院副使李至, 齎請通朝路表, 幷押領女
　　眞男女四百餘口赴京.
248 박원호, 『明初朝鮮關係史硏究』, 일조각, 2002, 170쪽.

글자를 써서 알 수 없으므로 여진을 시켜 그 뜻을 설명하여 통역하게 한 뒤에 의논하였다.[249]

태종은 영락제가 건주위를 설치하려고 하자, 하륜, 권근 등에게 명하여 고려의 윤관이 동여진을 무찌르고 변경에 세운 비를 조사하게 하였다.[250] 위의 사료의 내용을 살펴보면 영락제가 초유하는 여진들은 원래 조선에 속하였음을 알 수 있다. 태종은 이러한 역사적 연고권과 함께 영유권의 근거를 밝히고 김첨을 경사로 보내 10처 여진 지역의 조선 관할권을 주장하였다.[251] 이러한 노력에 힘입어 조선은 명으로부터 10처 여진의 관할권을 인정받게 되었다.[252] 하지만 명은 여진인의 초유를 멈추지 않았다. 그 결과 1405년에는 일부의 여진인들이 영락제의 초무에 응하기 시작하였다. 명은 건주위와 올자위 설치를 시작으로 1404년에는 노아간도사(奴兒干都司)를, 1409년에는 115개의 여진위소를 설치하

---

249 『朝鮮王朝實錄』, 「太宗實錄」5卷, 太宗 3年 6月 辛未
　　三府會議女眞事. 皇帝勅諭女眞, 吾都里, 兀良哈, 兀狄哈等招撫之, 使獻貢. 女眞等本屬于我, 故三府會議. 其勅諭用女眞書字, 不可解, 使女眞說其意譯之而議.

250 『朝鮮王朝實錄』, 「太宗實錄」7卷, 太宗 4年 4月 丁酉
　　命領春秋館事河崙, 知春秋館事權近開史庫, 考前朝睿宗實錄. 睿宗朝侍中尹瓘擊東女眞, 立碑于境上. 帝遣王可仁于女眞, 欲設建州衛, 故欲據此對之也.

251 『朝鮮王朝實錄』, 「太宗實錄」7卷, 太宗 4年 5月 己未
　　欽此竊詳, 參散千戶李亦里不花等一十處人員, 雖係女眞人民, 來居本國地面, 年代已久, 累經胡人 納哈出等兵及倭寇侵掠, 凋瘵殆盡, 其遺種存者無幾. 且與本國人民交相婚嫁, 生長子孫, 以供賦役. 又臣祖上曾居東北地面, 玄祖先臣安社墳墓, 見在孔州; 高祖先臣行里, 祖先臣子春墳墓, 皆在咸州. 竊念小邦遭遇聖朝以來, 累蒙高皇帝詔旨, 不分化外, 一視同仁. 又欽準聖朝律內一款: 其在洪武七年十月以前, 流移他郡, 曾經附籍當差者勿論. 欽此, 小邦旣在同仁之內, 公嶮鎭迤南, 又蒙高皇帝王國有辭之旨, 所據女眞遺種人民, 乞令本國管轄如舊, 一國幸甚.

252 『朝鮮王朝實錄』, 「太宗實錄」8卷, 太宗 4年 10月 己巳
　　計稟使金瞻, 齎準請勅書, 回自京師. 勅書曰, 勅朝鮮國王 李諱. 省奏言, 參散千戶李亦里不花等十處人員準請, 故勅.

였다.[253] 그중에는 조선에서도 각종 예우를 하며 힘을 기울인 동맹가첩목아(童猛哥帖木兒)가 명에 회유되어 건주위도지휘사사가 되었다. 또한 아합출의 아들인 김시가노(金時家奴)는 건주위지휘사로, 아고거(阿古車)는 모련등처지휘사로, 아난(阿難)·파아손(把兒遜)은 모련등처지휘첨사가 되었다.[254] 명은 이들에게 관직을 수여함으로써 그들을 명의 영향력 아래에 두고자 하였다. 조선 또한 동맹가첩목아를 회령에 거주하도록 하며 지속적으로 여진 초유에 힘을 기울었다.

건주여진을 구성하는 주요한 부족은 올량합의 건주위·모련위와 오도리의 건주좌위·건주우위였다. 이중 모련위는 조선의 공격으로 지리멸렬한 상태가 되어 결국 건주위의 관할을 받았다. 건주우위는 아직 건주좌위로부터 분리 독립되지 않은 상태였으므로 건주여진의 중심 세력은 아합출의 손자인 이만주(李滿住)의 건주위와 동맹가첩목아의 건주좌위로 대별되었다.[255]

건주위와 건주좌위는 요동의 봉주(鳳州)에서 13년간을 같이 살았다. 1423년 건주위의 이만주는 타타르의 보복이 두려워 파저강으로 이주하였고, 동맹가첩목아는 원래의 거주지였던 오음회(阿木河)로 돌아갔다. 이만주는 건주위도독의 직함을 내세워 조선에게 무역을 요구하였다. 조선은 약간의 식량 지원은 하였지만 사사로이 무역을 허가하지 않았다.

---

253 박원호, 위의 책, 171쪽.

254 『朝鮮王朝實錄』,「太宗實錄」11卷, 太宗 6年 3月 丙申
　　賀正使姜思德等, 回自京師. 通事曺顯啓曰: 吾都里萬戶童猛哥帖木 等入朝, 帝授猛哥帖木 建州衛都指揮使, 賜印信鈒花金帶, 賜其妻幞卓衣服金銀綺帛; 於虛出, 參政子金時家奴爲建州衛指揮使, 賜鈒花金帶; 阿古車爲毛憐等處指揮使, 賜印信鈒花銀帶; 阿難 把兒遜 毛憐等處指揮僉事, 賜廣銀帶.

255 박원호, 위의 책, 202~203쪽.

이러한 때, 이만주 관하의 노비와 잡혀갔던 여연군의 여자 분이가 도망쳐 오는 사건이 발생하였다. 조선이 이들을 모두 돌려보내지 않자 이만주의 불만은 쌓이게 되고 급기야 조선의 변경인 여연을 침공하였다. 이에 세종은 최윤덕의 통솔 아래 두 차례에 걸쳐 여진정토를 단행하였다. 그 결과, 이만주의 건주위는 현재의 소자하 부근으로 쫓겨나게 되었다. 세종의 두 차례에 걸친 여진정토는 이후 4군 6진을 개척하는 시발점이 되었다.

〈사진Ⅲ-20〉 신빈만족자치현의 박물관

〈사진Ⅲ-21〉 신빈만족자치현의 소자하

2. 건주여진의 이동

여진은 시대마다 다르게 불렸는데 고려 시대에는 거주 지역에 따라 크게 동여진과 서여진으로 구분하였다. 압록강 부근 지역에 사는 여진은 서여진이라고 불렸다. 송은 동여진을 생여진, 회패여진, 동해여진으로 나누었고, 서여진을 숙여진이라고 하였다. 거란은 이를 보다 세부적으로 구분하였는데, 동여진에는 장백산, 포로모타부, 회발부, 황룡부, 순화부, 생여진부 등이, 서여진에는 압록강여진, 빈해여진, 갈소관여진이 속하였다.[256] 명 때에는 건주여진, 해서여진, 야인여진으로 불렸는데[257] 건주여진은 다시 건주 3위로 분화·발전하였다. 건주여진은 압록강 인근 지역에 거주하는 여진으로 향후 누루하치가 여진족을 통합하여 청을 건국한 핵심 여진이었다.

여진은 명과 조선에게 있어서 중요한 회유 대상이었다. 명에게는 요동도사 운영에 필요한 민호 확충에 필요하였고, 조선은 북방 지역의 안정을 위하여 여진의 회유가 중시되었다. 건주여진은 명과 조선의 회유정책 사이에서 화전 양면정책을 시행하며 발전을 도모하였다.

여진에 대한 연구는 다양한 분야에서 이루어졌다. 연구의 대부분은 여진 사회와 여진인에 대한 인식 및 여진정토에 관한 것이었다. 반면에 여진의 주거 지역과 관할 범위에 대한 본격적인 연구는 드물다. 이는 현재의 압록강과 두만강 유역이 당대 사료에 부합하는 곳이라는 생각

---

256 나영남, 「고려와 동·서여진의 관계」, 『역사학연구』67, 2017, 222쪽.

257 『大明會典』卷107, 「禮部」65, 東北夷
蓋女直三種居海西等處者, 爲海西女直, 居建州毛憐等處者爲建州女直, 各衛所外, 又有地面, 有站, 有寨, 建官賜勅, 一如三衛之制, 其極東爲野人女直, 野人女直去中國遠甚, 朝貢不常, 海西建州, 歲一遣人朝貢.

으로 특별하게 검토하지 않는 것 같다. 따라서 여진 주거지와 활동 범위를 다루는 연구의 대부분은 현재의 압록강과 두만강 지역에 한정하고 논의를 전개하고 있다.

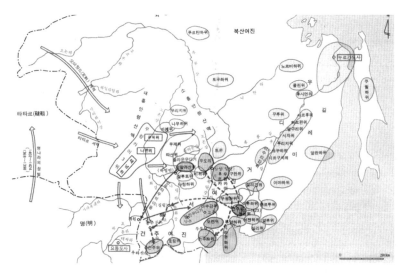

〈지도III-29〉 여진의 분포와 건주위 이동 경로(1402~1432)[258]

258 國防部戰史編纂委員會, 『西征錄』, '지도1', 1989.

『서정록』은 조선 세종 시기 2차례에 걸쳐 진행된 파저강 여진정토를 다룬 책이다. 이 책은 여진정토 작전의 준비 과정부터 작전 경과와 작전 종결, 대명 외교 및 상벌까지의 과정을 세세하게 기록하였다. 이 과정에서 실록에 기재된 내용과 중복되는 부분이 많다. 특히, 본 책에서 중심적으로 살펴보는 역사지리는 대부분 실록의 내용과 중복된다. 이 책은 중종 11년(1516) 李純이 門中에서 전해 내려오던 것을 처음 공개하여 간행되었는데, 이순은 파저강 정벌 당시 평안도 도절제사로 공을 세운 李蕆의 외손자이다.

3. 세종의 파저강 여진정토 지역 고찰

파저강(婆猪江) 고찰에 앞서 여진이 거주하였던 지역에 대한 조선의
생각을 알아볼 필요가 있다. 이는 여진이 거주하는 지역이 조선의 영토
인가 아닌가를 판별하는 데 매우 중요한 근거가 될 수 있기 때문이다.
조선은 16세기 말에 『국조정토록』을 간행하였다. 이 책은 세종 시기부
터 중종 시기까지 총 7번에 걸쳐 여진과 왜를 물리친 전쟁 기록을 정리
한 책이다. 그런데 이 책의 범례를 살펴보면 주목되는 부분이 있다.

> 기록 가운데에서 우리 군사인 경우에는 '정벌하였다(征)' 또는 '토벌하
> 였다(討)'고 하였고, 적병인 경우에는 '도적질하였다(寇)' 또는 '반란을 일
> 으켰다(叛)'고 표현하였다. 외적을 공격하였을 때는 '습격하였다(襲)'나 '싸
> 웠다(戰)'라고 하였고, 적을 무찌른 경우에는 '베었다(斬)' 또는 '사로잡았
> 다(虜)'고 표현하였다. 모두 강목(綱目)의 서례(序例)에 따른다.[259]

범례에서 우리 군사인 경우에는 '정토(征討)'라는 표현을 쓴다고 하였
다. 이는 곧 적으로 생각하지 않은 군사를 공격하였을 때 정토라고 기
록한다는 의미이다. 위의 사료에서 강목(綱目)은 『자치통감강목』을 말
하는 것인데, 이곳의 서례(序例) 중 '정벌(征伐)'에 대한 기록을 살펴보면
정토의 개념을 확실하게 이해할 수 있다.

> 무릇 정통(正統)에서 신하로서 참월(僭越)하여 반란을 일으킨 데에 병

---

[259] 『國朝征討錄』, 「凡例」
凡錄中 我師稱征稱討, 賊兵稱寇稱叛, 攻敵稱襲稱戰, 克敵稱斬稱虜, 皆從綱目序側.

사를 사용하였으면 '정(征)'이나 '토(討)'라고 하고, 이적(夷狄) 또는 그 신하
가 아닌 경우에는 '벌(伐)'이라고 하고 '공(攻)'이라고 하며 '격(擊)'이라고
한다. 병사로 응하는 경우에는 '비(備)', '어(禦)', '거(拒)'라고 한다.
모두 그 본문에 따라서 칭한다.[260]

정토(征討)라는 개념은 신하로서 참월하여 반란을 일으켜서 이를 진
압하는 경우에 사용하는 용어임을 알 수 있다. 반면에 적을 무찌를 때
사용하는 용어는 '정벌(征伐)'을 사용한다고 명시하고 있다. 즉, 신하의
참월에 대한 공격은 '정토', 적병에 대한 공격은 '정벌'인 것이다. 조선은
여진을 공격하는 데 있어서 '정토'라고 표현하였다. 이는 곧 여진을 적
이 아닌 신하의 개념으로 사용한 것이며, 여진이 거주하는 지역은 조선
의 영토임을 의미하는 것이다. 그러므로 여진의 주거 지역도 조선의 관
할 하에 있는 영토로 이해할 수 있다.[261]

조선 태종은 명 영락제의 여진 회유정책에 맞서 10처 여진의 관할권
을 인정받았다. 하지만 명은 상당수의 여진을 통제하는 동맹가첩목아
는 포기할 수 없었다. 이에 1403년 이만주를 건주위지휘사로 삼은데 이
어 1413년에는 동맹가첩목아를 건주좌위지휘사로 회유하였다. 또한
1426년에는 건주여진을 통제하기 위하여 이만주를 건주위지휘사에서
도독첨사로 승진시켰다. 건주여진은 동몽골 달단이 침략해 오자 1423
년에는 이만주의 통솔 아래 파저강으로 옮겨오게 되었다.

---

260 『資治通鑑綱目』,「凡例」, '征伐'

261 본 책에서 다루는 여진 관련 사료에 별도의 기록이 보이지 않는 한 '정토'의 개념을 이용
하여 여진의 주거 지역은 조선의 관할 영토로 본다.

이번 4월 17일에 소보리 구자(小甫里口子) 건너편에 올량합 심지휘(沈指揮)가 군인 13명과 소와 말 13마리를 끌고 와서 말하기를 "우리들이 건주위(建州衛) 봉주(奉州) 고성(古城) 안에서 20여 년을 거주하였는데, 지난 2월 17일에 달단군(韃靼軍)이 침략해 들어왔다. 그로 인해서 도사(都司) 이만주(李滿住)가 관하 지휘(管下指揮)인 심시리합(沈時里哈)·심자라로(沈者羅老)·성사대(盛舍歹)·동소로(童所老)·성자라대(盛者羅大) 등과 함께 1천여 호를 거느리고 파저강에 와서 거주하였는데, 지난 계묘년에 파저강 다회평(多回坪)에 거주하는 것을 허가한다는 성지를 받았다. 이번에 이 성지로 인하여 와서 우접(寓接)하였으나, 당장에 먹을 양식과 종자(種子)·소금·장이 없으므로 이를 빌어서 살아가려고 한다.[262]

당시 파저강을 기준으로 동쪽은 조선의 경계이고, 서쪽은 이만주의 통제 아래 여진이 거주하고 있었다.[263] 여진이 조선의 경계에 분포하게 되자 조선은 회유정책에 유리하기도 하였지만 한편으로는 크고 작은 분쟁들이 발생하였다.[264] 급기야 1432년 이만주가 여연을 침공하기에

262 『朝鮮王朝實錄』, 「世宗實錄」24卷, 世宗 6年 4月 辛未
　　今四月十七日, 小甫里口子對望越邊兀良哈 沈指揮率軍人十三名, 將牛馬幷十三頭匹來說: 吾等在前, 於建州衛 奉州古城內居住二十餘年, 因韃靼軍去二月十七日入侵, 都司李滿住率管下指揮沈時里哈, 沈者羅老, 盛舍歹, 童所老, 盛者羅大等一千餘戶, 到婆猪江居住. 去癸卯年, 蒙聖旨許於婆猪江 多回坪等處居住. 今因此到接, 然無口糧種子鹽醬, 切欲乞丐過活.

263 『朝鮮王朝實錄』, 「世宗實錄」73卷, 世宗 18年 閏6月 癸未
　　婆猪一江, 源出長白, 爲我國紀, 自江以東則爲我之境, 自江以西則爲彼之居.

264 李滿住는 조선에 무역을 할 수 있도록 요청하였지만 조선은 생활필수품을 지원해주는 선에서 무역을 허가하지 않았다. 이만주 관하의 노비가 도망하여 오자 조선인은 본 거주지로 보내고 중국인은 요동도사로 解送하는 등 원래의 國籍대로 처리하였다. 또한 閭延郡에서 잡혀갔던 粉伊가 도망오자 당연히 돌려보내지 않았다.

이르렀다.[265] 이에 세종은 철저한 준비를 하여 1433년과 1437년 두 차례에 걸쳐 파저강의 여진을 정토하였다. 두 차례의 정토에 커다란 타격을 입은 이만주는 혼하 상류의 소자하로 이동하였다.

조선 세종이 여진정토를 단행한 파저강은 현재 혼강으로 비정되었다. 이는 대일항쟁기 이나바와 쓰다가 비정한 이래 현재까지 그대로 인정되어 오고 있다. 하지만 저자가 생각하기에는 몇 가지 의문점이 있다. 이에 건주여진의 이동 지점을 살펴보고 여러 사료에 기록된 파저강 관련 자료들을 검토하여 세종 시기의 파저강이 어느 강을 말하는 것인지 알아보도록 하겠다.

1) 동몽골 달단의 침입과 건주여진의 파저강 이동

파저강의 위치를 비정하려면 먼저 건주여진의 이동을 살펴보는 것이 중요하다. 특히, 원거주지가 중요한데, 이는 이동의 출발점이자 그들의 동선을 객관적으로 추정할 수 있는 근거가 될 수 있기 때문이다.

개원성(開元城)의 서남쪽은 영원현(寧遠縣)이고 또 서남쪽은 남경(南京)이며, 또 남쪽은 합란부(哈蘭府)이고 그 남쪽은 쌍성(雙城)으로 곧바로 고려왕도(高麗王都)에 이른다. 정서쪽은 곡주(谷州)이고 서북쪽은 상경(上京)이다. 상경의 남쪽은 건주(建州)이고 서쪽은 빈주(濱州)이다. 또 서쪽은 황룡부(黃龍府)인데 금이 이섭군(利涉軍)으로 고쳤다. 그 서쪽은 신주(信州)

---

265 『朝鮮王朝實錄』, 「世宗實錄」58卷, 世宗 14年 12月 丙午
平安道都節制使馳報：蒲州江住李滿住管下兀良哈千戶劉乙哈等二人, 齎汝屯指揮文牒, 本被擄男婦七名, 到閭延郡昌．滿住奪還冒入深遠處, 捕土豹空家之時, 忽剌溫 兀狄哈, 領兵百餘, 到閭延, 江界作亂, 掠男婦六十四名以還, 滿住率六百餘兵, 把截山谷要路, 盡奪而留養之. 宜遣人率還.

이고 치소는 신무현(信武縣)이다. 북쪽은 조주(肇州)이며 치소는 시흥현
(始興縣)이다.[266]

여진은 본래의 지명을 따서 불렸지만 이동이 잦았던 관계로 명칭과
는 상관없는 지역을 주거지로 정하는 경우가 많았다. 그럼에도 불구하
고 여진의 명칭은 그들의 최초 거주지를 파악하는 데 도움이 되는 것
이라고 판단된다.

건주여진이라는 명칭은 건주(建州)라고 불렸던 지역에 살았던 여진
이므로 건주의 위치부터 살펴볼 필요가 있다. 위의 사료에서 건주의 위
치는 금의 상경 남쪽임을 알 수 있다. 금의 상경은 현재의 하얼빈시 동
쪽의 아성(阿城)이다. 이곳에서 남쪽은 납림하(拉林河) 유역으로 현재는
오상시(五常市)가 있다. 이 지역은 현재도 5개의 만족진(滿族鎭)과 향(鄕)
이 남아 있다. 이곳에서 서쪽으로 요 태조가 황룡부라고 하였고, 금이
이섭군으로 고쳤던 농안현이 있다. 이는 다음의 사료에서도 확인할 수
있다.

> ① 동북면(東北面) 오음회(吾音會)의 동맹가첩목아(童猛哥帖木兒)가 개
> 원로(開元路)로 이주(移住)하였다. 오음회는 올량합(兀良哈)의 지명
> (地名)이다. 맹가첩목아가 일찍이 경원부(慶源府)를 침범하였다가,
> 그가 정벌을 당할 것을 두려워하여 봉주(鳳州)로 이사하였으니, 봉

---

266 『新元史』卷47, 「志」第14, '地理2'
　　開元城西南曰寧遠縣, 又西南曰南京, 又南曰哈蘭府, 又南曰雙城, 直抵伊麗王都. 正西
　　曰谷州, 西北曰上京. 上京之南曰建州, 西曰濱州. 又西曰黃龍府, 金改爲利涉軍. 又西曰
　　信州, 治信武共. 北曰肇州, 治始興縣.

주는 곧 개원(開元)이요, 김어허출(金於虛出)이 사는 곳이며, 어허출
은 바로 황제의 제3황후(第三皇后)의 아버지이다.[267]

② 알목하(斡木河)는 일명 오음회(吾音會)라고 하며 또한 아목하(阿木
河)라고도 한다.[268]

③ (부여는) 고구려가 멸망한 뒤에는 발해에 속하게 되어 부여부(扶餘
府)로 되었으며, 그 후에 사서에 기록되어 보이는 것으로는 요 때의
통주 안원군, 용주 황룡부가 있고, 금 때의 융주 이섭군, 원의 개원로
가 있는데 모두 그 옛 땅이다.[269]

④ 농안현: 당 때 발해 대씨(大氏)의 상경(上京) 부여부(扶餘府)였다.
요 때 황룡부(黃龍府)가 되었다. 금 때에는 제주(濟州)였고, 원 초기
에는 금의 상경이 남김없이 허물어져서 이에 이곳에 임시로 개원로
총관부 치소를 두었다. 나중에 현재의 봉천성 개원현(開原縣)으로
옮겼다. (하략)[270]

---

267 『朝鮮王朝實錄』, 「太宗實錄」21卷, 太宗 11年 4月 丙辰
東北面吾音會 童猛哥帖木兒, 徙于開元路. 吾音會, 兀良哈地名也. 猛哥帖木兒, 嘗侵慶
源, 畏其見伐, 徙于鳳州. 鳳州卽開元, 金於虛出所居. 於虛出, 卽帝三后之父也.

268 『淸朝前紀』, 「建州左衛前紀」제3
斡木河一名吾音会, 又名阿木河

269 『欽定滿洲源流考』卷1, 「部族」1
高麗旣滅屬于渤海爲夫餘府, 其後見于史志者 若遼之通州安遠軍 龍州黃龍府, 金之隆
州利涉軍, 元之開元路 皆其故地.

270 『吉林地志』, 農安縣
唐時渤海大氏上京扶餘府. 遼爲黃龍府. 金濟州, 元初爲金之上京殘破, 曾僑治開元路
總管于此. 后徙今奉省之開原縣. (下略)

〈사료①〉을 보면, 오음회 여진 추장 맹가첩목아가 정벌당할 것을 두려워하여 봉주로 옮겨왔는데, 봉주는 개원(開元)이라고 하였다. 〈사료②〉에서 오음회는 알목하, 아목하와 같은 곳임을 알 수 있다. 〈사료③〉에서의 개원은 현 요령성 개원(開原)이 아니라 원 때의 개원로(開元路)를 말하는 것이며, 〈사료④〉를 통해서 이곳의 치소가 있었던 곳은 농안현이었음을 알 수 있다. 즉, 맹가첩목아의 이동을 통해서도 건주여진은 송화강을 중심으로 농안과 오상 지역에 걸쳐 거주하였음을 확인할 수 있다.

〈사진Ⅲ-22〉 하얼빈 아성의 금 상경터

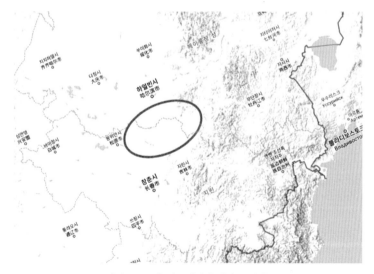

〈지도Ⅲ-30〉 건주여진의 원거주 지역

⑤ 병조에서 평안도 도절제사(都節制使)의 첩정(牒呈)에 의거하여 계하기를, "파저강(婆猪江)에 거주하는 올량합(兀良哈)의 지휘(指揮) 동소을호(童所乙好) 등이 강계 병마사(江界兵馬使)에게 알리기를, '달단(韃靼)의 군마(軍馬)들이 저희들끼리 공전(攻戰)하면서 봉주(鳳州) 지경에 와서 군장(軍裝)을 정비하는데, 만약 파저강(婆猪江)을 향하여 온다면, 우리들이 거주하기가 어려우니 압록강가로 와 주시기를 원합니다.'고 하였으니, 이 말은 믿기 어려우나, 적의 모략이 두렵습니다."[271]

이 지역에서 거주하던 건주여진은 달단의 공격을 피해 파저강으로 이동하였다. 달단의 공격로는 대흥안령을 넘어와야만 하는데 그 공격 방향을 추정하면, 하나는 치치하얼과 대경(大慶)을 거쳐 아성에 이르는 길이고, 또 하나는 백성(白城)과 송원(松原)을 거쳐 농안에 이르는 길이다. 달단이 어느 길로 오더라도 건주여진이 거주하였던 봉주 지역에 이르게 된다. 이만주가 달단을 피해 파저강으로 이동할 수밖에 없는 이유인 것이다. 〈사료⑤〉는 봉주 지역까지 들어온 달단이 다시 군마를 점검하자, 이만주는 달단이 파저강으로 공격해 올 것을 염려하여 다급하게 조선에게 도움을 요청하는 부분이다. 대흥안령을 넘어온 달단의 공격 방향은 요동이다. 이로부터 알 수 있는 것은 파저강은 봉주에서 요동도사가 있는 요양으로 나아가는 교통로이거나 그 인근 지역에 있음을 유추할 수 있다. 따라서 파저강은 원 개원로의 치소였던 농안현에서 요양

---

271 『朝鮮王朝實錄』, 「世太實錄」39卷, 世宗 10年 3月 丁未
　兵曹據平安道都節制使牒呈啓：婆猪江住兀良哈指揮童所乙好等，告江界兵馬使云：韃靼軍馬，自相攻戰，於鳳州境上來，整軍裝. 若向婆猪江來，則我輩難居，願來鴨綠江邊. 此言難信，然賊謀可畏.

으로 나아가는 교통로를 중심으로 살펴볼 필요가 있다.

2) 파저강과 강계의 위치 검토

⑥ "강계에서 파저강까지는 5일이 넘는 길인데, 강계에서 의주까지는
며칠 길이오?" 숭선이 대답하기를, "먼 곳이기 때문에 정확하게 알지
는 못합니다."[272]

강계와 파저강의 거리는 5일이 더 걸린다. 의주에서 파저강은 더 먼
길이어서 정확하게 알 수 없다고 하였다. 〈사료⑥〉으로 알 수 있는 것
은 현재의 혼강은 파저강이 될 수 없다는 사실이다. 즉, 현재의 강계에
서 압록강을 건너면 곧바로 혼강과 이어지는데 늦어도 2일이면 충분히
도달할 수 있는 거리이기 때문이다. 올라산성으로 비정된 환인의 오녀
산성까지는 3일 이내에 도착할 수 있다.[273] 그런데 강계보다 더 먼 거리
인 의주에서 환인까지의 거리는 불과 140km이다. 사료와 전혀 부합되
지 않는 거리인 것이다.

제3부 2장에서 위화도의 위치를 고찰하면서 의주가 현재의 중국 요
령성 관전현 일대임을 살펴보았다. 아울러 혼강이 여말선초 압록강의
중심 강줄기임도 확인하였다. 이로부터 〈사료⑥〉의 내용을 참고하여
파저강을 살펴보면 현재의 휘발하(輝發河) 지역임을 알 수 있다.

---

272 『朝鮮王朝實錄』, 「世太實錄」 66卷, 世宗 16年 10月 甲子
　　自江界至婆猪江, 五日餘程也. 自江界至義州, 幾日程乎. 崇善答曰:因遐方未曾的知.
273 만포에서 국도로 환인까지는 154km이고, 초산에서 환인까지는 116km이다.

⑦ 성화(成化) 3년 9월 25일에 압록강(鴨綠江)을 건너서 길을 나누어 진격하였고, 이달 29일에 건주(建州)의 동북쪽 발저강(潑猪江)의 이만주(李滿住) 등이 사는 모든 산채(山寨)를 공격하였고, 30일에는 올미부(兀彌府)의 모든 산채(山寨)를 공격하여 죽이고 이만주와 그 아들 이고납합(李古納哈)·이타비랄(李打肥剌) 등 2백 86급(級)을 참(斬)하고, 이만주와 이고납합의 처 등 남녀 아울러 23명의 인구를 사로잡았다.[274]

⑧ 파저강(婆猪江) 일대는 토질이 꽤 비옥하여, 이만주(李滿住)가 멀리 와서 이곳에서 농사를 짓고 있는데, 우리 강계(疆界)와 1일 노정(路程)이다.[275]

⑨ 평안도 절제사 최윤덕이 박호문을 보내어 치계(馳啓)하기를, "선덕 8년 3월 17일에 공경히 부교(符敎)를 받들고 장차 파저강의 도둑을 토벌하려고 하였으며, 좌부(左符)를 보냄에 이르러 병부를 맞추어 보고 군사를 발하였나이다. 이에 곧 본도의 마병(馬兵)·보병의 정군(正軍) 1만을 발하고, 겸하여 황해도 군마(軍馬) 5천을 거느리고 4월 초 10일에 일제히 강계부에 모여서 군사를 나누었는데, 중군 절제사 이순몽은 군사 2천 5백 15명을 거느리고 적괴(賊魁) 이만주의 채

---

274 『朝鮮王朝實錄』,「世祖實錄」44卷, 世祖 13年 10月 癸丑
　　於成化三年九月二十五日, 渡鴨綠江分道而進. 本月二十九日, 攻建州東北潑猪江李滿住等所居諸寨, 三十日攻兀彌府諸寨廝殺, 斬李滿住及其子古納哈, 打肥剌等二百八十六級, 生擒滿住, 古納哈妻等男婦共二十三名口.

275 『朝鮮王朝實錄』,「世宗實錄」73卷, 世宗 18年 閏6月 癸未
　　婆猪之江, 其土稍沃, 滿住遠來, 耕農於此, 距我疆一日之程也.

리(寨里)로 향하고, 좌군 절제사 최해산은 2천 70명을 거느리고 거여(車餘) 등지로 향하고, 우군 절제사 이각(李恪)은 1천 7백 70명을 거느리고 마천(馬遷) 등지로 향하고, 조전(助戰) 절제사 이징석은 군사 3천 10명을 거느리고 올라(兀剌) 등지로 향하고, 김효성은 군사 1천 8백 88명을 거느리고 임합라(林哈剌) 부모의 채리(寨里)로 향하고, 홍사석은 군사 1천 1백 10명을 거느리고 팔리수(八里水) 등지로 향하고, 신은 군사 2천 5백 99명을 거느리고 정적(正賊) 임합라의 채리로 향하여, 본월 19일에 여러 장수들이 몰래 군사를 거느리고 가서 토벌을 마쳤습니다."[276]

〈사료⑦〉의 성화 3년(1467)은 건주위의 지휘 이만주가 세종의 파저강 정토로 심한 타격을 입고 현재의 혼하 상류에 이주하였다가 다시 파저강으로 옮겨간 때이다. 그러므로 여기서의 건주는 혼하 상류(上流)를 말하는 것이다. 파저강은 이곳에서 서북쪽에 있다고 하였다. 혼하의 서북쪽 방향은 길림합달령과 용강산맥이 남북으로 평행을 이루고 있고 그 사이에 휘발하가 길게 펼쳐져 있다.[277] 휘발하가 파저강인 것은

---

276 『朝鮮王朝實錄』, 「世宗實錄」 60卷, 世宗 15年 5月 己未
平安道都節制使崔閏德差朴好問馳啓曰:宣德八年三月十七日, 敬奉符敎:將討婆猪江寇, 送至左符, 參驗發兵. 敬此. 卽發本道馬步正軍一萬, 兼領黃海道軍馬五千, 四月初十日, 江界府一會分軍. 中軍節制使李順蒙, 領兵二千五百五十五, 向首賊李滿住寨里;左軍節制使崔海山, 領兵二千七十, 向車餘等處; 右軍節制使李恪領兵一千七百七十, 向馬遷等處;助戰節制使李澄石, 領兵三千一十, 向兀剌等處;金孝誠, 領兵一千八百八十八, 向林哈剌父母寨里;洪師錫領兵一千一百一十, 向八里水等處;臣領兵二千五百九十九名, 直趨正賊林哈剌等寨里, 本月十九日, 諸將潛師勤捕訖.

277 史料에서는 婆猪江을 중심으로 동쪽은 조선의 영토이고 서쪽은 여진의 거주지라고 하였는데, 輝發河는 이러한 史料의 내용에도 符合된다. (『朝鮮王朝實錄』, 「世宗實錄」 73卷, 世宗 18年 閏6月 癸未. 婆猪一江, 源出長白, 爲我國紀, 自江以東則爲我之境, 自江以西則爲彼之居.)

건주여진이 달단의 공격을 피해 이주해 온 자연 지형에도 적합하다. 즉, 송화강을 중심으로 농안과 오상 사이에 넓게 펼쳐졌던 건주여진이 달단을 피하여 숨기 좋은 곳은 산 속으로 들어가는 것인데, 길림합달령은 최적의 장소인 것이다. 휘발하는 양대 산맥 사이에 있지만 강줄기가 매우 넓게 퍼져 있어서 강 주변은 비옥한 지역이다. 용강산맥을 중심으로 남쪽으로 혼강이 흐르고 북쪽으로는 휘발하가 흐른다. 용강산맥이 분수령인 것이다. 용강산맥에서 파저강인 휘발하 상류까지의 거리는 대략 30여 km이다. 〈사료⑧〉에 보이는 조선의 경계에서 하루 정도의 거리이다.

〈사료⑨〉에서는 파저강 정벌을 위해 총 1만 5천명의 군사가 동원되었고 강계(江界)에 집결하였다. 그리고 이곳에서 7군데로 나누어 진격하였음을 알 수 있다. 혼강이 여말선초의 압록강이라면 여진정토군이 출발한 강계도 혼강 줄기에서 살펴보아야 하는데, 현재의 백산(白山)과 통화(通化)가 강계 및 이산의 조건에 적합하다. 이제 그 이유를 살펴보기로 한다.

⑩-ⓐ 고려 공민왕(恭愍王) 10년 신축에 독로강 만호(禿魯江萬戶)로 일컫다가, 기유년 360)에 강계 만호부(江界萬戶府)를 두고, 진변(鎭邊)·진성(鎭成)·진안(鎭安)·진녕(鎭寧)의 4군(軍) 상·부천호(上副千戶)가 이를 주장하게 하였다. 본조 태종(太宗) 원년 신사에 입석(立石)·고합괴(古哈怪) 등의 이언(伊彦)을 합쳐서 1주(州)를 삼고 석주(石州)로 칭(稱)하였다가, 3년 계미에 강계부(江界府)로 고쳤고, 계사년 361)에 예(例)에 따리 도호부(都護府)고 고쳤다.

⑩-ⓑ 대천(大川)은 독로강(禿魯江)이다.【부(府) 남쪽에 있다. 그 근원이 둘이니, 하나는 희천(熙川) 경계의 적여령(狄餘嶺) 아래로부터 나오고 하나는 함길도 경계의 화을헌참령(咊乙軒站嶺) 아래로부터 나와서, 부(府) 남쪽 입석(立石)에 이르러 합류(合流)하여 독로강이 되어, 부성(府城) 밑을 돌아서 서쪽으로 흘러 이산(理山) 경계를 지나 압록강으로 들어간다.】[278]

강계는 고려 시대에 독로강이라고도 불렀다. 그 이유는 〈사료⑩-ⓑ〉에서 알 수 있듯이 강계 지역에 독로강이 있기 때문이다. 강계는 평안도와 함길도의 경계 지역에 위치하였다. 독로강은 강계부의 남쪽을 돌아서 서쪽으로 흘러 압록강으로 들어간다고 하였다. 강계로 비정되는 백산은 험난한 장백산맥을 오가는 유일한 국도에 있는 도시로 산맥의 남북을 가르는 분수령 어귀에 있는 도시다. 지금도 남쪽에서 백산을 지나 북쪽으로 향하면서부터는 장백산의 빼곡한 수림이 끝없이 이어진다. 지도에서 통화와 백산 경계를 흐르는 강이 있는데, 대라권하(大羅圈河)이다. 이 강은 〈사료⑩-ⓑ〉의 설명처럼 두 강줄기가 합류하여 서쪽으로 흘러 혼강으로 들어간다. 사료의 설명과도 딱 맞는다. 백산을 강계로 보면 독로강은 대라권하가 될 수 있는 것이다.

백산에서 파저강으로 비정한 매하구시 휘발하까지는 여러 길이 있는데

---

278 『朝鮮王朝實錄』, 「世宗實錄」154卷, '地理志', 平安道 江界都護府
江界 : 都護府使, 兼江界道中翼兵馬. 高麗 恭愍王十年辛丑, 稱禿魯江萬戶, 己酉, 置江界萬戶府鎭邊, 鎭成, 鎭安, 鎭寧四軍上副千戶. 本朝太宗元年辛巳, 以立石古哈恠等伊彦, 合爲一州, 稱石州. 三年癸未, 改爲江界府, 癸巳, 例改都護府. 大川, 禿魯江.【在府南, 其源流有二, 一出自熙川境狄餘嶺下, 一出咸吉道境咊乙軒站嶺下, 至府南立石合流, 爲禿魯江, 繞府城底西流, 歷理山境, 入于鴨綠江.】

국도로 살펴보면 대략 200km이다. 산길인 점을 염두에 두면 5일이 넘게 걸리는 거리이다. 〈사료⑥〉의 5일이 넘는다는 내용에도 부합한다고 할 수 있다.

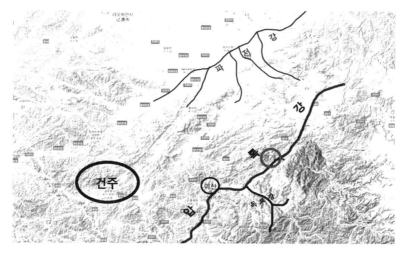

〈지도Ⅲ-31〉 압록강과 파저강, 강계와 독로강 및 이산 비정

3) 올라산성의 위치 검토

⑪ 이때 동녕부(東寧府) 동지(同知) 이오로첩목아(李吾魯帖木兒)는 태조가 온다는 말을 듣고 우라산성(亏羅山城)으로 옮겨 가서 지켜 대로(大路)에 웅거하여 막고자 하였다. 태조가 야둔촌(也頓村)에 이르니, 이원경(李原景)【원경은 곧 오로첩목아(吾魯帖木兒)이다.】이 와서 도전하다가 조금 후에 갑옷을 버리고 재배(再拜)하면서 말하기를, "우리 선조(先祖)는 본디 고려 사람이니, 원컨대, 신복(臣僕)이 되겠습니다." 하고, 3백어 호(戶)를 거느리고 와서 항복하였다. 그 추장(酋長) 고안위(高安慰)는 오히려 성(城)에 웅거하여 항복하지 않으므로, 우리

군사들이 그를 포위하였다. 이때 태조는 활과 살을 가지지 않았으므로 수종(隨從)하는 사람의 활을 가져와서 편전(片箭)을 사용하여 이들에게 쏘았다. 무릇 70여 번이나 쏘았는데 모두 그 얼굴에 바로 맞으니, 성중(城中) 사람들이 겁이 나서 기운이 쑥 빠졌다. 안위(安慰)는 능히 지탱하지 못하여 처자(妻子)를 버리고 줄에 매달려 성을 내려와서 밤에 도망하였다.[279]

현재 올라산성은 환인의 오녀산성에 비정하고 있다. 오녀산성은 산 정상에 성이 있는 전형적인 퇴뫼식 산성이다. 이 산성은 해발 8백 미터에 위치하는데 성이 있는 정상부는 최대 2백 미터의 절벽으로 둘러쳐져 있다. 이 산성은 한 병사가 만 명을 방어할 수 있는 성으로 그야말로 철옹성이다. 그런데 〈사료⑪〉에 보이는 올라산성에 대한 기록은 현재의 오녀산성과는 많은 차이가 있다. 사료에 기록된 이성계의 올라산성 전투를 정리하면 다음과 같다.

(1) 올라산성은 대로변에 있는 성이다.
(2) 올라산성에 있던 이원경이 군사를 이끌고 성을 나와서 먼저 공격하였다.
(3) 올라산성이 항복하지 않자 이성계의 군사들이 산성을 포위하였다.

---

279 『朝鮮王朝實錄』, 「太祖實錄」1卷, 總序
時東寧府同知李吾魯帖木兒, 聞太祖來, 移保亐羅山城, 欲據路以拒. 太祖至也頓村, 李原景來挑戰.【原景卽吾魯帖木兒.】俄而棄甲再拜曰:吾先, 本高麗人, 願爲臣僕. 率三百餘戶來降. 其酋高安慰猶據城不降, 我師圍之. 時太祖不御弓矢, 取從者弓, 用片箭射之, 凡七十餘發, 皆正中其面, 城中奪氣. 安慰不能支, 棄妻孥, 縋城夜遁.

(4) 이성계가 70여 번의 활을 쏘았는데 모두 적군의 얼굴을 바로 맞혔다.

(5) 성을 지키던 추장 고안위가 밤에 줄을 타고 성을 내려와서 도망하였다.

오녀산성은 오녀산의 정상에 있는 성이다. 대로변에 있는 성이 아니다. 또한 철옹성이어서 성을 함락하기란 여간 어려운 곳이 아니다. 이러한 철옹성에서 지키지 않고 오히려 성을 나와서 공격하는 것은 전략을 모르는 병사들도 금하는 것이다. 이원경이 올라산성에서 나와서 조선 태조를 공격한 것은 올라산성이 조선 태조의 공격을 막기가 쉽지 않았기 때문이다. 「태조실록」이 이성계의 무용담을 부풀려서 기록할 수 있음을 고려하더라도 2백 미터의 수직 절벽 위에 세워진 산성의 병사들을 활로 쏘아서 맞힐 수는 없다. 게다가 사전에 밧줄이 있었다면 모르지만 추장이 2백 미터나 되는 절벽을 밧줄을 타고 내려와서 도망을 치는 것은 실로 어려운 일이다. 이처럼 사료에 보이는 올라산성과 현재의 오녀산성을 비교해보면 오녀산성이 올라산성이 될 수 없음을 알 수 있는 것이다. 이는 다음의 사료에서도 확연하게 나타난다.

⑫ 올라산성이 만약에 공격해서 취할 형편에 있거든, 성 밖에서 혹은 보병으로 혹은 기병으로 적당하게 벌려 서서, 그 공격하기 쉬운 곳을 골라 화포를 단단히 준비하여 적인으로 하여금 성위에 서지 못하게 하고, 보졸 1천여 명으로 하여금 각각 포대(布袋)를 가지고 흙 7, 8두(斗)를 담아서 성 밖에 한 쪽을 쌓아 올리게 하고, 올라가서 돌

격을 하게 되면 가히 성을 뺏을 수 있을 것이다.[280]

올라산성은 성 밖에 흙담을 쌓아 올린 후, 이를 통해 공격하면 충분히 뺏을 수 있는 성이다. 그런데 오녀산성이 올라산성이라면 이는 도저히 불가능한 일이다. 이를 보아도 오녀산성은 올라산성이 될 수 없는 것이다. 그렇다면 올라산성은 어떤 성인 것인가. 사료의 내용들을 살펴볼 때, 산성이 아니라 올라산에 있는 성, 즉 올라산이 있는 주변에 있는 성으로 이해해야 한다. 그렇다면 이러한 성은 어느 곳에 비정할 수 있는가. 이제 사료를 통해서 그 위치를 추정하기로 하겠다.

⑬ 적의 소굴을 정탐한 일과 군사를 일으키는 날짜와 도로 따위의 일을, 정탐한 사람과 동두리불화(童豆里不花) 등에게 물으니, '이만주가 지금 오미부(吾彌府)에 있다.' 하고, 혹은 '올라산성(兀剌山城)에 옮겨 들어가 있다.' 하여, 모두 적확하게 알지 못하였습니다. 그 오미부로 향하는 길은, 하나는 강계에서 파저강을 건너 바로 오미동구(吾彌洞口)로 들어가고, 하나는 이산(理山)에서 파저강을 건너 올라산 동쪽을 경유하여 오미부 서쪽 변두리의 산 사이로 들어가고, 하나는 또 이산에서 파저강을 건너 올라산 남서쪽을 경유하여 꺾어서 들어가는데, 적이 오미부에 있으면 가히 세 길로 나누어 들어갈 수

---

280 『朝鮮王朝實錄』, 「世宗實錄」78卷, 世宗 19年 7月 丙午
兀剌山城, 若有攻取之勢, 則城外或步或騎, 隨宜列立, 擇其易攻之處, 嚴備火砲, 使賊
人不得立於城上, 令步卒千餘人各持布袋, 盛土七八斗, 塡其城外, 一面登而突擊, 則可
以拔城矣.

있으나, 만약 올라산성에 있게 되어 대군이 오미 등지에 들어가게 되면, 적이 필시 미리 알고 도망쳐 흩어질까 염려됩니다.[281]

⑭ 평안도 감사가 치보하기를, "도절제사 이천이 이달 초 7일에 3도로 군사를 나누었사온데, 상호군 이화(李樺)는 1천 8백 18인을 거느리고 올라산 남쪽 홍타리(紅拖里)로 향하였고, 대호군 정덕성(鄭德成)은 1천 2백 3인을 거느리고 올라산 남쪽 아한(阿閑)으로 향하여 모두 이산(理山)에서 강을 건넜으며, 이천은 여연 절제사 홍사석(洪師錫)과 강계 절제사 이진(李震)과 더불어 4천 7백 72인을 거느리고, 옹촌(甕村) 오자점(吾自岾) 오미부(吾彌府) 등처를 향해서 강계에서 강을 건넜습니다." 하였다.[282]

⑮ 좌·우군이 고음한(古音閑) 지방에 들어가서 적의 전장(田庄)을 양쪽으로 공격하니, 적이 모두 도망하므로 좌군은 홍타리(紅拖里)로 향했고, (중략) 우군은 파저강을 지나서 올라산성과 아한(阿閑) 지방을 수색하였으나, 적이 모두 도망하여 숨었으므로 단지 1명만 목 베이고,

---

281 『朝鮮王朝實錄』, 「世宗實錄」78卷, 世宗 19年 7月 乙巳
　　賊穴探候及興兵日時, 道路等事, 質問體探人與童豆里不花等, 李滿住今在吾彌府, 或移入兀剌山城, 皆未的知. 其向吾彌府之路則一自江界涉婆猪江, 直入吾彌洞口, 一自理山涉婆猪江, 由兀剌山東入吾彌府西邊山間, 一又自理山涉婆猪江, 由兀剌山南折而入. 賊在吾彌府則可由三路分入, 若在兀剌山城則大軍入吾彌等處, 賊必預知, 慮其逃散.

282 『朝鮮王朝實錄』, 「世宗實錄」78卷, 世宗 19年 9月 辛丑
　　平安道監司馳報:都節制使李蕆, 月初七日, 分軍三道, 上護軍李樺領一千八百十八人, 向兀剌山南紅拖里;大護軍鄭德成領一千二百三人, 向兀剌山南阿閑, 皆自埋山越江. 李蕆與閭延節制使洪師錫, 江界節制使李震領四千七百七十二人, 向甕村, 吾自岾, 吾彌府等處, 自江界越江.

그들의 집과 콩과 서속을 태우고는 즉시 파저강을 도로 건너왔습니다.[283]

앞에서 강계는 백산(白山)에, 이산은 통화(通化)에 비정하였다. 강계와 이산인 백산과 통화에서 파저강으로 비정한 휘발하로 가는 길은 〈지도 Ⅲ-32〉에서 보는 것처럼 몇 갈래가 있다.

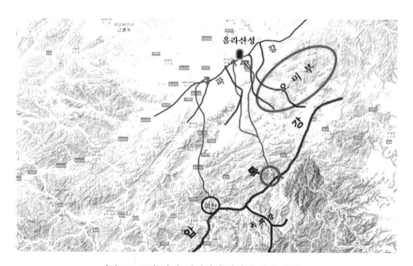

〈지도 Ⅲ-32〉 강계, 이산에서 파저강 진격 예상로

올라(兀剌)는 만주어로 대천(大川), 즉 강을 의미하는데 이는 길림 지역을 일컫는 말이기도 하다.[284] 현재의 혼강과 휘발하 사이에는 용강산맥이 있는데 〈사료⑬〉과 〈사료⑭〉에 보이는 올라산은 바로 이 산맥의

---

283 『朝鮮王朝實錄』, 「世宗實錄」 78卷, 世宗 19年 9月 己酉
　　左右軍入古音閑地, 夾攻賊田莊, 賊皆逃遁. 左軍向紅拖里, (中略) 右軍過婆猪江, 搜索兀剌山城及阿閒地面, 賊皆逃遁, 只斬一級, 焚其廬舍及菽粟, 卽還涉婆猪江.

284 吉林은 만주어로 吉林烏喇라고 부르는데, 이때 '오라(烏喇)'와 '올라(兀喇)'는 모두 'wu la'로 발음이 같다.

한 부분을 지칭한다고 하겠다. 〈사료⑬〉에는 건주여진의 본거지인 오미부를 가는 세 가지 길이 제시되어 있다. 첫째는 강계인 백산에서 파저강을 건너서 곧바로 가는 방법이고, 둘째는 이산인 통화에서 파저강을 건넌 후, 올라산의 동쪽을 경유하여 오미부의 서쪽 변두리의 산으로 가는 방법, 셋째는 올라산의 남서쪽을 경유하여 꺾어 들어가는 방법이 있다. 〈지도Ⅲ-33〉에 표시된 진격 예상로는 〈사료⑬〉을 바탕으로 오미부로 가는 세 가지 길을 나타낸 것이다.

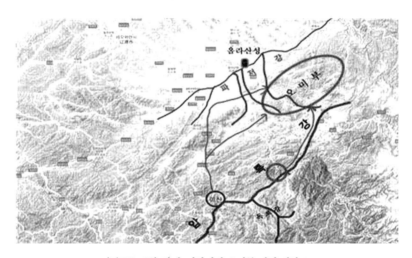

〈지도Ⅲ-33〉 강계, 이산에서 오미부 진격 예상로

〈사료⑭〉에서도 오미부로 향하는 길을 확인할 수 있는데, 〈사료⑬〉과 마찬가지로 올라산 남쪽에 이르는 두 길은 이산에서 압록강을 건넜고, 오미부로 직접 향하는 길은 강계에서 강을 건넜다. 지도에서 알 수 있듯이 올라산 남쪽은 휘남현(輝南縣)이다. 이곳은 길림성의 경계를 이루는 반석시의 인구에 위치한다. 또한 넓은 평원에서 흘러온 여러 강줄기가 하나로 합쳐져 휘발하가 되고, 이 강이 협곡으로 들어가는 요충지에 위치한다. 즉, 휘남은 파저강을 중심으로 동, 서, 북이 모두 산악지대로 에워싸여 있는 곳이며, 남쪽은 비교적 널따란 평원이어서 진출하기에도 아주 수월한 요충지인 것이다. 이러한 지정학적 위치는 다음의 사료에서도 충분히 나타나 있다.

> 오미하 서쪽에 올라산성이 있는데, 이만주의 관하 사람들이 항상 말하기를, 오른쪽 산성이 험준하여 서쪽의 요동도 두렵지 않고 북쪽의 달단도 두렵지 않으나, 다만 남쪽 조선 군마가 매우 두렵다.[287]

이처럼 이만주가 거주하는 파저강 일대는 남쪽만 잘 지키면 되는 곳이었고, 조선의 공격이 항상 두려운 곳이었다. 그렇기 때문에 파저강의 입구인 휘남에서 적의 공격을 차단하는 것이 중요하였다. 휘남현에서 휘발하를 따라 약 10리 정도 가면 휘발성이 있다. 〈사료⑭〉의 진격로를 〈사료⑬〉, 〈사료⑮〉와 비교해보면 홍타리(紅拖里)로 향하는 길은 올라산 남서쪽을 경유하여 진격하는 길이고, 아한(阿罕)으로 향하는 길은 올라산 동쪽을 경유하여 진격하는 길임을 알 수 있다. 아한으로 향하는 우군은 휘발하 초입에 있는 휘발성을 만나게 되는데, 이 성이 올라산성인 것이다. 휘발성은 대로변 평지의 야트막한 능성이에 있는 성이다. 휘발하가 이 성의 동쪽과 남쪽을 굽이돌아서 흐른다. 〈사료⑪〉과 〈사료⑫〉의 설명에도 적절하게 잘 맞는다.

---

285 『朝鮮王朝實錄』, 「文宗實錄」9卷, 文宗 1年 8月 辛未
　　吾未何西邊有兀剌山城, 滿住管下人等常言, 右山城險阻, 西不畏遼東, 北不畏達達, 唯
　　南邊朝鮮軍馬甚可畏.

『용비어천가』[286] 제39장의 내용은 고려 공민왕 때 이성계가 압록강을 건너서 올라산성을 공격하여 항복시킨 업적을 칭송하는 것이다. 〈사료 ⑪〉의 내용을 그대로 인용하고 있다. 그런데 이 내용의 주석에 올라산성에 대한 설명이 있다.

　　⑯ 올라산성(兀剌山城)은 평안도 이산군(理山郡) 앙토리구자(央土里口子)에서 북쪽으로 압록(鴨綠), 포쥬(波猪) 두 강을 건너면 올라산성에 이르게 되는데, 큰 들녘 가운데 있으며 사면이 가파른 절벽으로 되어 있어 서쪽으로만 오를 수 있다. 이산군과의 거리는 270리이다.[287]

　　⑰ 휘발성은 길림성 남쪽 370리의 길림봉의 위에 있다. 성 둘레는 2백 보이고 서쪽으로 하나의 문이 있다. 부근에는 휘발봉이 있는데 그 아래에 휘발하성이 있다.[288]

　　현재의 휘발성을 기준으로 〈사료⑯〉에 기록된 270리[289] 지점을 확인하면 통화시 흥림진(興林鎭) 지역이다. 이곳에는 혼강으로 들어가는 지

---

286 『龍飛御天歌』는 한글 가사와 그에 해당하는 한시 및 이에 대한 주해(註解)가 함께 있는 책이다. 그 내용은 穆祖로부터 太宗에 이르기까지 六祖의 사적을 통해 조선 왕조 건국 과정과 天命性을 보여 주고 있다. 세종 24년(1442)에 착수하여 27년(1445)에 본문이 완성되었고, 29년(1447)에 주해가 추가되어 간행되었다. 이 책은 전 10권 125장으로 구성되었으며, 본문은 권제, 정인지, 안지 등이 집필하였고, 주해는 최항, 박팽년, 강희안, 신숙주 등이 하였다.

287 박창희, 『역주 용비어천가』상, 한국학중앙연구원출판부, 2015, 769쪽.

288 『吉林外紀』卷1, 彊域形勝
　　輝發城, 在城南三百七十里吉林峰之上. 方二百步, 西一門, 附近有揮發峰, 下有揮發河城.

289 조선 초기의 10리는 약 4km로, 270리는 약 108km이다.

류인 합니하(哈泥河)가 있는데, 혼강을 압록강으로 비정하였으니 합니하는 압록강의 지류가 되는 셈이다. 이산군의 앙토리구자는 이 부근에 있었다고 볼 수 있겠다.

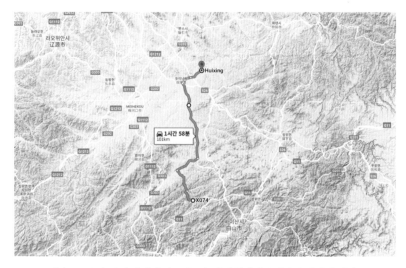

〈지도 Ⅲ-34〉 통화 홍림진(앙토리구자)에서 휘발성(올라산성)까지의 거리

휘발성은 넓은 벌판 가운데 능성이에 있는 성이다. 동쪽과 남쪽은 절벽으로 이뤄졌고 그 밑으로는 휘발하가 흐른다. 〈사료⑰〉을 보면 입구는 서쪽으로만 통함을 알 수 있다. 〈사료⑯〉과 〈사료⑰〉을 통해서 휘발성이 올라산성이었음을 확인할 수 있다.

〈사진III-23〉올라산성에 비정되는 휘발성 원경(좌측), 성 위에서 본 휘발하(위)

4. 건주여진의 혼하 이동과 조선의 서북 경계

세종이 두 차례에 걸쳐 파저강에 살고 있는 건주여진을 정토하자 이만주는 심각한 타격을 입고 더 이상 파저강에서 살기가 어렵게 되었다. 그러자 명에게 초하(草河) 부근에서 거주할 수 있게 해달라고 요청하였다. 그러나 명은 초하 지역이 요동도사와 가깝기 때문에 허락하지 않고 혼하 상류에서 지낼 것을 허락하였다.[290] 이에 건주여진은 혼하 상류의 소자하 부근으로 이동하게 되었다.

---

290 『英宗睿皇帝實錄』卷71, 正統 5年 9月 己未
勅諭建州左衛都督凡察等曰鄕已勅爾等回朝鮮鏡城居住今總兵鎭守官又奏爾等已離朝鮮鏡城成鏡成;舊校改成作城. 同原叛土軍馬哈剌等四十家來至蘇子河家口糧食艱難. 今已勅遼東總兵官曹義等安揷爾等於三土河及婆猪江迆西冬古河兩界間同李滿住居處爾等若果糧食艱.

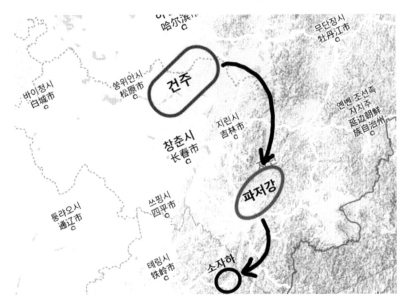

〈지도 III-35〉 건주여진의 주요 이동 현황

혼하 상류 지역으로 옮겨간 건주여진은 30년 만에 다시 세력을 모아서 명과 조선의 변방을 침범하기에 이른다. 명과 조선은 여진을 정토하기 위하여 1467년에 합동군사작전[291]까지 펼쳤지만 근본적으로 여진을

___

291 『憲宗純皇帝實錄』卷47, 成化 3年 10月 甲寅

提督遼東軍務左都御史李秉奏臣同武靖伯趙輔征勦建州虜寇所統官軍分爲左右哨撥九月二十四日從撫順關出境歷賊張打必納等寨俱空二十九日瞭見賊約百餘衆俱在薄刀山屯聚急麾兵進賊占大山據險迎敵官軍軍奮功退奮攻退退. 賊衆比暮屯兵賊復乘機來襲又用神鎗攻打賊退次日督兵追襲賊俱在五嶺及迤東密林隘口阻截官軍當調都指揮柯忠等選精奇選精騎. 三千徑趨賊屯處所至十月初四初五日抵巢功勦抵巢攻勦. 賊先將妻子藏匿而以精壯二百餘衆三百餘衆. 據險迎敵忠等隨督官軍奮勇與賊連戰數十餘合賊潰生擒二十七人斬首五十六級俘獲男婦二十四人奪回被擄男婦二百五十二人并獲其牛馬器械燒其廬舍及左哨右哨丞韋朗等各統官軍亦抵戴陵納. 等寨於九月二十九日四散衝擊賊見勢盛奔入深山官軍粘踪襲至朗等寨連戰十餘合賊敗生擒六人斬首一百二十五級俘獲男婦五十四人奪回被擄男婦二百四十七人又獲其牛馬器械并燒毀賊舍左挨副總兵王瑛遊擊將軍王銓等督兵由渾河口出境歷賊嘹哈等寨俱空賊聚深山迎敵是月三十日至次日追至五嶺等處與賊交鋒攻戰二十餘合賊潰生一十八人生擒一十八人. 斬首

346

제압하기에는 어려움이 따랐다.[292] 1467년 전후의 여진 토벌을 기록한 실록에는 조선의 경계를 알 수 있는 부분들이 기록되어 있다. 이러한 기록은 세종의 파저강 여진정토 이후 15세기 중반 조선의 서북 경계를 알 수 있는 근거를 제공해준다.

① 파저강(婆猪江)을 따라 나아가서 조선국(朝鮮國)의 사람·마소·가축을 빼앗고 한바탕 크게 살상(殺傷)하고 나와서 요양 무순소(遼陽撫順所) 동북 초하구(草河口) 입구에 이르러 요양(遼陽) 경계 위에서 요동(遼東)의 사람·마소·가축을 빼앗고 조선국(朝鮮國)의 애주강(愛州江) 위에 나아가서 인마를 빼앗아 돌아가서 나누어 썼다.[293]

② 우리 군사들이 지난달 25일에 압록강을 건너서, 길을 나누어 진군하여 29일, 30일에 건주(建州)의 파저강 등지를 공격하여 엄하게 초살(勦殺)을 더하였으며, 또 서쪽 지방은 천병(天兵)이 정복하는데 우리가 간여할 바가 아니기 때문에 감히 깊이 들어가지 않았다.[294]

六十四級俘獲男婦二十八人奪回被虜男婦二百一十八人又獲其牛馬搜出勅書朝先國朝鮮國. 帖文及番書器械等件賊舍俱焚之捷至 上命賜勅獎諭.

292 『憲宗純皇帝實錄』卷52, 成化 4年 3月 戊寅
兵部奏建州三衛遣指揮阿魯力哈等四人入貢服罪且請仍舊開設衙門釋放犯邊夷虜. 上曰夷虜悖逆天道大軍方討平之如何輒便求請兵部還集多官會議以聞其阿魯力哈等禮部照例欵待令其回還以後果能改過自新輸誠效忠朝貢以時朝廷仍與開設衙門未晚也.

293 『朝鮮王朝實錄』, 「世祖實錄」29卷, 世祖 8年 12月 辛酉
從婆猪江進去, 搶朝鮮國人馬牛畜大殺, 一場出來, 到遼陽撫順所東北草河口入口, 到遼陽界上, 搶遼東人馬牛畜, 就去朝鮮國 愛州江上搶截人馬, 回還分用.

294 『朝鮮王朝實錄』, 「世祖實錄」44卷, 世祖 13年 10月 戊申
我軍於前月二十五日, 渡鴨綠江, 分道而進, 二十九日三十日, 攻建州 婆猪江等處, 痛加勦殺. 且西面天兵所征, 非我所與, 故不敢深入.

〈사료①〉은 1462년 건주위의 여진들이 모련위의 여진 등과 결합하여 조선의 변경과 명의 요동도사 지역을 침탈한 내용이다. 조선의 경계를 침탈한 곳은 애주강(愛州江)인데, 이는 바로 현재의 애하(靉河)를 말한다. 〈사료②〉는 1467년(성화3)에 조선과 명이 연합작전으로 여진을 토벌한 것을 말하는 부분인데, 파저강이 조선의 경계가 되고 있다. 조선은 세종 시기의 파저강 정토와 4군 6진의 개척으로 영토가 확장되자, 이미 간행되어 있던 지리지인 『동국여지승람』을 증보하여 『신증동국여지승람』을 편찬하였다. 이 책에서 압록강에 대한 설명을 보면 아래와 같다.

③ (압록강은) 어적도(於赤島)의 동쪽에 이르러 3파로 나뉘어져, 하나는 남으로 흘러 맴돌아 구룡연이 되는데 이름이 압록강이다. 하나는 서쪽으로 흘러서 서강(西江)이 되고, 하나는 그 가운데로 흐르므로 소서강(小西江)이라 하였다. 검동도(黔同島)에 이르러 다시 하나로 합쳤다가 수청량(水青梁)에 이르러 또 두 가닥으로 나뉘어서 하나는 서쪽으로 흘러 적강(狄江)과 합치고 하나는 남으로 흘러 대강(大江)이 되고, 위화도(威化島)를 둘러 암림곶(暗林串)에 이르러서 서쪽으로 흘러 미륵당(彌勒堂)에 다다르고 다시 적강과 합쳐서 대총강(大摠江)이 되어 서해로 들어간다.[295]

④ 노추의 성에서 서북쪽으로 중국 무순(撫順)까지의 거리는 이틀 길이며, 서쪽으로 청하(淸河)까지의 거리는 하루 길이며, 서남으로 애양

295 『新增東國輿地勝覽』第53卷, 「義州牧」 '鴨綠江'

(靉陽)까지의 거리는 사흘 길이며, 남쪽으로 신보(新堡)까지의 거리는 나흘 길이며, 남쪽으로 압록강까지의 거리는 하루 길이다.[296]

〈사료③〉에 보이는 적강은 애하를 의미한다. 압록강(鴨綠江)인 혼강 줄기가 환인 지역에 이르러서 서쪽으로 갈라지는데 첫 번째 줄기인 서강은 현재의 관수진(灌水鎭)에서 애하로 이어지고, 애하는 다시 초하와 합하여 남동쪽으로 흘러 현재의 압록강과 만난다. 관수진 바로 앞에는 애양진(靉陽鎭)이 있다. 〈사료④〉는 혼하 상류 소자하 지역으로 이주해 온 여진의 활동 거리를 말하는 부분이다. 여기서 남쪽에 있는 신보는 관전보를 의미하는데 4일 거리이다. 그런데 같은 남쪽의 압록강은 하루 거리이다.[297] 이는 소자하에서 혼강까지의 거리를 말하는 것으로 1일 일정으로 가능한 거리이다.[298]

이제까지 살펴본 내용에서도 조선 세종 시기 경계로서의 압록강 줄기가 현재의 압록강이 아닌 혼강 줄기였음은 재삼 확인할 수 있었다. 조선 초기의 압록강(鴨綠江) 줄기였던 혼강은 이후에도 18세기까지 줄곧 조선의 경계를 지키는 강으로써 존재하였다. 이는 제1부 2장의 선행 연구 검토에서 안정복의 『동사강목』에 들어있는 조선팔도 지도의 압록

---

296 『朝鮮王朝實錄』, 「宣祖實錄」71卷, 宣祖 29年 1月 丁酉
　　奴酋城, 西北距上國撫順二日程 ; 西距淸河一日程 ; 西南距靉陽三日程 ; 南距新堡四日程 ; 南距鴨綠江一日程.

297 新堡에서 남쪽으로 1일 거리이면, '又南距鴨綠江一日'라고 기록해야 하는데 실록의 기록은 각각 별도의 문장으로 썼다. 이는 압록강이 여진의 거주지에서 하루 거리에 있다는 뜻을 의미하는 것이다.

298 蘇子河 지역인 현재의 永陵 지역에서 渾江이 흐르는 桓仁까지는 60km로 말을 타고 달리면 하루 일정이다.

강 부분에 혼강 줄기가 포함되어 있는 것에서도 알 수 있는 것이다.

〈사진III-24〉 호산장성에서 본 애하(좌)와 압록강(우)

제4부

국경 연구, 다시 시작해야 한다

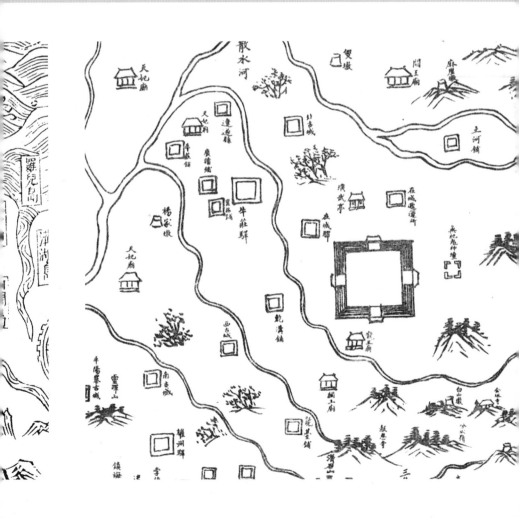

여말선초 국경 연구,
우리 국경사의 지렛대

　본 책에서는 여말선초의 서북 국경선을 알기 위하여 고려와 원의 경계였던 자비령, 고려와 명의 분쟁지였던 철령과 철령위, 조선과 명의 경계였던 연산관과 가도, 세종 시기의 파저강 등의 위치를 살펴보았다. 그 결과, 여말선초의 국경은 현재의 중국 요령성과 길림성에 걸쳐 있었다는 것을 알 수 있었다. 특히, 현재의 압록강은 여말선초 시기의 압록강이 될 수 없음을 각종 사료와 지도 및 현지 답사를 통해 검토하였다.

　현재의 압록강이 국경선으로 인식되기 시작한 것은 조선 후기로 청 강희제가 백두산정계비를 세우면서부터다. 이 시기에 조선은 연경을 다녀온 사신들에 의하여 실학이 창안되고 이를 중시하는 실학자들은 우리의 역사와 지리에 관심을 가지고 여러 저술을 남겼다. 이들의 역사지리서는 대부분 요동이 우리 역사에서의 고토(故土)였다는 인식을 가지고 있었다. 하지만 고려의 역사지리는 당대의 지리적 인식 하에 있었다. 즉, 고려의 영토는 서쪽의 경우에는 후기에 가서야 일부 지역이 압록강에 이르고 동쪽은 두만강에도 이르지 못했다고 하였다. 실학자들의 영토 의식은 조선에 이르러서야 압록강과 두만강의 이남 지역을 모두 차지할 수 있었다고 하였다. 실학자들의 지리 인식도 대부분 당시의 행정 구역에 고려 시대를 적용해 설명하였다. 이렇게 시작된 실학자들의 지리 인식은 정약용에 이르러 보다 구체화되었다. 즉, 고구려와 발해를 우리 민족과 역사의 주류에서 제외시키고 기타 역사지리는 모두 한반도 이내 지역으로 한정해 비정하였다. 그리고 이에 어긋나는 사료들은 모두 부정하였다.

정약용의 이러한 지리 인식은 대일항쟁기 일본학자들에 의해 고착화되었다. 이들은 김정호의 『대동여지도』를 십분 활용하여 정약용의 역사지리 인식을 '반도사관'으로 발전시켰다. 이들에 의해 정립된 역사지리 인식은 해방 이후에도 그대로 계승되어 현재에 이르렀다. 본 연구는 우리가 알고 있는 여말선초의 국경선이 잘못된 것이었음을 확인하는 과정이었으며, 나아가 우리의 역사지리를 새롭게 살펴봄으로써 국경사 연구에 새로운 시각과 자료를 제공할 수 있을 것이라고 여겨진다. 이제 이러한 연구 성과를 정리하면 다음과 같다.

제2부 2장 '여말선초의 압록강과 경계'에서는 고려 초기부터 조선 초기까지의 압록강에 대하여 살펴보았다. 압록강은 우리 국경사에서 중요한 지명이다. 그런데 기존의 연구는 고려와 조선 시대의 국경선인 압록강을 현재의 압록강으로 설정하였다. 이는 지명은 언제나 변동한다는 점을 이해한다면 동의할 수 없는 것이다. 저자는 이를 논증하기 위하여 압록강을 고유명사가 아닌 '경계'를 의미하는 보통명사로 정의하고 시기별 변동사항을 고찰하였다. 이는 압록강이 어느 하나의 강줄기를 의미하는 것이 아니라 발원지인 장백산에서 바다로 들어가는 지점까지를 잇는 몇 개의 강줄기로 보아야만 하는 것이다. 이러한 논거 아래 발해 시대까지의 압록강은 '눈강-송화강-이통하-요하'로 보았다.

고려 초기에는 요가 발해의 영토를 차지하자 요하는 경계로서의 압록강이 될 수 없었다. 또한 요가 고려의 압록강 동쪽인 눈강, 송화강 일대를 차지함으로써 고려 초기의 경계인 압록강은 '송화강 상류-이통하-휘발하-혼강'으로 보았다. 즉, 고려는 건국 초기, 요와 함께 영토 확장을 추구하는 과정에서 서북 지역은 요에게 밀려난 것이다. 고려 중기는 금이 요의 황룡부인 농안 일대를 차지하자 고려의 경계인 압록강은 '이통하-휘발하-혼강'으로 축소되었다. 이후 원 시대에는 서경을 포함한 60개의 성이 동녕부에 포함됨에 따라 다시 압록강이 축소되었는데, 이때의 압록강은 '휘발하-혼강'이었다. 이렇게 축소된 압록강은 고려 말 명 태조의 철령위 설치 문제로 더욱 불거져 요동 정벌 추진이라는 상황에 이르게 된 것이다. 이 과정에서 조선 초기의 압록강은 고려의 동녕부 지역에 있는 압록강을 차지하지 못한 채, '휘발하-혼강'으로 굳어진 것이다. 이처럼 우리 역사에 있어서 압록강의 축소는 고려와 조선의 영토 축소를 의미하는 것이기도 하다.

제3부에서는 여말선초의 핵심적인 역사지리에 대하여 자세하게 고찰하였다. 1장에서는 원 시대의 동녕부로 편입된 고려 서경과 60개 성의 범위, 원이 고려와 경계로 삼은 자비령의 위치를 알아보았다. 이를 위하여 먼저 원 시대의 개원로, 심양로 및 동경로의 범위를 검토하였는데, 이는 동녕부의 범위를 살펴보기 위한 것이었다. 그 결과, '환인, 본계, 철령, 개원 지역에서 길림, 장춘, 백산 및 통화 지역'을 동녕부의 범위로 보았다. 아울러 고려 서경은 환인으로 비정하였다.

고구려 시대의 압록강은 현재의 요하였다. 요하에서 동남쪽으로 천여 리 떨어진 곳이 고려 서경이라고 하였는데, 이 지역은 환인에 해당

된다. 『대명일통지』「외이·조선국」'산천'조에 보이는 환도산과 관문산 등 18개의 산이 모두 동녕로에 포함된다고 하였다. 환도산은 개원, 철령 지역에 있는 산이며, 관문산은 현재의 본계에 있는 산이다. 즉, 『대명일 통지』에 기록된 18개의 산은 요동 지역에 있는 산으로 보아야 하며, 이 들 산을 종합하면 길림합달령과 천산산맥을 잇는 지역이 동녕부의 범 위에 포함됨을 살펴보았다. 이러한 동녕부의 범위를 기반으로 자비령 의 위치를 검토하였는데, 명의 관료인 동월이 사신으로 조선을 다녀간 후 지은 「조선부」에 보이는 '자비령의 남쪽에 발해가 있다'는 기록과 현 장 답사를 통해서 자비령은 길림합달령이 천산산맥과 연결되는 지점 인 사산령 일대로 보았다.

　2장에서는 명 시기의 철령과 철령위 및 위화도의 위치를 고찰하였다. 현재 우리 학계는 대일항쟁기 일본학자들이 주장한 논거를 수용하여 철령은 강원도에 있고, 최초 철령위는 강계 봉집보 등에 있었다고 주장 하고 있다. 저자는 사료 검토와 현장 답사를 통해서 철령이 자비령 위 쪽에 있음을 확인하였다. 아울러 명 태조가 요동도사에게 철령위 설치 를 명령한 내용을 고려가 전달받는 과정에서 논의되는 '70참'은 건국 초기 명의 수도인 남경에서부터 요동도지휘사사가 있는 요양까지의 참의 개수임을 밝혀내어 철령위는 처음부터 현재 심양의 동남쪽 지역 인 봉집보에 설치한 것임을 논증하였다. 이와 함께 철령은 환인과 요양, 무순과 철령 및 관문산 등으로 이어지는 요충지에 위치한 본계시의 편 령 일대로 보았다.

　또한 이성계가 회군한 위화도의 위치가 현재의 압록강에서 요동 지 역으로 50km 올라간 관전만족자치현 서점자 지역임을 밝혔다. 이를 통 해 평안도 의주가 현재의 압록강 위쪽에 있음도 확인하였다. 의주의 범위가 새롭게 비정됨에 따라 고려의 최영이 '한 달 이내'에 요동 정벌이 가능하다고 보았던 사항도 현장 답사를 통하여 확인할 수 있었다.

3장에서는 명의 요동변장 설치와 조선의 서남 국경에 대하여 살펴보았다. 이를 위하여 먼저 요탑(遼塔)의 위치와 『압강행부지』의 여정을 추적하여 고려 시대 요동반도 서쪽의 경계에 대하여 살펴보았다. 그 결과, 천산산맥과 벽류하를 경계로 하여 그 아래쪽은 고려의 영토임을 알았다. 아울러, 명대의 지리지인 『대명일통지』와 『요동지』에 보이는 금주위·복주위·개주위·해주위의 범위도 고려 시대와 차이가 없음을 확인하였다. 또한 『대동지지』에 보이는 조선 서북방의 주군(州郡)들에 대한 위치를 통하여 17세기 초, 조·명 해로 사행의 길목이자 명 도독 모문룡이 후금의 공격을 피해 군대를 주둔시킨 조선의 철산군 가도가 현재의 요령성 대양하 하구 바닷가에 있는 대녹도임을 밝혀내어 요동반도의 남단이 고려 시대에 이어 17세기까지도 조선의 영토였음을 입증하였다.

이처럼 요동반도 서남쪽에서의 고려와 조선 초기의 영토를 고찰하여 조선 건국 시 설정된 국경선은 연산관과 연결되는 대양하였음도 살펴보았다. 아울러 명이 요동변장을 확장하며 국경 관문을 봉황성으로 동진하여 명과의 국경완충지대가 모두 명의 영토가 되었으며, 압록강 줄기인 애하가 조선의 서쪽 국경이 됨을 고찰하였다. 조선 시대의 국경완충지대는 명·청 시대에 따라 다르게 보아야 하는데, 명과는 '연산관~봉황성'으로, 청과는 청이 조선의 평안도 지역에 소속된 호구(戶口)를 압록강 이동 지역으로 몰아낸 17세기 중반부터 '유조변장~압록강'으로 보았다. 허지만 이때에도 압록강외 중심 줄기는 혼강이었다.

4장에서는 세종이 여진을 정토한 파저강의 위치를 고찰하여 조선 초

기의 서북 국경을 살펴보았다. 2장에서 살펴본 조선 초기의 압록강(鴨
淥江)과 의주(義州)의 위치가 관전현 지역이었음을 근거로 세종 시기의
이산과 강계를 각각 통화시와 백산시에 비정하고, 사료에 기록된 거리
와 방위 등을 살펴서 파저강이 현재의 휘발하가 됨을 살펴보았다. 또
한 휘남현에 있는 휘발성이 건주여진 이만주의 근거지이자 고려 공민
왕 시기 이성계가 공략한 올라산성이었음을 관련 사료들과 현장 답사
를 통해서 살펴보았다. 아울러 조선 시대의 정벌(征伐)과 정토(征討) 개
념이 다름을 근거로 하여 조선의 국경선은 휘발하 지역까지로 보아야
한다는 것을 고찰하였다.

본 연구는 장별 주제를 사료에만 의지하지 않고 여러 번에 걸친 중국
현지 답사를 통해서 확인하였다. 이러한 노력으로 해당 시기의 역사지
리를 적절하게 비정하는 성과를 거둘 수 있었고, 이를 근거로 전체적인
여말선초의 국경선을 획정할 수 있었다. 이는 문헌 사료와 고고학적 발
굴 자료를 바탕으로 '현장 답사'라는 교차 검증을 통하여 얻어진 매우
의미 있는 결과라고 여겨진다. 각종 사료와 현장 답사를 통하여 도출한
연구 결과는 정리하면 〈표IV-1〉 및 〈지도IV-1〉과 같다.

주요 지명	현재 비정 장소	연구 결과
압록강	압록강	고려 초기 (10세기초) 눈강~송화강~이통하~요하 (11세기초) 송화강~이통하~휘발하~혼강 고려 중기 : 이통하~휘발하~혼강 고려 후기 : 휘발하~혼강 조선 초기 : 휘발하~혼강
고려 서경	평안남도 평양	요령성 환인
동녕부	황해도 수안~요동 지역	요령성 환인~장춘 지역

주요 지명	현재 비정 장소	연구 결과
자비령	황해도 수안	요령성 본계 사산령 지역
철령	강원도와 함경남도 경계	요령성 본계 편령 지역
최초 철령위	평안도 강계·요령성 봉집보	요령성 본계 봉집보
조선의 국경완충지대	연산관~압록강 사이	1. 조·명 : 연산관~봉황산 2. 조·청 : 유조변장~혼강
위화도	단동시 압록강 하중도	요령성 단동시 관전만족자치현
가도	평안북도 철산군 가도	요령성 동항시 대양하 앞 대녹도
파저강	요령성 혼강	길림성 휘발하
올라산성	요령성 환인 오녀산성	길림성 휘남현 휘발성

〈표Ⅳ-1〉 여말선초 주요 역사지리 위치 비정 현황

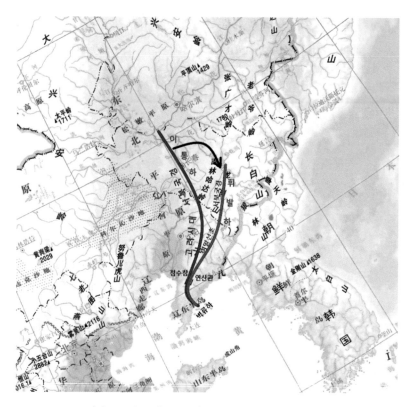

〈지도Ⅳ-1〉 고려 초~조선 초 시기 서북 국경선의 변화

그동안 우리 역사에서의 국경선은 대일항쟁기 일본학자들이 정약용의 논리를 발전시켜 수립한 '반도사관'으로 인하여 한반도를 벗어날 수 없었다. 이는 또한 한반도에서의 순차적인 영토 확장이었다. 즉, 삼국시대 경상도 지역을 차지했던 신라가 삼국을 통일하고 나서 평양 지역까지 영토를 확장하였고, 고려 시대에 이르러 공민왕의 개혁정치와 반원정책 추진으로 서쪽으로는 의주의 압록강 지역에서 동쪽으로는 원산만까지 영토를 확장했다고 하였다. 현재의 압록강과 두만강이 국경선으로 확장된 것은 조선 세종이 4군 6진을 개척하면서 완성되었다고 하였다. 결국, 우리 역사에서의 영토사는 통일신라 시대 황해·평안도에서 점차 한반도 전역으로 확장되었다고 주장하고 있는 것이다. 하지만 본 연구에서 살펴본 것처럼 이러한 국경선의 획정은 우리 역사를 전면 왜곡한 것이다. 우리 역사에서의 영토사는 한반도 내에서 확장된 것이 아니라 오히려 중원의 요동에서 한반도로 축소된 역사이기 때문이다.

　이러한 사실은 지리지의 편찬을 살펴보는 것으로도 잘 알 수 있다. 조선은 건국 후 약 150년에 걸쳐 국가 정비를 마무리하였는데, 이 기간 동안 모두 네 차례에 걸쳐 지리지를 편찬하였다. 지리지의 편찬은 국가의 영토나 행정기구의 변화가 있을 때 시행된다. 군현의 범위와 호구수 및 이에 따른 조세와 부역 등을 확정함으로써 국가의 영토 및 통치에 활용할 수 있기 때문이다. 따라서 지리지 편찬 시기를 살펴보면 영토 변경과 관련된 정치적 사건들이 발생하였음을 알 수 있다.

편찬	지리지		특징	
년도	조선	명	조선	명
1432 (세종 14)	팔도지리지	대명일통지 (1461)	조선 지리 현황 정리	명 지역과 조공 국의 지리 정리
1454 (단종 2)	세종실록지리지		4군 6진 개척에 따른 조 선 동북계 지리 수정	
1481 (성종 12)	동국여지승람	요동지 (1537)	명 요동변장 구축에 따른 조선 서북계 지리 수정	요동변장 구축에 따른 신편입 지역 정리
1530 (중종 25)	신증동국여지승람		명 봉황성·탕참 등지 구축에 따른 서북계 지 리 재수정	

〈표Ⅳ-2〉 조선과 명의 지리지 편찬 및 특징

〈표Ⅳ-2〉는 조선과 명의 지리지 편찬 현황과 특징을 정리한 것이다. 조선 초기 세종 시기에 정리된 두 편의 지리지는 조선 건국 시의 지리 현황과 세종의 4군 6진 개척에 따른 조선 동북계의 지리 확장을 정리한 것이다. 명은 이때 자국의 전체 지리와 조공국의 지리 현황을 정리한 『대명일통지』를 간행하였는데, 이때까지만 하여도 조선과의 국경인 연산관은 변동이 없는 시기였다. 이후 명이 요동변장 구축을 추진하고 조선 사신단을 안전하게 보호한다는 명분으로 봉황성과 탕참을 설치하며 조선의 강역으로 들어오자 조선은 어쩔 수 없이 축소된 서북계의 영토를 재정리할 수밖에 없게 되었다. 이러한 과정이 반영된 지리지가 조선의 『신증동국여지승람』과 명의 『요동지』이다.[1]

---

1 현 요령성 본계시 일대는 원·명 시대, 고려와 조선의 국경이었다. 이 지역이 명의 지리에 포함된 것은 『遼東志』에서부터다.

① 옛날 우리 태조가 동면 원주로서 동녕부에서 나하출을 토벌하고 올라를 격파하여 배주를 사로잡으니 동쪽으로는 황성(皇城)으로부터 서쪽으로는 요하(遼河)까지, 북쪽으로는 개원(開元)에서부터 남쪽으로는 바다에 이르기까지 오랑캐의 자취가 없게 하였다. 지금의 건주(建州)가 곧 그 지역이다. 대개 당시 태조의 뜻으로만 어찌 한갓 그러했겠는가? (중략) 근래 야인(野人)들이 그 영토 사이에 몰래 들어와 점거하니 식자들의 한탄이 오래되었다. 지금 중국에서는 반란이 있다는 이유를 들어 우리에게 토벌을 명하여서 장군은 험한 소굴로 수만의 군사를 이끌고 깊이 들어가서 여러 명의 우두머리를 소탕하니, 황제의 명을 받들어 멀리서 국가의 위신을 드날린 것이므로 진실로 위로 보고할 만하다. (중략) 이 지역은 곧 성조(聖祖)가 온갖 어려움을 무릅쓰고 새로운 사업을 일으켜 비바람 속에서 겨우 개척한 땅인데도 백 년이 안 되어서 우리 사대부들 중에 지금 한 사람도 아는 사람이 없다. 지금 얻을 수 있는 기회가 왔는데도 오히려 그대로 두어 생각 밖으로 모두 왕래가 끊어진 이방(異方)이 되어 우리와 무관하게 되었으니, 우리나라 사람들의 얕은 견식이 이에 이르렀으므로 슬픔을 이루 다 이길 수 있겠는가?[2]

조선은 건국 후 백 년이 안 되어 태조가 개척한 영토가 어딘지를 정확히 아는 사대부가 없었다. 이는 앞서 살펴보았듯이 명과의 영토 문제에서 매번 조선이 자의든 타의든 영토를 축소하였기 때문이다. 그리고 당시 사대부들은 북방 영토가 축소된 것에 대하여 크게 문제 삼지 않

---

2 李種徽, 『東史』 「東國輿地雜記」

았음을 알 수 있다. 나아가 조선의 사대부들은 김종서의 행동에서도 볼 수 있었듯이 현재의 압록강과 두만강을 국경으로 삼는 것에 찬성하였다. 이러한 상황에서 건국 당시와는 다른 영토 축소임에도 불구하고 불문율에 붙였다. 조선의 전 시기를 걸쳐 어디에서도 논의하지 않고 있기 때문이다. 하지만 조선의 영토가 축소된 것은 앞서 고찰한 위화도의 위치와 위의 〈사료①〉에서도 자연스럽게 알 수 있다.

② 지금 황제의 명을 받들어 다행히 승리하여 오랑캐들이 멀리 달아나고 경내의 지역이 비었다. 만일 황제의 은혜를 입어 우리의 땅으로 복귀시키면 서쪽으로는 관전(寬奠)으로부터 동쪽으로는 백산(白山)을 속하게 하고 북쪽으로는 흑도아라(黑圖阿喇)를 벗어나니 모두 중국 국경 밖의 쓸모없는 지역이며 우리에게도 역시 기름지거나 중요한 지역이 아니다. 진실로 우리나라의 옛 강역이고 선조의 유적이 깃든 지역이다. 스스로 문서를 살펴서 송사(訟事)에 나아가 청전(靑氈)을 잃지 않도록 해야 하는데, 하물며 내복(內服)한 이래 군신(君臣) 부자(父子)의 사이에 정회(情懷)가 있으면 반드시 말하고 구함이 있으면 반드시 응할 것이니 작은 나라가 역시 감히 외부로부터 온 것이겠는가?[3]

〈사료②〉에서 알 수 있는 것은 현재의 압록강 위쪽 지역은 명의 영토가 아닌 조선의 영토였음을 명확하게 말하고 있다. 이처럼 조선의 영토를 다시 회복할 수 있는 절호의 기회가 왔음에도 불구하고 조정이 적

---

3 李種徽, 『東史』「東國輿地雜記」

극적으로 연고권을 주장하지 않고 있음을 애석해하고 있다. 조선 시대 사대부들의 영토관이 어떠했는가를 잘 보여 주고 있다.

이상의 여말선초 서북 국경선 연구를 통하여 얻어진 성과는 다음과 같은 몇 가지 분야에서 새로운 발전을 도모할 수 있다고 여겨진다.

첫째, 우리 역사 인식의 패러다임(paradigm)을 바꾸는 일이다. 우리는 그동안 일제의 반도사관이 창출한 역사 인식의 틀에서 벗어나지 못하였다. 해방과 전쟁, 군사정권과 민주화 운동 및 경제개발과 통일문제 등 숨 가쁘게 이어진 국가 발전으로만 역량을 집중한 까닭에 우리 역사에 애착심을 가지고 살펴보지 못하였다. 그 사이 일제의 반도사관은 우리의 역사 인식을 움직이지 못하도록 고정화시켰다. 그러나 수많은 사료들 속에 보이는 우리 역사는 일제가 만들고 공고화시킨 반도사관이 터무니없는 허구임을 명백하게 알려주고 있다. 특히, 국경의 변천을 다루는 국경사의 경우는 더욱 그러하다.

우리의 국경사는 바로 한반도 안에서의 확장의 역사가 아니라 중원에서 한반도로의 축소의 역사인 것이다. 역사는 과거를 통해 미래를 예견하고 현재를 기반으로 향후의 발전 방향을 모색하는 학문이다. 그렇기 때문에 아픈 영토사라 하여도 이를 올바로 인식하고 역사로부터 배워서 미래의 방향을 제시하는 것이 중요하다. 이를 위해서는 우리 역사 인식에 대한 패러다임의 전환이 국가적인 차원에서 진행되어야만 한다. 이는 곧 역사교과서의 개편으로 이어져야 하며, 이를 통해 한국민 모두가 식민주의 사관의 허구와 역사 왜곡을 인지할 때, 비로소 올바른 우리의 역사관을 정립할 수 있을 것이다.

둘째, 우리 국경사에 대한 전면적인 재연구의 필요성이 대두되었다고 할 수 있다. 그동안의 역사 연구는 정치 경제나 사회 문화, 국제관계나 법률제도 등 국경이나 영토가 아닌 분야에 집중되었다. 영토와 국경에 대한 연구는 미미하며 그것도 이미 살펴본 바와 같이 대부분 반도사관의 틀 안에서 이루어졌다. 역사 연구에 있어서 영토와 국경은 가장 기본적인 토대 연구다. 이러한 토대 연구가 완료되어야만 다른 제반 연구가 활발한 성과를 얻을 수 있다. 본 연구는 역사 연구에서 가장 기초적인 토대 연구의 한 부분을 시작한 것에 불과하다. 하지만 본 연구 성과는 왜곡된 우리 국경사에 대한 인식을 제고(提高)시켜, 고구려 등 삼국 이전의 상고사 영토 연구에도 기초 자료로 활용할 수 있을 것으로 여겨진다. 아울러, 백두산정계비와 간도 문제 등 조선 후기에 발생한 국경 문제 해결에도 역사적 실마리를 제공할 수 있을 것으로 보인다.

셋째, 국제적인 영토 분쟁에 대응하는 기틀을 마련하는 것이다. 21세기는 영토 분쟁이 첨예한 시대이다. 우리나라도 중국의 동북공정사업과 일본의 독도 거론 등으로 영토분쟁에 직면하고 있다. 이러한 분쟁에서는 우리의 주장을 국제적으로 인정받아야만 한다. 이를 위해서는 우리 영토에 대한 역사적 연고권과 그 변동과정을 납득시킬 수 있는 근거 사료의 발굴과 연구가 수반되어야만 한다. 본 연구는 통일 이후 직면할 중국과의 영토 분쟁에 대응할 이론적 체계를 구축하는 데 유효한 아이디어를 제공할 수 있을 것이며, 이를 통한 국경 연구에 새로운 활력을 불어넣을 수 있을 것으로 기대된다.

넷째, 역사 연구의 새로운 방법론을 제시하고자 하였다. 기존의 역사 연구 방법은 대부분 국내의 문헌 사료에만 의존한 까닭에 역사 해석과 판단에 있어서 통합적이지 못하였다. 이러한 연구 방법은 역사 공간을 등한시하여 단순하고 획일적인 사관에 빠지기 쉽다. 본 책은 이러한 연구 방법에서 탈피하여 융합 연구 방법론을 선택하였다. 이 연구 방법은 역사 공간인 현장을 중시하는 연구 방법이며, 하나의 역사적 상황만을 살펴보는 것이 아니라 전쟁, 물류, 교통, 자연지리 등을 총체적으로 살펴보는 방법이다. 이러한 연구 방법은 사료에서 볼 수 없는 역사적 인과성과 개연성을 현장에서 확인함으로써 역사적 사실에 보다 근접하는 연구 결과를 얻을 수 있는 장점이 있다. 이는 특히, 역사지리 연구에서 필수적으로 요청되는 연구 방법이며, 본 책 또한 이러한 현장 답사와 함께하는 융합적 연구 방법의 성과물인 것이다. 이처럼 본 연구 방법은 문헌 사료에만 입각한 선입견을 배제하고 현장에서 새로운 사실을 종합적으로 이해하는 방법으로 향후 영토와 국경사에 관한 한 새로운 역사 연구 방법론으로 정착하는 데 일조할 수 있을 것이라고 믿는다.

위치 비정		전거자료	출처
압록강	고려 초기 (10세기 초) (눈강~송화강 ~이통하~ 요하)	1. 요가 요양 일대를 차지하고 고려에게는 압록강 동쪽 땅을 줌 2. 요 성종이 납수(압록)서 낚시함 3. 요수는 일명 압록, 현재는 안민강이라고 부름	『遼史』「本紀」聖宗條 『高麗史節要』成宗12년 10월 『遼史』「表」遊幸表 『三國遺事』「興法」
	고려 초기 (11세기 초) (송화강~ 이통하~ 휘발하~혼강)	1. 고려 왕 왕건이 나라를 세웠을 때, 혼동강을 경계로 하여 지켰으나 혼동강의 서쪽은 진출하지 못하였다. 옛 부여성은 발해국에 속하였는데, 혼동강은 곧 압록수이다. 2. 길림 구태시 : 高麗房南山山城, 高麗廟子遺址 3. 길림 덕혜시 : 大高麗廟子遺址, 大高麗廟子屯北遺址	『資治通鑑』권제275,「後唐紀」4 『中國文物地圖集』「吉林」
	고려 중기 (이통하~ 휘발하~혼강)	1. 압록강은 평양성에서 서북으로 4백 50리이고, 遼水에서 동남으로 4백 80리에 있다. 2. 길림 요원시 : 高麗城地遺址	『宣和奉使高麗圖經』권제3,「城邑」'封境' 『中國文物地圖集』「吉林」
	여말선초 (휘발하 ~혼강)	1. 정요중위 : 동쪽으로는 압록강이 있는데 동남으로 흘러 바다에 들어간다. 다시 동쪽으로는 봉황성이 있는데 봉황산 동남쪽에 위치한다. 2. 평안도 압록강은 서쪽으로 흘러서 의주 활동 앞에 이르러 두 갈래로 나뉘지는데, 한 갈래는 바로 적강으로 흐르고 한 갈래는 의주성 밑을 끼고 서쪽으로 흐른다.	『明史』권41,「志」17 '지리2' 遼東都指揮使司 定遼中衛' 『燕山君日記』40권, 7년 5월 6일 『東史綱目』지도
위화도/의주		「태조실록」~「순조실록」 등	『朝鮮王朝實錄』
동녕부 (환인··장춘) 고려 서경(환인)		1. 위화도, 의주 위치 사료 2. 환도산 등 18개의 산 3. 고구려 시기의 압록강	『朝鮮王朝實錄』, 『大明一統志』「外夷·朝鮮國」 『新唐書』「道里記」 『籌海圖編』「遼東圖」

위치 비정	전거자료	출처
자비령 (요동 본계)	성불령은 웅관인데 버려진 돌들이 여기저기 무더기로 쌓여있다. 북쪽으로는 자비령과 접하고 있고 남쪽으로는 발해가 있다.	『朝鮮賦』
철령위 '70참' (본계)	'장차 철령위를 세우고자 요동으로부터 철령에 이르기까지 70개의 참(站)을 설치한다.' 요동과 북경의 사이가 29참이고 북경과 남경의 사이가 41참이니 합계하면 70참이다.	『高麗史節要』권33, 「辛禑」4, '禑王 14년 3월' 「文宗實錄」13권, 2년 4월 7일
가도 (대양하 앞 대녹도)	1. 명 총병 모문룡이 일찍이 녹도에 병력을 주둔시켰다. 2. 대녹도 모문룡비 발견	『朝鮮王朝實錄』,『明史』,『籌海圖編』,『岫巖志略』 『中國文物地圖集』「遼寧分冊下」
국경완충지대	1. 조·명 : 연산관~봉황산 2. 조·청 : 유조변장~현 압록강	『朝鮮紀事』 Du Halde, Description de E'mpire de la Chine.(1750)
파저강 (휘발하)	성화 3년(1467) 9월 25일에 압록강을 건너서 길을 나누어 진격하였고, 이달 29일에 건주의 동북쪽 발저강의 이만주 등이 사는 모든 산채를 공격하였다.	「世祖實錄」44권, 13년 10월 21일

참고문헌

1. 사료

『三國史記』, 『三國遺事』, 『高麗史』, 『高麗史節要』, 『朝鮮王朝實錄』,

『世宗實錄地理志』, 『東國兵鑑』, 『西征錄』, 『國朝征討錄』, 『新增東國輿地勝覽』,

『攷事撮要』, 『承政院日記』, 『備邊司謄錄』, 『燃藜室記述』, 『東國地理志』,

『東史綱目』, 『星湖僿說』, 『星湖全集』, 『順菴集』, 『旅庵全書』, 『東史』, 『海東繹史續』

『增補文獻備考』, 『我邦疆域考』, 『與猶堂全書』, 『東輿圖志』, 『大東地志』

『燕行錄全集』, 『朝鮮史』, 『論語』, 『康熙字典』, 『隋書』, 『舊唐書』, 『新唐書』,

『渤海國記』, 『資治通鑑』, 『宣和奉使高麗圖經』, 『宣和乙巳奉使金國行程錄』,

『松漠紀聞』, 『朱子語類』, 『契丹國志』, 『遼史』, 『金史』, 『遼東行部志』,

『鴨江行部志』, 『元史』, 『新元史』, 『元高麗紀事』, 『明史』, 『大明一統志』,

『皇明經世文編』, 『英宗睿皇帝實錄』, 『憲宗純皇帝實錄』, 『孝宗敬皇帝實錄』,

『遼東志』, 『全遼志』, 『大明會典』, 『籌海圖編』, 『朝鮮紀事』, 『朝鮮圖說』,

『朝鮮志』, 『朝鮮賦』, 『讀史方輿紀要』, 『清史稿』, 『太祖高皇帝實錄』,

『欽定滿洲源流考』, 『岫巖志略』, 『復縣志略』, 『東北輿地釋略』, 『清朝前紀』,

『盛京通志』, 『吉林通志』, 『吉林地志』, 『吉林外紀』, 『東北邊防輯要』

2. 단행본

강세구, 『동사강목연구』, 민족문화사, 1994.

구범진 역주, 『이문역주』상, 세창출판사, 2012.

국사편찬위 국정도서편찬위원회, 『중학교 국사』, 대한교과서주식회사, 2004.

旗田巍著, 李基東譯, 『일본인의 한국관』, 일조각, 1983.

김준석, 『조선후기 정치사상사연구』, 지식산업사, 2003

김한규,『요동사』, 문학과지성사, 2004.

박용조 외,『초등학교 사회과부도』, 천재교육, 2015.

박원호,『明初朝鮮關係詞研究』, 일조각, 2002.

박인호,『조선후기 역사지리학 연구』, 이회문화사, 1996

박인호,『조선시기 역사가와 역사지리인식』, 이회문화사, 2003,

박창희,『역주 용비어천가』, 한국학중앙연구원출판부, 2015.

방동인,『韓國의 國境劃定研究』, 일조각, 1997.

배우성,『조선후기 국토관과 천하관의 변화』, 일지사, 1998.

복기대 외,『고구려의 평양과 그 여운』, 주류성, 2017.

볼로쉬노프 지음, 송기한 옮김,『언어와 이데올로기』, 푸른사상, 2005.

소쉬르 지음, 최승언 옮김,『일반언어학 강의』, 민음사, 2006.

신석호 · 한우근 외,『國史新講』, 일조각, 1982.

유봉학,『조선후기 학계와 지식인』, 신구문화사, 2014.

윤한택,『고려 국경에서 평화시대를 묻는다』, 더플랜, 2018.

윤한택 · 복기대,『압록과 고려의 북계』, 주류성, 2017.

이기동,『전환기의 한국사학』, 일조각, 1999.

이기백,『韓國史新論』, 일조각, 1999.

이득재,『바흐찐 읽기: 바흐찐의 사상 · 언어 · 문학』, 문학과학사, 2003.

이병도,『한국사대관』, 보문각, 1964.

이병도,『한국사』, 을유문화사, 1978.

이연희,『地圖學: 主題圖 제작의 原理와 技法』, 법문사, 2007.

이종봉,『한국 도량형사』, 소명, 2016.

이종휘저, 김영심 · 정재훈 역,『동사』, 소명출판, 2004.

이한우,『논어로 논어를 풀다』, 해냄, 2012.

이훈 편저,『滿韓辭典』, 고려대 민족문화연구원. 2017.

주진오 외,『고등학교 한국사』, 천재교육, 2011.

최용규 외,『고등학교 역사부도』, 도서출판 신유, 2009.

한영우,『조선후기사학사연구』, 일지사, 1989.

한영우,『한국민족주의역사학』, 일조각, 1994.

한우근,『韓國通史』, 을유문화사, 1971.

한중일3국 공동역사편찬위원회,『미래를 여는 역사』, 한겨레출판, 2007.

吳 洛,『中國度量衡史』, 경인문화사, 1989.

張博泉,『鴨江行部志注釋』, 黑龍江人民出版社, 1984.

中國國家文物國,『中國文物地圖集』「遼寧省」「吉林省」「黑龍江省」, 西安地圖出版
      社, 2008.

稻葉岩吉 외,『滿洲歷史地理』, 南滿洲鐵道株式會社, 1913.

卜箕大,『韓國古代史の正體』, えにし書房, 2018.

林泰輔,『朝鮮史』, 東京 吉川半七藏出版社, 1892

津田左右吉 외,『朝鮮歷史地理』, 南滿洲鐵道株式會社, 1913.

黃曉風 외,『中國地理地圖集』, 中國大百科全書出版社, 2012.

Banks, Marcus, *Visual Methods in Social Research*. London: Sage Publications, 2001.

Clandinin, D. Jean, & Connelly, F. Michael, *Narrative Inquiry*. San Francisco:
      Jossey-Bass, 2000.

McEwan, Elaine K., & McEwan, Patrick J., *Making Sense of Research*. California:
      Corwin press, Inc., 2003.

3. 논문

강석민, 「18세기 조선의 영토론 연구」, 동국대 박사학위논문, 2006.

강세구, 「순암 안정복의 『동사강목』「지리고」에 관한 일고찰」, 『역사학보』112, 1986.

강세구, 「안정복의 역사고증방법」, 『실학사상연구』창간호, 1990.

강세구, 「순암 안정복의 고려인식」, 『실학사상연구』14, 2000.

강재구, 「몽골의 高麗 北界 분리 시도와 東寧府의 편제」, 『지역과 역사』39, 2016.

고광진, 「고구려시대의 압록수 위치연구」, 국제 뇌교육종합대학원대학교 석사논문,
     2011.

고광진 외, 「시론 '장백산'과 압록수의 위치검토」, 『선도문화』13, 2012.

고지현, 「지구화와 국민(민족)국가-경계의 문제-」, 『사회와 철학』19, 2010.

김경록, 「조선과 중국(명ㆍ청)의 사행외교」, 『한일관계사연구』55, 2016.

김경추, 「한백겸의 동국지리지에 관한 연구」, 『지리학연구』4, 2003.

김경춘, 「조선조 후기의 국경선에 대한 일고」, 『백산학보』29, 1984.

김구진, 「조선전기 대여진관계와 여진사회의 실태」, 『동양학』14, 1984.

김상보ㆍ나영아, 「고대 한국의 도량형 고찰」, 『동아시아식생활학회지』4, 1994.

김성원, 「영토, 경계 및 영토 주권에 대한 역사적 고찰」, 『동아법학』81, 2018.

김수자, 「20세기 신채호의 18세기 안정복에 대한 역사인식」, 『동방학』33, 2015.

김순배ㆍ류재헌, 「한국 지명의 문화정치적 연구를 위한 이론의 구성」, 『대한지리학
     회지』43-4, 2008.

김영섭, 「고려 서북면 경계 재검토-강동6주를 중심으로-」, 『인문과학연구』62, 2019.

김용덕, 「鐵嶺衛考」, 『중앙대논문집』6, 1961.

김인규, 「순암 안정복의 학문과 역사인식」, 『온지논총』36, 2013.

나영남, 「고려와 동ㆍ서여진의 관계」, 『역사학연구』67, 2017.

남의현, 「明 前期 遼東都司와 遼東八站占據」, 『明清史研究』21, 2004.

남의현, 「明代 遼東都司 支配의 限界에 관한 硏究」, 강원대 박사학위논문, 2006.

남의현, 「明末 遼東政局과 朝鮮」, 『인문과학연구』26, 2010.

남의현, 「15세기 북방정세와 명의 변경정책의 재검토」, 『인문과학연구』29, 2011.

남의현, 「16~17세기 여진의 성장과 요동 변경지대 성격 연구」, 『동북아역사논총』 34, 2011.

남의현, 「원·명교체기 한반도 북방경계인식의 변화와 성격-명의 요동위소와 3위 (동녕·삼만·철령)을 중심으로-」, 『한일관계사연구』39, 2011.

남의현, 「元末明初 朝鮮·明의 요동쟁탈전과 국경분쟁 고찰」, 『한일관계사연구』42, 2012.

남의현, 「장수왕의 평양성, 그리고 鴨綠水와 鴨淥江의 위치에 대한 시론적 접근」, 『고구려의 평양과 그 여운』, 주류성, 2017.

남의현, 「중국의 『中朝邊界史』를 통해 본 한중국경문제」, 『인문과학연구』 57, 2018.

남의현, 「明의 만주 지역 영토인식에 관한 연구」, 『간도학보』2, 2019.

남의현, 「원말·명초 한중간의 요동국경지대연구-東寧府, 東寧路, 東寧衛와의 상관 성을 중심으로-」, 『인문과학연구』61, 2019.

민성욱, 「韓國史에서 靺鞨認識에 관한 연구」, 국제뇌교육종합대학원대학교 박사학 위논문, 2011.

박 순, 「고려말 東寧府征伐에 대하여」, 『中央史論』4, 1985.

박원호, 「영락연간의 명과 조선간의 여진문제」, 『아세아연구』85, 1991.

박원호, 「선덕연간 명과 조선간의 건주여진」, 『아세아연구』88, 1992.

박원호, 「철령위의 위치에 관한 재고」, 『동북아역사논총』13, 2006.

박원호, 「철령위 설치에 대한 새로운 관점」, 『한국사연구』136, 2007.

박인호, 「『대동지지』「방여총지」에 니타난 김정호의 역사지리인식」, 『한국학보』89, 1997.

박인호, 「『해동역사속』「지리고」에 나타난 한진서의 역사지리인식」, 『조선사연구』
11, 2002.

박인호, 「신경준의 역사학과 역사지리인식」, 『조선시기 역사가와 역사지리인식』, 이
회, 2003.

박정민, 「태종대 제1차 여진정벌과 동북면 여진관계」, 『백산학보』80, 2008.

박정민, 「조선초기의 여진관계와 여진인식의 고착화」, 『한일관계사연구』35, 2010.

박지영, 「일본은 반도사관을 어떻게 만들었나?」, 『고조선연구소 학술회의』, 2018.

박지영, 「근대 일본의 조선사 연구와 만주역사조사부」, 『일본사상』35, 2018.

박찬흥, 「만선사관에서의 한국고대사 인식 연구」, 『한국사학보』29, 2007.

방동인, 「東寧府置廢小考」, 『관동사학』2, 1984.

백만달, 「거란전탑연구」, 인하대 박사학위논문, 2020.

복기대, 「철령위 위치에 대한 재검토」, 『선도문화』9, 국학연구원, 2010.

복기대, 「중국학계의 거란 동쪽 국경에 인식에 관하여」, 『선도문화』14, 국학연구원,
2013.

복기대, 「『신당서』의 가탐 「도리기」재해석」, 『인문과학연구』57, 2018.

복기대, 「원나라 동녕부 위치에 대한 고찰」, 『몽골학』57, 2019.

복기대, 「고구려 국내성 및 환도성 위치 연구」, 『인문과학연구』65, 2020.

上山 由里香, 「이병도의 한국사 연구와 교육」, 성균관대 박사학위논문, 2016.

서인범, 「조선 시대 서해 북단 해역의 경계와 島嶼 문제」, 『명청사연구』36, 2011.

신안식, 「고려후기의 영토분쟁-쌍성총관부와 동녕부를 중심으로-」, 『군사』99,
2016.

오기승, 「공민왕대 동녕부 전역(戰役) 고찰」, 『군사연구』134, 2012.

오기승, 「13-14世紀 麗蒙 接境地域 高麗人 勢力 硏究」, 중앙대 박사학위논문,
2017.

원경렬, 「대동지지에 관한 연구」, 『민족교육연구』7, 1991.

원유한, 「한백겸의 「동국지리지」 성립배경과 성격」, 『국사관논총』93, 2000.

유재춘, 「15세기 明의 東八站 地域 占據와 朝鮮의 對應」, 『朝鮮時代史學報』18, 2001.

유재춘, 「15세기 前後 朝鮮의 北邊 兩江地帶인식과 영토문제」, 『朝鮮時代史學報』 39, 2006.

유재춘, 「중근세 한중간 국경완충지대의 형성과 경계인식-14세기~15세기를 중심 으로-」, 『한일관계사연구』39, 2011.

유재춘, 「여말선초 조·명간 여진 귀속 경쟁과 그 의의」, 『한일관계사연구』41, 2012.

윤무병, 「高麗北界地理考 (上)」, 『역사학보』4, 1953.

윤무병, 「高麗北界地理考 (下)」, 『역사학보』5, 1953.

윤은숙, 「북아시아 유목민의 역사 요람 興安嶺」, 『역사문화연구』39, 2011.

윤해동, 「한국 변경사 연구시론-지대,선,영토」, 『민족문화논총』67, 2017.

윤훈표, 「조선전기 북방개척과 영토의식」, 『한국사연구』129, 2005.

윤희면, 「동국지리지 해제」, 『동국지리지』, 일조각, 1982.

이규철, 「세종대 파저강 재정벌과 대외정벌 정책」, 『군사』95, 2015.

이상태, 「신경준의 역사지리 인식」, 『사학연구』38, 1984.

이성형, 「명·청교체기 대명 해로사행의 출항지 고찰」, 『한문학논총』48, 근역한문학 회, 2017.

이인철, 「철령위의 위치에 대한 재고찰」, 『고조선연구』4, 2015.

이화자, 「고려·명 간의 철령위 설치를 둘러싼 논쟁의 진실」, 『대외 관계사연구』3, 한민족대외관계사연구소, 2009.

진제헌, 「兪棨와 안정복의 고려사 인식」, 『한국학논총』32, 2009.

정구복, 「한백겸의 사학과 그 영향」, 『진단학보』63, 1978.

정구복, 「한백겸의 「동국지리지」에 대한 일고」, 『전북사학』2, 1978.

정구복, 「조선 후기 사학사의 성격」, 『韓國史學史學報』15, 2007.

정은주, 「고지도와 기록화를 통해 본 중국사행로」, 『한국고지도연구학회 학술대회』, 2014.

정천구, 「공자의 말하기와 해석학적 사유」, 『코키토』66, 2009.

정태상, 「명의 철령위와 고려 말 국경의 재검토」, 『인문과학연구』58, 2018.

정태상, 「실학자와 대일항쟁기 일본학자의 철령위 인식」, 『간도학보』2, 2019.

조성을, 「『아방강역고』에 나타난 정약용의 역사인식」, 『규장각』15, 1992.

차장섭, 「안정복의 역사관과 동사강목」, 『조선사연구』1, 1992.

채규철, 「건주여진의 발전과 동북아시아의 국제질서」, 『인문연구』74, 2015.

최윤정, 「13세기 麗元 관계와 洪茶丘-東寧府 置廢(1270-1290)배경 再論-」, 『中國史研究』105, 2016.

최재석, 「1892년 하야씨 타이호(임태보)의 『조선사』비판」, 『선사와 고고』18, 2003.

한성주, 「조선초기 수직여진인 연구」, 『조선 시대 사학보』36, 2006.

한성주, 「조선 시대 접경공간의 시대적 변동양상 연구」, 『중앙사론』50, 2019.

한영우, 「해동역사 연구」, 『한국학보』11, 1985.

한영우, 「안정복의 사상과 『동사강목』」, 『한국학보』53, 1988.

한영우, 「18세기 후반 남인 안정복의 사상과 『동사강목』」, 『조선후기사학사연구』, 1989.

한영우, 「19세기초 정약용의 역사관과 대외관」, 『조선후기사학사연구』, 1989.

허우범, 「위화도의 위치 재고찰」, 『인문과학연구』62, 2019.

허우범, 「17세기초 朝·明 해로사행의 길목 椵島 위치 고찰」, 『인문과학연구』65, 2020.

황지영, 「李成梁事件을 통해서 본 17세기 초 遼東情勢의 變化」, 『朝鮮時代史學報』 21, 2002.

稻葉岩吉, 「鐵嶺衛の位置を疑ふ」, 『靑丘學叢』 18, 靑丘學會, 1934.

末松保和, 「麗末·鮮初に於ける對明關係」, 『靑丘史草』 1, 1965.

田川孝三, 「毛文龍と朝鮮との關係について」, 『靑丘說叢』 3, 京城, 1932.

池內宏, 「高麗恭愍王朝の東寧府征伐に就いての考」, 『東洋學報』 8-2, 東洋文庫, 1918.

池內宏, 「高麗辛禑朝に於ける鐵嶺問題」, 『東洋學報』 8-2, 東洋協會調査部, 1918.

和田淸, 「明初の滿洲經略」, 『滿鮮地理歷史硏究報告』 14, 東京帝國大學文學部, 1934.

4. 기타(지도, 인터넷사이트 등)

中國人民共和國, 『新繪沿海長江險要圖』, 「黃海北岸圖」, 1911년경

일본 육군참모국, 「朝鮮全圖」, 1894.

일본 흑룡회, 「滿韓新圖」, 1904.

미 육군성, 「Korea and Manchuria」, 워싱턴, 1906.

미국 의회도서관, 「大明輿地圖」

자크벨렝, 「광동, 요동 및 조선지도」, 1750. (출처: 동북아역사재단 독도연구소)

국사편찬위원회 한국사데이터베이스(http://db.history.go.kr/)

國學大師(http://www.guoxuedashi.com)

구글지도(https://www.google.co.kr/maps)

숫자

70참 61, 62, 84, 203, 204, 205

ㄱ

가도(椵島) 285, 286, 287, 290, 291, 293, 297

강가에 있는 땅 228, 229

『강계지』 26, 27

강원도 철령 208

강원도 철령설 60, 62, 83

개원로(開元路) 58, 183, 185, 186, 200, 328

건주여진 65, 318, 320, 323, 325, 326, 328, 329, 333, 341, 345

검동도 221, 224, 236, 239, 240, 245

경계 116, 117, 121, 122, 135, 138, 148, 151, 159, 161, 207

고구려의 평양 170, 171, 175

『고려도경』 39

구련성 248, 249, 250

길림합달령 89, 124, 141, 190, 193, 332, 333

ㄴ

농안현 326, 328

눈강 124, 125, 128, 131, 133, 134, 135, 138, 141, 144

ㄷ

대고산 293, 294, 295

대녹도 291, 294, 296, 297

『대동여지도』 40, 41, 44, 59, 88, 213, 289

『대동지지』 16, 40, 288, 295

『대명일통지』 51, 119, 179, 189, 191, 192, 279

대흥안령 125

도북(圖北) 97, 101, 103

독로강 62, 334

동가강(佟家江) 34, 65

『동국지리지』 24, 25

『동국통감』 28

동녕부 37, 44, 47, 52, 53, 79, 81, 85, 86, 87, 89, 128, 155, 167, 168, 169, 173, 174, 176, 188, 191, 192, 193, 200

동단변장　273, 274, 276, 283, 298, 303
『동사강목』　28, 349

ㅁ

만선사관(滿鮮史觀)　42
『만주역사지리』　43, 44

ㅂ

반도사관　17, 43, 64, 71, 73, 87, 88,
　213
발해　35
백두산정계비　23
백산　121, 122, 124, 126
벽류하　180, 264, 267, 268, 289, 303
봉집보　62, 158, 203, 205, 208, 209,
　255, 256
봉집현　56, 60, 156, 207, 209
봉황성　39, 93, 154, 159, 160, 202, 209,
　247, 250, 251, 252, 254, 269, 270,
　271, 273, 274, 280, 282, 283, 298,
　299, 301, 302, 306, 312

ㅅ

사산령(思山嶺)　193
서경　45, 52, 53, 55, 86, 155, 166, 167,

168, 169, 170, 172, 173, 174, 175,
　176, 188, 200
『선화봉사고려도경』　16
송골산　226, 232, 237, 238
송원　124, 134, 141, 329
송화강　124, 125, 131, 134, 138, 140,
　141, 142, 144, 147, 149, 185, 328,
　333
술이부작　98, 105, 106, 107
신라　27, 35, 36

ㅇ

『아방강역고』　34, 41
압록강(鴨淥江)　107, 109, 110, 115,
　116, 117, 118, 119, 120, 122, 126,
　128, 130, 131, 132, 135, 136, 138,
　140, 141, 142, 144, 145, 147, 148,
　151, 152, 153, 155, 156, 158, 160,
　161, 202, 209, 221, 260, 280, 312,
　313, 348
압자하　124, 130, 131, 133, 134
여말선초(麗末鮮初)　15
여진정토　319, 325, 333, 347
연산관　93, 158, 160, 180, 254, 259,
　260, 273, 274, 276, 277, 281, 282,
　298, 299, 302, 306
영고탑회귀설　22, 23

영빈령 239, 240

올라산성 66, 67, 69, 167, 330, 336,
338, 342, 343, 344

요동 15, 29, 30, 87, 198, 279

요동도지휘사사 19, 111, 173, 258,
259, 271, 276, 279, 282

요동변장 93

요동 정벌 15, 20, 175, 196, 253, 255

요심(遼瀋) 58, 59, 173

요양 86, 87, 89, 111

요탑 143, 144

요하 92, 136, 138

위화도 114, 212, 213, 214, 215, 216,
217, 221, 224, 225, 228, 229, 231,
236, 240, 241, 242, 243

위화도 회군 217, 259

융합 연구 114

의주 243, 245, 246, 247, 249, 252,
295, 312, 330

이통하 144, 147, 148, 150

임나일본부설 77, 78

ㅈ

자비령 37, 49, 50, 51, 79, 81, 155, 192,
193, 197

장백산 132, 135

적강 160, 221, 224, 233, 234, 349

『조선사』 18, 44, 63, 64, 92, 212, 213,
214

『조선역사지리』 43, 44, 47, 48, 75, 87,
88

조선중화주의 22

지대(zone) 100

지대(zone)와 선(line) 111

지명 이동 98, 107, 108, 122

진북(眞北) 97, 98, 100, 101, 102, 103

ㅊ

철령 32, 37, 40, 54, 55, 81, 83, 175,
195, 196, 197, 198, 200, 205, 208,
209, 210, 254, 256

철령위 31, 38, 54, 56, 60, 63, 64, 82,
83, 84, 90, 91, 128, 174, 175, 177,
195, 196, 198, 201, 202, 203, 205,
206, 207, 208, 209, 210, 212, 253,
254, 256

철령현 203, 256

첨수참 156, 158, 202, 268, 276

초자하 270, 283, 289

ㅌ

탕참 250, 251, 252, 312

ㅍ

파저강　55, 56, 65, 66, 67, 68, 69, 323,
　　324, 325, 329, 330, 332, 334, 340,
　　341, 342, 345, 347, 348
평양　109, 110
포석하　114, 245, 246, 248, 313
필리하　264

ㅎ

『해동역사』　39
『해동역사속』　39
혼강　34, 66, 68, 119, 151, 156, 158,
　　160, 202, 221, 233, 236, 245, 246,
　　280, 313, 330, 349
혼동강　124, 130, 131, 132, 145, 147,
　　149
환인　86, 119, 151, 156, 160, 171, 174,
　　175, 188, 208, 245, 280, 330, 336,
　　349
황성　56, 84, 202, 203
휘발하　150, 151, 156, 330, 332, 333,
　　334, 340, 341, 342, 344

여말선초
서북 국경과
위화도